Christie Ta

THE GROUP

Christie Tate

THE GROUP

Wie ein Therapeut und ein Kreis von Fremden mein Leben retteten

mvgverlag

Bibliografische Information der Deutschen Nationalbibliothek
Die Deutsche Nationalbibliothek verzeichnet diese Publikation in der Deutschen Nationalbibliografie. Detaillierte bibliografische Daten sind im Internet über http://dnb.d-nb.de abrufbar.

Für Fragen und Anregungen
info@mvg-verlag.de

Wichtiger Hinweis
Ausschließlich zum Zweck der besseren Lesbarkeit wurde auf eine genderspezifische Schreibweise sowie eine Mehrfachbezeichnung verzichtet. Alle personenbezogenen Bezeichnungen sind somit geschlechtsneutral zu verstehen.

1. Auflage 2021

Türkenstraße 89
80799 München
Tel.: 089 651285-0
Fax: 089 652096

Übersetzung: Monika Kempf
Redaktion: Nadine Lipp
Umschlaggestaltung: Karina Braun
Umschlagabbildung: Shutterstock.com/Oksana Plieva
Satz: Carsten Klein, Torgau
Druck: CPI books GmbH, Leck
Printed in Germany

ISBN Print 978-3-7474-0282-5
ISBN E-Book (PDF) 978-3-96121-635-2
ISBN E-Book (EPUB, Mobi) 978-3-96121-636-9

Meinem Therapeuten und den Mitgliedern der Gruppe,
mit denen ich das Glück hatte, in einem Kreis zu sitzen

TEIL 1

1

Als ich mich das erste Mal nach dem Tod sehnte – als ich mir wirklich wünschte, dass er mir seine knochige Hand auf die Schulter legt und »Hier entlang« sagt –, saß ich im Auto. Auf dem Beifahrersitz lagen zwei Einkaufstüten mit Obst und Gemüse. Kohl, Karotten, ein paar Pflaumen, Paprika, Zwiebeln, zwei Dutzend roter Äpfel. Drei Tage zuvor hatte ich im Büro der Stipendienverwaltung gesessen, und der Beamte der juristischen Fakultät hatte mir einen Zettel gereicht. Auf ihm stand der Platz, den ich derzeit bei der Leistungsbewertung meines Jahrgangs einnahm – eine Zahl, die mich seither ständig verfolgte. Ich drehte den Schlüssel im Zündschloss und wartete darauf, dass der Motor bei dieser Hitze ansprang. Es waren über 30 Grad. Ich fischte eine Pflaume aus der Tüte, drückte sie leicht und biss hinein. Die Haut war dick, aber das Fleisch darunter zart. Ich ließ den Saft mein Kinn hinunterlaufen.

Es war 8 Uhr 30. Samstagmorgen. Ich musste nirgendwohin, hatte nichts zu erledigen. Am Montagmorgen würde ich wieder in die Arbeitsrechtskanzlei Laird, Griffin & Griffin gehen, wo ich gerade ein Praktikum machte, doch bis dahin erwartete mich niemand. Die Rezeptionistin und der Teilhaber der Kanzlei, der mich eingestellt hatte, waren bei LG&G die Einzigen, die von meiner Existenz wussten. Am Mittwoch war der 4. Juli. Das bedeutete, dass mich mitten in der Woche ein weiterer erstickend leerer Tag erwartete. Ich würde mir irgendein Selbsthilfetreffen suchen und hoffen, dass jemand anschließend Lust auf einen Kaffee hatte. Vielleicht fand ich eine andere einsame Seele, die einen Film ansehen oder etwas essen gehen wollte. Der Motor sprang an, und ich fuhr ruckartig los.

Wieso schießt mir nicht einfach jemand in den Kopf?

Unter seiner finsteren Oberfläche war das ein beruhigender Gedanke. Wenn ich sterbe, muss ich mich nicht darum kümmern, die kommenden 48 Stunden dieses Wochenendes zu füllen, und auch nicht den Feiertag am Mittwoch oder die Woche danach. Die mir bevorstehenden Stunden erdrückend schwerer Einsamkeit blieben mir erspart. Stunden, die zu Tagen, Monaten, Jahren wurden. Ein ganzes Leben, in dem es nichts gab außer mir, einer Tüte Äpfel und der fadenscheinigen Hoffnung, dass irgendeinem Nachzügler nach einem Selbsthilfetreffen noch nach Gesellschaft zumute war.

Ich erinnerte mich daran, dass kürzlich in den Nachrichten von einer Schießerei in Cabrini Green berichtete wurde, Chicagos berüchtigtem Sozialbauprojekt. Ich fuhr Richtung Süden auf die Clybourn Avenue und bog nach links auf die Division Street ab. Vielleicht würde mich ja eine verirrte Kugel treffen.

Wieso erschießt mich nicht einfach jemand?

Ich wiederholte diese Frage immer und immer wieder, wie ein Mantra. Ein Gebet, das vermutlich nicht erhört werden würde, denn ich war eine 26-jährige weiße Frau, die an einem strahlenden Sommermorgen in einem zehn Jahre alten Honda Accord herumfuhr. Wer sollte mich erschießen? Ich hatte keine Feinde, ich existierte ja kaum. Dieser Traum baute zu sehr auf Zufall – Glück oder Unglück, je nachdem, wie man es betrachten wollte –, und ich konnte nicht verhindern, dass ich mir weitere Szenarien ausmalte. Aus einem hohen Fenster springen. Mich vor eine U-Bahn werfen. Ich hielt an und malte mir immer exotischere Arten des Abtretens aus. Mich während des Masturbierens erhängen. Aber wem will ich etwas vormachen? Dafür wäre ich viel zu verklemmt.

Ich pulte den Stein aus der Pflaume und schob mir den Rest der Frucht in den Mund. Wollte ich wirklich sterben? Wohin würden mich diese Gedanken treiben? Waren es wirklich Selbstmordgedanken? Depressionen? Würde ich sie in die Tat umsetzen? Sollte ich es tun? Ich ließ das Fenster herunter und warf den Stein hinaus, so weit ich konnte.

In meiner Bewerbung fürs Jurastudium hatte ich geschrieben, dass ich davon träumte, mich für Frauen mit nichtnormativen (fetten) Körpern einzusetzen. Aber das stimmte nur teilweise. Mein Interesse an feministischer Anwaltschaft war aufrichtig, aber es war nicht meine ausschlaggebende Motivation. Es waren auch nicht die aufgeblasenen Gehaltsschecks oder einschüchternden Hosenanzüge. Nein, ich wollte Jura studieren, weil Anwälte 60 bis 70 Stunden pro Woche arbeiteten. Anwälte laden selbst im Weihnachtsurlaub zu Telefonkonferenzen und verbringen den Labor Day in Konferenzräumen. Anwälte essen ihr Abendessen am Schreibtisch, umgeben von Kollegen mit hochgekrempelten Hemdsärmeln und Schweißflecken unter den Achseln. Anwälte können mit ihrem Job verheiratet sein – einem Job, der so wichtig ist, dass es sie nicht kümmert oder sie nicht merken, dass ihr Privatleben so leer ist wie ein Supermarktparkplatz um Mitternacht. Das Anwaltsdasein war ein gesellschaftlich akzeptierter Deckmantel für mein trostloses Privatleben.

Meinen ersten Zulassungstest für das Jurastudium machte ich an dem Schreibtisch, an dem ich einen Job als Sekretärin ausübte, der mich nirgendwohin führen würde. Ich hatte einen Masterabschluss, den ich nicht nutzte, und einen Freund, mit dem ich nicht schlief. Jahre später würde ich Peter einen arbeitssüchtigen Alkoholiker nennen, aber zu dieser Zeit nannte ich ihn die Liebe meines Lebens. Abends um halb zehn, bevor ich ins Bett ging, rief ich regelmäßig bei ihm im Büro an und warf ihm vor, dass er nie Zeit für mich hatte. »Ich *muss* arbeiten«, sagte er meist und legte auf. Wenn ich noch einmal anrief, ging er nicht mehr ran. An den Wochenenden zogen wir in Wicker Park von Bar zu Bar, damit er lokale Biere trinken und über den künstlerischen Wert früher R.E.M.-Alben philosophieren konnte. Ich hoffte, dass er am Ende des Abends noch nüchtern genug für Sex sein würde, was allerdings nur selten der Fall war. Letztlich kam ich zu dem Schluss, dass ich etwas brauchte, was so vereinnahmend war, dass es all die Energie aufsog, die ich bisher in meine erbärmliche Beziehung gesteckt hatte. Eine junge Frau, die auf meinem Stockwerk wohnte, erzählte mir, dass sie ab Herbst die juristische Fakultät besuchen wollte.

»Kann ich mir eines deiner Übungsbücher für die Aufnahmeprüfung ausleihen?«, fragte ich sie. Ich las die erste Aufgabe:

> Eine Professorin muss an einem Tag sieben Studenten in sieben durchnummerierten, aufeinander folgenden Zeitslots einplanen.

Es folgte eine Reihe von Bedingungen: *Mary und Oliver müssen direkt nacheinander eingeplant werden* und *Sheldon muss nach Uriah eingeplant werden.* Für die Beantwortung von sechs Multiple-Choice-Fragen über die Professorin und ihren kniffligen Zeitplan beraumte die Prüfungsanweisung 35 Minuten ein. Ich brauchte beinahe eine Stunde. Und die Hälfte meiner Antworten war falsch.

Trotzdem fiel es mir leichter, mich durch die Vorbereitung für den Zulassungstext und das anschließende Studium zu plagen, als eine Lösung für meine Geschichte mit Peter zu finden. Ich hatte keine Ahnung, was mich dazu gebracht hatte, mich in ihn zu verlieben und mir dazu noch Abend für Abend die gleichen Streitereien anzutun.

An der Uni würde ich endlich dazugehören und das gleiche Ziel verfolgen wie alle anderen.

***

Damals, in meinem ersten Jahr auf der Highschool in Texas, die eine reine Mädchenschule war, belegte ich einen Töpferkurs als Wahlfach. Wir begannen mit handgeformten Schüsseln und arbeiteten uns nach und nach bis an die Töpferscheibe vor. Als wir unterschiedliche Gefäße formen konnten, zeigte unsere Lehrerin uns, wie man Henkel anbrachte. Wenn man zwei Tonteile zusammenfügen wollte – etwa einen Henkel an eine Tasse anbringen –, musste man zunächst die Oberfläche beider Teile anrauen. Das Einkratzen von horizontalen und vertikalen Kerben in den Ton sorgte dafür, dass die beiden Teile im Brennofen verschmolzen. Ich saß auf meinem Hocker und hielt meine plump geformte »Tasse« in der einen Hand und einen c-förmigen Henkel in der anderen, als die Lehrerin zeigte, wie man das Einkerben macht. Aber ich wollte die glatte Oberfläche meiner liebevoll geformten Tasse nicht ruinieren, also drückte ich den Henkel an, ohne den Ton vorher einzukerben. Einige Tage später wurden unsere gebrannten, glänzenden Werke auf einem Regal an der hinteren Wand des Werkraums ausgestellt. Meine Tasse hatte überlebt, aber der Henkel lag in bröckeligen Stücken daneben. »Zu wenig eingekerbt«, sagte die Lehrerin, als sie mein enttäuschtes Gesicht sah.

Genau so hatte ich mir auch die Oberfläche meines Herzens vorgestellt – glatt, glitschig und leer. Nichts, woran man sich festhalten konnte. Keine Kerben. Sobald die gnadenlose Hitze des Lebens auf mich niedergebrannt war, konnte sich niemand mehr an mich binden. Ich vermute, die Metapher ging sogar noch weiter. Ich hatte Angst davor, mein Herz zu ruinieren mit den Kerben, die unweigerlich entstanden, wenn man sich mit den Bedürfnissen, Forderungen, Belanglosigkeiten und Vorlieben anderer Menschen auseinandersetzte und sich den täglichen Verhandlungen darüber stellte, die eine Beziehung ausmachten. Bindung funktionierte nicht ohne Kratzer, aber mein Herz hatte keine Furchen.

***

Ich bin keineswegs eine Waise, auch wenn dieser Text bisher vielleicht diesen Eindruck vermittelt hat. Meine Eltern sind immer noch glücklich verheiratet und leben noch immer in demselben roten Backsteinhaus in Texas, in dem ich aufgewachsen bin. Wenn man an der 6644 Thackeray Avenue vorbeifährt, sieht man einen abgegriffenen Basketballkorb und eine mit drei Flaggen behangene Veranda: *Old Glory*, die Flagge der Vereinigten Staaten, die texanische Flagge sowie eine kastanienbraune mit dem Logo der Texas A&M University. Die Texas A&M war die Alma Mater meines Vaters. Und die meine.

Meine Eltern riefen mehrmals im Monat an, um zu hören, wie es mir ging, meist sonntags nach dem Gottesdienst. Jedes Weihnachten fuhr ich nach Hause. Als ich nach Chicago zog, kauften sie mir einen riesigen grünen Wintermantel. Meine Mutter schickte mir 50-Dollar-Schecks als Taschengeld, und mein Vater diagnostizierte über das Telefon Probleme mit den Bremsen meines Hondas.

Meine jüngere Schwester schloss gerade das Masterstudium ab und würde sich demnächst mit ihrem Langzeitfreund verloben. Mein Bruder und seine Frau, die schon seit Schulzeiten ein Paar waren, lebten in Atlanta inmitten von Dutzenden Collegefreunden. Niemand von ihnen ahnte etwas von meinem Herzen ohne Kerben. Für sie war ich die schrullige Tochter und Schwester, die die Demokraten wählte, Gedichte mochte und sich nördlich der Mason-Dixon-Linie niedergelassen hatte. Sie liebten mich, aber ich passte nicht wirklich zu ihnen und zu Texas.

In meiner Kindheit spielte meine Mutter häufig die Hymne der *Aggies*, des Footballteams der Texas A&M, und mein Vater sang aus voller Kehle mit. *Hullaballoo-canek-canek, Hullaballoo-canek-canek.* Vor meinem Schulabschluss führte mein Vater mich auf dem Campus herum, und als ich mich schließlich für die Texas A&M University entschied, war er ganz aus dem Häuschen. Endlich ein weiterer *Aggie* in der Familie! Er sprach es zwar nie aus, aber ich bin mir sicher, dass er enttäuscht war, als er erfuhr, dass ich in der Bibliothek saß und Textstellen markierte, während bei den Footballspielen 20 000 Fans so laut sangen, stampften und jubelten, dass die Wände der Bibliothek vibrierten. Es schien so, als liebte jeder in meiner Familie und ganz Texas Football.

Ich war eine Außenseiterin. Das war das große Geheimnis, das ich mit mir herumtrug: Ich gehörte nicht dazu. Nirgendwo. Den halben Tag verbrachte ich damit, mir Gedanken über Essen und meinen Körper zu machen und beides auf verschiedene Arten zu kontrollieren. Die restliche Zeit versuchte ich, durch schulische Leistungen meine Einsamkeit zu verdrängen. Weil ich mich sieben Tage die Woche damit beschäftigte, Gesetzestheorien zu büffeln, sprang ich von der Bestenliste der Highschool direkt auf die Bestenliste des Colleges, wo ich die meisten Semester mit voller Punktzahl abschloss. Ich träumte davon, eines Tages unangekündigt vor dem Haus meiner Eltern aufzutauchen – mit meinem Traumgewicht, Arm in Arm mit einem psychisch stabilen Mann. Ich wäre stolz wie Bolle.

Als sich meine beunruhigenden Todessehnsüchte langsam bemerkbar machten, dachte ich nicht daran, meiner Familie davon zu erzählen. Wir konnten über das Wetter reden, den Honda und die Aggies. Meine geheimen Ängste und Fantasien passten in keine dieser Kategorien.

Ich sehnte mich zwar passiv nach dem Tod, doch ich legte mir keinen Tablettenvorrat an und abonnierte auch nicht den Newsletter der Hemlock Society, die für das Recht auf assistierten Selbstmord kämpfte. Ich recherchierte nicht, wie ich an eine Waffe kommen oder aus einem meiner Gürtel eine Schlinge binden könnte. Ich hatte keinen Plan im Kopf, keine Methode, kein Datum. Aber ich spürte dieses Unbehagen, es pulsierte ständig im Hintergrund wie ein schmerzender Zahn. Dieser passive Wunsch, dass mich der Tod holt, fühlte sich nicht normal an. Irgendetwas an meinem Leben sorgte dafür, dass ich mich nach seinem Ende sehnte.

Ich erinnere mich nicht, welche Wörter ich genau im Kopf hatte, wenn ich an mein Unwohlsein dachte. Ich weiß, dass ich ein Verlangen spürte, das ich nicht in Worte fassen und dem ich auch nicht nachkommen konnte. Manchmal redete ich mir selbst ein, dass ich mich nur nach einer Beziehung sehnte oder Angst hatte, allein zu sterben. Beide Aspekte stimmten zwar, aber sie waren nicht der Kern meiner Verzweiflung.

In meinem Tagebuch umschrieb ich mein Unbehagen und meinen Schmerz nur vage: *Ich habe Angst und mache mir Sorgen um mich selbst. Es macht mir Angst, dass es mir nicht gutgeht, dass es mir nie wieder gutgehen könnte, dass ich verdammt bin. Ich zu sein fühlt sich sehr unangenehm an. Was stimmt nicht mit mir?* Damals wusste ich nicht, dass es ein Wort gab, das mein Leiden genau beschrieb: Ich war einsam.

Auf diesem Zettel der Stipendienverwaltung, der meinen Jahrgangsrang angab, stand übrigens die Nummer Eins. Uno. Primero. First. Alle anderen 170 Studenten meines Jahrgangs hatten einen schlechteren Schnitt als ich. Ich hatte mein Ziel, in der oberen Hälfte zu landen, übertroffen. Und angesichts meiner nicht einmal mittelprächtigen Leistung beim Zulassungstest – ich hatte niemals herausgefunden, an welcher Stelle die Professorin Uriah hätte einplanen sollen – hatte schon dieses Ziel ambitioniert gewirkt. Ich hätte also wirklich begeistert sein müssen. Ich hätte direkt eine Kreditkarte ohne Dispolimit beantragen können. Mir High Heels von Louboutin kaufen. Ein neues Apartment in Gold Coast mieten. Doch stattdessen war ich Jahrgangsbeste und neidisch auf den Sänger von INXS, der an autoerotischer Strangulation gestorben war.

Was zum Teufel war los mit mir? Ich trug Hosen in Größe 34, BHs mit D-Körbchen und konnte mir von meinem Studienkredit ein Apartment in einem aufstrebenden Viertel im Norden Chicagos leisten. Seit acht Jahren machte ich bei einem Zwölf-Schritte-Therapieprogramm mit, wo ich gelernt hatte zu essen, ohne mir eine halbe

Stunde später die Finger in den Hals zu stecken. Meine Zukunft lag so glänzend vor mir wie das polierte Silber meiner Großmutter. Ich hatte allen Grund dazu, optimistisch zu sein. Doch jede Zelle meines Körpers war angewidert davon, wie sehr ich in diesem Zustand feststeckte – ich hatte keine Verbindung zu anderen Menschen, war meilenweit entfernt von einer romantischen Beziehung. Und es gab einen Grund dafür, warum ich mich so abseits und so einsam fühlte, warum mein Herz so aalglatt war. Ich wusste nicht genau, was es war, doch ich spürte, wie es in mir arbeitete, wenn ich einschlief und mir wünschte, nicht mehr aufzuwachen.

Ich war bereits in einem Zwölf-Schritte-Programm. Gemeinsam mit der mir zugeteilten Sponsorin, die in Texas lebte, hatte ich im vierten Schritt eine gründliche Bestandsaufnahme meines Lebens gemacht und bei den Menschen, die ich verletzt hatte, Wiedergutmachung geleistet. Mit einem 100-Dollar-Scheck in der Tasche war ich zur Ursuline Academy, meiner Highschool, gefahren, um zurückzuzahlen, was ich bei der Verwaltung der Parkplatzgebühren in meinem ersten Schuljahr dort gestohlen hatte. Das Zwölf-Schritte-Programm hatte den schlimmsten Seiten meiner Essstörung Einhalt geboten, und ich schrieb ihm zu, dadurch mein Leben gerettet zu haben. Warum wünschte ich mir dann nun, nicht mehr zu leben? Ich beichtete meiner Sponsorin, dass ich düstere Gedanken hatte.

»Ich wünsche mir jeden Tag den Tod.«

Sie sagte, ich solle besser doppelt so häufig zu Selbsthilfetreffen gehen wie bisher.

Ich verdreifachte die Häufigkeit und fühlte mich so einsam wie nie zuvor.

2

Einige Tage nachdem ich erfahren hatte, welchen Platz ich im Jahrgangsrang meiner Uni einnahm, lud mich eine Frau namens Marnie nach einem Zwölf-Schritte-Treffen zum Abendessen ein. Auch sie war ehemalige Bulimikerin. Doch anders als ich hatte sie ihr Leben komplett im Griff: Sie war nur ein paar Jahre älter als ich, arbeitete in einem Labor und forschte an innovativen Behandlungsmethoden bei Brustkrebs. Gemeinsam mit ihrem Ehemann hatte sie den Eingangsbereich ihres Kolonialstilhauses in sündhaft teurem Orange gestrichen. Sie wusste genau, wann ihr Eisprung war. Ihr Leben war nicht perfekt – ihre Ehe oft turbulent –, aber sie versuchte, das zu bekommen, was sie wollte.

Aus Reflex wollte ich ihre Einladung zum Abendessen ablehnen, damit ich nach Hause gehen, meinen BH ausziehen und meine 120 Gramm Truthahnbrust und geschmorte Karotten essen konnte, während ich mir die Sitcom *Scrubs* anschaute. Wenn mich Leute nach dem Treffen zum Kaffee oder Essen einluden – »Kameradschaft«, wie sie es nannten –, lehnte ich normalerweise ab. Doch bevor ich ablehnen konnte, berührte Marnie mich am Ellbogen. »Komm schon. Pat ist unterwegs, und ich will nicht allein essen.«

Wir saßen uns gegenüber in einem dieser »gesunden« Restaurants, wo Brot mit Keimlingen und Süßkartoffelpommes serviert wurden. Marnie wirkte ungewöhnlich beschwingt. Trug sie Lipgloss?

»Du wirkst glücklich«, sagte ich.

»Das liegt an meinem neuen Therapeuten«, antwortete sie.

Konnte mir vielleicht auch ein Therapeut helfen? Ich ließ ein wenig Hoffnung in mir aufflackern. Der Sommer vor Beginn des Jurastudiums. Dank der freundlichen Unterstützung eines Mitarbeiterförderprogramms konnte ich acht kostenlose Sitzungen mit einem

Sozialarbeiter in Anspruch nehmen. Ich wurde einer sanftmütigen Frau namens June zugeteilt, deren Kleidungsstil mehr als fragwürdig war. Aus Angst, es könnte sie zu sehr mitnehmen, offenbarte ich ihr keines meiner Geheimnisse. Therapie schien mir wie eine enge Bindung zu anderen Menschen. Das war etwas, an dem ich nur als Zuschauerin teilhaben konnte, das Gesicht an die Scheibe gepresst.

»Ich bin in einer Gruppe nur für Frauen.«

»In einer Gruppe?« Mein Nacken spannte sich augenblicklich an. Seit einer schlechten Erfahrung in der fünften Klasse misstraute ich jeder Form von Gruppen. Nachdem die Klassen an meiner kleinen katholischen Schule immer weiter geschrumpft waren, hatten mich meine Eltern auf eine öffentliche Schule geschickt. Ich schloss mich den beliebten Mädchen an. Sie wurden von Bianca angeführt, die in jeder Mittagspause Süßigkeiten verteilte und eine Kette mit massiven Goldkugeln um den Hals trug. Einmal übernachtete ich bei Bianca, und ihre Mutter fuhr uns in ihrem silbernen Mercedes ins Kino, damit wir *Footloose* sehen konnten. Doch in der Mitte des Schuljahrs wendete Bianca sich gegen mich. Sie dachte, ihr Freund würde mich mögen, weil wir in Geschichte nebeneinandersaßen. Eines Tages bot sie in der Mittagspause jedem am Tisch einen Kaubonbon an, nur mir nicht. Mir steckte sie einen Zettel zu: *Wir wollen dich nicht an unserem Tisch.* Alle Mädchen hatten unterschrieben. Spätestens da wusste ich, dass etwas nicht stimmte zwischen mir und anderen Menschen. Ich spürte, dass ich einfach nicht wusste, wie man eine Verbindung hielt, ohne irgendwann beiseitegeschoben zu werden. Die Zwölf-Schritte-Gruppen ertrug ich nur, weil die Besetzung bei jedem Treffen wechselte. Man konnte kommen und gehen, wie man wollte, und niemand kannte deinen Nachnamen. Bei einem Zwölf-Schritte-Treffen gab es keinen Anführer – keine Bianca, die andere ausbooten konnte. Eine Reihe spiritueller Prinzipien hielt eine Zwölf-Schritte-Gruppe zusammen: Anonymität, Demut, Integrität, Einigkeit, Gegenleistung. Ohne diese Prinzipien wäre ich niemals geblieben. Dazu kam, dass die Teilnahme quasi kostenlos war, obwohl sie eine Spende in Höhe von zwei Dollar empfahlen. Zum Preis einer Cola light konnte ich mir 60 Minuten lang meine Essstörung eingestehen und mir die Ernährungsqualen und -triumphe anderer Leute anhören.

Ich spießte ein Stück Tomate auf und überlegte, welchen interessanten Gesprächsthemen ich mich mit Marnie noch widmen könnte – der Hinrichtung des Oklahoma City Bombers oder der Frage, was auch immer Colin Powell gerade trieb. Ich verspürte das Bedürfnis, sie mit meinem Wissen über aktuelle Geschehnisse zu beeindrucken, um selbst so zu wirken, als hätte ich mein Leben im Griff. Aber eigentlich wollte ich mehr über ihre Therapiegruppe erfahren. Möglichst beiläufig fragte ich, wie es so war.

»Wir sind nur Frauen. Mary ist fast taub, und Zenia verliert demnächst ihre ärztliche Zulassung wegen eines vermeintlichen Krankenkassenbetrugs. Emilys Vater ist drogenabhängig – er drangsaliert sie mit Hassmails aus seinem Einzimmerapartment in Wichita.« Marnie hob ihren Arm und zeigte auf die weiche, fleischige Innenseite ihres Unterarms. »Unsere Neue ist eine Ritzerin. Trägt immer lange Ärmel. Ihre Geschichte kennen wir noch nicht, aber sie ist sicherlich ziemlich düster.«

»Klingt heftig.« So hatte ich es mir tatsächlich nicht vorgestellt. »Darfst du mir das alles erzählen?«

Sie nickte. »Der Therapeut hat die Theorie, dass jedes Geheimnis toxisch ist. Also dürfen wir Gruppenmitglieder über alles sprechen, überall. Der Therapeut ist an die ärztliche Verschwiegenheitspflicht gebunden, aber wir sind es nicht.«

Keine Vertraulichkeit? Ich lehnte mich zurück und schüttelte den Kopf. Unter dem Tisch wickelte ich die Serviette um mein Handgelenk. Das könnte ich nicht. In der Highschool hatte ich gegenüber meiner Gemeinschaftskundelehrerin, Miss Gray, einmal angedeutet, dass etwas mit meinem Essverhalten nicht stimmte. Als Miss Gray meine Eltern anrief und eine Beratung empfahl, wurde meine Mutter fuchsteufelswild. Ich verputzte gerade einen ganzen Teller Kekse und sah mir Will Smith im Interview mit Oprah Winfrey an, als meine Mutter wie von der Tarantel gestochen ins Wohnzimmer gestürmt kam. »Warum erzählst du den Leuten so etwas? Du *musst* dich selbst schützen!« Meine Mutter ist eine richtige Südstaatlerin; sie ist in den 1950ern in Baton Rouge aufgewachsen. Vor anderen etwas Persönliches preiszugeben, galt ihr als stillos und konnte unschöne soziale Konsequenzen haben. Sie war überzeugt, ich würde geächtet werden, falls andere Leute von meinen psychischen Problemen erfuhren, und sie wollte mich beschützen. Als ich während des College das erste Mal ein Zwölf-Schritte-Treffen besuchte, musste ich also all meinen Mut zusammennehmen und all mein Vertrauen in die Hoffnung setzen, dass die anderen die Sache mit der Anonymität genauso ernst nahmen wie ich.

»Und wie soll es da irgendjemandem besser gehen?«, fragte ich. Marnie ging es offensichtlich besser als mir. Wären wir in einer Tamponwerbung, wäre ich diejenige, die über Gerüche und Auslaufen klagte, und sie diejenige, die am stärksten Tag ihrer Periode in weißen Jeans Ballettsprünge übte.

Sie zuckte mit den Schultern. »Du könntest es dir mal ansehen.«

Ich war schon in anderen Therapien. Während der Highschool hatte ich ein kurzes Intermezzo mit einer Frau, die aussah wie Paula Dean und pastellfarbene Hosenanzüge trug. Meine Eltern schickten mich zu ihr, nachdem Miss Gray wegen meines Essverhaltens angerufen hatte, aber ich war so konzentriert darauf, mich selbst zu schützen – wie es mir aufgetragen worden war –, dass ich nie mit ihr darüber sprach, wie ich mich fühlte. Stattdessen plauderten wir darüber, in welchem Klamottenladen ich während der Sommerferien jobben sollte. Einmal gab sie mir einen psychologischen Test mit 500 Fragen mit nach Hause. Als ich ihn ausfüllte, keimte die Hoffnung in mir auf, dass ich nun endlich herausfinden würde, warum ich nicht aufhören konnte zu essen. Warum ich mich überall wie eine Außenseiterin fühlte, und warum sich keiner der Jungs für mich interessierte, während all die anderen Mädchen geküsst und begrapscht wurden.

Paula D. verlas die Ergebnisse in ihrer perfekt modulierten Therapeutenstimme: »›Christie ist perfektionistisch und hat Angst vor Schlangen. Der ideale Beruf für sie wäre Uhrmacher oder Chirurg.‹« Sie lächelte und neigte den Kopf zur Seite. »Schlangen sind ganz schön gruselig, nicht?«

Es kam mir nie in den Sinn, ihr meine Tränen und Ängste zu offenbaren. Um mich zu öffnen, brauchte ich einen Therapeuten, der in meinem Schweigen den Widerhall des Schmerzes hörte, der unter meinen Verleugnungen den Hemdzipfel der Wahrheit entdeckte. Paula D. tat das nicht. Nach dieser Sitzung setzte ich mich mit meinen Eltern zusammen und erzählte ihnen, dass die Therapie nun abgeschlossen sei. Alles sei jetzt besser. Meine Eltern strahlten vor Stolz, und meine Mutter teilte ihre Lebensphilosophie mit mir: »Glücklich zu sein, ist einfach eine Entscheidung. Konzentriere dich auf das Positive und verschwende keine Energie an negative Gedanken.« Ich nickte. Tolle Idee. Auf dem Weg zu meinem Zimmer bog ich ins Bad ab und erbrach mein Abendessen – eine Angewohnheit, die ich entwickelt hatte, nachdem ich ein Buch über eine Turnerin gelesen hatte, die alle ihre Mahlzeiten erbrach. Ich liebte das Gefühl, mich des Essens zu entledigen, und den Adrenalinstoß dieses Geheimnisses. Mit 16 dachte ich, Bulimie sei eine geniale Lösung, um die nicht enden wollenden Wellen von Angst, Einsamkeit, Wut und Trauer zu bewältigen. Ich wusste nicht, wie ich sie sonst loswerden sollte.

Marnie zog noch eine Pommes durch den Ketchuprest auf ihrem Teller. »Dr. Rosen würde dich treffen …«

»Rosen? Jonathan Rosen?«

Dr. Rosen konnte ich *definitiv* nicht anrufen. Blake ging zu Dr. Rosen.

Ich hatte Blake im Sommer vor dem Jurastudium auf einer Party kennengelernt. Er hatte sich neben mich gesetzt und gefragt: »Welche Art Essstörung hast du?« Er hatte auf den Karottenstreifen auf meinem Teller gezeigt. »Schau mich nicht so an. Ich war mit einer Magersüchtigen zusammen, und mit zwei Bulimikerinnen, die gerne magersüchtig gewesen wären. Ich erkenne solche Menschen wie dich.«

Er war bei den Anonymen Alkoholikern, hatte gerade keinen Job und lud mich ein, mit ihm segeln zu gehen. Wir fuhren am 4. Juli mit dem Rad ans Seeufer, um uns das Feuerwerk anzusehen. Wir lagen auf dem Deck seines Boots, Schulter an Schulter, starrten auf die Skyline von Chicago und sprachen über den Prozess des Gesundwerdens. Wir probierten das vegane Essen im Chicago Diner und gingen samstagnachmittags vor seinem Treffen der Anonymen Alkoholiker ins Kino. Als ich ihn fragte, ob wir nun zusammen wären, antwortete er nicht. Manchmal verschwand er für ein paar Tage, um in seiner abgedunkelten Wohnung Johnny-Cash-Alben zu hören. Selbst wenn ich kein Problem damit haben sollte, Marnies Therapeuten zu treffen, konnte ich auf keinen Fall zu demselben Therapeuten gehen wie mein Ex oder was auch immer Blake war. Sollte ich Dr. Rosen etwa anrufen und sagen: »Erinnern Sie sich an das Mädchen, das mit Blake Analsex hatte, um seine Depression zu heilen? Nun, das war ich! Hier ist meine Versicherungskarte.«

»Wie viel kostet diese Therapie?« Es konnte nicht schaden, das zu fragen, auch wenn ich keineswegs vorhatte, einer Gruppentherapie beizutreten.

»Es ist superbillig – nur 70 Dollar pro Woche.«

»Puh.« Ich atmete hörbar aus. 70 Dollar waren Kleingeld für Marnie, die ein Labor an der Northwestern University leitete und deren Ehemann ein kleines Vermögen geerbt hatte. Wenn ich an Lebensmitteln sparte und mit dem Bus anstelle des Autos fuhr, hätte ich *vielleicht* am Ende des Monats 70 Dollar übrig. Aber jede Woche? Bei meinem Praktikum verdiente ich 15 Dollar die Stunde, und meine Eltern, die sagen würden, ich solle doch einfach glücklich sein, konnte ich nicht fragen. In zwei Jahren würde ich ein festes Einkommen haben, aber woher sollte das Geld jetzt, während meines Studiums, kommen?

Marnie diktierte mir Dr. Rosens Telefonnummer, aber ich schrieb sie nicht auf.

Doch dann sagte sie noch etwas.

»Er hat gerade neu geheiratet – er lächelt die ganze Zeit.«

Sofort stellte ich mir Dr. Rosens Herz vor: ein rotes Papierherz, wie man sie in der Schule für den Valentinstag ausschneidet, mit Linien, die sich wie kahle Zweige über die Oberfläche zogen.

Ich hatte Dr. Rosen nie getroffen, doch nun malte ich mir eine zermürbende Scheidung aus, einsame Nächte in einer Einzimmerwohnung zur Zwischenmiete, zum Abendessen Tiefkühlgerichte aus der Mikrowelle, aber dann die Wende: eine zweite Chance auf die Liebe mit einer neuen Frau. In der Brust eines lächelnden Therapeuten schlug ein angekratztes Herz. Mein Inneres füllte sich mit Neugier und der kleinen, flackernden Hoffnung, dass er mir helfen konnte.

Als ich nachts im Bett lag, dachte ich an die Frauen in Marnies Gruppe: die vermeintliche Ritzerin, die Kriminelle, die Tochter des Drogenabhängigen. Ich dachte an Blake, der zu den Männern in seiner Gruppe enge Beziehungen aufgebaut hatte. Nach den Sitzungen waren die Geschichten geradezu aus ihm herausgeprudelt – von Ezra, dessen Freundin eine aufblasbare Puppe war, und von Todd, dessen Frau all seine Besitztümer auf dem Bürgersteig abgeladen hatte, als sie die Scheidung wollte. War ich wirklich schlechter dran als diese Typen? War mein Leiden, was auch immer es war, so unmöglich zu heilen? Einem Psychiater hatte ich noch nie eine Chance gegeben. Aber Psychiater hatten einen medizinischen Abschluss – vielleicht bedurfte ich, was auch immer mit mir nicht stimmte, der Behandlung durch jemanden, der während seiner Ausbildung ein menschliches Herz seziert hatte. Vielleicht würde Dr. Rosen einen Rat für mich haben. Einen, den er in einer oder zwei Sitzungen weitergeben konnte. Vielleicht konnte er mir irgendeine Pille verschreiben, die meine Verzweiflung etwas mildern und mein Herz etwas verletzlicher machen würde.

3

Zwei Stunden nach meinem Essen mit Marnie suchte ich Dr. Rosens Nummer im Telefonbuch heraus und hinterließ eine Nachricht auf seinem Anrufbeantworter. Er rief mich am nächsten Tag zurück. Unser Gespräch dauerte keine drei Minuten. Ich fragte nach einem Termin, er schlug einen vor, ich sagte zu. Als ich auflegte, stand ich am ganzen Körper zitternd im Büro. Zweimal setzte ich mich hin, um weiterzuarbeiten, und sprang nach 30 Sekunden wieder auf, um hin und her zu laufen. Mein Verstand sagte mir, dass es keine große Sache war, einen Arzttermin zu vereinbaren, aber das Adrenalin, das durch meine Adern jagte, hinterließ einen anderen Eindruck. An diesem Abend notierte ich: *Ich legte auf & brach in Tränen aus. Ich hatte das Gefühl, das Falsche gesagt zu haben & er mag mich nicht & ich fühle mich ausgeliefert und verletzlich.* Es war mir egal, ob er mir helfen würde. Mir war wichtig, ob er mich leiden konnte.

Das Wartezimmer enthielt das übliche nichtssagende Inventar einer Arztpraxis: eine weiße Lilie, eine große Schwarz-Weiß-Fotografie eines Mannes, der die Arme ausbreitet und sein Gesicht der Sonne entgegenstreckt. Im Bücherregal standen Titel wie *Die Sucht, gebraucht zu werden* und *Zerstörte Liebeskarten* sowie ein Dutzend Flyer der Anonymen Alkoholiker. Neben der Tür, die weiter in die Praxis hineinführte, waren zwei Klingeln. Auf einer stand »Gruppe«, auf der anderen »Dr. Rosen«. Ich drückte auf den Knopf für Dr. Rosen, um mich bemerkbar zu machen, und setzte mich auf einen der Stühle an der gegenüberliegenden Wand. Um meine Nerven zu beruhigen, griff ich nach einem *National Geographic*-Heft und sah mir Fotos eines majestätischen Polarwolfs an, der über eine baumlose Ebene galoppierte. Am Telefon hatte Dr. Rosen ernst geklungen. Aus seiner Art zu sprechen hatte ich einen leichten Ostküsteneinschlag herausgehört. Ich hatte eine Würde herausgehört, ohne Lächeln. Einen strengen, humorlosen Priester. Ein Teil von mir hatte gehofft, er wäre für die nächsten Wochen oder gar Monate ausgebucht, aber der Termin, den er mir anbot, war schon zwei Tage später.

Um exakt 13 Uhr 30 ging die Tür des Wartezimmers auf. Ein schmaler Mann mittleren Alters in einem roten Tommy-Hilfiger-Golfhemd, Khakihosen und schwarzen Lederslippern blickte herein. In seinem Gesicht zeichnete sich ein leichtes Lächeln ab – freundlich, aber professionell. Das drahtige, gräuliche Haar war schon schütter, stand aber wild von seinem Kopf ab, ein bisschen wie bei Albert Einstein. Wäre ich ihm auf der Straße begegnet, hätte ich ihn keines zweiten Blickes gewürdigt. Der erste Eindruck sagte mir, dass er zu jung war, um mein Vater zu sein, aber zu alt, um mein sexuelles Interesse zu wecken – in diesem Zusammenhang also das ideale Alter. Ich folgte ihm den Gang hinunter zu einem Büro mit Fenstern zur Nordseite, durch die man das mehrstöckige Gebäude eines alteingesessenen Kaufhauses sehen konnte. Für Patienten gab es gleich mehrere Sitzmöglichkeiten: eine kratzig aussehende Polstercouch, einen Bürostuhl mit aufrechter Lehne und einen übergroßen schwarzen Sessel neben dem Schreibtisch. Eine ganze Sammlung gerahmter Harvard-Urkunden fiel mir ins Auge. Vor Harvard hatte ich Respekt. Ich hatte selbst von einer Ivy-League-Uni geträumt, aber die hohen Kosten und die Zulassungstests hatten mir einen Strich durch die Rechnung gemacht. Mit diesen Auszeichnungen musste dieser Arzt also absolute Oberklasse sein, Elite, die Crème de la

Crème. Doch das hieß auch: Wenn nicht mal er mir helfen konnte, dann wäre ich einfach komplett aufgeschmissen.

Ich nahm Platz und sah mir sein Gesicht genauer an. Mein Herzschlag beschleunigte sich, als ich seine Nase, die Augen und den geradlinigen Mund betrachtete. Ich presste die Lippen aufeinander, als mir plötzlich klar wurde: Ich kannte ihn!

Dieser Dr. Rosen war derselbe Jonathan R., den ich vor drei Jahren bei einer Sitzung für Menschen mit Essstörungen getroffen hatte. Um die Anonymität zu wahren, gaben in Zwölf-Schritte-Treffen alle nur ihren Vornamen und den ersten Buchstaben ihres Nachnamens preis. Gruppentreffen für Leute mit Essstörungen sind wie Treffen der Anonymen Alkoholiker – die Teilnehmer kommen in irgendwelchen Gemeinderäumen zusammen, um darüber zu sprechen, wie Essen ihr Leben bestimmt. Wie unsere berühmteren Brüder von den AA, deren Treffen schon Teil von Fernsehserien und Meg-Ryan-Filmen waren, sammelten auch Esssüchtige Münzen für ihr Durchhaltevermögen und bekamen Sponsoren zugeteilt, die ihnen halfen, ohne Fressanfälle, Abführmittel, Hungern und Selbstverstümmelung zu leben. Anders als bei den Anonymen Alkoholikern waren die meisten Zwölf-Schritte-Treffen, die ich besucht hatte, nur mit Frauen besetzt. In zehn Jahren hatte ich dort nur eine Handvoll Männer gesehen. Einer von ihnen war der in Harvard ausgebildete Psychiater, der nun einen Meter von mir entfernt saß und darauf wartete, dass ich zu sprechen begann.

Ich wusste einiges über die Person Jonathan R. Über den Mann mit der Essstörung. Ich erinnerte mich an Dinge, die er über seine Mutter erzählt hatte, über sein chronisch krankes Kind, über die Gefühle, die er seinem Körper gegenüber verspürte.

Ein Therapeut sollte ein unbeschriebenes Blatt sein. Aber Dr. Rosen war für mich voller Flecken.

Ich drehte mich leicht, sodass er mich frontal ansehen konnte. Würde er mich rausschmeißen, sobald er mich erkannt hatte? Sein

Gesichtsausdruck blieb aufgeschlossen, neugierig. Fünf Sekunden vergingen. Er schien mich nicht zu erkennen und wartete weiter darauf, dass ich das Wort ergriff. Nun machte mir die Harvard-Sache Angst. Wie konnte ich gleichzeitig geistreich und leidend wirken, wie Dorothy Parker oder David Letterman? Ich wollte, dass dieser Dr. Rosen meine neuerlichen Sterbefantasien ernst nahm, aber gleichzeitig sollte er mich charmant finden und vielleicht auch ein bisschen sexy. Ich nahm an, wenn er mich attraktiv fände, wäre er noch motivierter, mir zu helfen.

»Ich bin grottenschlecht in Beziehungen, und ich habe Angst davor, allein zu sterben.«

»Was genau meinen Sie damit?«

»Ich kann keine Nähe zu anderen Menschen aufbauen. Etwas hält mich zurück, wie ein unsichtbarer Zaun. Ich spüre, dass ich mich zurücknehme, immer. Und ich stehe ausnahmslos auf den Typ Mann, der trinkt, bis er sich übergibt oder ohnmächtig wird …«

»Alkoholiker.« Keine Frage, sondern eine Feststellung.

»Ja. Meine erste Liebe auf der Highschool rauchte jeden Tag Gras und betrog mich. Auf dem College hatte ich etwas mit einem kolumbianischen Verbindungsstudenten, der alkoholabhängig und vergeben war, und dann datete ich einen, der süchtig nach Marihuana war. Danach kam ein netter Kerl, aber mit dem habe ich Schluss gemacht …«

»Weil?«

»Weil er mich zu meinen Vorlesungen begleitete, mir Ausgaben seiner Lieblingsbücher kaufte und um Erlaubnis fragte, bevor er mich küsste. Da sträuben sich mir die Nackenhaare.«

Dr. Rosen lächelte. »Sie haben Angst vor emotional zugänglichen Männern. Vor Frauen vermutlich auch.« Weitere Feststellungen.

»Gefestigte Typen, die Interesse an mir zeigen, widern mich an. Das gilt wohl auch für Frauen, denke ich.« Vor meinem inneren Auge tauchte eine Szene von letztem Weihnachten auf, als ich meine

Familie in Texas besucht und in einem Klamottenladen eine Freundin aus der Highschool getroffen hatte. Als Lia meinen Namen rief, stand ich gerade bei den Blazern und Hemden, und als sie mich herzlich umarmte, erstarrte ich einfach nur. Als sie sich wieder löste, huschte ein verletzter Blick über ihr Gesicht, als wollte sie sagen: *Ich dachte, wir wären Freundinnen* – und dann fragte sie nach Chicago und meinem Studium. Plaudernd standen wir zwischen all den Leuten, die nach den Feiertagen auf Schnäppchenjagd waren, und in meinem Kopf setzte sich der Gedanke fest, dass Lia eigentlich überhaupt nicht mit mir sprechen wollte. Schließlich war sie nun eine erfolgreiche Physiotherapeutin ohne Essstörung oder das merkwürdige Problem zu verkrampfen, wenn jemand aus ihrer Vergangenheit sie umarmen wollte. Lia und ich waren während der Highschool eng befreundet gewesen, doch in meinem Abschlussjahr hatte ich mich von ihr zurückgezogen, als meine Essstörung immer stärker wurde und ich damit beschäftigt war, meinen ersten Freund davon abzubringen, mich zu betrügen.

»Haben Sie Bulimie?«

»Ich bin in einem Selbsthilfeprogramm … Zwölf Schritte«, antwortete ich schnell, in der Hoffnung, er würde sich nicht daran erinnern, wie ich mich als *Christie, genesende Bulimikerin* vorgestellt hatte. »Die Schritte helfen mir mit der Bulimie, aber die Sache mit den Beziehungen kriege ich nicht in den Griff …«

»Nicht allein. Wer ist Teil Ihres Unterstützungsumfelds?«

Ich nannte meine Sponsorin Cady, eine Hausfrau und Mutter erwachsener Kinder, die in der gleichen texanischen Kleinstadt lebte, in der ich aufs College gegangen war. Ihr stand ich näher als sonst jemandem – ich rief sie alle drei Tage an, hatte sie aber seit fünf Jahren nicht gesehen. Dann gab es diesen willkürlichen Kreis an Frauen wie Marnie, mit denen ich während und manchmal auch nach den Gruppentreffen sprach. Freundinnen aus dem Studium, die nicht wussten, dass ich in Behandlung war. Freundinnen aus der Highschool- und Collegezeit, die sich Mühe gaben, mit mir in Kontakt zu bleiben, aber die ich nur selten zurückrief und deren Einladungen, sie zu besuchen, ich immer ausschlug.

»Ich habe neuerdings Sterbefantasien.« Ich presste meine Lippen aufeinander. »Seit ich herausgefunden habe, dass ich in meiner Fakultät die Jahrgangsbeste bin …«

»*Masel tov*, ich gratuliere.« Sein Lächeln schien so aufrichtig, dass ich den Blick abwandte und seine Urkunden betrachtete, um nicht in Tränen auszubrechen.

»Ist ja nicht Harvard oder so.« Er zog die Augenbrauen hoch. »Und was soll's, dann werde ich eben Karriere machen, und dann? Ansonsten wird es nichts geben …«

»Darum haben Sie sich für Jura entschieden.« Seine selbstsicheren Diagnosen waren entwaffnend und tröstend zugleich. Er war keine Paula D., die Fragen über Schlangen stellte. »Was glauben Sie, wie sind Sie zu dem Menschen geworden, der Sie sind?«, fragte Dr. Rosen.

»In jeder Familie gibt es einen Versager.« Ich hatte keine Ahnung, warum ich das sagte.

»Sie sind Jahrgangsbeste an der juristischen Fakultät und bezeichnen sich als Versagerin?«

»Jahrgangsbeste zu sein, bedeutet einen Scheißdreck, wenn ich allein und einsam sterbe.«

»Was wollen Sie?«, fragte er.

Das Wort *wollen* wiederholte sich in meinem Kopf. *Wollen, wollen, wollen.* Ich suchte nach einem Weg, meine Sehnsucht in Worte zu fassen, ohne einfach nur herauszuplappern, dass ich nicht allein sterben wollte.

»Ich will …«, zögerte ich. »Ich möchte gerne …«, wieder hielt ich inne. »Ich will *echt* sein. Anderen Menschen gegenüber. Ich will ein *echter* Mensch sein.«

Er sah mich an, als wolle er fragen: *Und was noch?* Mir kamen noch weitere Wünsche in den Sinn: Ich wollte einen Freund, der nach frisch gewaschener Baumwolle roch und jeden Tag zur Arbeit ging. Ich wollte weniger als 50 Prozent meiner wachen Zeit damit verbringen, über meinen Körper nachzudenken. Ich wollte alle meine Mahlzeiten gemeinsam mit anderen Leuten einnehmen. Ich wollte so viel Freude an Sex haben wie die Frauen in *Sex and the City*. Ich wollte wieder Ballettstunden nehmen – eine Leidenschaft, die ich aufgegeben hatte, als ich Brüste und fleischige Oberschenkel bekam. Ich wollte Freunde haben, mit denen ich nach dem Staatsexamen in zwei Jahren die Welt bereisen konnte. Ich wollte meine ehemalige Mitbewohnerin aus Collegezeiten wieder kontaktieren, die in Houston lebte. Ich wollte Highschoolfreundinnen umarmen, wenn ich sie zufällig in der Mall traf. Aber ich sagte nichts davon, denn das schien mir alles zu spezifisch. Dumm von mir. Ich wusste noch nicht, dass Therapie, ebenso wie das Schreiben, von Details und Genauigkeit lebt.

Er sagte, er würde mich einer Gruppe zuteilen. Das hätte mich nicht überraschen sollen, aber das Wort *Gruppe* traf mich trotzdem wie ein Schlag. Eine Gruppe würde aus lauter Menschen bestehen, die mich vielleicht nicht mögen würden, die in meinen Angelegenheiten herumschnüffeln und damit die Anweisung meiner Mutter verletzen würden, meinen seelischen Kummer nicht dem Blick anderer preiszugeben.

»Eine Gruppe kann ich nicht.«

»Warum nicht?«

»Meine Mutter würde ausflippen. All diese Leute, die so viel über mich erfahren …«

»Dann erzählen Sie es ihr nicht.«

»Warum können wir nicht bei Einzelsitzungen bleiben?«

»Eine Gruppentherapie ist der einzige Weg, Sie an Ihr Ziel zu bringen.«

»Ich gebe Ihnen fünf Jahre.«

»Fünf Jahre?«

»Fünf Jahre, um mein Leben zu ändern, und wenn es nicht funktioniert, bin ich raus. Vielleicht bringe ich mich dann um.« Ich wollte dieses Schmunzeln aus seinem Gesicht vertreiben, und ich wollte, dass er wusste, dass ich nicht ewig wiederkommen, mich nicht ewig in die Innenstadt schleppen würde, um mit anderen kaputten Leuten über meine Gefühle zu sprechen. Nur, wenn sich etwas Grundlegendes in meinem Leben änderte. In fünf Jahren werde ich 32 sein. Wenn ich mit 32 immer noch so ein glattes, ungebundenes Herz habe, bringe ich mich um.

Er beugte sich vor. »Sie wollen innerhalb der nächsten fünf Jahre intime Beziehungen in Ihrem Leben?« Ich nickte und nahm den unangenehmen Augenkontakt in Kauf. »Das kriegen wir hin.«

Ich hatte Angst vor Dr. Rosen, aber würde ich den Psychiater mit Harvard-Abschluss hinterfragen?

Seine Eindringlichkeit machte mir Angst – dieses Lachen, die Feststellungen –, doch sie faszinierte mich auch. Was für ein Selbstbewusstsein! *Das kriegen wir hin.*

Sobald ich der Gruppentherapie zugestimmt hatte, bekam ich Angst, Dr. Rosen könnte etwas Schreckliches zustoßen. Ich stellte mir vor, wie ihn ein Bus der Linie 12 vor dem Starbucks niedermähte. Oder dass bösartige Tumoren seine Lungen durchlöcherten oder sein Körper nach und nach von ALS ausgeschaltet wurde.

»Triffst du Buddha unterwegs, so töte ihn«, sagte Dr. Rosen in unserer zweiten Sitzung, nachdem ich ihm von diesen Ängsten erzählt hatte.

»Sind Sie nicht jüdisch?« Der jüdische Nachname, das *Masel tov*, die Stickerei mit hebräischen Sprüchen an der Wand gegenüber der Urkunden.

»Dieser alte Zen-Spruch meint, dass Sie dafür beten sollten, dass ich sterbe.«

»Warum sollte ich das tun?«

»Der Spruch bedeutet: Wenn Altes stirbt, dann kommt etwas Besseres«, er lächelte wie ein verrückter Kobold, als glaubte er wirklich, dass alles nur besser werden konnte.

»Ich war mal in einen Unfall verwickelt an einem Strand auf Hawaii. Jemand, mit dem ich dort war, ist ertrunken.« Ich sah, wie sich seine Augen angesichts dieser geplatzten Bombe weiteten, und spürte, wie sich Anspannung in meiner Brust ausbreitete.

»Mein Gott. Wie alt waren Sie?«

»Es geschah drei Wochen vor meinem 14. Geburtstag.« Wie immer, wenn jemand von Hawaii sprach, durchzog meinen Körper eine Welle von Angst. In jenem Sommer lud mich meine Freundin Jenni ein, mit ihrer Familie Urlaub auf Hawaii zu machen. Drei Tage lang erkundeten wir die Hauptinsel – schwarze Sandstrände, Wasserfälle, ein traditionelles Lu'au. Am vierten Tag fuhren wir an einen abgelegenen Strand, und Jennis Vater ertrank in der Brandung. Ich hatte nie gelernt, über dieses Erlebnis zu sprechen. Meine Mutter nannte es »den Unfall«, andere sprachen von »dem Ertrinken«. An dem Abend, als es passiert war, rief Jennis Mutter ihre Verwandten in Dallas an und schluchzte ins Telefon: »David ist tot.« Ich hatte keine Worte für das, was passiert war, oder für die Last der Erinnerung daran, wie ich seinen schlaffen Körper aus dem Meer gezogen hatte. Also sprach ich nicht darüber.

»Möchten Sie noch etwas sagen?«

»Ich bete nicht dafür, dass Sie sterben.«

***

Googelt man *Buddha töten*, stößt man auf ein Buch von Sheldon B. Kopp mit dem Titel *Triffst du Buddha unterwegs … Psychotherapie und Selbsterfahrung*. Scheinbar müssen Patienten in Psychotherapie – also Leute wie ich – begreifen, dass auch Therapeuten nichts anderes sind als Menschen mit Problemen. Es war also ein früher Hinweis darauf, dass Dr. Rosen mir keine Antworten liefern würde, dass er vielleicht gar keine hatte. Ich fügte meinen geistigen Bildern von Dr. Rosens schrecklichem Ableben die Vorstellung hinzu, wie ich einen hölzernen Pflock in sein Herz rammte. Das war beunruhigend, nicht nur, weil ich Buddha mit Dracula verwechselt hatte.

Im ersten Jahr auf dem College luden mich ein paar lebensfrohe, beliebte Mädchen aus Austin zu einem Roadtrip nach New Orleans ein. Der Plan war, bei der Cousine eines der Mädchen zu übernachten und im Französischen Viertel zu feiern, bis es an der Zeit war, wieder zurückzufahren. Ich sagte ihnen, ich müsse darüber nachdenken, obwohl ich meine Antwort längst kannte. Als Ausrede berief ich mich auf Hausaufgaben, obwohl es erst die zweite Woche des Schuljahrs war und meine einzige Aufgabe darin bestand, die erste Hälfte des epischen Heldengedichts *Beowulf* zu lesen, das ich schon aus der Highschool kannte.

Gruppen schüchterten mich ein, auch noch all diese Jahre nach Bianca und ihren Kaubonbons. Wo würde ich in New Orleans schlafen? Was, wenn ich ihre Witze nicht verstand? Was, wenn ich nichts zu erzählen hatte? Was, wenn sie merkten, dass ich nicht so reich, cool oder glücklich war wie sie? Was, wenn sie herausfanden, dass ich keine Jungfrau mehr war? Was, wenn sie wüssten, dass ich bisher nur mit einem einzigen Typen geschlafen hatte? Was, wenn sie auf meine Geheimnisse rund ums Essen kamen?

Wie sollte ich es da jemals schaffen, jede Woche dieselbe Gruppe mit denselben Leuten zu treffen?

»Ich kenne Sie. Aus den Treffen«, platzte ich mitten in meiner zweiten Sitzung plötzlich hervor. Ich hatte Angst, dass er sich eines Tages doch noch erinnern würde und mich dann rausschmeißen müsste, weil wir schon gemeinsam in einem Selbsthilfetreffen gesessen hatten. »Es ist schon Jahre her, ich habe damals noch in Hyde Park gewohnt.«

Er neigte seinen Kopf und kniff die Augen zusammen. »Ah, richtig. Sie kamen mir bekannt vor.«

»Heißt das, dass Sie mich nicht weiter behandeln können?«

Seine Schultern bebten, als er in ein neckisches Lachen ausbrach. »Ich höre Ihren Wunsch heraus.«

»Wie bitte?« Ich starrte in sein vergnügtes Gesicht.

»Wenn Sie wirklich vorhaben, sich auf eine Therapie mit mir einzulassen, dann müssen Sie sich schon bessere Ausreden einfallen lassen, warum es nicht funktionieren sollte.«

»Das war eine berechtigte Sorge.« Mehr Lachen. »Was?«

»Wenn Sie Teil einer meiner Gruppen werden, dann möchte ich, dass Sie dort absolut alles über mich erzählen, an was Sie sich aus den Treffen von damals noch erinnern.«

»Und was ist mit Ihrer Anonymität?«

»Sie müssen mich nicht schützen. Das ist nicht Ihre Aufgabe. Ihre Aufgabe ist es zu erzählen.«

Mein Tagebucheintrag nach dieser zweiten Sitzung war merkwürdig vorausschauend: *Der Gedanke daran, mein Essverhalten in der Therapie offenzulegen, macht mich nervös … Ich habe viele Gefühle, wenn ich an Dr. Rosen & seine Rolle in meinem Leben denke. Angst, meine Geheimnisse könnten ans Licht kommen. Die Angst ist so groß.*

Dr. Rosen sprach in Rätseln.

»Der hungernde Mensch verspürt keinen Hunger, bis er den ersten Bissen genommen hat«, sagte er.

»Ich bin nicht magersüchtig.« Nun, ich hatte mir die Magersucht definitiv herbeigesehnt, als ich während meiner gesamten Highschoolzeit nicht aufhören konnte, Pringles und Cookies in mich hineinzustopfen, aber es war nie mein Ding gewesen.

»Es ist eine Metapher. Wenn Sie sich der Gruppe öffnen – den ersten Bissen nehmen –, erst dann werden Sie merken, wie allein Sie zuvor waren.«

»Und wie *öffne ich mich der Gruppe*?«

»Sie teilen mit den anderen jeden einzelnen Aspekt Ihres Lebens, in dem es um Beziehungen geht – Freundschaft, Familie, Sex, Dating, Liebe. Alles.«

»Warum?«

»Weil Sie sich so der Gruppe öffnen.«

***

Bevor es mit der Gruppentherapie losgeht, hat jeder drei einzelne Sitzungen. In meiner letzten entspannten sich meine Schultern, als ich es mir auf Dr. Rosens schwarzem Ledersessel bequem machte. Ich zwirbelte mein Armband um meinen Zeigefinger und schlüpfte mit meinem Fuß immer wieder aus meinem Schuh heraus und wieder hinein. Ich hatte mich an Dr. Rosen gewöhnt, er war wie ein merkwürdiger alter Kumpel geworden. Nichts, wovor man sich fürchten müsste. Ich hatte ihm gesagt, dass ich ihn von den Treffen kannte, und er hatte gesagt, dass das kein Problem sei. Nun musste er nur noch die konkreten Details festklopfen, zum Beispiel, in welche Gruppe er mich stecken würde. Er schlug eine gemischtgeschlechtliche Runde am Dienstagmorgen vor, voller Ärzte und Anwälte, die sich von 7 Uhr 30 bis 9 Uhr traf. Eine »Berufstätigengruppe«. Eine Gruppe mit Männern hatte ich nicht erwartet. Auch keine Ärzte. Oder Anwälte.

»Und was passiert mit mir, wenn ich anfange, die Gruppe zu treffen?«

»Sie werden sich einsamer fühlen als jemals zuvor in Ihrem Leben.«

»Moment mal, Dr. Harvard.« Ich richtete mich sofort auf. »Ich werde mich *schlechter* fühlen?« Gerade hatte ich mich mit dem Studiendekan getroffen, um einen privaten Gesundheitskredit mit zehn

Prozent Zinsen zu vereinbaren, mit dem ich meine neue Therapie bezahlen konnte. Und jetzt sagte er mir, dass es mir mit der Gruppe noch schlechter gehen würde als an jenem Morgen, als ich mit Pflaumensaft am Kinn durch die Gegend fuhr und hoffte, jemand würde mir eine Kugel ins Hirn schießen?

»Ganz genau.« Er nickte überdeutlich. »Wenn Sie ernsthaft vorhaben, intime Beziehungen aufzubauen – ein *echter* Mensch zu werden, wie Sie es formuliert haben –, dann müssen Sie jede einzelne Emotion fühlen, die Sie seit Ihrer Kindheit unterdrückt haben. Die Einsamkeit, die Wut, die Angst.«

Könnte ich das durchziehen? Wollte ich das? Die Neugier auf diesen Mann, seine Gruppen und wie sie mein Herz verändern könnten, überwogen im Vergleich zu meinem Widerstand, wenn auch nur knapp.

»Kann ich Sie anrufen, wenn ich darüber nachgedacht habe?«

Er schüttelte den Kopf. »Ich brauche Ihre Zusage heute.«

Ich schluckte, starrte zur Tür und überdachte meine Möglichkeiten. Die Verbindlichkeit machte mir Angst, aber noch mehr Angst hatte ich davor, mit leeren Händen aus seinem Büro zu laufen. Ohne Gruppe, ohne andere Option, ohne Hoffnung.

»Also gut. Ich sage zu.« Ich griff nach meiner Tasche, damit ich mich zurück ins Büro schleichen und mich darüber aufregen konnte, auf was ich mich da gerade eingelassen hatte. »Eine letzte Frage. Was passiert mit mir, wenn ich anfange, die Gruppe zu treffen?«

»Alle Ihre Geheimnisse werden ans Licht kommen.«

4

»Oben oder unten?« Meine erste Gruppensitzung und ein korpulenter Typ mit schütterem Haar und riesigen grünen Augen hinter einem drahtigen Brillengestell begrüßte mich mit dieser Frage. Schikane. Später erfuhr ich, dass er Carlos hieß. Ein scharfzüngiger schwuler Arzt Ende 30, der schon seit einigen Jahren zu Dr. Rosen ging.

»Beim Sex. Oben oder unten?«, präzisierte er.

Aus den Augenwinkeln sah ich, wie Dr. Rosen seinen Blick von einem Teilnehmer zum nächsten wandern ließ, wie ein Rasensprenger mit eingestelltem Timer. Ich strich meinen Rock glatt. Wenn sie die ordinäre, liebestolle Christie wollten, dann bekamen sie sie.

»Definitiv oben.«

Natürlich war diese Christie nichts anderes als eine künstliche Version meiner selbst, die sich nur zu gern mit einem Lächeln den aufdringlichen Fragen Fremder stellte. Hinter meinen angespannten Nerven und dem beschleunigten Puls hätte ich am liebsten angefangen zu weinen, denn die ehrliche Antwort auf diese Frage war, dass ich keine Ahnung hatte, was ich beim Sex mochte. Ich traf nur Männer, die dank einer Depression oder Sucht nicht in der Lage waren, regelmäßigen Sex zu haben. Ich sagte oben, weil ich mich vage an einen Moment der Lust mit meinem Highschoolfreund erinnerte, dem Basketballstar Schrägstrich Kiffer, der mich regelmäßig im Auto meines Vaters auf dem Beifahrersitz bumste.

Dr. Rosen räusperte sich übertrieben.

»Was?«, fragte ich.

Es war das erste Mal, dass ich ihm seit Beginn der Gruppensitzung in die Augen sah. Er hatte die Tür zum Wartezimmer geöffnet und mich, Carlos und zwei andere den Flur entlang in ein

Eckbüro geführt. In dem etwa vier mal vier Meter großen Gruppenraum standen mehrere Drehstühle im Kreis. Durch die Lamellen der Schiebegardinen fiel Sonnenlicht in Streifen hinein. In einer Ecke gab es ein Regal mit Büchern über Sucht, Co-Abhängigkeit, Alkoholismus und Gruppentherapie. Das unterste Regalbrett war mit einer zusammengewürfelten Sammlung an Kuscheltieren und einer Nonne mit Boxhandschuhen vollgestopft. Ich entschied mich für einen Platz gegenüber der Tür, ein Viertelkreis von Dr. Rosen entfernt. Auf dem Stuhl tat mir der Hintern weh, und er quietschte, wenn ich mich nach links und rechts drehte. Ehrlich, von einem Harvard-Absolventen hätte ich schickeres Mobiliar erwartet.

»Wie wäre es mit einer ehrlichen Antwort?«, sagte Dr. Rosen. Sein Grinsen wirkte wie eine Herausforderung, als wüsste er ohne Zweifel, dass ich meine Laufbahn in der Gruppentherapie gerade damit begonnen hatte, mich unzutreffenderweise als Frau mit einem gesunden Sexleben auszugeben.

»Wie zum Beispiel?«

»Dass Sie überhaupt nicht gerne Sex haben.«

Ich wurde rot. So hätte ich es nicht formuliert. »Das ist nicht wahr. Ich liebe Sex, ich finde nur niemanden, mit dem ich Sex haben könnte.«

Ich hatte schon Orgasmen und richtig guten Sex gehabt – auf dem College war da dieser kolumbianische Alkoholiker, der mein Gesicht berührte, wenn er mich küsste, was ein wahres Feuerwerk in mir auslöste. Und die paar Mal mit meinem Highschoolfreund war ich wirklich gerne oben gewesen, habe mein Becken bewegt und mich meiner Sexualität hingegeben, wie es nur eine angetrunkene 17-Jährige konnte. Ich weiß nicht, wohin diese Seite von mir verschwunden ist und warum ich nicht daran festhalten konnte.

Ein Typ im Alter meines Großvaters und mit militärischem Kurzhaarschnitt und Ziegenbärtchen wie Colonel Sanders, der Gründer von Kentucky Fried Chicken, flötete dazwischen: »Ein hübsches Mädchen wie du findet keinen? Das kann nicht sein.« Warf er mir gerade einen anzüglichen Blick zu? Er war Proktologe im Ruhestand.

»Leute, bitte … reagiert nicht auf mich.« Ich spürte Tränen aufsteigen. Die Sitzung lief gerade mal zwei Minuten, und ich brach bereits ein. Ich erinnerte mich an das zweite Jahr auf der katholischen Mädchenschule. Sie schickten uns auf ein spirituelles Seminar, und die Leiterin eröffnete mit einer Geschichte über ihre frühere Bulimie. Ich brach daraufhin in Tränen aus und gestand einem Raum voller 14-Jähriger meine Essstörung, bevor ich sie beschwor, es niemandem zu verraten. Es war das erste Mal überhaupt, dass ich jemandem von meinen Fressattacken erzählte.

Ich saß dem alten Typen genau gegenüber, und ich spürte, wie die Unsicherheit von damals wieder in mir aufstieg und geradezu über mir schwebte: Würde es mein Leben retten, endlich meinen Mund zu öffnen und ein paar Fremden die Wahrheit zu erzählen? Oder würde es mich zerstören, wie meine Mutter es vorausgesagt hatte?

»Was meinst du mit ›reagieren‹?« Definitiv versuchte Colonel Sanders, mit mir zu flirten.

»Männer sprechen *immer* meine Freundinnen an, aber niemals mich. So ist es schon seit der Highschool.« In Bars oder auf Partys stand ich immer etwas abseits, wusste nie, was ich mit meinen Händen machen sollte, konnte weder in einer normalen Tonhöhe lachen noch an einem Gespräch teilnehmen, weil ich immer nur darüber nachdachte, wie ich die Kerle dazu bringen konnte, mich zu mögen. Und das war nicht nur bei Amerikanern so. Nach dem College reiste ich mit meiner damaligen Mitbewohnerin Kat durch ganz Europa, und nicht ein einziger Typ versuchte mich anzugraben. Nicht mal in Italien. Während sie Kat in München, Nizza, Luzern und Brügge zu Füßen lagen, ignorierten sie mich.

Ein Summer ertönte, und Dr. Rosen drückte auf einen Knopf an der Wand hinter ihm.

Drei Sekunden später betrat eine Frau Ende 40 mit abgesplittertem türkisen Nagellack, kaputtgestyltem gelblichem Haar und einer rauen Raucherstimme lächelnd den Raum. Ihr Fransenrock aus Viskose sah mehr nach Woodstock als nach Downtown Chicago aus. Ich hatte sie schon bei ein paar Zwölf-Schritte-Treffen gesehen.

»Ich bin Rory«, sagte sie zu mir und zu einem älteren Typen, der mir gegenübersaß. Er schien auch neu zu sein. Wie eine Herbergsmutter stellte sie uns jeden Einzelnen mit Namen und Beruf vor. Der Opa-Typ hieß Ed. Carlos, Dermatologe. Patrice, Mitinhaberin einer Geburtshilfepraxis. Rory war Anwältin für Zivilrecht. Der andere neue, Marty, hatte riesige, buschige Augenbrauen und zog alle zehn Sekunden die Nase hoch. Er stellte sich als Psychiater vor, der mit Flüchtlingen aus Südostasien arbeitete.

»Du bist also hier, um mehr Sex zu haben?«, fragte Colonel Sanders nun.

Ich zuckte mit den Schultern. Nur wenige Augenblicke zuvor hatte ich genau das zugegeben, aber nun brachten mich die verinnerlichten Moralvorstellungen dazu, mich wieder zurückzuziehen. Nette Mädchen wollen *es* nicht. Feministinnen brauchen *es* nicht. Gute Mädchen sprechen nicht über *diese Sache*, erst recht nicht in Anwesenheit von Männern. Meine Mutter würde sterben, wenn sie wüsste, dass ich mit Fremden *darüber* sprach.

Die Unterhaltung ging zurück zu Rory, die erzählte, dass sie ihren Vater um Geld gebeten hatte, um Rechnungen zu bezahlen. Dr. Rosen steuerte sie darauf, dass ihr Vater den Holocaust überlebt hatte, indem er sich mehrere Jahre lang in Polen in einer Truhe versteckte. Abrupt schwenkte das Gespräch zu einem von Carlos' Patienten, der sich weigerte, seine Rechnung zu begleichen.

Die Gruppe schwang sich von Problem zu Problem, ich wechselte von einer Pobacke auf die andere. Was für ein verdammt harter Stuhl. Frustriert seufzte ich auf und räusperte mich. Kein Problem war gelöst. Wollte denn niemand irgendwelche Antworten? Lösungen? Noch dazu hatte ich als Neuling keinerlei Kontext zu all diesen Geschichten. Warum hatte Carlos' Assistent gekündigt? Warum wirkte Rory so antisemitisch, wo ihr Vater doch den Holocaust in einer Kiste überlebt hatte? Was hatte es mit ihrer überzogenen Kreditkartenrechnung auf sich?

Um mich zu beruhigen, begann ich irgendwann, die Perlen meines Armbands nacheinander zu befühlen wie einen Rosenkranz. Dr. Rosen beobachtete mich, seine neueste Laborratte. Würde er später etwas in meiner Akte notieren? *CT spielt während der Gruppendiskussion an Schmuck herum. CT zeigt alle klassischen Anzeichen einer Person mit großen Intimitätsproblemen, schwere Depression. Harter Fall.*

Trotz Dr. Rosens Arroganz und seines merkwürdigen Humors hatte ich nach jeder meiner Einzelsitzungen das Gefühl gehabt, dass wir eine Verbindung hatten. Ich glaubte, dass er mich verstand, doch nun fühlte es sich an, als wären wir uns komplett fremd. In Gedanken nannte ich ihn Arschloch.

In der Gruppe gab es ungeschriebene Regeln.

»Du hast die Beine überschlagen«, sagte Colonel Sanders. Ich starrte hinunter auf meinen rechten Oberschenkel, der auf meinem linken lag. Alle drehten sich mir zu.

»Und?«, fragte ich abwehrend.

»Das machen wir hier nicht.« Der alte Mann betrachtete meine Beine. Schnell stellte ich die Füße nebeneinander.

»Warum nicht?« Falls es mir helfen sollte, mich dumm zu fühlen, dann wäre ich spätestens an Weihnachten geheilt.

»Es bedeutet, dass du dich nicht öffnest.« Das war Carlos.

»Es bedeutet, dass du dich schämst.« Das war Rory.

»Du verschließt dich emotional.« Das war Patrice.

Ich fühlte mich wie in einem Goldfischglas. Es gab keine Möglichkeit, mich vor den sechs Augenpaaren in diesem Kreis zu verstecken. Sie konnten meinen Körper lesen. Mich beurteilen. Schlüsse ziehen. Sie konnten mich *sehen*. Beim Gedanken an diese Bloßstellung hätte ich meine Beine am liebsten bis zum Ende der Sitzung überschlagen. Bis zum Ende der Zeit.

Dr. Rosen wurde wieder lebendig und ergriff das Wort. »Wie fühlen Sie sich?«

Anstatt irgendeine schwachsinnige Antwort auszuspucken, mit der ich vielleicht punkten könnte – *Ich fühle mich durch die Gruppendynamik bestärkt* –, atmete ich tief ein und suchte nach der Wahrheit. Ich hatte die Orientierung verloren, aber vielleicht konnte die Wahrheit ein neuer Ausgangspunkt werden. Im Zwölf-Schritte-Programm hatte es funktioniert – ich lebte noch, weil ich in den Treffen immer und immer wieder die Wahrheit über meine Bulimie gesagt hatte. Nichts in meinem Leben hat mir so viel Kraft gegeben wie die ungeschönte Wahrheit darüber, wie ich meine Mahlzeiten erbrach – nicht die guten Noten, nicht ein dünner Körper, nicht das Herumfummeln mit einem schönen südamerikanischen Verbindungsstudenten. Das erste Mal, dass ich in meinem ganzen Körper ein echtes Gefühl von Stärke spürte, war nach meinem ersten Zwölf-Schritte-Treffen gewesen, als ich mit einer Frau aus der Runde auf einer Parkbank saß und ihr erzählte, dass ich auf dem ganzen Campus Essen gestohlen, in mich hineingestopft und anschließend wieder erbrochen hatte. Ich merkte, wie bestärkend es sich anfühlte, das Gebot meiner Mutter, mich niemals anderen Leuten zu offenbaren, einfach links liegen zu lassen. Ich befreite mich von einem Geheimnis, und es war mir egal, wer in meiner Familie mich dafür verstoßen könnte. Denn endlich begriff ich, dass ich durch dieses Geheimnis mich selbst verstoßen hatte. Wenn die Möglichkeit bestand, durch die Gruppentherapie gesund zu werden – und da war ich mir noch nicht sicher –, dann musste der Grundstein dafür die Wahrheit sein. Es gab keine andere Möglichkeit. Und niemand in diesem Raum kannte meine Mutter oder irgendeine ihrer Freundinnen. Also Schluss mit der Heuchelei.

»Ich fühle mich in der Defensive«, antwortete ich, »als müsste ich mich verteidigen.« Wie hätte ich denn wissen sollen, dass *wir* unsere Beine nicht überschlagen?

Dr. Rosen schüttelte den Kopf. »Das ist kein Gefühl.«

»Aber das ist genau …« Jetzt war ich sauer, und ich war mir sicher, dass *das* definitiv ein Gefühl war.

Noch eine Regel: »Gefühle haben maximal zwei Silben: beschämt, wütend, einsam, verletzt, traurig, ängstlich …« Dr. Rosen erklärte Emotionen, als spräche er mit Grundschülern. Überschritt man die Grenze der zwei Silben, hieß das, dass sich der Verstand einschaltete und man sich zwangsläufig wegbewegte von der simplen Wahrheit der Gefühle.

»Und glücklich«, ergänzte Rory.

»Aber so wirst du dich hier nicht fühlen«, sagte Carlos. Alle lachten. Ich brachte ein Lächeln hervor.

Dr. Rosen nickte mir zu. »Also, was bedeutet ›in der Defensive‹?«

Meine erste Abfrage. Ich wollte die richtige Antwort geben. Doch es schien mir ähnlich schwierig wie die Frage nach Sheldons Zeitslot im Übungstest für die Unizulassung. Ich ging eine Liste von Gefühlen durch. *Gefrustet* fiel mir ein, aber das waren drei Silben. *Aufgebracht*? Nein, drei Silben. Drei Mal krähte der Hahn. Drei Mal wurde Jesus verleugnet. Drei war eine biblische Zahl. Drei war heilig. Warum durfte ich keine dreisilbigen Wörter verwenden? Meine erste Wahl wäre gewesen: *Adios.*

»Wütend?«, sagte ich.

»Ich habe noch etwas anderes herausgehört. Wie wäre es mit Scham?«

Ich sprach es laut aus: »Beschämt?«

Scham stellte ich mir immer als etwas vor, mit dem Opfer von Inzest oder rituellem Missbrauch zu kämpfen hatten. Scham war Menschen vorbehalten, die schwere sexuelle Sünden begangen oder sich nackt in der Öffentlichkeit gezeigt hatten. Aber ich? Ich war immer angezogen, sogar im Bett – selbst beim Sex hatte ich oft noch einen BH an. War *Scham* das richtige Wort für das Gefühl, dass alles an mir falsch war und hinter herausragenden Schulnoten versteckt werden musste? War es Scham, was ich gefühlt habe, wenn ich mir als kleines Mädchen im Ballettunterricht einen so zierlichen Körper herbeisehnte, wie all die Jennifers und Melissas ihn hatten? War das die richtige Bezeichnung für den Ekel, den ich als Jugendliche für meinen Körper empfand, wenn ich neben meinen Freundinnen und meiner jüngeren Schwester saß und meine breiten Oberschenkel mit ihren zarten Storchenbeinen verglich?

Ich wollte nicht nur im Studium, sondern auch in der Therapie die Beste sein. Das Problem daran war natürlich, dass das weder gegen meine Einsamkeit half, noch mich anderen Menschen auch nur ein Stückchen näherbrachte. Und dazu kam, dass ich keine Ahnung hatte, wie man in der Therapie »gut« war.

Die wichtigste Regel im Rosen-Land war selbstverständlich, dass man vor den anderen Gruppenmitgliedern keine Geheimnisse haben durfte. Wir kamen darauf, als Carlos über eine Frau Lynne sprach, die in einer anderen Gruppe von Dr. Rosen war. Laut Carlos plante Lynne, ihren Ehemann zu verlassen, und zwar unter anderem aufgrund seiner Erektionsstörung. Ich rümpfte meine Nase und schaute zu Dr. Rosen. Wie konnte er zulassen, dass wir hier über den nicht funktionierenden Penis irgendeines unschuldigen Mannes sprachen? Was, wenn ich ihn zufällig kannte? Als Marnie das Keine-Geheimnisse-Thema angesprochen hatte, war mir nicht klar gewesen, dass Dr. Rosen sogar *während einer Sitzung* Getratsche über andere Patienten zulassen würde.

»Was ist mit Vertraulichkeit?«, fragte ich.

»So etwas haben wir hier nicht«, antwortete Rory. Patrice und Carlos bestätigten Rorys Antwort mit energischem Nicken. Ich musste wieder daran denken, wie meine Mutter mich damals ausgeschimpft hatte. Ich hatte das Versprechen gebrochen, um die

Zwölf-Schritte-Leute an mich heranzulassen, doch sie waren durch das Gebot der Anonymität zum Schweigen verpflichtet. Waren diese Witzbolde hier auch zu irgendetwas verpflichtet?

»Wie sollen wir uns denn dann sicher fühlen?«

»Wie kommen Sie darauf, dass Sie Vertraulichkeit vor irgendetwas beschützt?« Dr. Rosen schien unter Spannung zu stehen, als warte er schon darauf, mich zu belehren.

»Gruppentherapien sind immer vertraulich.« Meine Kompetenz beschränkte sich auf das Wissen, dass eine Freundin aus dem Masterstudium eine Vertraulichkeitserklärung unterzeichnen musste, bevor sie einer Gruppe beitrat. »Vielleicht möchte ich nicht, dass ihr alle meine Geheimnisse ausplaudert.«

»Warum nicht?«

»Ihr versteht nicht, warum ich Wert auf Privatsphäre lege?« In keinem der Gesichter, die mich anstarrten, war eine Spur von Empörung zu finden.

»Vielleicht möchten Sie sich darüber Gedanken machen, warum Sie so wahnsinnig versteift auf Privatsphäre sind.«

»Ist das nicht der Normalfall?«

»Vielleicht, aber Geheimnisse vor anderen zu bewahren, ist sehr viel toxischer, als sie mit anderen zu teilen. Das Festhalten an Geheimnissen ist nichts anderes als das Festhalten an Schamgefühlen, die nicht zu Ihnen gehören.«

Einerseits verstand ich, was er meinte. Esssüchtigen ging es besser, wenn sie in Selbsthilfetreffen ihre Geschichten miteinander teilten. Aber zu Beginn jedes Zwölf-Schritte-Treffens wird wiederholt: »Alles, was ihr in diesem Raum hört, bleibt hier, wenn ihr geht.« Immer wenn diese Zeile verlesen wird, antworten alle mit: »Hier, hier!« Dr. Rosen war als mein Psychiater ethisch verpflichtet, meine Geheimnisse zu bewahren, doch hier waren nun mal fünf weitere Menschen, die jedes Wort hörten, das ich sagte. Die Wände dieses Gruppenraums hielten nichts davon ab, nach draußen zu dringen. Was, wenn ich irgendwann Geld meiner Kanzlei, die ich dann haben würde, veruntreute? Was, wenn ich ein Reizdarmsyndrom entwickelte und mir auf der Michigan Avenue in die Hose machte? Was, wenn ich mit jemandem schlief, der keine Ahnung von korrekter Kommasetzung hatte? Wie würde es sich anfühlen zu wissen, dass irgendein Max Mustermann in der Männergruppe am Mittwoch alle Details über den akrobatischen Sex kennen könnte, den ich hoffentlich eines Tages haben werde?

»Was habe ich dann davon?« Ich wusste noch nicht, dass ich diesen Satz noch so oft sagen würde, dass er teils Mantra, teils Markenzeichen wurde.

»Einen Ort, an dem absolut alles ausgesprochen werden kann, ohne dass Sie irgendetwas vor irgendjemandem zurückhalten müssen. Jemals.«

Am Ende dieser Sitzung presste Dr. Rosen die Handflächen zusammen. »An dieser Stelle machen wir für heute Schluss.« Alle standen auf. Zu mir sagte Dr. Rosen: »Wir beenden unsere Sitzungen so wie die Zwölf-Schritte-Treffen: Wir halten uns im Kreis an den Händen und sprechen das Gelassenheitsgebet. Wenn Sie das nicht möchten, müssen Sie nicht mitmachen.«

Ich schenkte ihm mein bestes »Ich weiß doch, wie es läuft«-Lächeln. Ich hatte gerade 90 Minuten Gruppentherapie durchgestanden. Wenn irgendjemand das Gelassenheitsgebet brauchte, dann war ich das. Das Gebet war dazu gedacht, Süchtigen eine Art über ihnen stehende Macht zu vermitteln, ohne dabei Bezug auf eine bestimmte Religion zu nehmen. *Gott, gib mir die Gelassenheit, Dinge hinzunehmen, die ich nicht ändern kann, den Mut, Dinge zu ändern, die ich ändern kann, und die Weisheit, das eine vom anderen zu unterscheiden.*

Nachdem wir das Gebet gesprochen hatten, drehte sich jeder zu seinem Nebenmann und umarmte ihn. Rory und Patrice. Marty und Ed. Carlos und Dr. Rosen. Ich beobachtete sie und war noch nicht bereit, vorzutreten und meinen Körper gegen einen von ihnen zu pressen, als Patrice mit geöffneten Armen auf mich zukam. Ich machte einen Schritt nach vorn und ließ zu, dass sie mich umarmte. Meine Arme hingen seitlich an mir herunter wie leere Jackenärmel. Dr. Rosen stand vor seinem Stuhl, und einer nach dem anderen ging zu ihm, um ihn zu umarmen.

Ich trat vor, schlang meine Arme um seine Schultern und drückte sie kurz – zu kurz, um an ihm zu riechen oder mir zu merken, wie es sich anfühlte, wenn sich seine Arme um meinen Körper schlangen oder meine um seinen. So kurz, dass es sich gleich darauf anfühlte, als sei es gar nicht passiert. Er hinterließ keinen Abdruck auf meinem Körper. Ich umarmte ihn, weil ich dazugehören und tun wollte, was alle anderen taten, um keine Aufmerksamkeit auf mich zu lenken. Jahre später sah ich neue Patienten in die Gruppe kommen, die sich weigerten, irgendjemanden zu umarmen, vor allem Dr. Rosen, und jedes Mal klappte mir die Kinnlade herunter und mir wurde bewusst, dass ich nicht einmal auf die Idee gekommen wäre, ihn *nicht* zu umarmen. Nirgendwo in mir gab es diese Art von *Nein*.

Nach der Sitzung fuhr ich mit der U-Bahn zur Uni. Mein Kopf schwirrte von all den neuen Gesichtern, den neuen Gefühlswörtern, der neuen Welt, in die ich gerade eingetreten war. Dr. Rosen tat so, als wüsste er alles über mich. Seine entschiedene Feststellung – *Sie haben überhaupt nicht gerne Sex* – hatte mir einen Stich versetzt. Wie arrogant! Nur weil er ein schicker Psychiater war, hieß das noch lange nicht, dass er alles wusste. Früher war ich aufgeschlossen gewesen für die Lust, und wenn er mich jemals danach fragen würde, würde ich ihm und jedem Einzelnen in der Gruppe in die Augen sehen und ihnen davon erzählen. Ohne überschlagene Beine.

***

Mein erstes großes »Oh« hatte ich in einer Nacht erlebt, in der das Frühlingswetter in Texas so mild war, dass ich mein Schlafzimmerfenster offenließ.

Ich konnte nicht schlafen, also machte ich das Radio an und hörte: »*Sexuell gesprochen*: Sie sind auf Sendung.« Oooh. Diese Radiosendung war *nicht* für Kinder gedacht. Ich kroch tiefer unter meine Decke. Schwester Mary Margaret sagte uns, dass Sex nur etwas für verheiratete Paare war, die ein Kind bekommen wollten – unter allen anderen Umständen würde Sex in die Hölle führen, weit weg von Gott, unseren Eltern und unseren Haustieren. Meine Mutter bestätigte diese katholische Wahrheit eines Tages beim Abendessen, als sie erklärte, dass es zwei Sünden gebe, die einen auf direktem Wege in die ewige Verdammnis führten: »Mord und vorehelicher Sex.«

Es war nicht schwer, mir vorzustellen, wie ich aus Gottes Gnade fiel, als ich die Lautstärke am Radio vorsichtig höher drehte.

Eine Anruferin gestand, dass sie mit ihrem Partner nicht zum Orgasmus kommen konnte. Es folgten Dr. Ruth Westheimers Anweisungen, wie man seinen Körper durch Masturbation kennenlernte. Hilfsbereit erklärte Dr. Ruth, wo die Klitoris saß und was sie tat. Es schien beinahe so, als wüsste sie, dass sie zu einer Zehnjährigen sprach.

All diese klugen Ratschläge konnte ich nicht einfach verkommen lassen. Ich schob die Hand zwischen meine Beine und berührte die empfindliche Perle, die manchmal schmerzte, wenn ich zu lange auf meinem Rad fuhr. Langsam kreiste ich meinen Finger, bis ich merkte, dass etwas passierte – eine warme Welle baute sich in meinem Inneren auf, meine Beine versteiften sich. In meiner Fantasie lief währenddessen ein Film ab: Tad Martin von *All My Children* küsste mein Gesicht und sagte, dass er mich mehr liebte als all die Frauen in Pine Valley. Ich rieb fester. Der zusätzliche Druck tat nicht weh. Mein Körper kletterte seinem ersten prächtigen Höhepunkt entgegen. Dann zitterte mein ganzer Körper vor Lust, genau wie Dr.

Ruth es versprochen hatte. Das erste Mal in meinem Leben dachte ich: *Mein Körper ist wunderbar und kraftvoll.*

Dort, in der sanften, dunklen Ungestörtheit meines Kinderzimmers, stolperte ich unter der behutsamen Anleitung von Dr. Ruth in meine Sexualität. Diese Berührung meines Körpers und die warme Woge der intensiven körperlichen Lust mussten etwas Unanständiges sein, wenn nie jemand darüber sprach, so etwas zu tun. Masturbation war das am widerlichsten klingende Wort, das ich mir vorstellen konnte, und ich würde es niemals aussprechen.

In der fünften Klasse hatte ich den Hass für meinen Körper schon einige Jahre heraufgezüchtet. Mein Bauch war zu dick – das hatte mir meine geliebte Ballettlehrerin schon beigebracht, als ich gerade vier Jahre alt gewesen war. »Christie«, pflegte sie zu sagen. »Bauch.« Eine kurze Erinnerung, ihn einzuziehen, ihn verschwinden zu lassen. Sie bevorzugte die Mädchen, deren Gymnastikanzüge sich nicht wölbten und deren Oberschenkelinnenseiten sich nicht berührten. Mehr als alles andere wünschte ich mir, eine Ballerina zu sein und von meiner Lehrerin bewundert zu werden. Und das Einzige, was mir bei beidem im Weg stand, waren die Proportionen meines Körpers. Ich vermutete, dass auch das Seufzen meiner Mutter, wenn ich ihr in der Umkleidekabine neue Klamotten vorführte, daher kam, dass sie sich wünschte, ich wäre zierlicher. Zumindest wusste ich, dass *ich* das tat. Ich glaubte, dass dünne, gelenkige Mädchen wie meine Schwester und all die Jennifers und Melissas im Ballettunterricht aufgrund ihrer schmaleren Körper glücklicher waren. Definitiv wurden sie mehr geliebt als ich. Im Versuch, eines dieser feingliedrigen Mädchen zu werden, begann ich, kleinere Gefechte mit meinem Appetit auszukämpfen. Ich versuchte, mittags nur ein halbes Sandwich zu essen oder den Nachtisch wegzulassen – aber mein Appetit gewann immer. Jeden Tag betrat ich die Küche, um mir ein Glas Wasser und drei Cracker zu holen, und doch endete es jedes Mal damit, dass ich mir eine Handvoll Kekse in den Mund stopfte und einen Dreiviertelliter Limo in mich hineinschüttete. Warum konnte ich meinen Appetit nicht zügeln? Warum hielt mein Körper mich davon ab, so zu sein, wie ich sein sollte?

Ich war ein sensibles Kind, das sich für einen jahrelangen Kampf gegen seinen Körper rüstete, doch in meinem dunklen Zimmer mit der Hand zwischen den Beinen erlebte ich pure körperliche Lust. Für diese paar Minuten konnte ich Frieden schließen mit meinem Fleisch und in den Schlaf hinübergleiten.

***

Dr. Rosen wusste nichts von den Ausflügen der kleinen Christie in die Selbstbefriedigung. Von diesem kleinen Mädchen, das den Mumm gehabt hatte, das Radio aufzudrehen und sich zu erkunden.

5

»Christie, warum erzählst du der Gruppe nicht, was du gestern gegessen hast?«, sagte Dr. Rosen.

»Nein!« Meine Stimme hallte von den Wänden wider. Ich sprang aus meinem Stuhl auf und stampfte in der Mitte des Kreises herum, als würde ich versuchen, ein Feuer zu löschen. »Nein, nein, nein! Bitte, Dr. Rosen, zwingen Sie mich nicht dazu!« Ich bettelte wie ein Kind. *Nicht das, bitte nicht das.* So hatte ich noch nie reagiert. Aber es hatte mich auch noch nie jemand so direkt nach meinem Essen gefragt.

»Mein Gott. Wenn du dich so aufführst, dann musst du es uns definitiv erzählen«, sagte Carlos.

Wir hatten gerade nicht mal über Essen gesprochen. Wir waren bei der Tierarztrechnung für Rorys Frettchen gewesen.

Ich war nun seit einem Monat in der Therapie. In den letzten vier Dienstagssitzungen hatten die Gruppe und ich alle Kennenlernrituale abgearbeitet. Sie wussten, dass ich hierhergekommen war, weil ich Probleme mit Beziehungen hatte. Sie wussten von meiner Bulimie, und sie wussten von mir und Dr. Ruth. Aber das? Den sieben Menschen vor mir erzählen, was ich am Tag zuvor gegessen hatte? Unmöglich.

Meine Essstörung entsprach nicht mehr dem Bild, das in Fernsehfilmen gezeigt wird – ich fuhr nicht essend und kotzend von Drive-in zu Drive-in, aber mein Essverhalten war definitiv immer noch sonderbar. Beispiel A: An ausnahmslos jedem Morgen aß ich eine Scheibe Mozzarella, die ich in ein Kohlblatt einwickelte. Dazu eine Schüssel Apfelschnitze, die ich in der Mikrowelle warmmachte, bevor ich fettarme Milch darüber kippte und sie mit einem Löffel aß. Seit ungefähr drei Jahren sah mein Frühstück genau so aus. Nicht einmal hatte ich einen McMuffin, ein Schokoladencroissant oder einen Müsliriegel gegessen. Wenn es nicht möglich war, mein geheimes Spezialfrühstück zu essen, allein in der Privatheit meiner Küche, dann ließ ich das Frühstück aus. Dieses Frühstück war sicher. Nicht ein einziges Mal hatte es mich dazu gebracht, mich zu übergeben.

Meine Freunde an der Uni waren jeden Tag Zeugen meines merkwürdigen Mittagessens, denn das konnte ich nicht verstecken: eine Dose Thunfisch in eigenem Saft, auf einem Weißkohlbett und mit mittelscharfem Senf überzogen. Verständlicherweise machten sie sich darüber lustig, wie widerlich und einfallslos das war. Ein normaler Mensch würde dieses Mittagessen höchstens einmal essen, ich aß es an jedem einzelnen Tag. Zur Mittagszeit schlenderten die anderen Studenten mit Sandwiches über den Campus, die überquollen vor rosa gebratenem Fleisch und Käse und aus denen Soßenklumpen tropften. Ich hingegen saß wie ein ängstlicher Hase im Aufenthaltsraum und bereitete mich auf die nächste Vorlesung vor. Sie wussten nicht, dass mich mein Verhältnis zum Essen vor meiner Therapie nach fast jeder Mahlzeit dazu gezwungen hatte, mit dem Gesicht über einer Kloschüssel zu kauern. Die körperliche Erinnerung daran, die Kontrolle über meinen Appetit zu verlieren und wieder wortwörtlich in der Toilette zu landen, ließ mich nicht mehr los. Beinahe hätte mein Leben in dieser Zeit sein schmähliches Ende gefunden. Man konnte viel über mein Mittagessen sagen – es war geschmacklos, dürftig und führte garantiert zu Sodbrennen –, aber es hielt mich davon ab, die Selbstbeherrschung zu verlieren. Konnten das diese noblen Sandwiches auch?

Zum Abendessen aß ich kurz angebratenes Truthahnhackfleisch mit Brokkoli und Karotten oder Blumenkohl mit einem Teelöffel geriebenem Parmesan. Ab und an gab es etwas Abwechslung in Form von Hühnerfleisch statt Truthahn. Einmal hatte ich auch Lammhack probiert, aber das war fettig, und danach roch mein ganzes Apartment streng nach Fleisch. Als ich wegen meiner Bulimie in Behandlung ging, suchte ich eine Handvoll Lebensmittel heraus, die »sicher« schienen, weil ich mich noch nie an ihnen überfressen hatte. Und ich hatte nicht den Mut, jetzt von meinen sicheren Zutaten abzuweichen.

Die Fressanfälle kamen aber an anderer Stelle zutage. Das war das Geheimnis, das in mir moderte. Jeden Abend zum »Nachtisch« aß ich drei oder vier rote Äpfel, oft noch mehr. Manchmal waren es acht. Als ich meinen Apfelkonsum gegenüber meiner Sponsorin Cady damals in Texas ansprach, sicherte sie mir zu, dass ich – solange ich keinen Industriezucker aß – ruhig dreimal täglich einen ganzen Eimer voller Äpfeln in mich hineinstopfen konnte. Für viele Leute, die auf dem Weg der Genesung waren, war weißer Zucker das Gift des Teufels, das früher oder später zum Tod durch Donuts führen würde. Cady erlaubte mir, Äpfel weiterhin auf der Liste meiner »sicheren Lebensmittel« zu lassen, ganz egal, wie viele Wannen voll ich im Laufe einer Woche aß.

Ich gab mehr Geld für Äpfel aus als für meinen Kabelanschluss, für Benzin und meine Fahrkarte zusammen. Äpfel waren der Grund dafür, warum ich keinen Mitbewohner hatte – ich hatte panische Angst davor, dass es jemand herausfinden könnte, aber ich konnte mir auch nicht vorstellen, jeden Abend nur einen einzigen Apfel zu essen.

»Erzähl es uns«, sagte Rory mit weicher und sanfter Stimme.

Ich presste meine Augen zu und sprach schnell, wie ein Auktionator beim Viehhandel. »Käse, Weißkohl, Apfel, Milch, Weißkohl, Thunfisch, Senf, eine Orange, Hühnchen, Karotten und Spinat.« Ich hielt inne, aus Angst davor fortzufahren. Ich konnte mir beim besten Willen nicht vorstellen, ihnen von den Äpfeln zu erzählen, aber plötzlich war die Last meines Geheimnisses nicht mehr auszuhalten. Sie würden sagen, dass ich nicht genesen war, dass ich die Zwölf Schritte nicht ordnungsgemäß durchlaufen hatte und dass ich versagt hatte. Innerlich schrie ich hysterisch. Aber irgendwie platzte ich dann doch damit heraus: »Dann habe ich noch sechs weitere Äpfel gegessen.«

Schwer zu sagen, wofür ich mich mehr schämte: Dafür, dass ich nach dem Abendessen ein halbes Dutzend Äpfel verschlungen hatte, oder dafür, dass der Bösewicht meines Ernährungstagebuchs ausgerechnet der harmlose Liebling aus der Obst- und Gemüseabteilung war. Ich hatte in Hunderten Zwölf-Schritte-Treffen gesessen und mir angehört, welche bizarren und abstoßenden Dinge andere mit Kirschkäsekuchen, Lakritzstangen und Kartoffelaufläufen taten. Und dann saß ich da mit einer Tüte Äpfeln auf dem Schoß.

Das Gelage des Vorabends hatte der üblichen Routine entsprochen. Ich aß einen Apfel direkt nach dem Abendessen und schwor mir, dass das für heute der letzte war. Aber da war ein Grummeln in meinem Bauch: Hatte ich noch Hunger? War es das Signal meines Körpers, dass ich mehr Kalorien brauchte? Ich hatte keine Ahnung. Eine Frau, die ich aus der Therapie kannte, sagte immer: *Wenn man nach dem Abendessen noch Hunger hat, muss man sich einfach auf sein Bett setzen und warten, bis es vorbeigeht.* Ich versuchte es. Mit überschlagenen Beinen saß ich auf meiner Tagesdecke und lauschte den Geräuschen, die von der Straße heraufdrangen – aber das Verlangen nach einem Apfel zog mich vom Bett und in die Küche, wo ich den Kühlschrank öffnete und noch einen aus der Gemüseschublade holte. Ich aß einen weiteren Apfel, so schnell, als würde er nicht zählen, wenn ich ihn in weniger als 60 Sekunden verschlang. Dann stieg Scham in mir auf, weil ich mir allein in meinem Apartment in Windeseile einen Apfel einverleibt hatte. Und da war dieses Schlagwort, das ich in der Gruppe gelernt hatte – Scham. Mein Bauch reagierte empfindlich auf Berührung. Was zum Teufel tat ich hier? Ich wusste es nicht, aber ich aß zwei weitere Red Delicious. Als ich schließlich zum Schlafen unter meine Decke kroch, spürte ich, wie die spitzen Ecken der Apfelstücke, die ich nicht gekaut hatte, in meine Magenwand drückten. Die Magensäure brannte in meiner Kehle.

Wie zum Geier konnte ich mich als »auf dem Weg der Genesung« bezeichnen, wenn ich mir jeden Abend so etwas antat? Wie könnte irgendwer jemanden lieben, der so aß wie ich? Ich tat das seit Jahren. Wie sollte es jemals aufhören?

Dr. Rosen fragte, ob ich Hilfe wollte. Ich nickte langsam und voller Angst, er würde vorschlagen, ich solle doch jeden Abend einen Burger und Salamipizza oder einen Becher Ben & Jerry's Eis essen, wie jeder andere normale einsame Mensch auch. Oder noch schlimmer: dass er vorschlug, ich solle damit aufhören, Äpfel zu essen.

»Rufen Sie jeden Abend bei Rory an und erzählen Sie ihr, was Sie gegessen haben.«

Rory sah mich mit einem so sanftmütigen Lächeln an, dass ich wegschauen musste, um nicht in Tränen auszubrechen – wie in dem

Moment, als Dr. Rosen mir dazu gratuliert hatte, Jahrgangsbeste zu sein. Unumwundene Nettigkeit wärmte meinen Solarplexus wie eine Infrarotlampe und sorgte unweigerlich dafür, dass mir die Tränen kamen.

Meine Essensrituale nun endlich in allen Details offenbart zu haben fühlte sich an, als sei mir die oberste Hautschicht abgezogen worden. Geheimhaltung war die grundlegende Basis meines Essverhaltens. Im Kindergarten klaute ich Kekse aus der Süßigkeitenschublade. Im ersten Jahr auf der Highschool aß ich heimlich die gesamte oberste Schicht eines Pekannusskuchens. Jedem einzelnen Mitbewohner, den ich jemals hatte, habe ich Essen gestohlen. Als ich später in Behandlung war, habe ich zwar aufgehört mit dem Übergeben, aber die Heimlichtuerei blieb. Und eben auch eine gewisse Form der Fressanfälle.

»Ich versuche nicht, Sie davon abzubringen, Äpfel zu essen«, sagte Dr. Rosen. »Essen Sie so viele Sie wollen. Äpfel bringen Sie nicht um; die Heimlichkeit wird es tun. Und der Punkt ist …« – er lehnte sich zu mir herüber und sprach leiser weiter –, »wenn Sie dieser Gruppe Ihre Beziehung zum Essen offenbaren, dann werden Sie auch intimen Beziehungen mit anderen Menschen ein Stück näherkommen. Und mit Rory werden Sie anfangen.«

Ich sah zu Rory hinüber und stellte mir vor, ihr von jedem Bissen zu erzählen, den ich in meinen Mund steckte. Mein ganzer Körper spannte sich an – vor allem aus Angst, aber da war auch Hoffnung. Hier war die Chance, mich jemandem mitsamt meines verkorksten Essverhaltens zu zeigen – etwas, was ich noch nie zuvor zugelassen hatte.

Es war keine wahnsinnige Überraschung, dass meine Probleme mit Essen und Beziehungen demselben Bereich meines kaputten Inneren entsprangen. Was mich überraschte, war, dass Dr. Rosen das verstand. Paula D. hatte es nicht erkannt, und damals erbrach ich mich regelmäßig.

»Wird es mich von meinen Apfelfressattacken heilen, Rory anzurufen?«

»Sie brauchen kein Heilmittel. Sie brauchen einen Zeugen.«

Ich wollte ein Heilmittel. Äpfel waren teuer.

***

Im zweiten Jahr auf dem College war ich dem gefühlvollen Kolumbianer verfallen, dessen Grübchen mir so tief wie Brunnenlöcher schienen. Er rief mich betrunken an, wenn nachts die Bars schlossen, und wir machten hinter dem Haus seiner Studentenverbindung herum. Er war es, der mir beibrachte, was ein Kuss alles bewirken konnte. Vor ihm verstand ich nicht recht, was das große Getue darum sollte, meine Lippen auf die von jemand anderem zu legen, aber als seine weiche Zunge das erste Mal meine berührte, verstand ich es innerhalb einer Sekunde. Ein guter Kuss erreicht jedes Organ, jede Zelle des Körpers. Er kann dir den Atem rauben und deinen Mund zu einem heiligen Ort machen. Diese Küsse waren wie eine Erweckung.

Und dann zerstörten sie mich. Der Kolumbianer war ein doppelter Fehlgriff – ein Alkoholiker mit einer festen Freundin. Das eine Mal, als ich bei ihm übernachtete, war er so betrunken, dass er in seinen Schrank pinkelte, weil er dachte, er sei im Badezimmer. Und wo war ich, als er sich um zwei Uhr morgens einen Meter neben seinem Bett erleichterte? Ich saß in der Küche und schaufelte Reste einer Geburtstagstorte in mich hinein. Als ich einige Stunden später beschämt das Apartment verließ, ignoriere ich den Halbkreis aus dunklen Krümeln und verschmierter Kuchenglasur auf dem Linoleumboden.

Ich war sein heimliches Betthupferl, wenn seine eigentliche Freundin, eine gertenschlanke Verbindungsstudentin mit glattem blondem Haar, ihre Eltern in San Antonio besuchte.

An dem Wochenende, als in Galveston, Texas, der alljährliche Frühjahrsball seiner Studentenverbindung stattfand, lief ich zu seinem Apartment. Wie ein unheimlicher Stalker beobachtete ich, wie er und das Verbindungsmädchen seinen Ford Bronco mit Bierkästen beluden. Er tätschelte ihren Hintern, sie warf ihre Haare zurück.

Am Boden zerstört, rannte ich zurück in mein Wohnheim und vernichtete jede einzelne Kalorie, die ich in unserem winzigen Zimmer fand: Kekse, Salzbrezeln, Popcorn, Pop-Tarts, übrig gebliebene Süßigkeiten von Halloween, die meine Mitbewohnerin in ihrem Schrank lagerte. Dann lief ich über die Flure und durchsuchte die Mülleimer nach Essbarem. Ich zog irgendwelche weggeworfenen Reste einer Salamipizza heraus und schob sie für 30 Sekunden in die Mikrowelle. Während ich darauf wartete, dass der Käse schmolz, verschlang ich eine Ladung alter Haferflocken-Rosinen-Kekse, die noch in einem Versandkarton steckten, den die Mutter von irgendwem in Beaumont aufgegeben hatte.

Ich hatte in der siebten Klasse damit angefangen, Essen in mich hineinzustopfen und mich anschließend zu übergeben. Jetzt brauchte ich dazu nicht mal mehr einen Finger. Mich über die Toilette zu beugen war alles, was ich tun musste. Als ich fertig war, stellte ich die Dusche an, um mich sauberzumachen, bevor meine Mitbewohnerin von ihrer Lerngruppe zurückkam. Mein Magen fühlte sich an, als würde er der Länge nach aufreißen. Dampf waberte durch das winzige Badezimmer, ich stützte mich an der Wand ab und wartete, ob ich noch mehr erbrechen würde. Vor meinen Augen flirrten schwarze Punkte. Ich sank auf den Boden, war halb in der Dusche, halb draußen. Bevor alles schwarz wurde, dachte ich: *Das ist es also, so sterbe ich – vollgestopft bis zur Besinnungslosigkeit und jammernd wegen eines Mannes.*

***

Ich wählte Rorys Nummer. Zum Glück begrüßte mich nur die Stimme ihres Anrufbeantworters, dann der Piep. Meine Stimme war kaum mehr als ein Flüstern, als ich all den Weißkohl und die fünf Äpfel nach dem Abendessen aufzählte. Nachdem ich aufgelegt hatte, warf ich das Telefon quer durch mein Schlafzimmer. Scheppernd flog es über den Holzboden. »Verdammt!« Ich schrie durch meine Wohnung und schlug auf meine Kissen ein. In einem Moment dachte ich: *Warum mache ich das? Es ist zu schmerzhaft.* Dann: *Warum bin ich nicht schon früher zu Dr. Rosen gegangen?*

Am nächsten Abend rief ich Rory wieder an, und es war kein Stückchen leichter. Meine Hände zitterten immer noch, nachdem ich ihrem Anrufbeantworter erzählt hatte, was ich gegessen hatte, und wieder schleuderte ich mein Telefon durch den Raum. Ich spürte einen Phantomschmerz in meinen Armen, als hätte ich wortwörtlich darum gekämpft, an meinem kostbaren Geheimnis festzuhalten. Als am dritten Abend das Piepen des Anrufbeantworters erklang, hätte ich beinahe gesagt: *Genau wie gestern*, aber ich zwang mich dazu, jeden einzelnen Apfel und jedes Kohlblatt aufzuzählen.

Der vierte Abend war der schlimmste. Sieben Äpfel. Genug für einen ganzen Apfelkuchen. Ich wollte diese sieben Äpfel geheim halten, aber es fühlte sich an wie ein Gang über das Drahtseil, bei dem die halbe Strecke bereits hinter mir lag. Wenn ich es ihr sagte, konnte ich dann schnell auf die andere Seite hinüberhuschen? So oder so, ich wollte diesen Balanceakt beenden.

Es wird nicht funktionieren, wenn ich das Schwerste daran nicht tue, sagte ich mir.

Tief einatmen. »Sieben verdammte Äpfel.«

6

Dr. Rosen war wie ein Schlangenbeschwörer. Er stellte eine gezielte Frage, und Geheimnisse aus unserer Vergangenheit glitten einfach so heraus. Er brachte Rory dazu, in allen Einzelheiten die grauenvolle Flucht ihres Vaters aus Polen nachzuerzählen, und drängte sie dazu, dafür seinen altertümlichen europäischen Akzent zu verwenden. Auf Dr. Rosens Aufforderung hin beschrieb Colonel Sanders die dubiose Behandlung eines Arztes ohne Zulassung, zu dem er wegen einer posttraumatischen Belastungsstörung nach seinem Vietnameinsatz gegangen war. Dr. Rosen konnte Carlos dazu bringen, von seinem Stiefbruder zu erzählen, der ihn sonntags nach dem Kindergottesdienst missbrauchte, und Patrice lästerte über ihren Bruder, der sich im Obstgarten der Familie erhängt hatte. Dr. Rosen spürte, wo unsere Scham und unser Schmerz versteckt waren, und er wusste, wie er sie hervorholen konnte. In beinahe jeder Sitzung lenkte er mich so, dass ich über Hawaii und über meine Bulimie sprach.

Jeden Dienstagmorgen fuhr ich mit der U-Bahn die elf Stationen von meiner Wohnung zur Haltestelle Washington, wo ich gegen 7 Uhr 10 die Treppen hinaufstieg. 20 Minuten zu früh. Seit dem Tag, an dem ich zugesagt hatte, der Gruppe beizutreten, schlief ich nicht mehr durch. Ich konnte um 22 Uhr ins Bett gehen, aber um 2 oder 3 Uhr schreckte ich hoch und konnte nicht mehr einschlafen. So war es leicht, früh in der Innenstadt zu sein. Aber ich wollte mein verängstigtes und wild klopfendes Herz nicht ins Wartezimmer schleppen, um dort zwischen Suchtratgebern darauf zu warten, dass die Tür aufschwang. Ich lief um den Block – vorbei an mehreren großen Kaufhäusern, einmal nach rechts und dann in Richtung der Hochbahn. Manchmal lief ich zwei Runden und versicherte mir dabei immer wieder: *Du bist nur eine Frau, die zur Therapie geht. Du wirst einfach nur in einem Stuhlkreis sitzen und dich 90 Minuten lang unterhalten. Keine große Sache.*

Manchmal waren die Sitzungen so aufwühlend wie die Vorführung eines Entsafters im Supermarkt. In einer Woche verbrachten wir eine *komplette* Sitzung damit, über Carlos' Versicherungsformulare zu diskutieren, die Dr. Rosen abzeichnen sollte. Ein anderes Mal, als Patrice mit zwei verschiedenfarbigen Kniestrümpfen aufgetaucht war (einer mitternachtsblau, der andere elfenbeinfarben), debattierten wir 15 Minuten lang, ob es ein Zeichen von Fortschritt war, dass der sonst so peniblen Patrice so etwas passiert war, oder ob sie zurück in die Vernachlässigung rutschte. Wir kamen zu keinem sauberen Fazit, zu keinem Beschluss.

Es gab Enthüllungen. Es gab Reaktionen darauf. Man schaute, man sah, und man wurde gesehen. Es gab keine Antworten.

Ich wollte Antworten.

Plötzliche Wendungen passierten ohne Vorwarnung. In der einen Sekunde sprach der stille Marty, der am selben Tag wie ich zur Gruppe dazugestoßen war, unter Tränen über sein verstörendes Geheimlager von Todesmahnzeichen – Zyankalikapseln, die er in seinem Nachttisch aufbewahrte, falls er sein Leben irgendwann beenden wollte. Und dann plötzlich schwenkte die Unterhaltung zu mir und darauf, dass ich im Kindergarten Madenwürmer hatte. Madenwürmer – unter Kindern durchaus verbreitete Parasiten – führen nachts zu quälendem Juckreiz am After. Ich erzählte der Runde davon, wie ich mir im Alter von fünf Jahren, allein in meinem Zimmer, nachts den Arsch kratzte wie ein verwahrloster Hund. Über Stunden und noch lange, nachdem meine Eltern die *Tonight Show* abgeschaltet hatten und ins Bett gegangen waren.

»Wussten deine Eltern, dass du das hattest?«, fragte Rory.

»Moment mal«, sagte ich und hielt die Hände in die Höhe. »Wir haben doch gerade über Martys Zyankali gesprochen.« Wie war die Runde auf meinen fünfjährigen Hintern gekommen?

»Die Gruppe hat ihren eigenen Weg, Dinge aufzudecken, von denen Sie sich möglicherweise lösen müssen«, sagte Dr. Rosen.

Dr. Rosen liebte Details, also atmete ich tief ein und erzählte, wie meine Eltern mir eine Tube Desitin Wundsalbe gegen die Madenwürmer gegeben hatten, aber das half nicht gegen den Juckreiz. Am Morgen klebte die stinkende weiße Paste unter meinen Fingernägeln und überall auf meinem Laken, meinem Nachthemd, meinem Hintern und an meiner Scheide. Dort waren Madenwürmer nicht, aber im Laufe des stundenlangen Kratzens kam alles durcheinander. Meine lädierte Vulva, die Creme, die wie Dünger roch, und mein juckender Arsch waren unerträglich. Aber noch schlimmer als die körperlichen Beschwerden war das grauenvolle Wissen, dass da lebendige Würmer in meinem Hintern waren.

»Desitin benutzt man heute vor allem gegen Windelausschlag, und Madenwürmer sind Parasiten. Sie hätten Mebendazol gebraucht«, sagte Dr. Rosen. In diesem Moment klang er sehr nach Doktor und sah mit seiner gerunzelten Stirn auch sehr nach Harvard aus. Ich hätte liebend gerne zu den Problemen von jemand anderem gewechselt, aber die Runde überhäufte mich mit Fragen. Warum ich meinen Eltern denn nicht erzählt hätte, dass Desitin nicht half, beispielsweise.

»Ich dachte, es wäre meine Schuld, dass das Mittel nicht wirkte.« Ich sollte schließlich nicht kratzen – das hatten sie mir gesagt, aber ich tat es trotzdem. Die ganze Nacht lang. Und außerdem: Wer spricht gern über Madenwürmer? Die Scham – ein Wort, das ich damals noch nicht kannte – hatte mir den Mund versperrt.

»Schon mit fünf Jahren wollten Sie die Dinge lieber mit sich selbst ausmachen.« Dr. Rosen sagte das, als sei es eine große Offenbarung, aber so fühlte es sich nicht an. Als ich Madenwürmer hatte, war es mir peinlich, ein schmutziges Mädchen mit Würmern im Hintern zu sein – ich war *beschämt*, um in Rosens Worten zu sprechen. Würmer, die nicht durch die Ärsche meiner Schwester oder meines Bruders krochen. Die Würmer waren der Beweis dafür, dass mein Körper schlecht und widerwärtig war. Dr. Rosen nötigte mich dazu, zu beschreiben, wie es sich anfühlte, als kleines Mädchen allein gegen Analparasiten zu kämpfen.

Ich schauderte und kniff meine Augen zusammen. Zwei Jahrzehnte später konnte ich noch immer das Desitin riechen und das höllische Jucken zwischen meinen Beinen spüren. Noch nie hatte ich mit jemandem über die Madenwürmer gesprochen, erst recht nicht vor einem andächtig lauschenden Publikum von sechs Leuten.

Ohne die Augen zu öffnen, sagte ich spontan: »Ich spürte Scham.«

»Scham ist nur eine Decke. Was lag darunter?«, fragte Dr. Rosen.

Ich legte den Kopf in meine Hände und spürte auf der Suche nach einer Antwort in meinen Körper hinein. Ich hob die Ecken der Schamdecke an, um zu sehen, was darunter lauerte. Ich sah mein fünfjähriges Gesicht, verzerrt vor Grauen, während ich mich bis nach Mitternacht kratzte. Grauen, weil ich nicht wusste, wie ich um Hilfe bitten sollte. Weil ich irgendwann zum Kinderarzt, einem großen Mann mittleren Alters mit dicken Daumen und tiefer Stimme, gehen und ihm von meinem Hintern würde erzählen müssen. Grauen, weil ich während des Lesekreises in der Vorschule meinen Tennisschuh zwischen meine Pobacken drücken musste, um das Jucken zu stillen, ohne dass jemand etwas davon bemerkte. Weil ich unrein war und mein Körper voller Essen, das ich nicht aufhören konnte zu essen, und voller Würmer, die meinen Hintern jucken ließen. Der größte Teil des Grauens kam davon, dass mein Körper ein dreckiges Problem war, ein Problem, das sonst niemand hatte.

»Grauen«, antwortete ich.

Dr. Rosen nickte zustimmend. »Sie nähern sich der Sache.«

»Welcher Sache?«

»Sie nähern sich selbst und Ihren Gefühlen.« Er breitete die Arme aus und zeigte in den Raum. »Und natürlich auch uns.«

»Und wie soll mir dieser Ausflug in meine Kindheitserinnerungen dabei helfen?«

»Schauen Sie Patrice an und fragen Sie sie, ob sie sich mit Ihnen identifizieren kann.« Patrice blickte überrascht auf und schüttelte den Kopf, als wolle sie sagen: *Schau nicht mich an*. Einen Moment später erzählte sie von einem medizinisch verabreichten Einlauf, bei dem etwas schiefging. Dann erwähnte Rory ihre Abneigung gegenüber Analsex, und Marty trug etwas über die hartnäckige Verstopfung bei, unter der er als Kind litt. Am Ende der Sitzung hatte jeder eine Geschichte über seinen Hintern geteilt.

Einige Tage danach rief ich meine Eltern an. Ich sprach mit meinem Vater über die klemmenden Bremsen meines Autos, die Chancen der Aggies auf den Cotton Bowl und das ungewöhnlich kalte Wetter in Chicago. Dann machte ich einen klassischen Rosen: Völlig aus dem Nichts fragte ich ihn nach meinen Madenwürmern. An was erinnerte er sich? (Nicht viel.) Wie oft hatte ich sie? (Mehrmals.) Hatten meine Geschwister auch welche? (Nein, nie.) Im Hintergrund hörte ich die Stimme meiner Mutter: »Warum fragt Christie nach Madenwürmern?« Ich verkrampfte meinen Griff ums Telefon. Das Geständnis, dass ich einer Therapiegruppe beigetreten war, lag mir auf der Zunge, doch es verschwand wieder, als ich mir das Grauen *meiner Mutter* vorstellte, wenn sie realisierte, dass ich mit einer Gruppe von Leuten über meine Darmwürmer gesprochen hatte. Wenn ich ihr von Dr. Rosen und der Gruppe erzählte, musste ich außerdem zugeben, dass ich sowohl daran gescheitert war, mich einfach dazu zu entscheiden, glücklich zu sein, als auch daran, meine Angelegenheiten nicht mit anderen Menschen zu teilen.

»Warum fragst du?«, sagte mein Vater.

»Nur so.«

***

An einem Dienstagmorgen sprach während der gesamten 90-minütigen Sitzung keiner ein Wort. Wir saßen schweigend da und lauschten dem Rattern der Hochbahn unter uns, den quietschenden Autobremsen und dem Schließen einer Tür irgendwo im Flur. Wir sahen uns nicht in die Augen und kicherten nicht. In der ersten Hälfte zupfte ich Fusseln von meinem Pullover, wackelte mit den Beinen und zupfte an meiner Nagelhaut herum. Alle 30 Sekunden schaute ich auf die Uhr. In der Stille fühlte ich mich entblößt, hibbelig und unproduktiv. *Ich könnte in dieser Zeit auch meine Hausaufgaben für Verfassungsrecht lesen.* Mit der Zeit wurde ich ruhiger und blickte aus dem Fenster auf den Lake Michigan. Der stille Raum um uns fühlte sich plötzlich so weit an wie der Ozean oder das Weltall. Das Licht, das hereinströmte, schien mir heilig, die Intimität zwischen uns geweiht. Um 9 Uhr faltete Dr. Rosen die Hände und sprach sein übliches »An dieser Stelle machen wir heute Schluss.«

Als ich mit den anderen Mitgliedern meiner Gruppe den Gang hinunterlief, verspürte ich noch immer diese Ruhe in meinem Inneren. Doch als wir auf die Straße traten, packte ich Carlos' Arm. »Was zum Geier ist da drin gerade passiert?«

Was auch immer es gewesen war, den Rest des Tages trug ich eine stille Gelassenheit und das Erstaunen darüber in mir, dass ich 90 Minuten mit sechs anderen Menschen in totaler Stille verbringen konnte.

***

Dr. Rosen verschrieb uns eine Menge, aber nur selten Medikamente. Er war kein Pillentyp. Carlos verschrieb er, dass er seine Gitarre mitbringen und ein Lied für die Gruppe spielen sollte, um seine Angst davor zu überwinden, wieder mehr zu üben. Patrice verordnete er, den Bauch ihres Mannes mit Erdbeeren einzureiben und sie abzulecken und uns dann vom Ergebnis zu berichten. Und weil Dr. Rosen der Ansicht war, dass die Medikamente, die Rorys Internist ihr gegen ihre Angstzustände verschrieben hatte, ihre sexuellen Gefühle unterdrückten, stellte er ihr sein eigenes Rezept aus: »Stecken Sie sich eine Tablette zwischen jede Ihrer Zehen, während Ihr Mann Sie leckt.«

Ich befolgte nun seit mehreren Wochen meine Verordnung, Rory jeden Abend anzurufen und ihr von meinem Essen zu berichten. Ich weinte nicht mehr, nachdem ich aufgelegt hatte, und mein Apfelkonsum war auf bescheidene fünf Äpfel pro Abend gesunken. Es war Zeit für ein neues Rezept.

»Kann ich etwas gegen meine Schlaflosigkeit bekommen? Ich kann nicht mehr klar denken.« Mein zweites Studienjahr war in vollem Gange, und wenn ich nicht in der Gruppentherapie saß, sprach ich bei Chicagos größten Kanzleien für ein Praktikum im Sommer vor, das hoffentlich zu einer Vollzeitstelle führen würde. Nachdem ich mehrere Wochen lang nicht gut geschlafen hatte, schwirrte mein Kopf vor Erschöpfung und es fiel mir schwer, während der Vorlesungen und Vorstellungsgespräche wach zu bleiben. Bei Winston & Straw zwickte ich mich in die Innenseite meines Arms, um nicht einzuschlafen, während ein weißhaariger Managing Partner mir von der Zeit erzählte, als er vor dem Supreme Court verhandelt hatte.

Dass mein Essverhalten ein absolutes Schlamassel war, hatte ich schon gestanden. Jetzt gestand ich ein, dass ich nicht schlafen konnte. Ich war wie ein Baby gefangen im Körper einer 27-Jährigen.

Dr. Rosen setzte sich auf und rieb seine Handflächen aneinander wie ein verrückter Wissenschaftler. »Rufen Sie heute Abend Marty an und bitten Sie ihn um eine Bestätigung.«

»Bevor oder nachdem ich Rory anrufe, um ihr zu erzählen, was ich gegessen habe?«

»Egal.«

»Ich gehe heute Abend in die Oper, also melde dich vor sieben«, sagte Marty.

Um 18 Uhr 50 an diesem Abend stand ich an der Belmont Station am Gleis, erschöpft von einem langen Tag voller Seminare und einem fünfstündigen Vorstellungsgespräch bei Jones Day, wo ich mir ein weiteres Mal in den Unterarm zwicken musste, um nicht einzuschlafen, während ich mit Seniorpartnern sprach. Als ich Martys Nummer wählte, klatschte mir der Wind Haarsträhnen ins Gesicht.

»Ich rufe wegen meiner Bestätigung an«, sagte ich ins Handy, während die Lichter eines einfahrenden Zuges heller wurden.

»Du hast tolle Beine, Schätzchen.«

Marty war kein Widerling wie Colonel Sanders. Er weinte jedes Mal, wenn er in der Gruppe den Mund aufmachte, und er hatte aufrichtig erstaunt gewirkt, als wir mehr darüber wissen wollten, was ihn so traurig machte. Immer wieder hatte er gesagt: »Ich kann einfach nicht glauben, dass mir jemand zuhört.«

Ich lachte ins Dröhnen des heranfahrenden Zuges und betete, dass seine Worte wirken würden wie ein extrastarkes Schlafmittel.

Aus Angst davor, dass es erst 2 Uhr nachts sein könnte, zögerte ich nach dem Aufwachen, meine Augen zu öffnen. Ich hörte die üblichen Morgengeräusche. Mein Nachbar schlug seine Tür zu. Vogelgezwitscher. Ein Motor sprang an. Ich öffnete mein linkes Auge und sah auf die Uhr: 5 Uhr 15. Ich hatte unvergleichliche sieben Stunden geschlafen. Ich ballte die Faust wie ein Champion.

Vielleicht war Dr. Rosen brillant.

7

Als der Winter sich über Chicago legte, brachte ich regelmäßig meine Alltagsprobleme mit in die Sitzungen. Ein leises Gefühl von Scham kribbelte über meinen Rücken, als ich meine Gruppe bei Themen um ihre Meinung bat, mit denen ich als einigermaßen intelligente 27-Jährige selbst klarkommen sollte. Zum Beispiel, ob ich einen Teil meines Studienkredits für einen Skiurlaub ausgeben sollte, den meine Mitbewohnerin Kat organisierte. Die Gruppe war einstimmig dafür. Dr. Rosen versuchte einen guten Grund aus mir herauszulocken, warum ich *nicht* mitfahren sollte.

»Es sind nur Paare. Ich wäre die Elfte, also das fünfte Rad am Wagen.«

»Seien Sie aufgeschlossen«, sagte Dr. Rosen.

Ich kann es nicht glauben! Du kommst doch nie irgendwohin mit!, schrieb mir Kat, als ich ihr zusagte.

Am Dienstagmorgen zwischen Weihnachten und Silvester wählte ich Rorys Handynummer von einer Hütte in Crested Butte, Colorado aus. Es war das erste Mal, dass ich eine Sitzung verpasste.

»Hallo Süße, ich stelle dich auf Lautsprecher.« Ich hörte ein Rascheln und dann leicht gedämpft Rorys Stimme: »Sagt alle hi zu Christie.« Ein Chor aus Hallos war im Hintergrund zu hören.

»Wie geht es euch?«, fragte ich und stellte sie mir auf ihren üblichen Plätzen vor, den grauen Himmel über Chicago vor dem Fenster.

»Es ist langweilig ohne dich«, sagte Carlos.

»Vermisst ihr mich?« Waren sie nicht froh, dass sie eine Pause hatten von mir und meinen bemitleidenswerten Geschichten von zu vielen Äpfeln und zu vielen Würmern?

»Alle nicken«, sagte Rory. »Sogar Dr. Rosen.«

Mein Herz machte einen Salto über die Rocky Mountains und schoss über die Ebenen hinweg zu dem nicht einmal 20 Quadratmeter großen Raum, in dem sie saßen und an mich dachten, zu dem leeren Stuhl, auf dem mein Körper normalerweise Platz nahm.

Als Kinder hatten meine Geschwister und ich uns darin abgewechselt, unsere Großmutter väterlicherseits zu besuchen. Sie lebte in einem großen gelben Farmhaus in Forreston, Texas. Ich liebte diese Wochen – ich konnte auf ihrem Grundstück herumstreifen, am Bach nach Schätzen suchen und auf dem Kuhfriedhof Knochen sammeln. Einmal rief ich in der Mitte meines Aufenthalts zu Hause an. Warum, weiß ich nicht mehr. Ich glaube, ich wollte einfach herausfinden, ob Ferngespräche möglich waren. Es klingelte und klingelte. *Vielleicht sind sie im Freibad oder im Garten.* Am Abend versuchte ich es wieder. Niemand ging ran. Wo konnten sie sein?

Als mein Vater am nächsten Wochenende anrief, um auszumachen, wann er mich abholen sollte, riss ich meiner Oma das Telefon aus der Hand. »Wo wart ihr alle? Ich habe vorgestern angerufen.«

»Wir waren ein paar Tage in Oklahoma.«

Sie waren ohne mich verreist? Tränen verwischten mir die Sicht. Ich war noch niemals in Oklahoma gewesen, und plötzlich gab es nichts, was ich mir sehnlicher wünschte – um zu sehen, was auch immer sie gesehen hatten. Coole Dinge wie echte Tipis, um die sich Frauen mit langen schwarzen Zöpfen kümmerten, und Ölbohrstationen, die sich an einem staubigen geraden Highway entlangreihten.

Wie konnten sie ohne mich eine Reise – in einen anderen Bundesstaat! – machen? Das zeigte ganz klar, dass ich kein wichtiger Teil meiner Familie war, und bei dieser Erkenntnis wollte ich mich einfach nur zusammenkauern und heulen.

Am anderen Ende der Leitung erklärte mein Vater, dass sie hingefahren waren, um einen antiken Kleiderschrank bei einem Freund in Ponca City abzuholen. »Die Klimaanlage des Hotels hat nicht funktioniert, und deine Mutter ist immer noch sauer, dass ich sie überredet habe, bei Kentucky Fried Chicken zu essen. Auf dem Parkplatz haben wir gesehen, wie ein Hund eine Ratte verspeist hat.« Er erzählte es so, als wäre die Reise ein Desaster gewesen, aber alles, was ich hörte, waren die magischen, erstaunlichen Dinge, die in diesem Land namens Oklahoma passierten. Und ich hörte: *Du bist egal. Wir fahren ohne dich in den Urlaub, weil du egal bist.*

Noch Jahre später schüttelte sich meine Mutter jedes Mal, wenn jemand auf diese Reise zu sprechen kam. Es gab kein einziges Foto davon, und niemand aus meiner Familie hatte eine glückliche Erinnerung an den Wochenendausflug nach Oklahoma. Und trotzdem schüttelte es auch mich jedes Mal, wenn der nördlich von Texas gelegene Staat erwähnt wurde, denn er war der Beweis dafür, dass man auf mich verzichten konnte.

***

Der Winter brachte auch mein erstes Date, seit ich der Gruppe beigetreten war. Carlos wollte mich mit seinem Freund Sam verkuppeln, einem Anwalt, der gerade eine Beziehung hinter sich hatte. Bei unserem ersten Telefonat bauten Sam und ich sofort eine Verbindung auf. Er gab zu, dass er noch nie eine Folge *Survivor* gesehen hatte, und ich gestand, dass ich *Harry Potter* nach dem ersten Kapitel weggelegt hatte. Als wir das Gespräch beendeten, weil ich zu meinem Buchclubtreffen musste, wirkte er beeindruckt davon, dass eine beschäftigte Jurastudentin sich noch die Zeit dafür nahm, aus Vergnügen zu lesen.

Ich hatte jeden Grund dazu, daran zu glauben, dass es mit Sam und mir klappen könnte. Wir beide vergötterten Carlos und hatten gemischte Gefühle gegenüber dem Anwaltsberuf. Ich sah aus dem

Fenster, als er um Punkt 20 Uhr vor meinem Haus parkte, um mich abzuholen. Mein Bauch kribbelte vor Aufregung. Im Bad legte ich noch eine Schicht des Lippenstifts auf, den Carlos bei Barneys für mich ausgesucht hatte.

Als ich die Tür öffnete, rechnete ich mit einer Umarmung, aber er streckte mir die Hand entgegen und lächelte auf diese emotionslose Art, die es nicht bis zu den Augen schafft. Dann drehte er sich eilig um und lief die Treppe hinunter, wie ein Mann, der in zweiter Reihe vor einer Feuerwehrzufahrt geparkt hatte. Aber ich gab noch nicht auf. Vor uns lag eine ganze Nacht voller Möglichkeiten und, vielleicht später, auch körperlichem Kontakt.

Sam hatte nirgendwo einen Tisch reserviert und auch keine Vorschläge gemacht, wohin wir gehen könnten. Eine unangenehme Stille hing zwischen uns, bis ich ein kubanisches Restaurant in Irving Park in der Nähe meiner Wohnung vorschlug. Meine Anweisungen, wohin er fahren sollte, waren die einzigen Wörter, die fielen. Hatte ich mir die Chemie zwischen uns am Telefon nur eingebildet?

Im Café 28 ließ Sam seinen Burberry-Wollschal um und sprach schroff mit der Bedienung. Als unser Essen kam, war klar, dass das hier zu nichts führen würde. Vor Enttäuschung hätte ich am liebsten in die dummen Kartoffeln geschlagen und meinen Lachs quer durch den Raum geschleudert. Ich hatte mir für dieses Date einen Lippenstift und einen Pullover gekauft. Ich hatte die Gruppe getroffen, hatte Rory angerufen, Marty angerufen, hatte *mich der Gruppe geöffnet*, wie Dr. Rosen es vorgeschlagen hatte. Wo blieben die Ergebnisse? Warum war Sam so abwesend und desinteressiert?

Die Stille auf der Heimfahrt schien so tief wie nach einem Bombeneinschlag. Sam begleitete mich nicht bis zur Tür, er stellte nicht einmal den Motor ab. Vielleicht würde er mir zum Abschluss wieder die Hand entgegenstrecken, aber nachdem ich mich für das Abendessen bedankt hatte, drehte ich ihm schnell den Rücken zu. Es war 20 Uhr 50, als ich wieder zu Hause war.

Mein Date hatte noch nicht einmal eine Stunde gedauert.

Ich rief Dr. Rosen an. Er war Nummer eins meiner Kurzwahl, der Klassenbeste. Seiner Mailbox verkündete ich mein Fazit: »Die Therapie funktioniert nicht. Bitte rufen Sie mich morgen an. Ich habe das Gefühl, ich gehe unter.« Ich lief in meiner Wohnung auf und ab, während ich mich fragte, warum Sam mir keine Chance gegeben hatte. Ich erzählte Rory von der Demütigung, als ich wegen meines Essensberichts anrief, und Marty, als ich wegen meiner Bestätigung bei ihm anrief.

»Dass es ein beschissenes Date war, ist nicht deine Schuld«, versicherten sie mir. »Manche Dates sind einfach scheiße.«

Am nächsten Tag tat ich etwas, was ich während meiner gesamten Schullaufbahn noch nie getan hatte: Ich schwänzte, ich verkroch mich unter der Bettdecke und starrte ins Leere. Ich sah nicht fern, ich las kein Buch, und ich blätterte auch nicht durch meine Notizen aus den Vorlesungen. Gegen Mittag hinterließ Clare, meine engste Freundin an der Uni, eine Nachricht auf meiner Mailbox. »Hey, keiner kann sich daran erinnern, dass du schon mal ein Seminar verpasst hast. Ruf mich an.«

Dieses Gefühl, festzustecken, das ich beinahe mein ganzes Leben lang verspürt hatte, überdeckte jeden Gedanken, jede andere Empfindung. Es fühlte sich an, als würde es niemals vergehen, für immer meinen Atem, mein Blut, meine Wünsche blockieren. Ich. Steckte. Fest. Die Therapie hätte Dinge ändern sollen. Ein Schrei formte sich irgendwo tief in meiner Brust, wie ein Hurricane, der weit vor der Küste Floridas Kraft sammelte. Das Feststecken fühlte sich an wie meine eigene Schuld. Wie könnte sich daran jemals etwas ändern? Ich versank in Selbsthass, während ich die Vertiefungen an der Rauputzdecke über mir zählte. Welchen Sinn hatten diese Dienstagssitzungen, wenn ich trotzdem kein Stück vorankam?

Um 15 Uhr 15 leuchtete Dr. Rosens Nummer auf meinem Handydisplay auf.

»Können Sie mir helfen?«, sagte ich anstelle von *Hallo*.

»Ich hoffe es.«

»Warum war mein Date so ein Desaster?«

»Wer sagt, dass es ein Desaster war?«

»Es hat 50 Minuten gedauert. Ich bin heute nicht mal zu meinen Vorlesungen gegangen, ich liege im Bett.«

»Herzlichen Glückwunsch.«

»Wofür?«

»Wann haben Sie Ihren Gefühlen das letzte Mal so viel Platz eingeräumt?«

»Ähm.« Er wusste, dass die Antwort *Niemals* lautete.

»Sie brauchen Raum, um fühlen zu können.«

»Aber was soll ich *tun*?«

»Was haben Sie getan, bevor ich angerufen habe?«

»An die Decke gestarrt.«

»Dann tun Sie das. Und kommen Sie morgen zur Gruppe.«

»Das ist alles?«

Er lachte. »Das ist schon eine Menge, *Mamaleh, meine Liebe*.«

Es fühlte sich nicht wie eine Menge an. Aber mein Körper entspannte sich, nachdem ich auflegte. Und meine Gedanken waren ganz rational: *Sam war einer von Tausenden von Männern in Chicago. Nichts war falsch mit mir. Es war einfach nur ein lahmes Date. Was soll's! Kein Grund, gleich katatonisch zu werden.*

In der Gruppe bestätigte Dr. Rosen, dass ich nichts tun musste, als weiter zu den Sitzungen zu kommen. Die 90 Minuten, die ich mit ihm und meiner Gruppe im Kreis saß, waren für ihn der Weisheit letzter Schluss in Sachen emotionale Veränderung. Für ihn war dieses Mittel stark genug, um endlich eine Spur auf meinem immer noch so glatten Herz zu hinterlassen. Für ihn war es genug.

Für mich aber nicht. Ich wollte eine neue Verschreibung. Etwas Wagemutiges und Schwieriges. Etwas, was all meinen Mut erforderte. Dr. Rosen nahm meine Not nicht ernst. Er verstand nicht, wie es sich in meinem Körper anfühlte. Ich war wie ein zugeklebtes Fenster, wie der Deckel eines Schraubglases, der einfach nicht nachgab.

Ich musste es ihm zeigen.

***

Andrew Barlee rief völlig unerwartet bei mir an. Nach einer Weihnachtsfeier ist er mir als ruhiger Kerl mit strahlend blauen Augen in Erinnerung geblieben. Als ein Kerl, der über meine Witze lachte. Wir verabredeten uns zum Brunch. Während ich Eier und Bratkartoffeln aß, betrachtete ich seine rauen Hände und seine Frisur, die beinahe ein Vokuhila war. Mochte ich ihn? Mein spontanes Bauchgefühl sagte Nein. Wir hatten keine Gemeinsamkeiten, da war keinerlei Chemie zwischen uns, und ich konnte nicht aufhören, mich über seinen ironiefreien 1980er-Jahre-Haarschnitt zu wundern. Aber ich verdrängte dieses Nein durch eine Liste seiner positiven Eigenschaften: Er war nett, solvent, nüchtern und an mir interessiert. Also was kümmerte es schon, ob er gerne las? Dass er sich nur für die Art Nachrichten interessierte, die mit den Aussichten der Chicago Bears auf den Superbowl zu tun hatten? Dass mein Körper sich wehrhaft verkrampfte, als er auf dem Weg zum Auto nach meiner Hand griff?

Für unser zweites Date bot Andrew an, bei sich zu Hause für uns zu kochen. Der Freitagnachmittagsverkehr kroch langsam vor sich hin, als ich auf der Western Avenue in Richtung seiner Wohnung fuhr. Nachdem ich mich auch während zwei Grünphasen kaum vorwärtsbewegt hatte, schlug ich frustriert auf das Lenkrad ein und brüllte mit aller Kraft los. Ich schrie so lange und so laut, dass ich die nächsten beiden Tage heiser war. Ich wollte nicht zu Andrew fahren, aber ich hatte mich selbst dazu gezwungen, Ja zu sagen, denn ein Nein bedeutete, dass ich unterbewusst lieber allein sein wollte. *An-*

drew ist ein netter Kerl!, brüllte ich. *Gib ihm eine Chance!* Wie konnte ich behaupten, so fürchterlich einsam zu sein, und dann ein Date mit einem netten, nüchternen Mann ausschlagen?

Nach einer Tour durch sein helles, geschmackvoll eingerichtetes Einzimmerapartment briet Andrew zwei Hühnerbrustfilets, leerte eine Tüte Salat in eine Porzellanschüssel und schüttete Ranch Dressing aus der Flasche darüber. Seine ernst gemeinten Bemühungen ließen mich lächeln, aber in meinem Bauch rumorte noch immer dieses Nein, das nach oben drängte und aus meinem Mund herausflattern wollte.

Mit den Tellern auf den Knien saßen wir auf seiner Couch und machten höflichen Small Talk über seine Arbeit und meine Familie in Texas. Wenn ich ihn von vorn ansah, war der Vokuhila überhaupt nicht zu sehen, doch die Unterhaltung fühlte sich knochentrocken an, da war kein natürlicher Fluss. Keiner von uns beiden war gewitzt oder charmant. Das war es definitiv nicht, was ich wollte: staubtrockene Hühnerbrust mit einem ganz netten Kerl, mit dem ich mich kaum unterhalten konnte.

Als wir mit dem Essen fertig waren, geriet ich in Panik. Alle Small-Talk-Themen waren aufgebraucht, also rutschte ich zu ihm hinüber und legte meine Lippen auf seine, in der Hoffnung, dass ein Kuss vielleicht doch noch irgendetwas entfachen würde. Irgendetwas, was mich dazu bringen würde, hier sein zu wollen.

Andrew riss die Augen auf, erst vor Überraschung und dann vor Erregung. Er küsste mich zurück. Ich verwandelte mich in eine mechanische Puppe ohne Herzschlag und Körpertemperatur. Ich wollte nach Hause gehen und hasste mich dafür. Und ich hasste mich dafür, dass ich Andrew aus so bescheuerten Gründen wie seiner Frisur nicht wollte. Kein Wunder, dass ich allein war, ich war eine Zicke. Das Nein pulsierte in meinen Eingeweiden, aber ich versuchte es zu verdrängen. Hier saß ein netter Kerl vor mir, und wenn ich ihn nicht mochte oder nicht auf ihn stand, dann war das meine eigene Schuld.

»Hast du ein Kondom?«, fragte ich. Vielleicht konnte ich mich aus diesem Feststecken auch einfach hinausvögeln. Vielleicht würde ich ihn nach dem Sex anziehend finden.

Ich trug immer noch meinen Pullover, meinen BH, Unterhose, Jeans, Socken und Stiefel. Andrews rotes Flanellhemd steckte ordentlich in seiner Hose. Seine Schnürsenkel waren noch immer zugebunden. Von einer unschuldigen eineinhalbminütigen Knutscherei direkt zum Geschlechtsverkehr zu springen, ergab in diesem Moment so viel Sinn wie der Vorschlag, als Nächstes den Kiosk an der Ecke auszurauben. Aber wir hatten weder das Können noch das Bedürfnis danach, es ein wenig langsamer angehen zu lassen und herauszufinden, was zum Geier hier eigentlich passierte.

Es lief keine Musik. Kein stimmungsvolles Licht. Da war null Ambiente – es sei denn, man zählte den Geruch von verbranntem Hähnchen, der ab und an zu uns herüberwehte. Andrew ließ seine Hose fallen und streifte das Kondom über. Ich schob meine Jeans runter.

Er legte sich auf mich. Ich biss mir auf die Unterlippe und starrte an die Decke. Giftige Gedanken schwirrten durch meinen Kopf: *Das ist alles, was du bekommst. Du wirst niemals irgendetwas fühlen. Du bist kaputt. Zu wenig gekerbt.* Als ich blinzelte, liefen mir aus beiden Augen Tränen. Ich unterdrückte ein Schluchzen und legte mir stattdessen zurecht, was ich in der Gruppe sagen würde: *Schaut, was ich getan habe. Versteht ihr es jetzt? Es ist ernst.*

Andrew hatte Schwierigkeiten, in mich einzudringen. Wieder ging es nicht weiter. Ich kippte mein Becken in einen besseren Winkel, um die Dinge zu beschleunigen. Nach drei oder vier Stößen war es vorbei. Das Pochen meines Selbsthasses war alles, was ich fühlte. Meine Atmung hatte sich nicht beschleunigt.

Als er fertig war, klingelte sein Telefon. Ein Notfall bei der Arbeit. Hastig zog Andrew seine Hose an. »Tut mir leid, aber ich muss gehen.« Ich wusste nicht einmal, was er eigentlich arbeitete.

Zurück in meinem Auto wählte ich Dr. Rosens Nummer. Ich erzählte seinem Anrufbeantworter von den Hühnerbrüsten, dem Nein in meinem Bauch und dem Sex, den ich selbst initiiert hatte. »Ich hatte versucht, es Ihnen zu erklären. Bitte, hören Sie mir doch zu.«

Vier Tage später in der Gruppe: Mein Blick traf den von Dr. Rosen. Meine Fäuste waren geballt vor Wut. Wie viele Typen musste ich noch vögeln, bis er mich ernst nahm? Wie weit musste ich gehen, damit dieses Lächeln aus seinem Gesicht verschwand?

»Sie glauben, dass ich Sie nicht sehe«, sagte Dr. Rosen.

»Verstehen Sie denn nicht, dass ich wirklich leide?«

»Christie, ich verstehe es.«

»Können Sie mir helfen?«

»Ja.«

»Was muss ich tun?«

»Sie tun es bereits.«

»Das ist nicht genug.«

»Doch, das ist es.«

»Es tut weh!« Ich schlug mit den Fäusten auf die Armlehnen meines Stuhls. »Ich habe Schmerzen.«

»Ich weiß.«

»Ich will nie wieder so Sex haben.«

»Sie müssen nie wieder so Sex haben.«

»Das ist nicht genug.«

»Christie, es ist genug.«

Wie sollte das denn tatsächlich genügen? Der Abend mit Andrew war ein Desaster auf allen Ebenen gewesen, und es war meine Schuld. Obwohl ich einen hochleistungsfähigen Therapeuten und fünf Gruppenmitglieder an meiner Seite hatte, die mich unterstützten und mein Leben in eine bessere Richtung lenken sollten.

»Welchen Sinn hat das alles? Der einzige Pokal, den ich hiermit gewinnen kann, ist, noch mehr schlechter Sex und weiterhin keine Verbindung zu niemandem.«

»Bis zum Pokal haben Sie es noch nicht geschafft«, sagte Dr. Rosen. »Aber Sie sind auf dem Weg dorthin.«

Ich wedelte mit den Armen durchs Zimmer. »Wie kann es sein, dass die anderen alle schon so weit sind und ich nicht?« Jeder von ihnen hatte eine bessere Hälfte, jemanden, neben dem oder der sie jeden Abend einschliefen. »Wie lange wird das noch dauern?« Ich stellte mir vor, wie ich alt und kraftlos wurde, während ich darauf wartete, dass die Gruppentherapie wie von Zauberhand mein Leben verwandelte.

»Ich weiß nicht, wie lange es noch dauern wird. Können Sie nicht die Schritte zelebrieren, die Sie bereits geschafft haben?«

Nein, das konnte ich nicht. Ich wollte nicht feiern, solange ich nicht wusste, wie viel es noch zu tun gab. Mich zermürbte die Einsicht, dass es auf dem Weg zu meiner seelischen Gesundheit keine Abkürzung gab. Ich hatte der Gruppe meine Abkapselung und meine geheimen Essensrituale geopfert. Meine lange gepflegten Bewältigungsstrategien. Nun musste ich mich jeder Begegnung, jedem einzelnen Date, ohne meine Verteidigungsmechanismen stellen. Das klang in der Theorie gesund, doch an diesem Morgen in der Gruppe fühlte es sich an wie eine überwältigende und unwiderrufliche Niederlage. Ich konnte keinen Trost mehr in Apfelfressgelagen finden, mich nicht mehr in mein hermetisch abgeriegeltes Leben zurückziehen. Da war nun immer dieses strahlende Licht, mit dem die Blicke von Dr. Rosen und den anderen Gruppenmitgliedern all meine Defizite beleuchteten. Aber keine geheime Höhle mehr, in der ich alle meine Gefühle verstecken konnte. Also waren sie mit mir hier auf diesem Stuhl. Ich weinte darüber, wie einsam ich mich fühlte und wie groß meine Angst davor war, dass sich mein Leben niemals wirklich ändern würde. Oder noch schlimmer: dass eine wahre Veränderung mehr von mir abverlangen würde, als ich geben konnte. Wäre die Sitzung nicht um neun zu Ende gewesen, bin ich mir sicher, dass ich bis zum Mittag geweint hätte.

8

»Du solltest der Gruppe von dem Raucher erzählen«, sagte Carlos.

Im Aufzug hatte ich Carlos vom Raucher erzählt, den ich so genannt hatte, weil er seine Zigaretten liebte. Ich fand ihn so heiß, er war mein neuester Schwarm an der Uni. Er hatte eine Freundin, aber sie war nie da. Sie hieß Winter und war Kellnerin. Ich hatte gehofft, dass sie hässlich war, ungepflegt oder gemein, aber als ich irgendwann sah, wie sie in einem Pub Bier servierte, musste ich zugeben, dass sie nicht nur gertenschlank war, sondern auch eine jugendliche Frische ausstrahlte und jedem ihrer Gäste ein aufrichtiges Lächeln schenkte.

Der Raucher und ich hatten uns angefreundet, weil wir beide zwischen den Vorlesungen Stunden damit verbrachten, im Computerraum unsere Notizen abzutippen. Bei unserer ersten Begegnung hatte er mich gebeten, ein Auge auf seine Bücher zu haben, während er eine rauchen ging. Natürlich sagte ich Ja. Ich liebte seinen Bartschatten, seinen nach Rauch riechenden Pullover und die Art, wie er schüchtern zur Seite blickte, wenn er lachte.

»Der Raucher?« Dr. Rosen hob den Kopf.

»Dieser Kerl an der Uni. Hat eine Freundin. Raucht wie ein Schlot. Trinkt viel. Ich bin gerade dabei, mich in ihn zu verlieben.«

»Er ist vergeben«, sagte Patrice.

Dr. Rosen schwieg, legte eine Hand vor den Mund, veränderte seine Sitzposition und legte die Hände anschließend auf den Armlehnen ab. Schließlich sagte er: »Wenn Sie ihn das nächste Mal sehen, sagen Sie ihm die Wahrheit.«

»Die da wäre?«

»Dass Sie gerne Männer scharfmachen.«

Ich schaute zu Carlos. Meinte Dr. Rosen das ernst? Alle schüttelten den Kopf, als wollten sie sagen: *Nein, Dr. Rosen, das kann sie nicht sagen.* Rory errötete hinter vorgehaltenen Händen.

»Sie wollen, dass ich dem Kerl, auf den ich stehe, sage, dass ich gerne Männer anmache?« War nicht der Raucher derjenige, der mit mir flirtete, obwohl er eine Freundin mit Apfelbäckchen hatte? Hätte man mich vor dieser Sitzung gefragt, ob Dr. Rosen, mein Psychiater mittleren Alters, der braune Schuhe mit Gummisohlen trug und keine Ahnung von Popkultur hatte (»Wer ist Bono?«, hatte er einmal gefragt), jemals das Wort *scharfmachen* benutzen würde, hätte ich dagegen gewettet. Und jetzt erzählte er mir, dass ich es als Teil meiner therapeutischen Behandlung in ein Gespräch mit dem Kerl einbaue, mit dem ich ins Bett wollte. »Und dann?«

»Das werden wir sehen.«

Zwei Tage später saß ich abends in einem Taxi, das auf der Lake Street Richtung Westen raste. Neben mir der Raucher und sein Kumpel Bart, ein witziger Typ, der ebenfalls in unseren Vorlesungen saß. Die Luft war stickig, aber der Himmel war klar. Ein Streifen des Mondes lächelte zu mir herab. Wir kurbelten die Fenster hinunter, um den Gestank des Duftbaums loszuwerden, der am Rückspiegel baumelte. Ich lehnte mich hinaus und streckte meinen Kopf dem nachtblauen Himmel und dem fröhlichen Mondgesicht entgegen. Ein Lachen stieg plötzlich in mir auf – ich hielt es ein paar Sekunden lang zurück und ließ es dann heraus. Die Musik dröhnte, ich setzte mich gerade hin, nahm die Schultern zurück und drehte mich dann dem Raucher zu, der in der Mitte zwischen mir und Bart saß.

»Ich mache supergerne Männer scharf.« Das »super« hatte ich als persönliche Note hinzugefügt, um mir selbst zu beweisen, dass ich nicht Rosens hirnloser Roboter war.

Der Raucher hörte auf, auf seinem Kaugummi herumzukauen, und erstarrte. Dann zog sich ein breites Lächeln über sein hübsches Gesicht. Sein Blick ging weiter starr geradeaus. Meine Haut kribbelte, als ich sah, wie er meine Worte verarbeitete. Ich wollte meine Beine um ihn schlingen und mich gegen seine perfekt ausgefranste Levi's drücken.

Bart reckte den Kopf vor und sah an der Schulter des Rauchers vorbei zu mir herüber. »Was hast du da gesagt?«

»Du hast mich schon verstanden«, sagte ich und schaute wieder aus dem Fenster.

»Nein, hab ich nicht«, antwortete Bart.

»Warum soll ich es dann unbedingt wiederholen?«

»Weil …«

»Weil du es schon richtig verstanden hast.«

»Du bist ja total irre!« Der Wind trug Barts Kichern hinaus in die Nacht, zusammen mit meinem Stolz.

Der Raucher lächelte weiter und trommelte mit seinen Fingern auf seine langen Oberschenkel. Als mir klar wurde, dass er nichts unternehmen würde, begann ich mich gedemütigt zu fühlen. Er würde noch ein paar Stunden mit mir und Bart abhängen, dann würde er nach Hause gehen und im Bett darauf warten, dass Winter von ihrer Schicht kam, um sie bis zum Morgengrauen zu vögeln. Ich konzentrierte mich auf die Gebäude, die auf der Milwaukee Avenue an uns vorbeisausten. Möbelgeschäfte, Tacoläden, ein Antiquariat. Menschen, die Schlange standen, um im Subterranean eine Band spielen zu sehen. Keiner von denen wusste, was ich gesagt hatte. Neben der Demütigung machte sich allmählich noch ein anderes Gefühl breit: Der Stolz, dass ich getan hatte, was Dr. Rosen wollte. Es auszusprechen war wie ein Sprung vom Zehnmeterturm, etwas, wofür ich all meinen Mut zusammennehmen musste. Jetzt, ein paar Minuten später, erkannte ich, dass es mich Dr. Rosen und meiner Gruppe nähergebracht hatte. Und in vier Tagen würde ich im Stuhlkreis sitzen und von dieser Nacht erzählen, in der ich meine Angst – und mein eigenes Urteilsvermögen – überwunden hatte, um Dr. Rosens Rat zu befolgen.

Als wir in der Bar in Bucktown ankamen, war der Außenbereich bereits voll, also zündete der Raucher sich auf dem Gehweg eine Zigarette an. Bougainvillea hing über das Geländer der Terrasse und verströmte einen süßlichen Geruch.

»Willst du eine?«, fragte er und hielt mir seine Packung Marlboros entgegen.

Oh, wie gerne hätte ich Ja gesagt, damit wir einen perfekten Moment zusammen hatten, in dem wir an Zigaretten zogen und Rauch ausbliesen wie die schönen Menschen in den Filmen, Menschen ohne psychische Probleme, ohne sexuelle Komplexe, ohne Essstörungen, ohne Würmer. Wenn ich Ja sagte, würde er sich nah zu mir herüberbeugen und mir Feuer geben. Sein Geruch würde sich in mein Gedächtnis einbrennen – der Rauch, das Kaugummi, die olfaktorischen Überbleibsel eines ganzen Tages.

Aber ich konnte mich nicht dazu überwinden, eine zu nehmen. Als Rory neulich erwähnte, wie sehr ihr die Zigaretten fehlten, hatte Dr. Rosen erklärt, dass man mit jedem Zug toxischen Selbsthass inhalierte.

»Nein danke«, sagte ich.

Am nächsten Dienstag saß ich in der Bahn in Richtung Innenstadt, als die Sonne gerade so über die Bäume spitzte. Ich war seit 4 Uhr wach – obwohl ich Marty am Abend zuvor für eine Bestätigung angerufen hatte – und hatte beschlossen, schon in die Stadt zu fahren und mich in ein Café zu setzen.

Ich nippte an einer Tasse Tee und starrte aus dem Fenster auf die Madison Street. Mein Blick fiel auf einen leuchtend gelben Rucksack, wie man ihn wohl am ehesten an einer Comicfigur erwartete. Der Mann, der ihn trug, hatte ein langsameres Schritttempo als alle anderen, er wirkte, als würde er durch einen englischen Garten flanieren. Er war etwas kleiner als der Durchschnitt, maximal meine Größe, und seine Lippen bewegten sich leicht, als spräche er mit sich selbst. Ich vermutete, er war Tourist, und fischte meinen Teebeutel aus der Tasse. Erst als er schon beinahe aus meinem Blickfeld war, traf es mich wie ein Schlag: Dr. Rosen.

Es war definitiv er – das ungezähmte Haar, die leicht gekrümmten Schultern. Wie konnte er so mickrig wirken? In der Gruppe wirkte er riesig – überlebensgroß –, wenn ich ihn um weitere Rezepte, Lösungen, Antworten anbettelte.

Ich sah zu, wie er die Straße hinunterging, ganz in Ruhe, während er vor sich hin nuschelte.

Warum ging er so langsam? Er war auf dem Weg zur Arbeit – zu *meiner* Gruppensitzung –, nicht auf einer Pilgerreise nach Medugorje. Warum das Murmeln? Woher hatte er diesen furchtbaren Rucksack?

Bis ich meinen Tee ausgetrunken hatte und aufgebrochen war, ging ich noch härter mit ihm ins Gericht: War mein Therapeut ein kompletter Freak? Warum hatte ich seinen Rat befolgt und dem Raucher diesen Satz gesagt? Warum räumte ich diesem merkwürdigen kleinen Mann so viel Macht ein?

Auf dem Weg zur Gruppe betete ich: »Bitte töte den Buddha.«

9

Alle anderen in der Gruppe bekamen eine spezielle Sex-Hausaufgabe. Colonel Sanders bekam verschrieben, seiner Frau den Rücken zu massieren, ohne sie zum Sex zu drängen. Patrice' Verordnung hatte mit Sexspielzeug zu tun. Carlos sollte sich jeden Abend ausziehen und seinen Verlobten, Bruce, zehn Minuten im Arm halten. Marty sollte Janeen, seine Freundin, die bei ihm wohnte, zu einer gemeinsamen Dusche einladen. Rory verschrieb Dr. Rosen noch einmal, sich ihre Tabletten gegen Angstzustände zwischen die Zehen zu stecken und sich von ihrem Mann oral befriedigen zu lassen.

Voller Neid hörte ich zu. »Ich will auch eine Sex-Hausaufgabe, aber ich habe ja keinen Partner.«

Dr. Rosen rieb die Hände aneinander, als hätte er seit Wochen darauf gewartet, dass ich das sagte. »Ich schlage vor, Sie lassen sich von Patrice bei der Selbstbefriedigung begleiten.«

Ich rieb mir die Schläfen und kniff die Augen zusammen. »Ich soll was?«

»Sie rufen Patrice an.« Dr. Rosen tat so, als würde er eine Nummer wählen und hielt sich die Hand anschließend wie ein Telefon ans Ohr. »Sie sagen: ›Hi, Patrice. Ich werde jetzt masturbieren. Ich rufe an, weil ich gerne deine Unterstützung für meine Sexualität hätte. Mit meinem Essverhalten hat es ganz gut geklappt, und nun würde ich gern an meiner Sexualität arbeiten.‹ Dann, wenn Sie fertig sind, rufen Sie noch einmal an und sagen ›Danke für deine Unterstützung.‹«

»Nein.« Ich stand auf. »Auf gar keinen Fall.«

Rational wusste ich, dass nichts falsch war an Masturbation – das hatte ich von Ruth Westheimer gelernt. Lust war nichts, wofür man sich schämen musste. Theoretisch. In der Praxis jedoch konnte ich mit Lust nur im Geheimen umgehen, versteckt unter der Bettdecke im Dunkel der Nacht. Ich hatte noch niemals über Selbstbefriedigung gesprochen und könnte es auch niemals tun. Die Geister all der Nonnen, die mir gesagt hatten, dass Sex nur zur Fortpflanzung mit meinem katholischen Ehemann diene, suchten mich heim. Während des Sexualkundeunterrichts in der sechsten Klasse hatte Schwester Callahan mehrere peinliche Minuten lang erklärt, dass Masturbation eine schwere Sünde war, denn »jedes verschwendete Spermium hätte ein neues Leben werden können«. Die Möglichkeit, dass auch Mädchen so etwas tun können, erwähnte Schwester Callahan nicht, was zu beweisen schien, dass Mädchen niemals masturbierten und es auch nicht tun sollten. Es war unaussprechlich.

Der Fachbegriff für meinen Zustand war *sexuelle Anorexie.* Die bekannteste Anorexie ist diejenige, bei der sich jemand strikt das Essen verbietet. Wer wie ich unter sexueller Anorexie leidet, verwehrt sich den Sex, indem sie sich auf Alkoholiker stürzt, die meistens eine Freundin haben und nicht intim werden können oder wollen – oder indem sie sich selbst zum Sex mit jemandem zwingt, von dem sie sich nicht angezogen fühlt. Der Begriff faszinierte mich. Als pummeliges Kind hatte ich mich danach gesehnt, mit so einer geschmeidigen Bezeichnung wie »anorektisch« geschmückt zu werden. Heute war ich mir nicht mehr sicher, ob ich die Bezeichnung so gut fand, aber ich fühlte mich zumindest weniger allein. Wenn es einen Namen für mich und meinen Zustand gab, dann hieß das, dass ich nicht die Einzige war.

Auf keinen Fall konnte ich mich von Patrice *bei der Selbstbefriedigung begleiten lassen.* Ich starrte Dr. Rosen an und schüttelte den Kopf.

»Aber du rufst doch auch mich wegen der Äpfel an«, sagte Rory.

»Das ist etwas anderes.«

»Inwiefern?«, fragte Dr. Rosen.

»Sie erkennen nicht den Unterschied zwischen Äpfeln und Masturbation?« Wenn ich nur daran dachte, Patrice anzurufen, zogen sich meine Schultern schon bis hoch zu den Ohren. Patrice deswegen anzurufen war wie das Anzünden einer Fackel: *Sieh her, Welt! Ich mache es mir jetzt selbst!* Es verstieß gegen die Anti-Onanie-Regeln der katholischen Schule und gegen die Behalte-deine-Angelegenheiten-für-dich-Regel meiner Mutter. Diese Verschreibung war unerhört, pervers, unmöglich.

»Wollen Sie meine Meinung dazu?«, fragte Dr. Rosen. »Nach dem Abendessen noch zehn Äpfel zu essen …«

»Ich bin mittlerweile bei vier …«

»Okay, vier. Aber Sie essen diese Äpfel nicht mit Genuss. Sie wollten damit aufhören. Sich von einem negativen Verhalten zu lösen ist etwas völlig anderes, als dabei unterstützt zu werden, sich ein angenehmes Verhaltensmuster anzueignen. Gegen Lust sträuben Sie sich mehr. Und darum bekommen Sie diese Verordnung von mir.«

»Die ich nicht einlösen kann.« Ich sollte aus der Gruppe austreten.

»Sie haben die Wahl«, sagte Dr. Rosen.

Rory stieß meinen Fuß mit ihrem Stiefel an und schlug vor, ich solle nach etwas Sanfterem fragen. Ich atmete tief ein. Wollte ich in meiner Verzweiflung ertrinken oder würde ich um das bitten, was ich brauchte?

»Können Sie einen Gang runterschalten?«

Dr. Rosen lächelte und hielt kurz inne. »Wie wäre es damit: Patrice begleitet Sie telefonisch dabei, ein Bad zu nehmen.«

»Ohne dass ich in der Wanne irgendetwas tun oder berühren oder reiben muss?«

»Nur zweckmäßige Berührungen.«

»Geht klar.« Mein ganzer Körper entspannte sich. Ein gottverdammtes Bad nehmen konnte ich. Ich war wieder dabei.

Dr. Rosen starrte mich an.

»Was?«, fragte ich.

»Wann haben Sie das letzte Mal jemandem gesagt, dass Sie nicht dazu bereit sind, etwas zu tun, was von Ihnen verlangt wird?«

Im letzten Highschooljahr war ich mit Mike D. zusammen gewesen, einem Basketballstar, der jeden Tag Gras rauchte. Er war mein erster richtiger Freund, und ich wollte unbedingt eine gute Freundin sein, was auch immer das bedeutete. Vor mir war Mike mit einer Cheerleaderin zusammen gewesen, die wohl ganz fantastische Blowjobs gab. Als er andeutete, dass ihm das fehlte, fühlte ich mich dazu berufen, ihm einen zu blasen. Aber mit 17 beschränkte sich meine ganze sexuelle Erfahrung auf eine Knutscherei, die schon drei Jahre zurücklag. Blowjobs waren eine andere Hausnummer, und meine Ahnungslosigkeit schnürte mir vor Panik die Kehle zu.

Wo sollten meine Hände hin? Wie lange würde ich seinen Penis in meinem Mund haben? Wonach würde er schmecken? Als Mike D. meinen Kopf unter die Decke drückte, schluckte ich meine Angst hinunter. Als ich wieder nach oben kam, um Luft zu holen und meine Leistung bewerten zu lassen, schob er meinen Kopf wieder nach unten. Tausende Male habe ich mich später hineinversetzt in meinen verschwitzten Schädel unter der Bettdecke. Warum habe ich mich in diesem Moment so entmachtet gefühlt? Entmachtet von allen Entscheidungen, Worten und sogar dem Recht, die Decke zu heben und Luft zu holen. Oder auch der Möglichkeit, ihm überhaupt nicht den Schwanz zu lutschen. Ich tat es, weil ich eine gute Freundin sein wollte, und gute Freundinnen sagen immer Ja.

Meine Mitbewohnerin auf dem College machte ihren Abschluss ein Semester vor mir. Die freigeistige Cherie plante, couchsurfend durch Colorado zu reisen, bis ihr Masterstudium begann. Als sie mich fragte, ob ich ihren VW Jetta nach Denver fahren könnte, hätte ich Nein sagen sollen. Ich hätte in Dallas Verwandte besuchen und Teilzeit in der Mall arbeiten sollen. Es war umständlich und teuer, stattdessen Cherie, ihr Fahrrad und ihren Seesack voller Batikshirts in die Rocky Mountains zu kutschieren. Aber ich sagte Ja, weil mein Magen sich schon bei dem Gedanken an ein Nein verkrampfte. Ich wollte eine gute Freundin sein. Und gute Freundinnen sagen immer Ja.

Bevor ich für das Masterstudium nach Chicago zog, arbeitete ich in meiner Heimatstadt in einem Klamottenladen und verkaufte Studentinnen Miniröcke. Nach einigen Monaten wurde ich zur Assistentin der Filialleitung befördert. Meine Chefin kam oft mit langen, blutigen Kratzern an den Unterarmen zur Arbeit. Diese Kratzer konnten entweder von ihrer wilden Katze stammen, oder sie hatte ein ernsthaftes Problem und verletzte sich selbst. Mehrmals im Monat bat sie mich, ihre Schicht zu übernehmen. Wenn ich zustimmte, hieß das, dass ich zehn Stunden ohne Pause durcharbeiten musste – Assistenten der Filialleitung durften den Laden nicht unbeaufsichtigt lassen, nicht einmal, um sich kurz ein Sandwich zu holen. Meine Chefin war dann zu Hause und tat, was auch immer sie tat, und ich musste einen Regaleinräumer bitten, an die Kasse zu kommen, wenn ich mal aufs Klo gehen wollte. Trotzdem kam ich nicht einmal auf die Idee, Nein zu sagen. Ich wollte eine gute Angestellte sein, und gute Angestellte sagen immer Ja.

Gut – das war es, was ich glaubte, sein zu müssen, als Partnerin, als Freundin und als Angestellte. Als Mädchen zu Hause bei meinen Eltern und dann auch als Frau, draußen in der Welt. Wenn mich jemand bat, für ihn zu springen, dann tat ich es, ohne darüber nachzudenken. Ich fragte mich nicht, ob ich Hunger hatte, den Weg nach Denver überhaupt kannte oder ob ich wusste, was ich verdammt noch mal mit einem Penis in meinem Mund anstellen sollte.

Ich sagte Dr. Rosen, dass ich es nicht gewohnt war, Nein zu sagen. Er fragte mich, ob mir bewusst wär, welchen Preis ich dafür bezahlte. Ich schüttelte den Kopf. Preis? Ich wurde gemocht, weil ich eine Jasagerin war. Wenn ich nun anfinge, Nein zu sagen, was dann? Sie wären sauer auf mich. Enttäuscht. *Unglücklich*. Das konnte ich nicht zulassen. Diese Art des Wagemuts hatte ich nicht. Das konnten sich nur Männer und attraktive Frauen ohne emotionalen Ballast leisten.

»Wenn Sie es in einer Beziehung nicht schaffen, Nein zu sagen, dann werden Sie nie mit jemandem wirklich vertraut werden«, sagte Dr. Rosen.

»Könnten Sie das bitte noch einmal wiederholen?« Ich rührte mich nicht, damit jedes Wort in mich hineinsickern, durch meine Haut und meine Muskeln dringen und sich in meinen Knochen festsetzen konnte.

»Wenn Sie nicht Nein sagen können, kann auch keine Intimität entstehen.«

Zu mir sagte ständig jemand Nein, und ich liebte sie trotzdem. War es das, was die anderen in der Highschool gelernt hatten, während ich Cookies in mich hineingestopft und Mixtapes mit Songs von Lionel Richie und Whitney Houston aufgenommen habe?

***

Als sich meine alte löwenfüßige Badewanne mit schaumigem, nach Lavendel duftendem Wasser füllte, hinterließ ich Patrice eine Nachricht auf ihrer Mailbox und konnte damit Teil eins der *Begleitung* abhaken. Ich hatte absichtlich auf ihrem Handy angerufen, weil ich wusste, dass sie es nachts ausschaltete. Ich hielt die Luft an, als ich in das heiße Wasser glitt. Die Schaumblasen machten leise Knistergeräusche. Ich lehnte meinen Kopf gegen den harten Porzellanrand und atmete aus. Stoßweise kam die Luft aus mir heraus, als müsste ich gleich weinen, aber ich drückte die Augen zu und schüttelte den Kopf. Ich wollte hier nicht herumflennen – ich wollte wie eine normale Frau einfach nur zur Entspannung ein verdammtes Bad nehmen. Nach zwei Minuten wollte ich wieder raus. Ich hatte meine Verschreibung erfüllt, die Medizin geschluckt. Nun hatte ich Dinge zu erledigen, drei Anrufe bei drei verschiedenen Gruppenmitgliedern beispielsweise.

Doch dann legte ich die Hände auf meine Brust, dort, wo mein Herz schlug, und atmete tief ein. Tränen stiegen mir in die Augen, und ich ließ es zu. Was ich spürte, war Erleichterung. Intensive, abfallende, pure Erleichterung. *Vielleicht könnten Neins auch ein Teil meines Lebens werden.*

Alle anderen sagten Nein. Kat, meine Mitbewohnerin auf dem College, war unverblümt, frech und selbstsicher. Einem grapschenden Verbindungsstudenten hatte sie »Fick dich« gesagt, als er sie nach einem Blowjob fragte. Es gab keinen verkrampften Klumpen Angst in ihrem Bauch, der ihr sagte, dass sie es tun musste. Mein willensstarker Bruder hatte mit fünf Jahren eine ganze Stunde lang mit meinen Eltern debattiert, als sie darauf bestehen wollten, dass er einen Bissen von seinem Thunfischsandwich nahm. Er setzte sich durch, während ich bis zum letzten Rand jeden widerlichen, fettigen Bissen in mich hineinzwang. Carlos wies Dr. Rosen in seine Schranken, indem er sich weigerte, seine Gitarre mitzubringen und für die Gruppe zu singen.

Ich hingegen dachte darüber nach, aus der Gruppe auszusteigen, damit ich Dr. Rosen nicht in die Augen sehen und sagen musste: »Nein, ich kann mich von Patrice nicht bei der Selbstbefriedigung begleiten lassen.«

Ich formte mit meinen Händen eine Schale und ließ das Wasser durch meine Finger laufen. Ich hatte Baden immer gehasst. Was war so entspannend daran, im Wasser zu liegen, wenn es nichts zu sehen gab außer der gefliesten Wand und meinem Körper unter dem Schaum? Ich hasste es, meinen Körper zu betrachten. Irgendwann nahm ich ihn immer auseinander – unrasierte Beine, ungepflegte Fußnägel, untrainierter Bauch, unebene Oberschenkel. Mein prüfender Blick und meine Scham ertränkten alles Vergnügen, das ich haben sollte an diesem Zeitvertreib, den angeblich alle Frauen dieser Welt liebten.

Ich sah diese Dinge noch immer – den abgesplitterten roten Nagellack, die haarigen Beine, das wulstige Fleisch. Und noch immer spürte ich, wie das Schamgefühl heiße Schauder über meine Haut jagte. Aber hinter dieser Scham blitzte ein leichteres und kühleres Gefühl auf, und ich verspürte eine Ahnung davon, dass ich ein anderes Verhältnis zu meinem Körper haben könnte. Und vielleicht auch ein anderes Verhältnis zu anderen Menschen.

Meine Fingerkuppen wurden schrumpelig, während das Wasser bis auf Raumtemperatur abkühlte. Als ich mich aufsetzte, fröstelte ich ein wenig. Ich wickelte mich in ein pink-rosa gestreiftes Badetuch und setzte mich auf den Rand der Wanne.

Ich wählte Patrice' Handynummer. »Ich habe es getan. Gute Nacht.«

Ich rief Rory an, um von meinem Essen zu berichten.

Ich rief Marty an, um mir Bestätigung zu holen. »Du hast das Zeug dazu, Mädchen«, sagte er.

Ich lachte. Mein Nacken und meine Schultermuskulatur fühlten sich nach dem Bad warm und gelockert an. Ich fühlte mich benebelt und wie im Halbschlaf. »Du bist so toll«, sagte ich und umschloss das Telefon mit meinen immer noch schrumpeligen Fingern. Die Worte waren einfach aus mir herausgeglitten.

»Und ich finde dich toll, Süße. Das macht doch Spaß, oder?«

Ich lächelte. Spaß war nicht unbedingt das Wort, das ich verwendet hätte für dieses warme Gefühl, das sich in meiner Brust ausdehnte, aber mir fiel auch kein besseres ein.

Im Bett hatte ich eine Vision: Alle Gruppenmitglieder standen um mich herum und hatten ihre Hände unter meinen Körper geschoben, als würden sie mich gemeinsam hochheben wollen – ein Spiel, das wir als Kinder oft bei Übernachtungsbesuchen gespielt hatten. Gemeinsam beschworen sie welche Mächte auch immer herauf, die helfen würden, mich in die Höhe zu heben. Ich spürte, wie Dr. Rosen meinen Kopf in den Händen hielt, Carlos und der Colonel hielten meine Schultern, Patrice und Rory jeweils eine Seite meiner Hüften und Marty meine Füße. Ich mochte sie wirklich alle sehr, sie waren großartig. Und ich war so dankbar für ihre Anwesenheit, für ihr Bemühen und ihre starken Hände an meinem Körper. Sie kerbten sich nach und nach in mein Leben ein.

Ich freute mich, ich wollte heulen, und es machte mir unfassbare Angst.

10

An einem Dienstagmorgen im Frühling kullerten dicke Tränen über Martys Gesicht. Auf seinem Schoß lag eine silberne Schatulle, die aussah wie eine kleine Trommel oder Keksdose. Er sagte, er habe genug von all dem Tod. Er wolle das nicht mehr.

Für Marty war das ein großer Schritt. Nach außen wirkte er sympathisch und funktionierte, aber wir wussten alle von diesem Vorrat an Zyankalikapseln. Dr. Rosen erwähnte sie in fast jeder Sitzung und drängte darauf, dass Marty sie mit in eine Gruppensitzung brachte.

»Es sieht so aus, als wären Sie bereit, sich davon zu trennen«, sagte Dr. Rosen und zeigte auf die Dose.

»Was ist da drin?«, fragte der Colonel.

Marty drückte die Dose an seine Brust. »Die sterblichen Überreste eines Kindes.«

Ich drückte die Fersen in den Teppich und schob meinen Stuhl ein Stück zurück. Babys sollten pausbäckig und laut sein – gurren, schreien, weinen. Sie sollten nicht in einer Blechdose sein.

Marty erklärte, dass dieses Baby, das starb, als es noch keinen Monat alt war, der Sohn eines der ersten Patienten gewesen war, die er in seiner psychiatrischen Praxis behandelt hatte. Er hatte Marty vor Jahren gebeten, die Asche für ihn aufzubewahren, während er seine Trauer verarbeitete, aber der Patient verstarb. Nun fragte Marty Dr. Rosen, was er mit diesem Erinnerungsstück tun sollte.

Dr. Rosen liebte es, Menschen mit Fragen rund um den Tod aufzuwühlen. Würde man die Themen der Gruppe in einem Tortendiagramm darstellen, wären Sex und Tod die beiden größten Stücke. Und wer ein Trauma wegen eines Todesfalls entwickelt hatte, wurde von Dr. Rosen mindestens alle zwei Wochen daran erinnert. Rory musste in jeder zweiten Sitzung, wenn sie etwas erzählte, über den Holocaust sprechen, auch wenn der Massenmord an den europäischen Juden in den 1940er-Jahren auf den ersten Blick nichts mit den Überziehungszinsen ihrer Kreditkarte zu tun hatte. Wenn Patrice in der Arbeit mit einem komplexen Problem zu kämpfen hatte, kam Dr. Rosen direkt auf den Selbstmord ihres Bruders zu sprechen. Und natürlich brachte er mich regelmäßig dazu, über den Unfall auf Hawaii zu sprechen. Normalerweise wich ich zurück und bat ihn, sich auf mein Sexleben zu konzentrieren anstatt auf das große Pech, mit 13 bei einem Ausflug an den Strand Zeugin eines Todesfalls geworden zu sein.

Marty reichte die Dose Dr. Rosen, der sie genau betrachtete und etwas auf Hebräisch sprach. Er sagte Marty, dass es ihm guttun würde, sich von seiner Beschäftigung mit dem Tod zu lösen. Er würde dem Leben dann offener entgegentreten und seiner Lebensgefährtin Janeen noch näherkommen können.

Eine traurige Stille legte sich über die Gruppe. Eine Welle der Gefühle schwoll in meiner Brust an – Erinnerungsfetzen aus Hawaii –, doch ich verdrängte sie wieder. Ich war mir sicher, dass ich nur Traurigkeit heraufbeschwor, um mich der Stimmung der Gruppe anzupassen.

Aus Trotz wollte ich meine Beine überschlagen. Wo war Dr. Rosens Zaubertrick für meine Probleme? Was konnte ich aus dem Schrank kramen, es mit zur Gruppe bringen, und dann – *voilà!* – wäre ich bereit für Vertrautheit und Nähe? Marty und ich hatten am selben Tag hier angefangen, und nun hatte er mich überrundet. Ich war zu Dr. Rosen gekommen, weil ich mir aufgrund meiner chronischen und fundamentalen Einsamkeit den Tod wünschte – aber Marty hortete *Zyankalikapseln* in seiner Nachttischschublade. Und dennoch machte er so einen Sprung? Ich ließ den Neid und die Wut in mir aufsteigen, aber ich sagte nichts.

Es waren nur noch 15 Minuten übrig bis zum Ende der Sitzung, und Dr. Rosen wandte seine Aufmerksamkeit nun Martys Blechdose zu. »Suchen Sie sich jemanden aus, der sie an Ihrer Stelle nehmen soll.« Als Marty sich umsah, betrachtete ich den fleckig gemusterten Teppich. Bestimmt würde er Patrice wählen, das Muttertier unserer Gruppe.

»Christie.«

Das durfte doch verdammt noch mal nicht wahr sein. Dr. Freud lässt grüßen. Mit zugekniffenen Augen sah ich zu Marty hinüber, ängstlich und genervt davon, dass er mich dazu auserkoren hatte, ein Baby zu halten, das niemals aufwachsen durfte, dessen Überreste versiegelt in einer Blechdose lagen. Ich warf Dr. Rosen einen finsteren Blick zu, dafür, dass er diese morbide Nummer eingefädelt hatte. Ich wollte aufstehen und mir mit den Fäusten gegen den Kopf schlagen und schreien, bis es mir den Hals zerfetzte: »Ich bin nicht hier, um den Tod, Knochen und Asche zu verarbeiten! Ich bin wegen des Lebens hier! ICH WILL LEBEN!«

Warum sollte ich, irgendeine Frau aus Martys Therapiegruppe, nun plötzlich die Hüterin dieser Dose sein? Verdiente es das Baby nicht, in den Händen von jemandem zu sein, der es oder dessen Eltern es aufrichtig geliebt hatten? Diese Zufälligkeit war unerträglich.

Dr. Rosen wies Marty an, mich anzuschauen und zu fragen, ob ich die Dose nehmen würde. Als sich unsere Blicke trafen, sah ich seinen Schmerz, aber ich konnte es nicht. Ich wandte mich an Dr. Rosen.

»Soll ich mir nicht lieber Martys Zyankalikapseln einwerfen?«

»Ich denke nicht«, sagte Dr. Rosen. Eine Pause. Dann: »Sie müssen das nicht tun, wissen Sie?«

»Was?«

»Einen Witz machen, wenn Ihnen etwas Angst macht oder wenn Sie aufgewühlt oder verärgert sind. Sie müssen von diesen Gefühlen nicht ablenken.«

»Wie wäre es damit: Ficken Sie sich, Dr. Rosen!«, schrie ich.

Dr. Rosen rieb sich mit der Handfläche über die Brust, eine Geste, die ich schon öfter gesehen hatte. Einmal hatte er erklärt, dass es ein Zeichen von Liebe sei, wenn jemand seine Wut so unumwunden mit ihm teilte, und er es wie ein Segen in sein Herz aufnahm.

»Besser«, sagte er.

»Okay«, flüsterte ich einsichtig. Ich fragte Marty nach dem Namen des Babys.

»Jeremiah.«

Ich konnte Baby Jeremiah nicht verstoßen. Irgendein Teil dieses geliebten Kindes war immer noch in dieser Dose und ich würde es nicht im Stich lassen. Ich war selbstsüchtig und egozentrisch, aber ich war kein totales Monster. Ich streckte meine Arme nach der Dose aus.

Dr. Rosen reichte sie an Patrice weiter, die sie mir gab. Ich nahm sie in meine Hände und hielt sie absolut still. Ich wollte nicht *fühlen*, was darin war. Als ich sie auf meinen Schoß sinken ließ, stellte ich mir vor, es befänden sich viele kleine Muscheln darin. Ich bemühte mich, nicht an Knochen zu denken. Kurz sah ich vor mir, wie ich die Dose weinend in meinen Armen wiegte, aber eine Welle der Wut auf Dr. Rosen ließ die zarte Trauer wieder verpuffen.

»Eine Frage«, sagte ich zu Dr. Rosen. »Marty kommt Janeen näher, wenn er Jeremiah loslässt, aber was passiert mit mir, wenn ich ihn nehme?«

Nachdem er ein paar Mmmhs und Ähms in Richtung Decke gemurmelt hatte, antwortete er: »Für Sie verkörpert diese Asche die Verbindung zu dieser Gruppe. Sie brauchen die Unterstützung der Gruppe, um sich dem Tod entgegenzustellen, um nicht länger vor diesem Thema wegzulaufen.« Er lehnte sich nach vorn, als hätte er Sorge, ich könne ihn nicht hören. »Sie wollen weiterkommen? Dann beginnen Sie zu fühlen.«

»Ich weiß nicht.« Mit zitternden Händen hielt ich die Dose.

»Was wissen Sie nicht?«

»Wie man fühlt. Oder ob ich es kann.«

»*Mamaleh*, Sie haben doch schon damit angefangen.«

Zwei Wochen später zog Marty einen Umschlag heraus und zeigte ihn Dr. Rosen.

»Meine Pillen«, sagte Marty. Er kippte die gelben Kapseln auf seine Handfläche und hielt sie Dr. Rosen entgegen, der aufstand und sagte: »Wir werden nun eine Beerdigung abhalten.« Wir folgten ihm in das kleine Badezimmer neben dem Gruppenraum. Rory hielt Martys Hand, bis er bereit schien, die Kapseln loszulassen. Dr. Rosen kündigte an, dass er nun das Trauer-Kaddisch sprechen würde.

»Was betrauern wir?«, fragte ich.

»Den Tod von Martys Selbstmordtendenzen.«

»*L'chaim*«, sagte Carlos.

»Das heißt: ›Auf das Leben‹«, erklärte der Colonel und legte mir dabei eine raue Hand auf die Schulter.

»Ich weiß, ich habe *Der Fiedler auf dem Dach* gesehen«, antwortete ich und schüttelte seine Hand ab.

»*L'chaim*, in der Tat«, sagte Dr. Rosen und strahlte Marty an, der die Kapseln in die Toilettenschüssel fallen ließ und beobachtete, wie sie umherwirbelten, bis sie schließlich verschwanden.

Nachdem wir Martys Zyankalikapseln im Klo hinuntergespült hatten, nahmen wir wieder unsere Plätze im Gruppenraum ein. Dr. Rosen starrte mich an.

»Sind Sie bereit?«, fragte er.

»Wofür?«

»Sie wissen, wofür.«

»Das tue ich nicht.«

»Ich denke schon.«

Natürlich dachte er das.

11

»Christie Tate-Ramon« stand auf meinem Gepäckanhänger. Als Jennis Vater, David, ihn mir reichte, sagte er: »Ich wollte schon immer zwei Töchter haben.« Er umarmte mich, und dann scheuchte er Jenni und mich in das Taxi, das schon in der Einfahrt wartete. Wir waren zu fünft: Jenni, ihr Vater David, ihre Mutter Sandy, ihr Bruder Sebastian und ich. Das erste Schuljahr an der Highschool begann erst in sechs Wochen.

Als wir in Honolulu gelandet waren, trugen alle am Flughafen Blumenhemden und begrüßten uns mit »Mahalo«. Auf der Fahrt zum Hotel wiederholten wir das Wort immer und immer wieder, wie einen Segenswunsch.

Drei Tage lang erkundeten wir die üppig bewachsene Hauptinsel, hielten am Straßenrand an, um Wasserfälle zu bestaunen, die aus einer steilen Felswand entsprangen, aßen Macadamianüsse und fotografierten Strände mit schwarzem Sand. Am zweiten Abend besuchten wir ein obligatorisches Lu'au, wo wir alle Orchideenketten um den Hals trugen und von dem Poi probierten, einem traditionellen Brei aus den Knollen einer einheimischen Pflanze.

Am vierten Tag lud David uns Kinder nach dem Mittagessen samt Handtüchern und Bodyboards in den Mietwagen. Wir wollten zu einem abgeschiedenen schwarzen Sandstrand am Ende des Highways fahren, den wir auf unserer Sightseeingtour am ersten Tag gesehen hatten. Sandy blieb in der Ferienwohnung und machte Wäsche.

»Surf, surf, surf«, sang David, als wir die kurvige Straße entlangfuhren, die sich an einen Berghang schmiegte. Sebastian schob eine Kassette ein und drehte die Lautstärke auf. *The Cure* sangen übellaunig über Strände und Waffen. Wir kurbelten die Fenster hinunter, sangen aus voller Kehle mit und ließen den Wind tief in unsere Kehlen wehen.

David parkte das Auto und lief auf einen schattigen Weg zu, wo an einem Metallzaun ein »Durchgang verboten«-Schild hing, halb verdeckt von blühenden Weinreben. Für eine Nanosekunde hielt ich inne, Angst überkam mich plötzlich. Wir brachen hier eine Regel. David pfiff vor sich hin. Der blaue Himmel über uns verhieß nichts als frische Luft und eine wohltuende Runde Schwimmen, sobald wir den Strand erreicht hatten. An Orten mit so vielen Blumen passierten keine schlimmen Dinge.

Wir liefen in einer Reihe, ich ganz hinten. Der Steg meiner Flipflops bohrte sich zwischen meine Zehen, als ich den steilen Bergpfad hinablief.

Als der Weg ebener wurde, gelangten wir an eine wilde Grasfläche, hinter der wir die Wellen ans Ufer rollen sahen. Schwarze Sandkristalle glitzerten im Sonnenlicht. David fand eine flache, trockene Stelle, wo wir unsere Sachen ablegen konnten. Es war sonst niemand am Strand – kein Rettungsschwimmersitz war zu sehen, keine ausgebreiteten Strandtücher, keine Lebenszeichen. Dieses riesige Stück Paradies ganz für uns allein zu haben fühlte sich an wie Freiheit. Ich streifte mein T-Shirt und meine Shorts ab. Ich richtete die Träger meines Badeanzugs, und Sebastian hechtete in die Brandung. Jenni und ich trotteten hinterher.

»Wir sehen uns gleich.« David beugte sich über seine Kontaktlinsendose und ein Fläschchen Kochsalzlösung in Reisegröße.

Die Wellen sahen sanft aus und nicht sehr viel anders als vor Padre Island am Golf von Texas, wo meine Familie oft Urlaub machte. Der Himmel war noch immer eine harmlose blaue Schüssel. Mein größtes Problem war, dass ich mir wünschte, mein Körper wäre so dünn wie der von Jenni.

Als ich weit genug hineingewatet war, sodass mir das Wasser bis zur Mitte der Oberschenkel ging, schmiss mich eine Welle um.

Mein ganzer Körper geriet unter Wasser, und der Sog zog mich hinunter. Ich hatte Mühe, mich aufzurichten, und sobald ich über der Wasseroberfläche war, drückte mich eine weitere Welle wieder nach unten, und ich überschlug mich in der Brandung. Salzwasser brannte in meinen Augen und rauschte meine Nase hinauf. Es fühlte sich an, als würde mich eine unsichtbare Kraft unter dem Sand nach unten ziehen und zum Kampf herausfordern. Jedes Mal, wenn mein Kopf aus dem Wasser herauskam, versuchte ich Luft zu holen, aber bevor ich meine Lungen mit Sauerstoff füllen konnte, wurde ich schon wieder umgestoßen. Jeder Versuch, mich aufzurichten, scheiterte.

Ich musste raus. Hektisch schlug ich mit den Armen um mich und trat mit den Beinen ins Wasser, aber die Strömung sog mich immer wieder zurück. Als ich schließlich an einer Stelle landete, wo ich aufstehen konnte, keuchte und hustete ich, gekrümmt vor Erschöpfung. Mein Kopf pochte nach dem mühevollen Kampf gegen das Meer. Ich wankte aus dem Wasser.

Ich war entkommen, und als ich schließlich an Land war, schnürte mir die Anstrengung den Brustkorb zu. Von dem Versuch, mich aus dem Wasser zu kämpfen, schmerzten meine Arme. Jenni tauchte auf und lief zu mir. Wir einigten uns darauf, dass Sonnenbaden mehr Spaß machen würde.

»Wo ist mein Dad?«, fragte sie und blickte über das Wasser.

Ich legte die Hand an die Stirn und inspizierte den Ozean – links, rechts, dann wieder links. Keine Spur von David. Wieder stieg Angst in mir auf, sie kroch meinen Rücken hinauf und setzte sich in meinem Nacken fest.

»Oh mein Gott!« Jenni zeigte nach vorn und rannte ins Wasser. Zehn Meter vor uns schaukelte ein orangefarbener Gegenstand im Wasser. Davids Board. Etwas Großes Weißes schwamm neben ihm.

David lag mit dem Gesicht nach unten. Eine Welle brandete und beförderte ihn zu uns ins wadentiefe Wasser. Wir drehten ihn um, und seine Augen starrten in den Himmel, ohne zu blinzeln. Mein Atem kam in flachen Stößen. Wasser quoll aus Davids Nase und Mund. So viel Wasser lief aus ihm heraus. Als hätte er den halben Ozean in sich.

Jenni und ich griffen beide einen Arm. Wir zogen ihn ans Ufer. Keine von uns beherrschte Wiederbelebungsmaßnahmen, aber wir drückten auf seinen Brustkorb, wie wir dachten, dass wir es tun müssten. Manisch riefen wir nach Sebastian. Mit jedem Stoß auf Davids Brust sprudelte mehr Wasser aus seinem Mund und seiner Nase. Seine Augen starrten regungslos in den Himmel, ins Nichts.

Meine Zähne klapperten unkontrolliert, und meine Arme krampften. Wenn ich nicht auf Davids Brust drückte, lief ich auf der Stelle, denn einfach nur dazustehen würde bedeuten, dass seine offenen Augen und sein sprudelnder Mund mich finden und sich in mir festsetzen konnten. Mein Verstand spann Lügen: *Es wird ihm gutgehen. Menschen sterben nicht im Urlaub. Auf der Heimreise werden wir über diese fiese hawaiianische Brandung lachen.* Ich hatte noch immer sein Pfeifen im Ohr.

Wenn wir nur genug Wasser aus ihm herauspumpen könnten, würde er sich aufsetzen und husten.

»Oh mein Gott!« Sebastian war da, tropfend nass und schnaufend. Mit den flachen Händen drückte er auf die Brust seines Vaters.

»Ich hole Hilfe«, sagte ich und rannte los, barfuß, immer noch zitternd – aber mein Körper verlangte danach, in Bewegung zu bleiben. Im Stillstand lauerte die Wahrheit, also verlangte ich meinen Beinen auch den letzten Rest Kraft ab und stürzte mich den Berg hinauf. Der Geist von David, der nur 30 Minuten zuvor pfeifend diesen Pfad hinuntergelaufen war, begleitete mich auf jedem Schritt. Nach der Hälfte des Weges stolperte ich über eine Wurzel und fiel mit ausgebreiteten Armen hin. An meinem Knie eine klaffende rote Wunde. Sie sah aus, als müsste sie wehtun, aber ich spürte nichts. Nichts außer meinem Herzschlag und Panik. Gedanklich hatte ich meinen Körper verlassen und war bereits auf dem Berg oben angekommen, wo ich jemanden anflehte, uns zu helfen.

»Nein! Nein! Papa, nein!« Sebastians und Jennis Wehklagen schallten vom Strand zu mir herauf. Mühsam richtete ich mich auf. Ich musste rennen, um den unerträglichen Geräuschen ihrer Trauer zu entkommen. Jedes Mal, wenn ich stehen blieb, um Luft zu holen, hörte ich ihre Schreie. Die Vorstellung davon, wie die beiden mit dem schlaffen Körper ihres Vaters allein am Strand waren, jagte mich weiter den Berg hinauf.

Als ich oben angekommen war, brach ich vor den Füßen von vier älteren Golfspielern zusammen. Ich lag auf Augenhöhe mit ihren weißen Golfschuhen und den Säumen ihrer karierten Hosen. Einer von ihnen beugte sich herunter und schob sein Gesicht dicht vor meines. »Alles okay, junge Dame?«

»Jemand ist ertrunken – er ist nicht tot.« Darauf bestand ich. In diesem Moment gab es für mich einen Unterschied zwischen Ertrinken und Sterben. »Seine Kinder sind da unten allein mit ihm.«

Die vier zogen ab und ließen mich an einen Felsen gelehnt zurück.

»Er ist nicht tot.« Ein Schrei, ein Flüstern, eine Botschaft direkt aus meinem bebenden Herzen.

Stille war furchterregend. Ich kam auf die Füße und lief die Asphaltstraße entlang, um mehr Hilfe zu holen. Kleine Kiesel bohrten sich in meine Füße, aber ohne die Haut zu verletzen. Ich rannte schneller. Ich gelangte zu einer verlassenen Hütte etwas abseits der Straße. Als niemand auf mein Klopfen reagierte, riss ich die Tür auf, die nicht abgeschlossen war, und schrie: »Telefon! Telefon!« In dem dunklen Zimmer standen nur ein Holztisch, ein paar Stühle und ein niedriges Bücherregal. Keine Menschen, kein Licht, kein Telefon.

Zurück auf der Straße konnte ich den Strand nicht mehr sehen und auch Jenni und Sebastian nicht mehr hören. Ich stand in meinem Badeanzug da und wartete darauf, dass etwas passierte, zitternd und zuckend und ohne Ziel. Ein leises, tiefes Stöhnen entwich aus meiner Kehle, ein Wort ohne Sinn, zusammengestückelt aus »nein, nein, nein« und »bitte, bitte, bitte«. Ich hielt meinen Kopf in beiden Händen, als würde er auseinanderfallen, wenn ich ihn losließ.

Eine Familie aus Kansas – Mutter, Vater, Sohn im Teenageralter – hielten am Aussichtspunkt an. Ich wedelte mit den Armen: »Hilfe! Bitte!« Eine gute Nachricht: Der Vater war Kardiologe. Er und sein Sohn verschwanden den Weg hinunter in Richtung Strand, während die Mutter mir eine Dose Root Beer anbot und fragte, ob ich mich in ihr Auto setzen wolle. Ich nippte an dem süßen Getränk und zitterte noch immer, als mein Körper die fürchterliche Wahrheit aufnahm.

Ein Highway-Polizist fuhr in einem schwarzen Wagen vorbei, und die Mutter sprang aus dem Auto, um ihn anzuhalten. Er streckte seinen Kopf aus dem Fenster, und sie flüsterte ihm etwas zu. Er schielte zu mir herüber und versprach, Hilfe zu schicken.

Aus dem Nichts rollten dicke graue Wolken heran. Regentropfen prasselten auf das Auto. Der Regen wurde zu Hagel. Bei jedem Eiskörnchen, das gegen die Scheibe klopfte, zuckte ich zusammen. Und ich zitterte immer noch. Mein Kiefer bebte so stark, dass es sich anfühlte, als würden mir davon die Backenzähne ausfallen. Wenn ich den Atem anhielt, konnte ich meinen Körper für ein paar Sekunden still halten, aber sobald ich nach Luft schnappte, begann das Schlottern wieder.

Über mir schwirrten die Rotorblätter eines Hubschraubers im Stakkato-Rhythmus, ein riesiger Metallvogel, der zum Strand hinunterglitt. Die Mutter erschrak und griff nach meiner Hand. Sie wusste, was das bedeutete. Die Golfer tauchten am Beginn des Fußweges auf. Ich stürzte aus dem Auto, immer noch voller Hoffnung auf Neuigkeiten vom Strand, auch wenn die beiden vordersten die Köpfe schüttelten. Nein, er hat es nicht geschafft. Nein, er ist tot. Nein, es gibt keine Hoffnung mehr.

»Die Kinder laufen hinter uns.« Die Hoffnung verließ meinen Körper.

Ich konnte das Brummen des Rotors hören, auch wenn es nichts zu sehen gab als die graue Weite des Himmels. Der Helikopter stieg über den Berg hinauf, ein langes Seil hing aus seinem Inneren. Am Ende des Seils war ein schwarzer Leichensack, und er schwang hin und her wie ein Hundeschwanz, an dem ein Gewicht befestigt war. Der Helikopter segelte über den Himmel, bis er nur noch ein schwarzer Punkt am Horizont war.

12

Nachdem alle fürchterlichen Details in einem ununterbrochenen Redefluss aus mir herausgeströmt waren, fühlte ich mich leichter. Ich glaubte, dass es alles war, was ich brauchte, mir diesen Raum zu nehmen und die anderen bezeugen zu lassen, was ich erlebt hatte. Nun wusste die Gruppe von der *The Cure*-Kassette, von Davids Kontaktlinsen, dem reißenden Ozean, meinen nackten Füßen auf dem Pfad, dem Root Beer, dem Regen, dem Helikopter.

Als ich in der nächsten Woche vom Aufzug zum Gruppenraum lief, malte ich mir aus, wie Dr. Rosen noch einmal erwähnen würde, dass ich in Bezug auf Hawaii in der Vorwoche gute Arbeit geleistet hatte. Es war ein Wunsch: Ich wollte die Anerkennung dafür, dass ich die Gruppe endlich hatte teilhaben lassen an den schrecklichen Bildern, die ich seit diesem traumatischen Sommer mit mir herumtrug. Aber als ich das Wartezimmer erreichte, fühlte ich noch etwas, was scheinbar gar nichts damit zu tun hatte: Angst vor Dr. Rosens bevorstehendem Urlaub. Die nächsten beiden Wochen würde er weg sein. Ohne diese wöchentlichen Sitzungen, die mir Halt gaben wie ein Anker, hatte ich Angst, dass eine Welle der Einsamkeit mich unter Wasser ziehen würde. Zwei Wochen ohne die Gruppe kamen mir vor wie zwei Wochen ohne Sauerstoff. Unter der Angst spürte ich Wut. Wie konnte er uns für zwei ganze Wochen im Stich lassen?

»Setzen Sie sich auf den Boden und greifen Sie Carlos' Bein«, schlug Dr. Rosen 15 Minuten nach Beginn der Sitzung vor, nachdem ich zugegeben hatte, wie ich mich beim Gedanken an seine bevorstehende Abwesenheit fühlte. Carlos' Bein zu fassen sollte mich beruhigen und mich erden. Es tat nichts davon.

Die Stimmung in der Gruppe war an diesem Tag ab dem ersten Moment hektisch und unkonzentriert. Wir sprangen von Carlos' Patienten zu Martys Hochzeitsplänen zu Rorys Sexleben. Bei jedem Themenwechsel entspannen sich mehrere Nebengespräche und lenkten von der eigentlichen Diskussion ab. Dr. Rosen bestand darauf, dass das an unserer gemeinsamen Angst davor lag, uns zwei Wochen nicht zu treffen.

Ich wickelte meinen rechten Arm um Carlos' Unterschenkel und zupfte mit der linken Hand am Teppich herum, während Marty über sein Leben ohne Zyankalivorrat sprach. Plötzlich überkam mich das Bedürfnis, so laut zu schreien, wie ich nur konnte – langsam kroch es von meinem Magen über mein Brustbein hinauf bis an den Rand meiner Kehle. Es war zu stark, um es zu unterdrücken – wie ein Niesen oder ein Orgasmus. Es preschte aus mir heraus und stoppte jede Bewegung im Raum. *Aaaaaahhhhhhhhhh!* Es kam aus meinem tiefsten Inneren und ließ die Wände erzittern.

»Was zum Teufel?!«, sagte Carlos und spähte von seinem Stuhl zu mir herunter.

»Ich weiß nicht, was das war«, sagte ich und schämte mich für meinen Urschrei, der keinen Zusammenhang, keinen Auslöser und keine Erklärung zu haben schien.

»Doch, Sie wissen, was das war«, entgegnete Dr. Rosen unbeirrt.

Ich hörte das Rattern des Hubschraubers und spürte, wie sich mein ganzer Körper vor Panik zusammenzog. Mein Geist sauste nach Hawaii, genau über die Wellen und den schwarzen Sand.

»Was glauben Sie, wohin ich in den Urlaub fahre?«

»Keine Ahnung.«

»Sie haben ein Bild im Kopf …«

»›Urlaub‹ ist ein Wort, kein Bild.«

»Gehe ich Ski fahren?«

»Es ist Juli.«

»Also, wo fahre ich hin?«

»Mexiko«, platzte ich heraus. »An die verdammte Playa del Carmen.«

»Was gibt es in Mexiko?«

»Pesos.« Dr. Rosen rührte sich nicht. Die richtige Antwort dröhnte in meinem Kopf. »Strände.«

Mit einem *Aaah* klatschte er die Hände zusammen. »Wie fühlen Sie sich bei dem Gedanken, dass ich an den Strand fahre?«

Im ersten Jahr mit der Gruppe waren einzelne Teile der Hawaii-Geschichte aus mir herausgetröpfelt und hatten schließlich zu dem Schwall in der vorangegangenen Sitzung geführt. Jedes Mal, wenn das Thema aufgekommen war, hatte Dr. Rosen mich ermutigt, meine Gefühle darüber auszudrücken, aber ich hatte mich dagegen gewehrt. Indem ich darauf bestand, dass es keine *so* große Sache war, schützte ich mich vor den Emotionen. *Er war nicht* mein *Vater. Es ist so lange her*. Ich dachte immer, ich würde überdramatisieren, wenn es um meine Gefühle zu den Geschehnissen auf Hawaii ging. Ich hatte so viele Ausreden dafür, das Thema zu umgehen. Außerdem wollte ich nicht darüber reden, wie ich allein in meinem Badeanzug den Berg hinaufrannte, um Hilfe zu holen. Ich wollte nicht über mein blutendes Bein reden, über Davids leere Augen und über das Meerwasser, das aus ihm sprudelte. Ich kannte keine Worte, die dem Grauen gerecht wurden, das ich fühlte, und auch meine Trauer konnten sie nicht fassen.

Und dann war da noch das: Als wir von Hawaii zurückkamen, begannen Jenni und ich unser erstes Jahr an der Ursuline Academy. Sechs Wochen später, sechs Wochen nachdem wir an diesem schwarzen Sandstrand gestanden und gesehen hatten, wie Davids lebloser Körper an einem Helikopter baumelte, schlüpften wir in die Loafer und die rot-blauen Faltenröcke unserer Schuluniform und schlurften von Algebra und Geschichte zu Sport und Englisch. In Algebra sah ich Miss Pawlowicz dabei zu, wie sie komplizierte Gleichungen an die Tafel schrieb, und in der Mittagspause lauschte ich den anderen Mädchen, wie sie ihre Outfits für ein Michael-Jackson-Konzert planten. *Wen kümmert es? Wir werden sowieso alle sterben. Nichts von alldem spielt irgendeine Rolle.* In diesen ersten Monaten war ich zur Hälfte immer noch auf Hawaii und wartete darauf, dass David hustete und aufwachte, damit ich mein normales Teenagerleben weiterleben konnte, das sich darum drehte, wie verliebt ich in Joe Monico war und ob ich mir einen Pony schneiden sollte oder nicht. Nach der Schule schlief ich stundenlang, und meine Eltern begannen, sich um meine emotionale Verfassung zu sorgen. Ich sah, wie sie mich anstarrten, wenn ich am Nachmittag nicht mehr von der Couch aufstand und wenn ich beim Abendessen meinen schweren Kopf auf einer Handfläche abstützte. Aber wir sprachen nie über »den Unfall« auf Hawaii.

Eines Abends klopften meine Eltern an meine Zimmertür. Ich lag auf dem Bett und hörte Radio. Sie versuchten sich an Small Talk über meine Hausaufgaben und ein bevorstehendes Footballspiel. An der Art, wie meine Mutter den Türknauf umklammerte und mein Vater an der Kommode lehnte, erkannte ich, dass sie auf etwas Substanzielleres zu sprechen kommen wollten.

»Könntest du uns bitte einen Gefallen tun?« Meine Mutter stand im Türrahmen, und ihre Augen, die braun waren wie meine, wirkten auf eine Weise flehend, die neu und beunruhigend war.

»Ich denke schon. Worum geht's?«

»Könntest du versuchen, dich normal zu verhalten? Versuche es einfach. Für uns. Würdest du versuchen, dich normal zu verhalten? Dieses ganze Herumhängen und Trübsalblasen, das tut dir nicht gut …«

»Okay.«

Ich wusste, was sie meinte. Seit Hawaii hatte ich keinerlei Energie mehr. Dieser ganze zusätzliche Schlaf und das Desinteresse an all den neuen Möglichkeiten, die der Beginn der Highschool bot. Alles zog an mir vorüber. Auf sie wirkte meine Teilnahmslosigkeit wie kindisches »Herumhängen«, das ich einfach sein lassen könnte – und sollte –, bevor ich ein ganzes Jahr meines Lebens verlor. Meine Eltern glaubten fest daran, dass ich mich einfach dazu entschließen könnte, glücklich zu sein. Ich verstand nun, dass sie mir die Mittel aufzeigten, auf die sie selbst bauten: Willenskraft, Optimismus, Selbstvertrauen. Doch mir glitten diese Werkzeuge immer wieder aus der Hand, also griff ich zurück auf das verlässlichere Fressen und Kotzen, um Gefühle zu unterdrücken, die an die Oberfläche drängten. Meine Eltern und ich wollten dasselbe: dass ich normal war. Ich sehnte mich noch mehr nach meinem »normalen Ich«, als sie es taten, aber keiner von uns erkannte, dass ich nicht »herumhing« und dass die Versuche, meine Gefühle in mich hineinzustopfen, möglicherweise einen hohen Preis hatten. Ich hörte die Aufforderung heraus, dass ich Hawaii und all die beängstigenden Bilder begraben sollte. Hinter der Bitte meiner Eltern hämmerte eine Botschaft: *Denk nicht daran, sonst regst du dich auf. Rege dich nicht auf, denn sonst wirst du es nicht mehr schaffen, eine normale Teenagerin zu sein, und das ist eine wichtige Aufgabe. Rede nicht darüber, denn das wird dich nur aus der Fassung bringen. Rede nicht darüber, sonst wirst du dich aufregen. Rede nicht darüber, sonst wirst du mich aufregen.* Ich wollte eine pflichtbewusste Tochter sein, und so begrub ich Hawaii, so gut ich konnte.

***

»Nicht jeder darf wieder nach Hause kommen.« Meine Stimme krächzte.

Dr. Rosen fragte, ob ich noch mehr schreien könne. Ich glaubte nicht, dass es ging, und dann beugte ich mich vornüber und legte meine Stirn auf den Teppich. Ein kehliges Jammern stieg aus dem letzten Jahrzehnt herauf und schwappte in Wellen aus mir heraus.

»Was ist dann passiert, nachdem der Helikopter Davids Leiche weggebracht hatte?«, fragte Dr. Rosen. Ich hatte noch nie darüber gesprochen, was passiert war, nachdem wir den Strand verlassen hatten. In meinem Kopf endete die Geschichte, sobald der Hubschrauber mit Davids Körper in dem langen schwarzen Sack über den Bergkamm verschwunden war.

Ich begann zu zittern wie im Auto der Frau aus Kansas.

»Haben Sie gefroren auf der Polizeistation?«

»Der Boden unter meinen nackten Füßen war kalt, und meine Klamotten waren nicht da. Ein Polizist bot mir eine fluffige gelbe Decke an, und ein anderer brachte mich in einen Raum, in dem ich in Ruhe meine Eltern anrufen konnte. Sie waren mit Freunden im Kino, also erzählte ich meinem Bruder, was passiert war.«

»Was habt ihr gemacht, als ihr bei der Polizei fertig wart?«, fragte Rory.

»Sebastian fuhr uns zurück zu unserer Ferienwohnung. Wir waren über eine Stunde Fahrzeit entfernt. Dann verpasste er eine Ausfahrt und wir fuhren kilometerweit in die falsche Richtung – immer weiter und weiter diesen zweispurigen Highway entlang. Keiner sagte ein Wort. Ich saß allein auf dem Rücksitz und starrte aus dem Fenster auf den bescheuerten Ozean und den großartigen hawaiianischen Sonnenuntergang mit all dem Lila, Pink und Orange. Die *The Cure*-Kassette lief in Dauerschleife. Wenn eine Seite zu Ende gespielt war, klickte es ein paarmal, und dann begann die zweite Seite. Es dauerte mehrere Seitenwechsel, bis wir bei der Ferienwohnung ankamen.«

»Die Polizei hat euch drei einfach allein gehen lassen?«, fragte Dr. Rosen.

»Sebastian war fast 18.«

»Sein Vater war gerade gestorben«, sagte Rory, und ihre Stimme brach. »Ihr wart Kinder.«

»Die Polizei hätte sich um euch kümmern müssen.« Patrice griff nach meiner Hand. Ich nahm sie und drückte sie, so wie Patrice meine Hand beim Schlussgebet an meinem allerersten Morgen gedrückt hatte.«

»Und als ihr wieder in der Ferienwohnung wart?«, fragte Dr. Rosen.

»Wir mussten es Sandy sagen. Wir klopften an die Tür, weil wir die Schlüssel verloren hatten. Als sie durch den Türspion schaute, hat sie sofort erkannt, was nicht stimmte. Einer von uns fehlte. Sie begann zu schreien: ›Nein! Nein! Nein!‹«

»Mein Gott, Christie«, flüsterte Carlos.

Ich hatte mich an ihnen vorbeigeschoben und verkroch mich in der Badewanne – ohne Wasser –, um ihnen aus dem Weg zu gehen. Hinter dem Duschvorhang kratzte ich an dem getrockneten Schlamm und Blut auf meinen Beinen herum und versuchte, ihre Trauer zu ertragen. Sie standen noch immer an der Tür, hielten sich gegenseitig im Arm und schluchzten, bis auch der letzte Strahl Tageslicht der Finsternis gewichen war.

»Wie klang es?«, fragte Dr. Rosen.

Ich öffnete den Mund, um ihr Wimmern zu imitieren. Nichts kam heraus. Als ich es noch einmal versuchte, erstarrte das Geräusch in meinem Inneren; der Durchlass für die Trauer in meinem Hals war verschlossen.

»Vor einer Minute haben Sie es getan. In Ihrem Kopf können Sie es hören«, sagte Dr. Rosen.

Ich konnte es hören – die drei, aneinandergekauert, heulend, aber kein Ton kam aus mir heraus. Diese Angst und diese Trauer waren ein Teil von mir, ein Organ, das alles bedeckte, wie Haut oder Haare. Wie ein Überzug. Ich wusste nicht, wie ich mich davon befreien sollte. Ich schaffte ein paar kehlige Belllaute. Ich schüttelte den Kopf. »Ich kann nicht.«

Ich hatte mich vor langer Zeit damit abgefunden, dass ich Hawaii – diese Schreie und das beängstigende Zusammenkrampfen all meiner Muskeln, wenn ich ans Meer dachte – für den Rest meines Lebens mit mir herumtragen würde. Das war der Preis dafür, überlebt zu haben. Wie sollte es aussehen, davon geheilt zu werden? Ich konnte mir keine Version von mir selbst ausmalen, die nicht davon verfolgt wurde, wie der Ozean aus David herausgeströmt war.

Dr. Rosen schlug ein Experiment vor. »Wiederholen Sie: ›Ich habe David nicht getötet.‹«

Ich schüttelte den Kopf. »Meine Güte, Dr. Rosen, ich glaube nicht, dass ich ihn umgebracht habe. Wir sind hier nicht in einer Nachmittagsdoku über Teenagerprobleme.«

»Sie fühlen sich dafür verantwortlich.«

»Das ist lächerlich. Ich war 13 …«

»Das Schild.«

»Du erwähnst es jedes Mal, Süße«, sagte Rory.

»Das Schild?«, fragte ich. Mein Blick huschte durch den Raum.

»Das ›Durchgang verboten‹-Schild«, erwiderte Rory.

Ich sackte in meinen Stuhl zurück, als hätte mich ein Schlag getroffen. Glaubte ich wirklich, dass es meine Schuld war? »Das ist es, was ich all diese Jahre mit mir herumgeschleppt habe?«

»Es ist eine von vielen Geschichten, die Sie mit sich herumtragen.«

Wir hätten niemals an diesem Strand sein dürfen. Dieses Flüstern, das seit 1987 in mir widerhallte, dröhnte nun in meinen Ohren: Du hättest es verhindern können. Sollen. Ich war vielleicht erst 13, aber ich konnte lesen. Ich begriff, dass wir gegen das Gesetz verstießen. Ich wusste, was »Durchgang verboten« bedeutete.

»Sind Sie bereit, es zu wiederholen?«, fragte Dr. Rosen. Ich nickte. »Sehen Sie Rory an und sagen Sie: ›Ich habe David nicht getötet.‹«

»Ich habe David nicht getötet.«

»Es ist nicht meine Schuld, dass er gestorben ist.«

»Es ist nicht meine Schuld, dass er gestorben ist.«

»Ich muss mir keine Vorwürfe machen.«

»Ich muss mir keine Vorwürfe machen.«

»Es ist nicht meine Schuld.«

»Es ist nicht meine Schuld.«

»Und jetzt atmen Sie«, sagte Dr. Rosen.

Unter meinen Rippen weitete sich meine Lunge. Als ich ausatmete, kam die Luft abgehackt aus mir heraus, als hätte sie sich an der Gegenwehr verhakt, die ich über 17 Jahre lang aufgebaut hatte.

»Dieses Trauma hat mich also all die Jahre isoliert?«

»Ihre unterdrückten Gefühle haben Sie von anderen Menschen ferngehalten.«

»Warum?«

Er lehnte sich zu mir und sprach langsam: »Wenn Sie eine intime Beziehung eingehen, dann werden Ihre starken Gefühle herauskommen, so wie heute Morgen. Sie werden sich an jemanden binden.« Er zeigte auf sich selbst. »Vielleicht geht derjenige an den Strand. Und möglicherweise wird er nicht zurückkommen. Die Liebe wird Sie bis zum Ende Ihres Lebens noch Tausende Male an einen Strand führen.«

»Darüber werde ich niemals hinwegkommen.«

Dr. Rosen schüttelte den Kopf. »Christie, Sie werden niemals darüber hinwegkommen.«

Dr. Rosen beendete die Sitzung wie üblich, und Patrice und Rory drehten sich beide zu mir und schlossen mich in ihre Arme. Carlos stand einfach nur daneben und wartete, bis er an der Reihe war. Marty und der Colonel ebenfalls. Jeder von ihnen nahm mich fest in den Arm. Auch Dr. Rosen hielt mich einige Sekunden länger als sonst. Ich spürte, wie mein Körper bei der Erinnerung daran, wie die Wellen auf den schwarzen Sandstrand getroffen waren, direkt unter der Hautoberfläche erzitterte.

13

Im August 2002 feierte ich mein einjähriges Jubiläum in der Gruppe damit, dass ich alle drei Minuten nervös mit einem Zeigefinger meinen E-Mail-Posteingang aktualisierte, während ich mit anderen Jurastudenten im Aufenthaltsraum saß. Ich hatte über den Sommer ein zehnwöchiges Praktikum in der Kanzlei Bell, Boyd & Lloyd absolviert, und der Personalmanager hatte gesagt, sie würden uns bis zum Abend schreiben, ob sie uns eine unbefristete Stelle anboten. Um mein Engagement zu beweisen, hatte ich im Laufe des Sommers Aktennotizen geschrieben, Grundsätze des Vertragsrechts recherchiert und war an mehreren Abenden bis nach 21 Uhr geblieben. Ich hatte bei Baseballspielen gejubelt und bei Happy-Hour-Zusammenkünften an Sodawasser genippt, um zu zeigen, dass ich irgendwann in der Lage sein würde, mich unter Klienten der Oberliga zu mischen. Aber jetzt brauchte ich ein Jobangebot.

Um 16 Uhr 30 klickte ich ein letztes Mal auf die Maustaste. Meine Augen erfassten die E-Mail von der Firma: *Das Gremium hat sich noch nicht entschieden.* In allen vorangehenden Jahren der Firmengeschichte war sämtlichen Praktikanten während einer feuchtfröhlichen Party im Konferenzraum mit Blick über die Innenstadt von Chicago ein Job nach dem Abschluss angeboten worden. In diesem Jahr hatten wir steif an Preiselbeersaft genippt und geröstete Mandeln geknabbert, während die Geschäftsführer mit einem verkrampften Lächeln über den Wirtschaftsabschwung sprachen. Nun bewies diese E-Mail, dass die Gerüchte, die den ganzen Sommer über herumgegeistert waren, wahr zu sein schienen: Sie hatten nicht genug Stellen für uns alle.

Mein drittes Jahr an der juristischen Fakultät hatte gerade begonnen; in neun Monaten würde ich meinen Abschluss in der Tasche haben. Die Dotcom-Blase war geplatzt, und Anwaltskanzleien stellten in der Regel keine Jurastudenten im Abschlussjahr ein – sie stellten Praktikanten ein, die den Sommer lang für sie arbeiteten. Manche Kanzleien implodierten geradezu – sie verschwanden von einem Tag auf den nächsten. Meine Universität, Loyola, war zweitklassig, also konkurrierte ich mit Studenten von der University of Chicago und der Northwestern, die beide zu den Top Ten des Landes gehörten. Bei meinem Abschluss würde ich mehr als 120 000 Dollar Schulden haben. Wenn ich keinen Job bekam, keinen guten, wie sollte ich dann Miete, Kreditraten und die Therapie bezahlen?

Ich rannte zum Berufsberatungszentrum, wo mehrere andere Studenten in großen weißen Ordnern durch Stellenausschreibungen blätterten. An einem schwarzen Brett hing eine armselige Liste von Firmen, die Studenten vor dem Abschluss zu Vorstellungsgesprächen einluden. Jemand hatte *Wir sind am Arsch* darunter gekritzelt. Gerade mal zwei Unternehmen stellten Studenten im dritten Jahr ein: Die Judge Advocate General Corporation (JAG) und Skadden, Arps, eine herausragende Firma, die dafür bekannt war, die höchsten Einstiegsgehälter des Landes zu zahlen. JAG schied aus, weil ich gegenüber einer Regierungsorganisation weder meine psychischen Gesundheitsprobleme offenlegen wollte noch die dreimal, die ich Gras geraucht hatte. Bei Skadden handelte es sich um eine mächtige Kanzlei voller Vollblutanwälte, die an Eliteunis studiert hatten und regelmäßig 60-Stunden-Wochen arbeiteten. Skadden war das Harvard der Anwaltskanzleien. Sie würden mich niemals einstellen.

Ich unterdrückte das Bedürfnis, mich auf den weißen Ordner zu übergeben.

Clare, meine engste Freundin an der Uni, zerstreute meine Ängste. »Du bist Jahrgangsbeste! Du hast es geschafft.« Ja, als Jahrgangsbeste würde ich einen Job bekommen, aber wenn er mir nur 30 000 Dollar im Jahr einbrachte, dann würde ich von der Last meiner Schulden erdrückt werden. Ich hatte einen privaten Kredit mit zehn Prozent Zinsen aufgenommen, um die Behandlung bei Dr. Rosen bezahlen zu können. Mein Studienkredit war ziemlich hoch. Wie sollte ich mich über Wasser halten, wenn ich längere Zeit nach einer Stelle suchen müsste? Würde ich wieder bei meinen Eltern einziehen müssen?

In der Gruppe war Dr. Rosen hartnäckig. »Stellen Sie sich bei Skadden vor.«

Ich sträubte mich innerlich dagegen. Ich sah mich selbst als zweitklassig, als durchschnittliche Juristin. Meine Fakultät war zweitklassig, ebenso wie Bell, Boyd & Lloyd. Die Anwälte von Skadden stritten vor dem Obersten Gerichtshof und führten komplexe gewerbliche Rechtsstreitigkeiten, über die im *Wall Street Journal* in mehrseitigen Artikeln berichtet wurde. Sie trugen maßgeschneiderte Anzüge und italienische Lederschuhe. Ich war ein kleines Mädchen mit Madenwürmern, eine Collegestudentin, die beinahe an selbst herbeigeführtem Erbrechen gestorben wäre, eine junge Frau mit einem Apfelfetisch, der kaum merklich nachließ.

»Skadden ist nichts für mich, Dr. Harvard.«

»Doch, das ist es.«

Was zum Teufel wusste er schon? Er saß den ganzen Tag mit psychisch kaputten Menschen herum. Bei Skadden würde erwartet werden, dass ich Höchstleistungen erbrachte inmitten anderer Leute, die dasselbe machten, und das bereits, seit sie ihr Studium in Princeton *summa cum laude* abgeschlossen hatten. Ich kam von der Loyola.

»Sie sind brillant. Skadden wird Sie wollen.«

Brillant war ein Wort, mit dem man Marie Curie beschreiben konnte, Steve Jobs oder Dr. Shirley Ann Jackson, die Physikerin, die die Anruferkennung entwickelt hatte. Auf mich traf dieses Wort nicht zu. Die Beste in meinem Jahrgang zu sein machte mich *nicht* brillant, es machte mich zu einem Arbeitstier, das verzweifelt versuchte, die Löcher in seinem Privatleben mit Auszeichnungen zu stopfen. Meine Punktzahl bei den Zulassungstests war der Beweis dafür.

Patrice stupste mich am Arm und tat dann übertrieben so, als würde sie ihre Brust reiben, wie Dr. Rosen es immer tat, wenn ihm jemand ein Kompliment *oder* eine Beleidigung entgegenwarf. Halbherzig rieb ich mir über die Brust. Aber irgendein Teil von diesem *brillant* gelangte unter mein Brustbein, ein Splitter davon nistete sich in dem weichen Teil von mir ein, der dafür empfänglich war.

Zu Hause öffnete ich meinen Schrank und starrte auf meinen dunkelblauen Calvin-Klein-Hosenanzug und die schicken flachen Schuhe. Natürlich würde ich den Lippenstift auftun, den Carlos für mich ausgesucht hatte. Wenigstens die Verkleidung würde ich hinbekommen.

Eine Woche später saß ich einem etwa 60-jährigen, kahlköpfigen weißen Mann gegenüber, der seine Schuhe ausgezogen hatte und an ein Bücherregal aus Eiche lehnte. Im Regal standen klobige silberne Rahmen, aus denen die Gesichter seiner Kinder lachten. Er war der Leiter der Prozessabteilung. Er zwinkerte, fragte mich, wo ich mich selbst in fünf Jahren sah, und kicherte dabei, als ob die Frage völliger Unsinn sei. Ich sagte ihm die Wahrheit: »Ich hoffe, ich werde auf eine Partnerschaft zusteuern.« Ich meinte damit nicht zwangsläufig die Partnerschaft in einer Kanzlei, aber das wusste er nicht.

Der nächste Managing Partner, der mich interviewte, trug den edelsten grauen Anzug, den ich jemals gesehen hatte. Ich sah ihn mir genau an, damit ich Carlos später davon erzählen konnte. Im Laufe unserer halbstündigen Unterhaltung griff er fünf Mal nach einem Stück Klebestreifen, um unsichtbare Staubkörnchen von seinem Schreibtisch zu tupfen. Als er am Ende des Gesprächs meine

Hand schüttelte, sagte er: »Ich verspreche, dass wir Ihnen einen aufregenden Job bieten können.«

Die männlichen Teilhaber der Kanzlei hatten merkwürdige Artefakte in ihren Büros: ein gerahmtes Trikot der Chicago Cubs, einen Gorbatschow-Wackelkopf, ein signiertes Bruce-Springsteen-Album. Keiner von ihnen wirkte verrückt oder als sei er nicht in der Lage, über ein Leben außerhalb der Arbeit zu sprechen. Die einzige Frau, die ich traf – Leslie –, hatte ein offenes Lächeln und ein unbeschwertes Lachen. Ich merkte, dass ich mich tiefer in den Stuhl sinken ließ, als ich es in den Büros der Männer getan hatte. Als ich sie fragte, ob es bei Skadden möglich war, als Frau erfolgreich zu sein, nickte sie langsam. »Ja, ich denke schon.«

Zum Mittagessen winkten zwei Juniorpartner, Jorge und Clark, ein Taxi heran, das uns für Tapas zu Emilio's brachte. Jorge hatte eine majestätische Körperhaltung, trug eine Fliege und Manschettenknöpfe. Clark wirkte leicht zerzaust, hatte ein Babyface und war frisch verheiratet. Sobald wir saßen, schlug Jorge vor, dass wir vier Gerichte zum Teilen bestellten. Ich hatte noch nie Tapas gegessen. Ich hatte noch nie Chorizo oder Manchego zum Mittagessen gehabt oder sonst irgendeines dieser Gerichte. Ich hatte noch nie zwölf Teller Essen mit zwei Männern geteilt, während ich versuchte, einen Job zu bekommen.

Als das Essen kam, beruhigte ich meine Atmung und nahm von jedem Teller etwas: gegrillten Ziegenkäse auf Toaststreifen, spanische Wurst, dreifarbige Oliven, die ölig glänzten, sautierte Schnecken und gegrillte Kartoffeln. Als die würzigen Bissen meinen Hals hinunterglitten, erzitterte mein Bauch vor Vergnügen und Schreck. Das war etwas ganz anderes als Kohl, Thunfisch und Senf. Zwischendurch nestelte ich an der Ecke einer weißen Stoffserviette herum und dachte daran, wie es Rory umhauen würde, wenn ich ihr heute Abend berichtete, was ich gegessen hatte.

Selbst wenn ich den Job nicht bekam, war diese Mahlzeit ein Wunder.

Sie versicherten mir, dass sie ein Leben außerhalb der Arbeit hatten: Jorge hatte eine Verlobte, Clark eine anhaltende Leidenschaft für stundenlange Pokerspiele. Als ich auf meinem letzten Bissen kaute, spürte ich, wie der Wunsch in meiner Brust aufkeimte. Ich wollte auch bei Skadden arbeiten. Ich wollte, wie Clark und Jorge, die exklusive Luft einer schicken Anwaltskanzlei schnuppern.

Vor Emilio's verabschiedeten wir uns, und ich lief die Ohio Street in Richtung Michigan Avenue hinunter. Meine schicken dunkelblauen Schuhe klapperten auf dem Gehsteig, als ich in die Michigan Avenue abbog und an Läden von Tiffany, Cartier und Neiman Marcus vorbeilief. Meine Füße verfielen in einen perfekten Stakkatorhythmus, und meine Wirbelsäule war kerzengerade aufgerichtet. Mein Gang war der einer Frau, die die Beste ihres Jahrgangs war. Es war vielleicht eine zweitklassige Universität, aber nur eine hatte es geschafft, die Beste zu sein. Die Bedeutung dieser Zahl – Eins – kribbelte durch meinen Körper. Endlich etwas anderes als Ablenkung oder Scham. Es war Energie, und sie gehörte zu mir.

Als ich meine Tür aufschloss, war ich überzeugt, dass ich ein Angebot von Skadden verdient hatte – einerseits, weil ich Jahrgangsbeste war, aber auch, weil ein paar Blocks von der Kanzlei entfernt ein schrulliger Arzt mit beeindruckendem Stammbaum saß, der mir sagte, ich sei brillant. Und auch wenn ich nicht glaubte, dass ich brillant war, so glaubte ich doch, dass er es war.

Letztlich bekam ich zwei Stellenangebote: eines von Bell, Boyd & Lloyd, wo ich mein Praktikum absolviert hatte, und eines von Skadden. Clare sagte, ich sollte lieber in das kleinere Unternehmen zurückgehen, weil ich mich bei Skadden totarbeiten würde. War es nicht das Ziel meiner Therapie, mich von einem Job abzuhalten, der das Leben aus mir heraussaugen würde? Ich wollte kein Leben, das nur aus Arbeit bestand. Mein Lieblingsprofessor sagte, ich solle zu Skadden gehen, weil ich jung und energetisch war und diese Gelegenheit zu gut war, um sie ziehen zu lassen.

Ich hatte noch 24 Stunden, um eine Entscheidung zu treffen, und so brachte ich das Thema mit in die Gruppe. Nach dem Mittagessen mit Jorge und Clark war ich benebelt gewesen vom Serranoschinken und überzeugt, dass ich es bei Skadden schaffen könnte, aber Zweifel hatten sich in mir breitgemacht. Würde Skadden mich mit bezahlten Überstunden aussaugen? Wenn die Arbeit mir keine Zeit mehr ließ, um an meinen Beziehungen zu arbeiten, dann könnte Skadden mein wahrgewordener Albtraum werden.

Dr. Rosen widersprach. »Zwischen anderen brillanten Menschen wird es leichter sein, als Anwältin zu arbeiten.« Da war wieder dieses Wort. »Sie könnten jetzt sofort anrufen und das Angebot annehmen.«

Es war eine Sache, einem attraktiven Kerl von der Uni zu sagen, dass ich gerne Männer anmachte. Aber es war etwas anderes, Dr. Rosen eine Entscheidung wie diese zu überlassen – den Startpunkt meiner juristischen Karriere. Ich sagte ihm, ich müsse ein paar Minuten darüber nachdenken. Er machte sein »Wie Sie wollen«-Schulterzucken und wandte sich einem der anderen zu.

15 Minuten vor Ende der Sitzung kam dieses Gefühl von Begierde und Ehrgeiz zurück – flackernd, durchscheinend, fragil wie eine Seifenblase. Nach meinem ersten Jahr an der Uni, vor meinem ersten Anruf bei Dr. Rosen, hatte ich die Bewerbungsformulare für die Northwestern Law School heruntergeladen. Mit meinem Jahrgangsrang hätte ich dorthin wechseln und mich damit in die achtbeste juristische Fakultät des gesamten Landes einschreiben können. Ich füllte die Bewerbungsunterlagen aus und steckte sie in einen dicken braunen Umschlag. Aber als ich vor dem Briefkasten vor der juristischen Bibliothek stand, griffen meine Finger einfach nicht nach der kleinen Klappe. Meine Arme bewegten sich nicht, mein Bizeps spannte sich nicht an. Die Zukunft, die mir auf der anderen Seite dieses Briefschlitzes winkte, verlangte mehr von mir, als mein Körper geben konnte. Ich gehörte nicht dorthin. Ich war ein zweit-

klassiger Mensch. Ich lief die zehn Schritte zum Bibliotheksgebäude zurück und schmiss den Umschlag in einen Mülleimer.

Skadden war renommiert, und ich wusste nicht, ob ich dorthin gehörte, aber meine Angst davor, nicht mithalten zu können, war plötzlich nicht mehr so stark wie das vorwärtstreibende Ja in meiner Brust. Es schien absurd, mich durch Unsicherheit und Angst von all dem abhalten zu lassen, was Skadden mir bot. Noch dazu würden sie mir genug bezahlen, damit ich mir die Miete, Kreditraten und die Therapie leisten konnte.

Als die Gruppensitzung ihrem Ende entgegenging, starrte ich auf das Dach eines verrußten Juweliergebäudes, das einige Blocks entfernt war. Ich rührte mich nicht, damit diese taufrische Vision sich nicht wieder verflüchtigte: Meine Visitenkarte aus dickem weißem Papier. Meine fünfstelligen Boni. Meine neue Garderobe. Meine Aktentasche von Tumi. Meine Fälle und Klienten. Könnte ich das alles verkraften? Könnte ich es versuchen?

Ich wollte es versuchen.

Ich hielt mein Telefon wie eine Fackel in die Höhe. »Ich will Skadden.«

Dr. Rosen machte eine Geste, die sagte: *Also los.*

Ich klappte mein Handy auf und tippte die Nummer ein, aber zögerte kurz, bevor ich auf »Wählen« drückte. Patrice rutschte mit ihrem Stuhl zu mir herüber und streckte den Arm zu mir aus. Ich legte meine Hand in ihre offene Handfläche.

Die Mailbox des Personalmanagers antwortete. Als der Piepton erklang, blickte ich für einen Anschub zu Dr. Rosen. Er nickte.

Ich atmete hastig ein. Beim Ausatmen machte ich den ersten Schritt in meine Zukunft.

»Ich hoffe, Sie wissen, was Sie da tun«, sagte ich, als ich das Telefon wieder zugeklappt hatte. »Das ist mein Leben.«

»Vielleicht treffen Sie dort ja Ihren Ehemann.« Dr. Rosen grinste. Ich löste mich von Patrice' Hand und zeigte ihm den Mittelfinger.

Ich nahm keine Stelle an, um einen Ehemann zu finden. Er lachte und rieb sich genüsslich die Brust.

Jetzt hatte ich passend zu meinem neuen Zuhause auch einen neuen Job.

***

Ein paar Wochen zuvor hatte mich meine Freundin Clare angerufen und verkündet: »Tate, ich brauche eine neue Mitbewohnerin.« Ich hätte gedacht, sie würde ihren Freund, unseren Kommilitonen Steven, fragen, ob er bei ihr einziehen wolle, aber sie sagte, für diesen Schritt wären sie noch nicht bereit.

Clares Apartmenthaus in Gold Coast hatte eine Marmorlobby, einen 24-Stunden-Portier und einen Pool. Es war in Laufweite zur Uni und drei Haltestellen von Dr. Rosen entfernt. In ihrem Wohnzimmer hingen lange violette Vorhänge mit goldenen Samtschärpen. Ich konnte den Fitnessraum benutzten und hatte einen Parkplatz. Mein ganzer Körper trällerte vor Freude über ihre Frage. Sie bot mir an, dass ich dieselbe Miete zahlte wie aktuell für meine Wohnung mit der klappernden Heizung, der fleckigen Decke und den jahrzehntealten Küchengeräten. Wie hätte ich ablehnen können? Zehn Minuten später blätterte ich durch die Gelben Seiten und buchte ein Umzugsunternehmen.

***

An dem Abend, als ich Skadden zugesagt hatte, streckte ich mich auf meinem Bett aus und zog Bilanz über mein Leben. Ein neuer Job.

Ein neues Zuhause. Im Falle meines Todes könnte Clare die Polizei rufen. Oder den Portier. Ich würde nicht allein sterben.

14

Carlos aus der Gruppe war mein erster männlicher bester Freund. Er rief mich auf dem Weg zum Fitnessstudio an, um sich darüber aufzuregen, dass sein Verlobter, Jared, zu viel Geld für italienische Schuhe oder antike Stoffe ausgab. In seinem winzigen silbernen BMW sauste Carlos mit mir zu Restaurants, wo ich Dinge aß, die ich noch nie zuvor probiert hatte (Pad Thai, Stör) oder von denen ich noch nicht einmal gehört hatte (Cassoulet, Shawarma). Ohne Carlos hätte ich niemals den Geschmack von Spanakopita kennengelernt und das Barneys nie betreten. Als mein zweites Jahr mit der Gruppe anbrach, war meine Freundschaft mit Carlos einer der hellsten Aspekte meines immer heller werdenden Lebens. Als ich mich in der Gruppe damit brüstete, dass Carlos und ich noch niemals irgendeine Auseinandersetzung hatten, schaltete sich Dr. Rosen ein: »Beten Sie für einen Streit.«

»Warum?«

»Weil Sie eine wirklich vertraute Beziehung wollen.«

»Und das bedeutet zu streiten?«

»Wenn Sie nicht bereit sind zu kämpfen, wie kann es dann intim sein?«

Zählte es, dass ich mich früher mit meinem Bruder um die Fernbedienung gestritten hatte? Ich kramte in meinem Gedächtnis nach einem guten alten Schlagabtausch – einer zugedonnerten Tür, einer geballten Faust, einem vom Schreien rauen Hals. Ich fand nichts. Während der Highschool schlich sich meine Freundin Denise einmal aus meinem Haus, um mit ihrem älteren Freund im Caruth Park Sex zu haben. Ich wurde nicht wütend auf sie, weil sie damit auch mir potenziell Ärger dafür eingebrockt hatte, dass sie aus meinem Fenster gestiegen war. Ich schluckte meinen Ärger herunter und ließ sie wieder hinein, als sie an das Fenstersims klopfte. Im ersten Jahr auf dem College lud meine Mitbewohnerin Anne den Typ, den ich datete, dazu ein, mit ihr einen Film zu schauen, während ich in der Bibliothek war. Ich sagte kein Wort deswegen. Stattdessen zog ich zwei Monate später aus. Als meine Freundin Tyra sich darüber beschwerte, dass ich ihre Theateraufführung vor dem Ende verlassen hatte, spürte ich, wie heiße Schwaden der Wut von meinem Bauch bis zu meinem Mund aufstiegen. Sie ignorierte, dass ich ihr Blumen mitgebracht hatte, dass ich geblieben war, bis sie ihre letzte Zeile gesprochen hatte, und dass ich dann gegangen war, weil ich eine Magen-Darm-Grippe hatte. Ein Teil von mir wollte richtig bösartig in ihr gekränktes Gesicht sagen: »Könntest du auch nur eine einzige Sekunde an jemand anderen denken als an dich selbst?« Stattdessen sagte ich: »Es tut mir so leid. Ich komme zur nächsten Aufführung, versprochen.«

Wenn es um Wut ging, dann schluckte ich sie herunter, tat so, als ob, ignorierte, hielt zurück. Ich hatte keine Ahnung vom Streiten.

***

»Ich glaube, Sie sollten der Männergruppe am Montag beitreten«, sagte Dr. Rosen an einem Dienstagmorgen zu Carlos, etwa 13 Monate nachdem ich meine Therapie begonnen hatte. »Es wird Ihnen helfen, sich auf Ihre Ehe vorzubereiten.«

Ich fragte, ob ich ebenfalls an einer zweiten Gruppe teilnehmen sollte, doch Dr. Rosen schüttelte den Kopf und sagte, ich sei noch nicht bereit. Scham drückte mich in meinen Stuhl, und ich schwieg für den Rest der Sitzung. Ich wusste nicht, ob ich überhaupt eine zweite Gruppe wollte, aber darum ging es nicht. Dr. Rosen bot Carlos etwas an, was er mir nicht anbot. Bis zum Ende des Treffens schossen mir giftige Gedanken durch den Kopf:

Er mag Carlos lieber als mich.

Ich mache das hier nicht richtig.

Ich bin schlecht in Therapie.

Ich verließ die Gruppe mit einem wortlosen, beleidigten Schweigen. Ich ging nicht ans Telefon, wenn Carlos anrief – anfangs, weil ich eifersüchtig darauf war, dass er das Lieblingskind war, und dann, weil ich mich für meine Gereiztheit schämte. Wir sprachen erst Sonntagabend wieder miteinander, und ich gestand ihm meine Eifersucht.

»Meine Liebe, sei doch nicht neidisch auf eine zweite Gruppe«, sagte er. »Das wird einfach nur mehr Geld kosten und noch mehr Scherereien verursachen.«

An diesem Abend hinterließ ich Dr. Rosen eine Nachricht und bat ihn, mich vor dem nächsten Gruppentreffen anzurufen, um mir zu sagen, was er von meiner heftigen Reaktion auf Carlos' Einladung zu einer zweiten Gruppe hielt. Dr. Rosen telefonierte oft zwischen den Sitzungen, daher nahm ich an, ich würde von ihm hören.

Den gesamten Montag lang hielt ich mein Handy so, dass ich das Display ständig im Blick hatte, als wäre ich Anwärterin auf eine Herztransplantation, die auf die Nachricht wartete, dass ein Spender gefunden war. Bis zum Sonnenuntergang hatte ich die Hoffnung verloren. Ich rief Marnie an, während ich auf dem schicken Herd in Clares Wohnung eine Hühnerbrust anbriet. Marnie ging immer noch zu Dr. Rosen, also nahm ich an, dass sie verstehen würde, wie ich mich fühlte.

Noch bevor ich ihr irgendetwas erzählen konnte, bekam sie einen Anruf auf der anderen Leitung.

»Hey, das ist Dr. Rosen. Ich ruf dich gleich zurück.«

Klick. Marnie war weg.

Ich griff nach dem Stiel der Pfanne, und das heiße Gusseisen versengte mir die Finger. »Verdammt!« Ich umfasste meine verbrannte Hand und hüpfte vor Schmerzen auf und ab, während ich leise vor mich hin fluchte. Ich setzte mich mitten auf den Küchenboden und schaukelte meinen Oberkörper vor und zurück. Hühnchen und Öl zischten in der Pfanne.

Fünf Minuten später rief Marnie zurück. Ich atmete tief ein. Vielleicht hatte Dr. Rosen sie angerufen, weil sie nach einer Fehlgeburt gerade wieder schwanger war – vielleicht lief es nicht gut bei ihr. Vielleicht hatte sie Krämpfe oder schlechte Neuigkeiten von ihrem Arzt bekommen.

»Alles okay?«, fragte ich, aufrichtig besorgt.

»Es geht um unseren dummen Bauleiter. Er hat die falsche Tür eingesetzt – wir hatten Eiche bestellt, nicht Mahagoni. Dr. Rosen hat mich beraten, was ich ihm morgen sagen soll.«

Mir blieb die Luft weg, ich krümmte mich nach vorn. Ich hatte mir Eis auf die Handfläche gepresst, während die strahlende, schwangere Marnie diskutierte, wie sie von ihrem individuell gepolsterten Sofa in ihrem vierstöckigen Haus aus Arbeiter herumkommandieren sollte.

Warum half Dr. Rosen ihr und mir nicht?

Als ich seine Nummer wählte, zitterte ich am ganzen Körper. Dann der Piep. »Ich fasse es nicht! Sie VERDAMMTES ARSCHLOCH. Sie haben mir beigebracht, um Hilfe zu bitten. Mich zu melden. ›MICH IHNEN UND DER GRUPPE ZU ÖFFNEN.‹ Aber Sie rufen mich nicht zurück! Wissen Sie was? FUCK YOU!« Immer weiter schrie ich auf Dr. Rosens Mailbox ein, während meine Hand pulsierte.

Ein Piepton. Ich hatte bis zum Ende der Aufnahmezeit gesprochen und schleuderte das Telefon auf den Boden. Ich wollte etwas zerstören: Clares wunderschöne pflaumenfarbenen Teller von Pottery Barn, den Weinkühler in der Ecke, die Vase mit den Trockenblumen, das gerahmte Plakat des Jazzfests über dem Tisch. Alles pochte: mein Kopf, mein Herz, mein Rachen, meine Hand. Ich hasste alles an Dr. Rosen: sein selbstgefälliges Gesicht, sein dummes neckisches Lachen, seine arroganten Verschreibungen. Scheiß auf ihn und diesen Stuhlkreis in dieser Praxis im 18. Stock.

***

Während der ersten Minuten der Sitzung vermied ich jeglichen Blickkontakt. Ich faltete meine Hände im Schoß, mein Blick fixierte einen ovalen Fleck auf dem Teppich. Marty berichtete von der Hüftoperation seiner Mutter, und Dr. Rosen ließ seinen Blick wie üblich von einer Person zur nächsten wandern.

»Haben Sie mir eine Nachricht hinterlassen?«

Ich blickte auf, und er lächelte mich an wie Rory, wenn sie ein Kapitel ihrer Dissertation abgeschlossen hatte. Aus dem ganzen Raum sahen gespannte Gesichter zu mir herüber.

»Ich war wütend und habe einige Dinge gesagt, die nicht sehr nett waren …«

»Nicht sehr nett? Untertreiben Sie nicht! Sie waren scheußlich!« Dr. Rosen gestikulierte mit den Händen und hüpfte auf seinem Stuhl auf und ab. Er rieb seine Brust auf der Höhe des Herzens und schloss die Augen, als würde er ein großartiges Essen genießen. »Wir sollten gemeinsam in mein Büro gehen und es uns anhören.«

Alle standen auf. Klassenausflug! Ich war das erste Mal, seit ich mit der Gruppe angefangen hatte, wieder in seinem Büro. Alles sah noch gleich aus: die gerahmten Harvard-Urkunden, die Stickerei, der aufgeräumte Schreibtisch an der Wand.

Als Dr. Rosen den Hörer in der Hand hielt und den Zugangscode seiner Mailbox eintippte, flüsterte Carlos mir zu: »Was zum Teufel hast du gesagt?«

Dr. Rosen drückte die Lautsprechertaste, und meine Stimme war zu hören, schrill und klar: »Sie geben einen Scheißdreck auf mich! Marnie hat ALLES! Was ist mit mir?« Meine Stimme fuhr noch drei Minuten lang fort. Die Gruppe drängte sich um das Telefon.

Als es endlich wieder ruhig war, legte er den Hörer auf. »Können Sie das feiern?« Er sprach jedes Wort so deutlich, als hätte ich gerade erst damit begonnen, die Sprache zu lernen.

Wut feiern? Wut gab es bei mir noch seltener als Streit. Ich habe keinerlei Erinnerung daran, jemals aus irgendeinem Grund meine Eltern angeschrien zu haben. Nicht einmal als Teenager. Wir waren keine Leute, die schrien. Wir waren Leute, die sich anschwiegen, wir seufzten beleidigt und litten in Stille. Als meine Eltern mir verboten hatten, Troy Tabuccis Silvesterparty zu besuchen, weil sie vermuteten, dass dort getrunken wurde, verschanzte ich mich in meinem Zimmer und nahm Kassetten mit traurigen Liedern auf. Als sie mir sagten, dass ich in Texas aufs College gehen müsste, warf ich die Broschüre des Dartmouth College, die ich wochenlang genau studiert hatte und die voller Eselsohren war, in den Müll. Ein gekünsteltes Lächeln, »Mir geht's gut«-Aussagen und gigantische Fressanfälle waren für mich das, was für andere Leute Taschentücher sind. Und nun behandelte dieser Mann meine Schimpftirade wie eine Sonate von Chopin.

»Feiern?«

Dr. Rosens Augen weiteten sich. »Das ist doch großartig!«

»Das ist abstoßend …«

»Sagt wer?«

»Das Selbstmitleid, zum Beispiel …«

»Ich sehe das anders – es ist ehrlich, authentisch, und es ist echt. Es ist Ihres. Und Sie haben es mit mir geteilt. Danke.« Er rieb seine

Handfläche über seine Brust, auf der Höhe des Herzens. »Heißen Sie Ihre Wut willkommen, *Mamaleh.* Sie wird Ihnen helfen.«

Dies war das erste Mal, dass ich Lob bekam für Teile von mir, die hässlich waren, irrational, kleinlich, rücksichtslos, gehässig, ausgekotzt. Von so etwas hatte ich noch nie gehört. Wäre ich mein Therapeut, würde ich mir sagen, diesen Mist zu unterlassen, aber Dr. Rosen feierte ihn, als wäre heute der Tag des Waffenstillstands, wenn alle vor Freude die Arbeit niederlegten und auf den Straßen tanzten.

»Keine Sorge«, sagte er. »Sie fangen gerade erst an.«

15

Das erste Mal seit mehr als einem Jahr wachte ich nach kolossalen acht Stunden Schlaf auf. Ich wusste nicht genau, wo ich war, aber ich wusste, dass da ein warmes, flirrendes Gefühl zwischen meinen Beinen war.

Ich hatte einen Sextraum gehabt. Einen bildhaften, heißen Sextraum von dem R&B-Sänger Luther Vandross. Mein Hauptdarsteller Luther hatte mein Gesicht gestreichelt und mich innig geküsst, seine Zunge hatte meinen gesamten Mund gefüllt. Dann machte er mit seiner Zunge etwas auf meinem Bauch – eine Mischung aus Kreisen und Stoßen, die mich bis zu den Sternen, fremden Planeten und fernen Galaxien katapultierte. Und als seine weichen Lippen sich zwischen meinen Beinen bewegten, da wimmerte ich wie ein neugeborenes Kätzchen.

Nass, heiß und befriedigt wachte ich auf.

In der Bahn auf dem Weg zur Gruppe summte ich meinen liebsten Luther-Vandross-Song, *Here and Now.* Oh ja, Luther, hier und jetzt.

Während wir über die Belmont Avenue an abgedunkelten Gay-Nachtclubs und flippigen Boutiquen vorbeirumpelten, fühlte ich mich beschwingt – als könnte ich in den Himmel hinaufschweben wie ein entkommener Luftballon. Ich war innerlich nicht annähernd so tot, wie ich befürchtet hatte. Der Traum war der Beweis dafür, dass dieser Teil von mir – welcher auch immer es war, der Mr. Vandross in mein Bett gebracht hatte und seine Zunge über meinen Körper streifen ließ – am Leben war. Und er war hungrig. Diese sexuelle Anorektikerin bahnte sich ihren Weg zum Büfett. Ich hatte von Sex geträumt und ihn gefühlt; Sex, der heiß war, wild, laut, feucht und komplett auf meine eigene Lust fokussiert. Sex ohne Hemmungen, ohne Nonnen, die mit der Hölle drohten, ohne missbilligende Eltern, für die es Geschlechtsverkehr nur in der Verbindung mit Ehe gab, ohne Sorgen darüber, schwanger zu werden oder fett zu sein oder es nicht »richtig« zu machen. Da waren nur mein Körper, ein umwerfender Mann und die Lust gewesen.

Innerhalb der ersten zehn Minuten hatte ich der Gruppe alles erzählt. »Er hat mich geleckt, und sein Rücken war geschmeidig und muskulös. Ich hatte im Schlaf einen Orgasmus.«

»Wie lange hat es gedauert?«

»Warst du schon mal bei einem Konzert von ihm?«

»Ist das der Typ, der dieses Duett mit Chaka Khan gesungen hat?«

Endlich sagte auch Dr. Rosen etwas, der der Unterhaltung schweigend gelauscht hatte. »Dieser Traum dreht sich um mich.«

Man konnte förmlich hören, wie unsere Köpfe sich zu ihm drehten.

»Wie bitte, Dr. Freud?«, sagte ich lachend. »Ist nicht böse gemeint, aber Sie haben null Ähnlichkeit mit einem superscharfen schwarzen Mann, der eine Menge Grammys gewonnen hat und mit Oprah Winfrey befreundet ist. Sie … nun ja …« Ich gestikulierte in Richtung seiner buschig abstehenden Haare, seines braunen Zopfmusterpullovers und der dick besohlten braunen Schuhe. »Ich meine, schauen Sie sich an.«

Dr. Rosen schüttelte den Kopf.

Ich blickte finster zu ihm hinüber. Wenn sich der Traum wirklich um ihn drehte, warum war dann nicht Dustin Hoffman aufgetaucht? Oder vielleicht Adam Sandler?

»Oh, oh«, sagte Carlos.

»Was?«, fragte ich.

Carlos und Rory tauschten einen wissenden Blick aus. Dann offenbarte Carlos mir, worum es ging. »Weißt du nicht, dass alle deine Sexträume, sobald du mit einer Psychotherapie beginnst, sich immer um deinen Therapeuten drehen?«

Dr. Rosen nickte. »Van-de-Ross klingt wie ›Rosen‹.«

»Mein Gott, das reimt sich ja beinah.« Ich verdrehte die Augen. In keiner Welt ähnelte mein schmächtiger, kahl werdender, jüdischer Therapeut meiner neuen Nummer eins Luther. Dr. Rosen warf die Hände in die Höhe und zuckte die Schultern. Er würde nicht versuchen, mich zu überzeugen – und das war der schnellste Weg, mich dazu zu bringen, mich selbst zu hinterfragen.

»Warum muss sich alles um Sie drehen?«, fragte ich und murmelte »Sie Widerling«, laut genug, damit er es hören konnte. Dann versuchte ich, darüber hinwegzusehen, dass er sich die Brust rieb, als hätte ich gesagt, er sei ein herausragend guter Therapeut. Ich weigerte mich, ihn anzusehen, und die Gruppe ging zu einem anderen Thema über.

Zwei Minuten vor Ende der Sitzung wandte Dr. Rosen sich noch einmal an mich. »Verstehen Sie, warum dieser Traum möglich war?« Ich schüttelte den Kopf. »Glauben Sie, es ist Zufall, dass Sie es geschafft haben, Ihre Wut mir gegenüber auszudrücken, und daraufhin haben Sie einen orgastischen Traum mit mir?«

Ich ignorierte den Teil, wo er meinen Zorn und mein sexuelles Verlangen miteinander verband, und konzentrierte mich auf seine beharrliche Behauptung, es sei in dem Traum um ihn gegangen.

»Warum versuchen Sie, mir meinen Traum zu ruinieren?«

»Warum würde Sex mit mir ihn ruinieren?«

»Sie sind mein Seelenklempner.« Beim Gedanken daran verzerrte sich mein Gesicht.

»Und?«

»Was wurde aus Dr. Wir-feiern-alles?«

»Ich feiere. Ich bin nicht derjenige, der hier Widerstand leistet.«

Widerstand war der eine Anklagepunkt, den ich nicht auf mir ruhen lassen konnte. Er war die schlimmste therapeutische Sünde, und ich zuckte jedes Mal zusammen, wenn ich ihn bei einem meiner Gruppengefährten bemerkte. Dr. Rosen hatte Rory dazu gedrängt, sich auf Stellen in Zivilrechtsorganisationen zu bewerben, die besser bezahlten und sehr gute Zusatzleistungen versprachen, aber sie bestand darauf, dass sie nur bei Rechtshilfestellen in Wisconsin eine Chance hätte, die mit wenig Budget betrieben wurden. Mit ihren Referenzen hätte sie überall im Großraum Chicago arbeiten können, aber sie pendelte weiter nach Waupun, Wisconsin, und wurde jedes Mal sauer, wenn wir versuchten, sie dazu zu drängen, sich etwas Besseres zu suchen. Widerstand – gegen Veränderung, gegen Lust, gegen einen kürzeren Arbeitsweg – war es, was uns zurückhielt von dem, was wir wirklich wollten. Ich würde diese Sünde nicht begehen, auch wenn ich Dr. Rosen lieber in sein arrogantes kleines Gesicht geschlagen hätte, als einzuräumen, dass es in meinem Traum um seinen schlaffen Arsch gegangen war.

»Gut.« Ich rutschte an den Rand meines Stuhls und setzte mich aufrecht hin. Ich griff die Armlehnen und flüsterte mit monotoner Stimme: »Dr. Rosen, ich hätte liebend gerne Ihr Gesicht in meinem Schritt. Ich sehne mich danach, dass Sie Ihre Zunge auf meinen Körper legen und sie langsam, ganz langsam kreisen lassen, bis ich komme.« Für mehr Wirkung stöhnte ich ein bisschen.

»Verdammt, Christie«, murmelte Carlos.

Der Colonel riss die Augen so weit auf, als sei er eine Comicfigur. Rory wurde rot und blickte aus dem Fenster.

Dr. Rosen blinzelte zweimal. Dann sagte er: »Sie sind bereit für eine weitere Gruppe.«

Alle warteten darauf, dass ich etwas sagte, aber ich hatte keine Worte mehr, nur noch Gefühle: den heißen Luther zwischen meinen Beinen, den Ärger über Dr. Rosen, der in meinem Bauch rumorte, und die Angst, die in meiner Brust aufstieg, als ich seine Worte verdaute.

Ich nuschelte das Gebet am Ende der Sitzung und ging wie benebelt mit Carlos nach draußen. Er legte den Arm um meine Schultern. »Ich habe doch gesagt, du wirst noch deine Chance auf eine zweite Gruppe bekommen.«

Nun, da ich sie bekommen hatte, zweifelte ich natürlich daran. Wollte ich wirklich eine völlig andere Gruppe? Zweimal pro Woche in die Innenstadt kommen, um Erinnerungen an Madenwürmer auszugraben und Verschreibungen dafür zu bekommen, andere Gruppenmitglieder anzurufen, um ihnen von grundlegenden menschlichen Funktionen zu berichten? Warum hatte ich das so dringend gewollt? Ich dachte, ich würde mich wie das Lieblingskind fühlen, wie eine der von Dr. Rosen Auserwählten, aber nun führte die Einladung zu einer zweiten Gruppe dazu, dass ich mich dafür schämte, wie krank ich sein musste.

Eine Woche später eröffnete ich die Sitzung mit einer brennenden Frage: »Warum jetzt?«

Dr. Rosen hatte noch nicht einmal Platz genommen – er fummelte auf der anderen Seite des Raums an den Jalousien herum.

Er setzte sich und dachte über meine Frage nach. »Ihre Bereitschaft, den Traum mit der Gruppe zu teilen, stolz darauf zu sein und ihn zu diskutieren, zeigt, dass Sie bereit sind.«

»Wofür?«

»Für mehr.«

»Mehr wovon?«

»Hitze. Intimität. Intensität. Sex.«

»Wird es mir in Sachen Beziehungen weiterhelfen?«

»Garantiert.«

»Mit Geld-zurück-Garantie?«

***

Manchmal hatte ich das Gefühl, die Rosen-Welt war eine Sekte. Ich entdeckte Rosen-Patienten draußen in freier Wildbahn. In einem Zwölf-Schritte-Treffen hörte ich eine Frau sagen: »Mein Name ist Ginny, und mein verrückter Therapeut hat mir gesagt, ich solle euch allen erzählen, dass ich Oreo-Kekse von No-Name-Herstellern in mich hineinstopfe.« Noch ehe sie ein weiteres Wort sagte, erkannte ich, dass Carlos mir von ihr erzählt hatte: Sie war mit Chip aus der Männergruppe zusammen, und sie hätten sich fast getrennt, weil er sie nicht oral befriedigen wollte. Bei einem anderen Treffen saß eine Frau in der Runde und nahm übermenschlich große Bissen von einem Whopper. Während der elf Jahre, die ich nun schon an Selbsthilfesitzungen für Essstörungen teilnahm, hatte ich noch nie gesehen, dass jemand während des Treffens auch nur einen winzigen Keks gegessen hätte. In den meisten Runden galt die explizite Regel, dass man keine Lebensmittel konkret benennen sollte, denn schon das konnte bei jemand anderem eine Fressattacke auslösen. Jemanden einen Whopper verschlingen zu sehen war also in etwa so schockierend, als wäre der Mond vom Himmel gefallen und in meinem Schoß gelandet. Marnie lehnte sich zu mir herüber und flüsterte: »Sie muss eine von uns sein.« Später erfuhren wir, dass Dr. Rosen ihr verschrieben hatte, sich während der Treffen den Bauch vollzuschlagen anstatt zu Hause im Geheimen.

Wie würde meine zunehmende Teilnahme an der Rosen-Welt sich auf mein tägliches Leben als seminormaler Mensch auswirken?

Als Jurastudentin war es schwierig, meine öffentliche, berufliche Laufbahn mit meinem, sagen wir, unorthodoxen Therapieleben zu vereinbaren. Baby Jeremiah in meinem Kleiderschrank aufzubewahren. Rory und Marty jeden Abend anzurufen. Dem Raucher zu sagen, ich würde gern Männer scharfmachen. Ein Teil von mir wollte der zweiten Gruppe aus demselben Grund beitreten, aus dem ich der ersten beigetreten war: Ich war neugierig. Neugierig darauf, wer noch in dieser Gruppe sein würde und wie sie mein Leben verändern würde. Meine jetzigen fünf Gruppengefährten und Dr. Rosen wussten jede Kleinigkeit über mein Essverhalten, meinen Schlaf, meine Sexträume. Was würde ich mit noch *mehr* Gruppe anfangen?

Während ich über die Möglichkeit einer zweiten Gruppe grübelte, dachte ich darüber nach, wie sich mein Liebesleben entwickelt hatte, seit ich der ersten beigetreten war. Seit dem Debakel mit 50-Minuten-Sam und dem Fiasko mit Andrew mit den verkohlten Hühnerbrüsten hatte ich nur ein weiteres offizielles Date gehabt. Zwei Wochen nachdem ich mit Andrew geschlafen hatte, traf ich Greg auf einer Hausparty, und er fragte nach meiner Nummer. Er war erst vor Kurzem aus einem zwölfmonatigen künstlichen Koma erwacht. Als wir bei unserem ersten Date das Sushirestaurant verließen, hatte er vergessen, wo er wohnte. Ich war *möglicherweise* noch nicht bereit für eine Beziehung, aber er war es *definitiv* nicht.

Dann war da noch Xavier, mein Ex-Freund vom College – einer der netten Typen, den ich abgeschossen hatte, weil mich seine beständige Treue anwiderte. Ich traf mich mit ihm, als ich meine Familie in Texas besuchte. Wir verabredeten uns auf einem dunklen Parkplatz in einer zweifelhaften Gegend in der Nähe des Flughafens von Dallas. Als wir anfingen rumzumachen, konnte ich Sterne und ferne Galaxien schimmern sehen. Seine Lippen auf meinen weckten mich auf. Seine Hand auf meinem Oberschenkel war wie eine Entriegelung, und ich wollte weitergehen, bis zum Äußersten, direkt hier unter dem Neonschild »Kassenautomat«. Natürlich hatte ich mich nie so sehr nach ihm gesehnt, als wir zusammen waren – ich hatte mich mit Ausreden über Kopfschmerzen und Frühschichten in der Mall vor dem Sex gedrückt.

Als ich meinen Rock hochschob, wich Xavier zurück.

»Connies Flieger landet gleich«, sagte er. Ich starrte ihn an, ohne zu blinzeln. »Ich weiß, was du denkst. Aber ich mache nicht mit dir rum, weil ich Angst davor habe, mich mit Connie auf etwas Ernsthaftes einzulassen.«

Ich machte ein langes Gesicht. Das Wort *Idiot* kam mir in den Sinn. Als ich ein paar Tage später nach Chicago zurückkehrte, wies mich die Gruppe darauf hin, dass Xavier nicht frei war und ich mich aus genau diesem Grund von ihm angezogen fühlte.

Xavier war mittlerweile verlobt. Genau wie Kat, meine Mitbewohnerin aus Collegezeiten, zwei meiner Freundinnen von der Uni und zwei meiner Cousins. Dr. Rosens neue Gruppe könnte eine Rettungsleine sein, die ich wohl besser ergreifen sollte.

»Okay, ich mache die zweite Gruppe.«

»Ich schlage eine reine Frauengruppe vor.«

»Warum?«

»Das ist der nächste Schritt für Sie.«

Mein Auge zuckte. Er schlug eine Gruppe am Dienstagmittag vor; 180 Minuten Therapie an einem einzigen Tag. Jeden Dienstag so viel Zeit wie zwei Hin- und Rückfahrten zwischen den Haltestellen Washington und Wabash.

»Das ist verrückt.« Dazu kam, dass die Gruppe am Dienstagmittag Marnies war. Ich erinnerte ihn daran, dass wir befreundet waren. Mein Auge zuckte noch einmal.

»Es gibt soziale Risiken für Sie.«

Ich presste die Augen zu und dachte an Bianca und diesen Tisch voller Mädchen in der fünften Klasse. Seit damals hatte ich panische Angst davor, dass irgendeine Gruppe Frauen sich irgendwann gegen mich wenden würde und ich mein Mittagessen wieder auf der

Mädchentoilette essen müsste. Aber wäre es besser, etwas Reibung in der Freundschaft zu ertragen, als allein zu sterben, ungeliebt und unberührt, das Herz so glatt wie ein Gesteinsglas?

Ich sagte zu.

TEIL 2

16

An diesem ersten Dienstag mit zwei Gruppensitzungen war ich hochnäsig. Ich wusste schon, wie die Sache lief. Ich hatte die Minuten zusammengerechnet, die ich in den vergangenen 13 Monaten mit Gruppentherapie verbracht hatte: Es waren 5265 Minuten. Mein Herz hatte von all der Arbeit, die ich hineingesteckt hatte, ein paar Kratzspuren abbekommen – oberflächliche zwar, aber es waren Kerben.

Ich hatte nicht vorgehabt, meiner Mitbewohnerin Clare, die keine psychologische Betreuung in Anspruch nahm, davon zu erzählen, dass ich mich für zwei Gruppen an einem Tag angemeldet hatte, aber eines Tages platzte ich auf dem Heimweg vom Familienrechtsseminar damit heraus. Sie hielt kurz inne und lächelte dann, als sei sie stolz auf mich. »Du solltest dir dienstags einen Snack einpacken, denn das ist wirklich ein langer Tag, Tate.« An meinem ersten Doppeldeckerdienstag lieh sie mir ihren Lieblingspulli.

Eine halbe Stunde vor meiner zweiten Gruppensitzung an diesem Tag stolzierte ich siegessicher aus der Strafverfahrensvorlesung. Ich war sieben Minuten zu früh, aber drückte trotzdem die Klingel des Gruppenraums. Eigentlich drückte man sie nur, wenn man zu spät kam und von Dr. Rosen eingelassen werden wollte. *Na, Rosen? Wie finden Sie mich jetzt? Zweimal an einem Tag.* Ich nahm Platz und bekam kurz darauf Gesellschaft von Emily, die in der Rosen-Welt dafür berühmt war, dass ihr Vater – ein Tablettensüchtiger aus Kansas – so erbost war, als Emily mit der Therapie begann, dass er Dr. Rosen per Brief und Telefon belästigte und bedrohte.

Sie und Marnie waren eng befreundet, und während wir vor der Sitzung plauderten, fiel mir auf, wie merkwürdig es sich anfühlte, in »ihre« Gruppe einzudringen. Ich schob die Angst beiseite und grüßte eine großgewachsene Frau, die einen Strohhut trug. »Ich bin

Mary«, sagte sie und setzte sich auf den Stuhl neben mir. Marnie hatte mir schon von Mary erzählt, aber ich konnte nicht mehr sagen, ob sie diejenige war, die Marnie liebte, oder diejenige, die sie auf den Tod nicht ausstehen konnte.

Um Punkt 12 Uhr öffnete Dr. Rosen die Tür zum Wartezimmer mit einem Lächeln für uns alle. Bevor wir uns auf unseren Stühlen im Gruppenraum niederließen, stieß noch eine kräftige Frau namens Zenia zu uns. Sie hatte brombeerfarbenes Haar und riesige braune Augen, die pausenlos überrascht schienen. Sie eröffnete die Sitzung mit einer Geschichte über ihr Wochenende, das dank einer Erotik-Online-Community für Dungeons-&-Dragons-Fans multiple Orgasmen enthielt. Sie erwähnte eine Freundin, die in Kroatien lebte und die sie noch nie persönlich getroffen hatte.

Ich hatte schon über 5000 Minuten in diesem Raum verbracht. 90 davon lagen erst drei Stunden zurück. Alles sah gleich aus: die Drehstühle, das Bücherregal, die billigen Jalousien mit den schmalen Lamellen, die welke Lilie, die sich durch eine letzte Saison schleppte. Und doch fühlte es sich vollkommen fremd an. Wie ein Traum, in dem du in deinem Haus bist, aber es ist nicht wirklich dein Haus, weil die Tür die falsche Farbe hat oder es zwei Stockwerke gibt anstatt einem. Auf der Ebene der Energie und Teilchen war irgendetwas völlig falsch.

Dr. Rosen sah aus wie ein unfreundlicher Fremder: Seine Lippen waren zu einer strengen Linie erstarrt, seine Arme wirkten steif und unnatürlich. Da war nichts Warmes oder Vertrautes zwischen uns, und mein Herz zog sich zusammen vor Heimweh nach dem Dienstagmorgen.

Zenia glühte, als sie über ihre Beziehung mit Greta aus Kroatien sprach – über den stundenlangen Sex, den sie online genossen, und darüber, wie sie versuchten Geld zu sparen, um sich auf einer Convention in Brüssel zu treffen. Alle paar Minuten lächelte Zenia mir zu, was ich als großzügigen Willkommensgruß interpretierte, und dann bat sie Dr. Rosen übergangslos zu seiner Meinung, wie sie einen ihrer Patienten behandeln sollte.

»Patienten?«, fragte ich laut.

»Ich bin Ärztin«, klärte sie mich auf.

Dr. Rosen grinste zu mir herüber. Dieser Scheißkerl lachte über mich! *Oh, schaut euch die einsame Zimperliese an, die da neben der erfolgreichen Ärztin sitzt, die großartigen virtuellen Sex mit ihrer Freundin hat!* Ich kniff die Augen zusammen und blickte ihn finster an. Sein Lächeln wurde breiter. Ich verlangte nicht von ihm, mich zu verhätscheln, aber ich wollte auch nicht, dass er von seinem Thron aus auf mich herunterlachte.

Mary erzählte, dass ihr gewalttätiger Bruder – der ihre gesamte Kindheit über gedroht hatte, sie umzubringen – angerufen und sie um Geld gebeten hatte. Regina, eine Masseurin, die in etwas eingewickelt war, was aussah wie zwei schwarze Schals und ein fließender Nylonrock, war während Zenias Sexmonolog hereingekommen. In mitfühlendem, gedämpftem Ton berichtete sie Mary, dass sie eine einstweilige Verfügung erwirkt hatte, nachdem ihr psychotischer Cousin sie mit einem Messer bedroht hatte.

Dr. Rosen hatte meine Geschichte missverstanden. Ein Angstklumpen wuchs in meinem Bauch, und mir wurde klar, dass das die falsche Gruppe für mich war. Ich wollte ihn an seinem spitzen braunen Kragen packen und ihn daran erinnern, dass ich zwar infolge der Sache auf Hawaii gelitten und gegen eine Essstörung gekämpft hatte, dass es in meiner Vergangenheit jedoch keine Mordversuche gegeben hatte. Ich wurde zu einer perfektionistischen, frigiden Asexuellen mit Borderline-Syndrom, aber wie konnte er glauben, dass ich *hierher*gehörte? Ich war ein leichtgewichtiges, unbedeutendes Ding, das die ganze Zeit »Buuhuu, ich wünschte, ich hätte einen Freund« plärrte. Ich war ein lächerliches Wald-und-Wiesen-Pflänzchen im Vergleich zu diesen Frauen, die mutiger und interessanter und erfolgreicher waren, als ich es je sein würde.

20 Minuten vergingen. Wo war Marnie? Sie sollte hier meine Verbündete sein.

Marnie kam 30 Minuten nach Beginn der Sitzung, ließ ihre orangefarbene Ledertasche kurzerhand auf den Boden und sich selbst schwer in ihren Stuhl fallen. Ich suchte ihren Blick, aber sie sah mich nicht an. Ihr Kiefer war verkrampft und ihre braunen Augen huschten durch den Raum, auf der Suche nach einem Opfer.

»Ich bin so verdammt müde, dass ich sterben will«, sagte sie. Sechs Wochen zuvor hatte sie ein wunderschönes Mädchen zur Welt gebracht. »Pat ist jede Woche auf Dienstreise, und das Baby schläft nicht. Ich kann nicht …« Mit zitternden Händen zog sie eine Flasche teures norwegisches Mineralwasser heraus. Ich hatte heute Morgen mit ihr telefoniert, aber da hatte sie nichts von ihrem Kummer erwähnt. Und nun schien sie so zu tun, als sei ich nicht in diesem Raum. Dieses vorsätzliche Ignorieren konnte nur eines bedeuten: Sie war sauer auf mich. Ich versank so sehr in meinen panischen Gedanken, wie ich Marnies Ärger stoppen könnte, dass ich nichts mehr wahrnahm. Ich hatte Marnie schon früher wütend erlebt. Es war nicht schön.

Der Türöffner summte. Herein kam eine Frau, die eine gigantische Handtasche mit Lederquasten und einen Essensbehälter aus Styropor trug, und alle Moleküle im Raum veränderten sich. Das musste Nan sein – Marnie hatte sie erwähnt, aber sie hatte mir nicht gesagt, dass Nan Energie ausstrahlte wie helle Lichtkegel. Ich wusste, dass sie kurz vor der Rente stand, dennoch schimmerte ihre Haut wie die einer jungen Frau. Wenn sie lachte, erschienen auf jeder ihrer Wangen zwei Grübchen. Ich konnte meinen Blick nicht abwenden von ihren silbernen Sandalen, dem Schlüsselbund, der klimperte, als sie ihre Tasche hinter ihren Stuhl stellte, von ihrem verschmitzten Lächeln für Dr. Rosen, als sie sich setzte, ihrem Mund, als sie leise vor sich hin murmelte, während Marnie sprach. Sie begrüßte mich mit einem kurzen Kopfnicken, und ich lächelte zurück.

»IN geht heute mit mir durch«, sagte Nan. »IN will mich tot sehen.«

Ich sah zu Dr. Rosen. IN? Er sah mich an, gab mir aber nichts preis. Wenn ich wissen wollte, wovon Nan sprach, würde ich sie fragen müssen.

Nan nahm ihren Styroporbehälter und machte den Deckel auf. Ein Teil war mit Käsemakkaroni gefüllt, gekrümmte Nudeln in beinahe orangefarbener Soße. Sie nahm einen Bissen und sprach weiter. »Ich bin nicht mal hungrig.« Ihre Stimme brach. Sie sah mich an und erklärte, dass das *I* für »inneren« stand und das *N* für das rassistische Schimpfwort, mit dem sie ihr Leben lang unterdrückt worden war. Sie machte klar, dass sie – nur sie – den vollen Namen von IN aussprechen durfte, und bei Gott, ich würde mich Nan sicherlich nicht widersetzen. Ich nickte, dankbar dafür, dass sie mich aufgeklärt hatte.

»Nan, ich habe gerade gesprochen«, sagte Marnie. Ich kannte diesen Ton. Marnie hatte ihn gegenüber Pat angeschlagen, direkt vor dem Ehezwist, dessen Zeugin ich geworden war. Ich drückte mich tiefer in meinen Stuhl und bemerkte, dass ich den Atem angehalten hatte. Die Luft schien mir stechend, flackernd von der drohenden Gewalt. Ich wollte sie nicht einatmen.

Nan zeigte mit ihrer Gabel auf Marnie. »Halte. Dich. Verdammt. Noch mal. Zurück.«

Ich sog einen Schwall Luft ein und behielt ihn in meiner Lunge.

Marnie schraubte ihre Wasserflasche auf. »Warte, bis du verdammt noch mal dran bist.« Es klang wie eine Warnung, ein Zischen.

Hier war es nicht wie in meiner anderen Gruppe, wo Patrice manchmal Colonel Sanders anschnauzte oder Carlos und Rory sich anzickten, wenn es um pünktliches Erscheinen ging. Zwischen Marnie und Nan spürte ich etwas Schwereres, etwas Greifbareres und Instabileres. Ihre Worte kamen tief aus ihrem Inneren. Sie benutzten ihre Hände und Arme. Sie spuckten. Die Luft knisterte vor Hitze und etwas Bedrohlichem.

Nan stellte ihr Essen ab. Ich erwartete, dass sie aufstand und ihre Ärmel hochkrempelte, aber sie zog eine Serviette aus ihrer Tasche und wischte sich ganz langsam den Mund ab, wie ein stinksaurer Sheriff in einem Western. In kleinen Luftstößen ließ ich den Atem aus meiner Lunge. Sie schrien weiter – Marnie war eine »dürre weiße Schlampe« und Nan eine »Drama Queen, die Hilfe ablehnte«. Dr. Rosen wirkte wachsam, aber nicht beunruhigt. Dann zeigte Nan mit ihrer Gabel auf ihn.

»Sie müssen mir helfen«, sagte sie ruhig. Tränen, die ich zuvor nicht bemerkt hatte, liefen über ihre Wangen. Sie senkte ihren Kopf, als würde sie mit ihren Essensresten sprechen. »Bitte helfen Sie mir.« Am liebsten hätte ich den Stuhlkreis durchquert und sie umarmt. Stattdessen zog ich an der Nagelhaut meines rechten Daumens, bis es blutete und mein Magen krampfte.

»Das würde ich liebend gern«, sagte Dr. Rosen. Er lächelte und saß aufrecht da, wie ein Schauspieler, der auf seinen großen Soloauftritt wartete.

»Das ist alles, was ich kenne.« Sie tupfte mit der Serviette ihre Augen ab.

Nan wandte sich mir zu und beschrieb ihre Kindheit, die von Gewalt und Sucht geprägt war: ein labiler Stiefvater, der nach einer Nacht voller Glücksspiel mit einer Pistole vor ihr herumgefuchtelt hatte, ein bipolarer Bruder, der auf Wände einschlug und Familienerbstücke zerstörte. »Brachiale Gewalt – das ist alles, was ich kenne.«

Marnie rutschte mit ihrem Stuhl zu Nan und berührte ihren Arm. »Das ist auch alles, was ich kenne.« Mary und Emily hatten Tränen in den Augen. Meine Augen waren auf meinen Daumen fixiert, wo ich weiter an dem freigelegten hellrosa Fleisch herumzupfte. Ein Tropfen Blut sammelte sich in meinem Nagelbett.

In den fünf Jahren, seit ich sie kannte, war Marnie jeder emotionalen Situation mit hartgesottenem Trotz entgegengetreten, mit einem »Was willst du von mir?«. Sie war wie ein machohafter italienischer Draufgänger, was ich gleichzeitig fürchtete und bewunderte. Fasziniert beobachtete ich, wie Nan und Marnie, zwei Frauen, von denen ich mir eben noch sicher war, dass sie einander zerfleischen würden, zu einer Collage aus gemeinsamem Trauma und Heilung verschmolzen. Marnie umklammerte weiter Nans linken Arm.

Ich hatte noch niemals gesehen, wie zwei Leute stritten – oder sich wieder vertrugen. Mein Daumen pochte, und ich biss mir auf die Lippe, um nicht in Tränen auszubrechen. Während die Minuten verstrichen, stellte ich mir vor, immer weiter zu schrumpfen – Haut zu verlieren, Muskeln, Knochen, Zellen – mich in nichts als einen Haufen Klamotten auf dem ausgefransten Sitzpolster meines Drehstuhls zu verwandeln.

Als sich mein Blick das nächste Mal mit dem von Dr. Rosen kreuzte, formte ich mit meinen Lippen ein *Helfen Sie mir*.

»Wie bitte?«, sagte er und legte eine Hand an sein Ohr.

Kein Ton war zu hören, aber ich machte immer weiter. »Helfen Sie mir.« Wieder und wieder. *Helfen. Sie. Mir.*

Die Aufmerksamkeit im Raum verlagerte sich von Nan und Marnie auf mich. Ich konnte keine der Frauen ansehen, konnte mich nicht dazu bringen, ein Geräusch zu machen.

»Was ist dein Problem?«, fragte Marnie. Endlich schenkte sie mir ihre volle Aufmerksamkeit.

Ich schüttelte den Kopf und hielt Dr. Rosens Blick.

»Ernsthaft – was ist dein verdammtes Problem? Wenn du hier mithalten willst …«, sie blickte zu Dr. Rosen und schob ihr Kinn vor, »… und nur fürs Protokoll: Mich hat übrigens niemand gefragt, wie ich es finde, dass *sie* in *meine* Gruppe kommt …« Und dann zu mir: »Du musst eben an Tempo zulegen. Wir arbeiten hier intensiv.«

Mein einziger Gedanke war: *Ich will nach Hause*, in die Vormittagsgruppe, zu den Leuten, die ich kannte und denen ich etwas bedeutete.

Ich drehte mich Dr. Rosen zu. »Warum haben Sie mich hierhergeschickt? Ich passe hier nicht rein. Jede war schon einmal mit einem gezückten Messer oder fürchterlicher Gewalt konfrontiert. Ich will einfach nur ein paar Leute in meinem Leben, vielleicht einen Freund, der sich nicht zu Tode trinkt oder zu depressiv ist, um mit mir zu schlafen, aber ich fühle mich widerwärtig …«

»Widerwärtig ist kein …«, unterbrach er mich.

»Doch, das ist es!« Mein gesamter Körper zitterte. Ich rang mit meinen Händen, als würde ich versuchen sie abzutrocknen. Ich wollte den Ekel von mir abschütteln, obwohl ich wusste, dass er von innen kam.

»Nein«, stellte Dr. Rosen fest.

»Fein. Ich schäme mich dafür, in Marnies Gruppe eingedrungen zu sein, was ich sehe und höre, macht mir Angst, ich bin wütend auf Sie, weil sie mich hierhergebracht haben. Ich werde niemals in diese Gruppe passen. Ich hätte niemals einer zweiten Gruppe beitreten sollen!«

»Gut!« Dr. Rosen reckte seine beiden Daumen in die Höhe, als sei meine Pein ein Film, den er gerade gesehen hatte und seinen Zuhörern empfahl. »Es funktioniert bereits.«

»Was funktioniert?«, fragte ich verdutzt.

»Diese Gruppe.« Einsatz für sein strahlendes Lächeln. Sein Arm schwenkte durch den Raum. Neckische Freude. »*Mamaleh*, Wut auszudrücken ist ein Teil von Intimität. In der Vormittagsgruppe haben Sie riesige Fortschritte gemacht. Aber ein anderer Teil von Intimität ist es auch, die Wut von anderen auszuhalten. Diese Gruppe wird Ihnen dabei helfen.« Er sah zu Marnie, die ihn anstarrte, ohne zu blinzeln. »Sie hat es bereits getan.« In freundlichster Erklärstimme erläuterte er, dass meine Furcht vor der Wut anderer Leute nichts anderes war als ein weiterer Stolperstein auf dem Weg zu Intimität und Vertrautheit. Sicher, ich konnte mittlerweile mit meinen Kommilitonen zum Mittagessen gehen, anderen von meinen Bädern erzählen und Dr. Rosen anschreien. Aber es gab noch mehr. Therapie war eine Sisyphusarbeit.

»Was mache ich mit Marnie?«, fragte ich Dr. Rosen.

»Sie könnten Ihren Ärger feiern.«

Ich verdrehte die Augen. Dann fragte ich, wie.

»Sehen Sie Marnie an«, dirigierte er mich.

Ich drehte meinen Stuhl und starrte in ihre wütenden Augen.

»Sagen Sie ihr, dass Sie sie mögen und dass ihre Wut wunderschön ist«, fuhr Dr. Rosen fort.

»Marnie, ich mag dich, und deine Wut ist wunderschön«, sprach ich ihm nach.

»Und jetzt atmen Sie.«

Meine Worte schwebten durch den Kreis. Jede Zelle drängte mich dazu, Dr. Rosens Anweisungen zu übergehen, mich vor Marnies Füße zu werfen und ihr zu versprechen, dass ich die Gruppe verlassen oder mich die ganze Nacht lang um ihr Baby kümmern würde – *alles* würde ich tun, um ihre Wut zu besänftigen. Aber ich atmete, und mit jeder Sekunde wichen meine müden alten Impulse ein Stück zurück.

Ich löste meinen Blick, um auf die Uhr zu sehen, aber Dr. Rosen meinte, ich solle weiter Marnie anschauen. »Sagen Sie ihr, dass Sie ihren Ärger begrüßen und dass Sie bereit sind für mehr.«

Ich sagte es. Sie sagte nichts.

»Wie fühlen Sie sich?«, fragte Dr. Rosen.

»Ängstlich.« Meine Zehen krümmten sich in Richtung Boden.

»Gut. Wenn Sie lernen, diese Angst zu tolerieren, und sich davon lösen, Marnies Wut beseitigen zu wollen, dann werden Sie bereit sein für eine intime Beziehung.«

»Ich dachte, alles, was ich tun müsste, wäre, Rory mein Essverhalten offenzulegen. Und über meine Bäder zu sprechen. Und Baby Jeremiah zu nehmen. Und dem Raucher zu sagen, dass ich gern Männer anmache.«

»Das alles mussten Sie tun. Und das hier ist der nächste Schritt.«

Die Sitzung war vorbei. Dr. Rosen beendete sie auf die altbekannte Weise. Als die Umarmungen begannen, behielt ich Marnie im Blick, beobachtete, wie sie Emily in den Arm nahm, Mary und Zenia. *Bitte umarme mich*, wünschte ich mir von der anderen Seite des Raumes herbei. Ich warf meinen Rucksack über die Schulter.

»Hey du«, sagte Marnie und stupste mich am Arm.

»Hey«, sagte ich. Meine Augen huschten zu ihren und dann auf den Boden.

»Du warst gut heute.« Wir lächelten beide.

»Fühlt sich nicht gut an.«

»Ich weiß.«

Sie öffnete ihre Arme, und ich trat vor. Marnie murmelte etwas in mein Haar.

»Was?«, fragte ich.

»Ich kann wütend auf dich sein und dich trotzdem mögen, weißt du?«, sagte sie.

Nein, um ehrlich zu sein, wusste ich das nicht. Ich hatte keine Ahnung.

17

Ich schlüpfte in eines von Clares schwarzen Kleidern und in ein neues Paar schwarzer Riemensandalen. Marnie schmiss eine Party zu Pats 40. Geburtstag, und wie durch ein Wunder hatte ich noch dazu ein Date. Ein Date mit jemandem, den ich attraktiv fand. Jeremy hatte ich vor ein paar Jahren bei einer Party kennengelernt, auf der viele Zwölf-Schritte-Leute waren. Ich war bezaubert von seiner Brille mit dem Drahtgestell, den sanften grünen Augen, den erkenntnisreichen

Kommentaren. Es stellte sich heraus, dass er in Carlos' anderer Gruppe war, also hörte ich immer mal wieder eine Kleinigkeit über ihn. Zum Beispiel, dass er sich gerade von seiner Freundin getrennt hatte.

In der Woche vor Pats Party stand ich gerade am Bahnsteig der Haltestelle Fullerton, als ich Jeremy entdeckte. Er war versunken in einen beeindruckend dicken Schinken, etwas von Thukydides, dem griechischen Geschichtsschreiber. Seine Khakihose war umgeschlagen, und sein blauer Fleecepulli ließ seine Augen strahlen. Ich schlängelte mich zu ihm durch. Als ein Schwarm Leute aus dem nächsten Zug stieg, blickte er auf.

»Hey«, sagte er, knickte die obere Ecke der Seite um und schloss das Buch.

»Dachte ich mir doch, dass du es bist.«

Im Wagon griff ich nach derselben Haltestange, an der auch er sich festhielt. Er fragte, wie das Studium lief, und ich fragte nach seiner Arbeit und warum er Thukydides las.

»Zum Spaß«, sagte er. Sein Lächeln erzeugte in mir ein Gefühl von Wärme, als säßen wir vor einem Kamin und wären nicht eingezwängt in einem klapprigen Zug voller gereizter Berufspendler.

»Ich habe dich noch nie auf dieser Strecke gesehen«, sagte ich, nachdem ich festgestellt hatte, dass wir nur zwei Blocks voneinander entfernt wohnten.

Er lachte ein kurzes unglückliches Lachen. »Ich war meistens bei meiner Freundin in Bucktown. Wir haben Schluss gemacht.«

»Ich habe davon gehört.« Ich lächelte und wünschte mir, ich könnte zwinkern, ohne dabei dumm auszusehen. Er neigte den Kopf zur Seite. »Ich gehe zu Rosen. Dienstagvormittag, mit Carlos.«

Er lehnte sich zu mir, nah genug, damit ich goldene Flecken in seinen grünen Augen entdecken konnte, und flüsterte: »Davon habe ich gehört.«

»Touché.« Das Getuschel des Rosen-Flurfunks schwirrte um uns alle herum.

Wir lachten beide, und das Geräusch unserer Stimmen stieg über unsere Köpfe und die der anderen Leute, die in ihre Handys, Bücher und Zeitungen vertieft waren. Verlangen nach diesem lachenden, belesenen Mann strömte aus meinen Fingern, die um die Metallstange geschlungen waren, meinen Arm hinunter, durch meine Brust, meinen Bauch, zwischen meine Beine.

Im nächsten Moment sprudelte die Einladung zu Pats Party aus meinem Mund, als sei ich die Sorte Frau, die in regelmäßigen Abständen philosophiebegeisterte, frisch gebackene Singlemänner nach Dates fragte. Er sagte sofort zu und schrieb seine Adresse auf einen Post-it, den er als Lesezeichen benutze. Unsere Hände berührten sich, als der Zug ruckelnd in die nächste Haltestelle einfuhr, und ein neuer Schwall der Begierde durchflutete mich.

Er wartete bereits draußen, als ich am Freitagabend vorfuhr. Er war genauso angezogen wie bei unserer Begegnung in der Bahn, was mich beruhigte. Unser erstes Gesprächsthema war Dr. Rosen. Wir machten Witze über seine unglückliche Kleiderwahl und seinen absurden Optimismus, dass die Gruppe absolut jede emotionale Störung heilen würde.

»Er liebt Gruppentherapie, definitiv«, lachte Jeremy.

»Und braune Pullover liebt er definitiv auch«, ergänzte ich.

Meine Gliedmaßen fühlten sich locker und entspannt an, während wir uns über das vertraute Terrain unserer jeweiligen Therapieerfahrungen bewegten. Nichts war zu spüren von der Steifheit, die mich normalerweise bei ersten Dates erfasste, kein Bedürfnis, irgendeinen Teil von mir zurückzuhalten. Warum auch: Er ging zu Dr. Rosen.

Als wir vor Marnies Haus vorfuhren, hatte ich beschlossen, dass das Einzige, was Jeremy in seinem Leben fehlte, die Liebe einer emotional aufgeschlossenen Frau war. Als ich Mineralwasser und gefüllte Champignons gefunden hatte, beschloss ich, diese Frau zu sein.

»Komm mit, ich will dir was zeigen.« Ich führte Jeremy nach oben ins Kinderzimmer, wo Marnie für ihre Tochter Enten an die buttergelben Wände gestempelt hatte. Ohne Scham öffnete ich eine Schublade nach der nächsten, um mich über Landyns winzige Windeln, klitzekleine Söckchen und einen puderrosa Schlafsack zu beugen, der so weich war wie die Daunen einer Schneeeule.

»Süß«, sagte er, als ich einen kleinen Bademantel mit Kapuze und Hasenöhrchen hochhielt. Immer wieder blickte Jeremy zur Tür, als würden wir gerade eine Straftat begehen. Ich reichte ihm eine kuschelige Babymütze, und er trat zurück.

»Ist das eine Verschreibung von Dr. Rosen – mir diese Klamotten zu zeigen?«

Ich schüttelte den Kopf und schmiegte meine Wange an einen Kaschmirpullover.

»Vielleicht sollten wir zurück auf die Party.« Jeremy trat auf den Flur und wartete, bis ich Landyns Sachen zurückgelegt hatte.

Unten unterhielt er sich mit Pat, Marnie und ihren Vorstadtfreunden. Mein Körper blieb entspannt, als ich ihn um kurz nach 23 Uhr nach Hause fuhr.

Immer wenn unsere Unterhaltung sich von Dr. Rosen wegbewegte, bemerkte ich einige Warnsignale. Nicht unbedingt die von der leuchtend rot blinkenden Sorte, aber dennoch …

»Ich bin eher ein Einzelgänger«, sagte er, als ich fragte, ob er seine Gruppe auch außerhalb der Sitzungen traf. Ich fragte mich, ob das eines Tages auf mich zurückfallen könnte. Wenn ich mir den Typ Mann vorstellte, mit dem ich zusammen sein wollte, dann war da nirgendwo die Rede von einem *Einzelgänger*.

Er erzählte außerdem, dass sein Auto kaputt war und er sich das Ersatzteil nicht leisten konnte. Bei der Erwähnung von Geldproblemen bekam ich Sodbrennen – Carlos hatte mir berichtet, dass es bei Jeremys Trennung irgendwie um Geld gegangen war, das er sich von seiner Freundin geliehen hatte. Ich umklammerte das Lenkrad fester und versuchte, locker zu bleiben. Würde er mir meine bevorstehende finanzielle Sicherheit übelnehmen? War er Antikapitalist? War er, im reifen Alter von 36 Jahren, immer noch beruflich und finanziell orientierungslos? Und wenn ja, wie sehr störte mich das?

Ein bisschen, aber er sah so süß aus mit dieser Brille.

»Ich glaube, ich weiß kaum etwas über deine Arbeit«, sagte ich, in der Hoffnung, dass eine Jobbeschreibung den kleinen angespannten Knoten in meinem Nacken lösen würde.

»Ich manage den Empfang einer Hausmeisterfirma für Industriekunden. Ein kleiner Betrieb im Westen der Stadt.« Der Knoten rührte sich nicht. Ich hatte den Eindruck gehabt, er sei IT-Manager einer großen Firma im Stadtzentrum. Wieder umklammerte ich das Lenkrad.

Wir hatten also unterschiedliche Karrierevorstellungen. Okay, kein Problem. Viele Paare waren dafür bekannt, unterschiedlich zu sein: Arnold Schwarzenegger und Maria Shriver. James Carville und Mary Matalin. Homer und Marge. Vielleicht würden wir es nicht bis zur Silberhochzeit schaffen, aber doch sicherlich bis zu einem zweiten Date.

Als ich vor seinem Haus anhielt, nahm ich meine rechte Hand vom Steuer und legte sie neben mich.

»Montagabend läuft ein polnischer Film, der tolle Rezensionen bekommen hat. Sollen wir ihn uns ansehen?«, fragte er mich.

Ich nickte, begierig wie ein Yorkshireterrier. Bevor er ausstieg, drückte er auf eine nicht ganz keusche Art meinen Arm.

Ein zweites Date! Ich reckte meine Faust in die Höhe. Als ich wendete, fuhr ich mit einem Ruck über den Bordstein, der meine Wasserflasche aus dem Getränkehalter bugsierte und meinen Nacken knacken ließ. Aber ich spürte es kaum. Meine Freude grenzte beinahe an Hysterie.

***

»Erzähl mir mehr über diesen Jeremy«, sagte Clare am nächsten Tag beim Abendessen. Als ich sagte, dass ich ihm Landyns Zimmer gezeigt hatte, schlug sie sich die Hände vors Gesicht. »Tate! Man führt einen Mann beim ersten Date nicht durch ein Babyzimmer!«

Aber ich schämte mich kein bisschen. »Mach dir keine Sorgen. Er geht auch zu Dr. Rosen. Mit ihm muss ich keine Spielchen spielen. Ich kann ich selbst sein.«

Sie neigte den Kopf zur Seite, immer noch etwas skeptisch. »Das klingt wirklich vielversprechend, Tate. Das ist deine Belohnung dafür, dass du der zweiten Gruppe beigetreten bist«, sagte sie dann.

An diesem Abend zog ich eine senkrechte Linie über ein Blatt Papier und teilte es so in zwei Spalten. Keine willkürlichen romantischen Dummheiten mehr für mich. Ich war jetzt in Therapie. Ich begann mit der Pro-Spalte. Er war zweifelsohne intelligent. Wer las Thukydides zum Vergnügen? Er trank nicht, also würde er mich nicht mitten in der Nacht anpinkeln. Er hatte eine Katze, also wusste er, wie man sich um jemanden kümmert. Die Brille, das Lächeln, sein andächtiges Zuhören. Ich schrieb alles auf. Dann notierte ich das größte Pro von allen: *geht zu Dr. Rosen*.

Einen Mann zu daten, der zu einem Therapeuten ging – egal zu welchem –, war perfekt. Die Therapie machte einen sensibler und bewusster für sein eigenes Verhalten. Sie gab einem die passenden Werkzeuge, um eine Beziehung zu führen. Mit einem Mann zusammen zu sein, der zu *meinem* Therapeuten ging, war das Rezept für eine kugelsichere Beziehung. Schließlich vertraute ich Dr. Rosen. Größtenteils. Ich kannte seine Arbeit. Ich *war* seine Arbeit. Jeremy und ich würden massenhaft Gemeinsamkeiten haben. Uns würden niemals die Gesprächsthemen ausgehen. Und der Bonus: Wir hätten quasi eine kostenlose Paartherapie – nur dass wir den Therapeuten zu unterschiedlichen Zeiten und zusammen mit anderen Leuten trafen.

Bei unserem zweiten Daten saßen wir auf verbeulten Sitzen im Music Box Theatre und lasen die Untertitel des polnischen Films über zwei traurige Menschen, die durch einen Stadtpark laufen. Als ich meine Beine überschlug, stieß Jeremy mich mit dem Ellbogen an.

»Das große Gruppen-No-Go«, flüsterte er, und wir mussten beide lachen. Er legte seine Hand auf meine und ließ sie dort, bis der Film zu Ende war. Ihre Wärme und ihr Gewicht fühlten sich solide und gut an.

Auf dem Rückweg zu seiner Wohnung peitschte der Wind, und wir drängten uns eng zusammen. Wir erzählten uns von unseren schwierigsten Verschreibungen. Ich gestand ihm, was ich zum Raucher sagen musste – nicht gerade eine Geschichte, von der ich erwartet hätte, sie jemals bei einem zweiten Date aufzutischen. Er meinte, dass er sein schwierigstes Rezept noch nicht eingelöst habe. Als ich ihn fragte, was es war, schaute er weg.

Einige Schritte später sagte er: »Rosen denkt, ich sollte meine Ex-Freundin bitten, mir das Geld zu erlassen, das ich ihr schulde.« Er verzog das Gesicht und schaute auf seine Schuhe.

In seinem Wohnzimmer standen eine braune Couch und ein passender Beistelltisch. Sein Schreibtisch mit dem Computer stand in der Küche am Fenster. Sein Badezimmer roch zwar nicht gerade nach Putzmitteln und war nicht frei von einzelnen Haaren, aber es schien mir doch einigermaßen sauber. Sein silberner Wasserkessel und die große Auswahl an Teesorten beeindruckten mich.

Eine moppelige, rot-weiß getigerte Katze strich schnurrend um seine Füße.

»Das ist Mr. Bourgeois.«

»So heißt er?«

Jeremy nickte und lächelte.

»Dein Bücherregal sollte mich ja nicht überraschen.« Machiavelli, Sartre, Platon, Sokrates, Heidegger, Kant. Die leichteste Lektüre war Augustinus von Hippo.

Ich streifte meine Schuhe ab und erzählte, dass ich meine neue Gruppe hasste.

»Warum?« Er saß neben mir auf der Couch, sein Knie berührte meines.

»Es geht dort so grob und intensiv zu. Alle schreien und essen, dann weinen sie und umarmen sich. Und Marnie ist nicht gerade begeistert, dass ich dort bin …«

»Warum, glaubst du, hat Rosen dich in diese Gruppe gesteckt?«

»Nun …«

»Was?«

»Er denkt, dass es mir helfen wird, mich für eine Beziehung zu öffnen.« Ich nahm einen tiefen Schluck aus meiner Teetasse, um zu überspielen, wie peinlich das klang.

Er nahm meine Hand. »Ich habe meine zweite Gruppe anfangs auch gehasst. Jede Sekunde dort.«

»Warum bist du geblieben?«

»Ich wollte herausfinden, was diese Gefühle zu bedeuten hatten, woher sie kamen.« Er zuckte mit den Schultern. »Und jetzt bin ich hier.«

Mein Herz schlug mir bis zum Hals.

Er beugte sich zu mir herüber.

»Ist es okay, wenn ich dich küsse?«, fragte er.

Ich fühlte, wie sich etwas in meiner Brust ausbreitete, ein neuartiges Gefühl von Sicherheit, das sich allmählich in Richtung eines Verlangens verschob. Ich nickte, und unsere Lippen berührten sich. Ich schmeckte Kamillentee, und als er seine Hand in meinen Nacken legte, gab ich mich ihm und der Chance, die er für mich verkörperte, hin. Schon seit fast zwei Jahren hatte ich keine Männerlippen mehr auf meinen geschmeckt – mit Andrew war ich zu beschäftigt damit gewesen, mich von jeglichen Gefühlen zu distanzieren, und auf dem Parkplatz mit Xavier war alles, was ich schmecken konnte, meine eigene Bedürftigkeit gewesen. Jetzt hingegen, als Jeremy seine Lippen und seine Zunge gegen meine presste und sein Bart meine Oberlippe kitzelte, spürte ich, wie meine Libido ein paarmal aufflackerte und sich dann entzündete. Der Druck zwischen meinen Beinen war eine Mischung aus Vergnügen und Schmerz, Begierde und Pein, Befriedigung und Hunger. Ich wurde zum Leben erweckt.

Darauf hatte ich gewartet.

18

»Keine Geheimnisse«, riet mir Dr. Rosen, nachdem ich mit den bahnbrechenden Neuigkeiten in die Gruppe gekommen war, dass ich Jeremy schon zweimal getroffen hatte. »Und bringen Sie alles, was zwischen Ihnen und Jeremy passiert – emotional, romantisch, sexuell – mit in Ihre beiden Gruppen.«

»Auch finanziell«, ergänzte Carlos, weil er von den Problemen in Jeremys Vergangenheit wusste.

Kleine Matheübung: Meine zwei Gruppen plus die beiden von Jeremy ergaben etwa 20 Leute, die wissen würden, ob wir beim Abendessen getrennt bezahlten, unsere Wohnungsschlüssel austauschten oder während meiner Periode Sex hatten. Abwehrend hielt ich die Hände vor mich. »Langsam. Moment mal. Wird ein detaillierter Livekommentar für zig andere Leute nicht den Schwung aus unserer Beziehung nehmen?«

»Mein Vorschlag lautet: keine Geheimnisse«, wiederholte Dr. Rosen.

»Ihr Vorschlag ist scheiße.«

»Wie gut hat es denn bisher auf Ihre Art geklappt?«, schloss er.

***

Bei unserem dritten Date passten Jeremy und ich in meiner Wohnung für ein paar Stunden auf Marnies Tochter Landyn auf, damit Marnie und Pat ihren Jahrestag mit einem Restaurantbesuch feiern konnten. Als das Baby in meinem Arm schlief, linste Jeremy in die Küchenschränke, betrachtete Clares Teller und bewunderte die Aussicht vom Balkon.

Nachdem Marnie und Pat Landyn wieder abgeholt hatten, schlug ich vor, dass wir Clare und Steven in einer Bar auf der Belmont Avenue treffen könnten, wo Livemusik gespielt wurde. Als Jeremy einwilligte, war ich sprachlos. Konnte es wirklich so einfach sein? Alles, was ich tun musste, war, zu fragen?

»Willst du eine Tasche packen, damit du bei mir übernachten kannst?«, fragte er.

Ich konnte das Gefühl von leichtem Schwindel, das mich überkam, nicht verstecken. Ich rannte durch den Raum und stopfte Kontaktlinsenflüssigkeit und einen frischen Pulli in eine Tasche.

Die Bar war nicht gerade Jeremys Geschmack – eine Höhle voller Verbindungsstudenten und alternden Baseballfans, deren Getränke aus Plastikbechern schwappten. Nachdem die Band das erste Set gespielt hatte, raunte Jeremy mir zu, dass er nichts dagegen hätte zu gehen. Mein ganzer Körper erbebte. Ich fuhr über rote Ampeln und ignorierte Stoppschilder. Ich konnte es nicht erwarten, meinen Körper gegen seinen zu pressen.

Ich saß im Dunkeln auf seinem Bett, während er Mr. Bourgeois fütterte. Als er sich neben mich setzte, lehnte ich mich ihm entgegen. Er drückte seine Lippen auf meine.

»Ist das okay?«, flüsterte er. Ich nickte und zog ihn näher an mich heran. Ich presste meinen Körper an seinen, und er hielt mich fest im Arm, während er mich immer heftiger und inniger küsste.

Er stieß mich sanft zurück und legte sich auf den Rücken. »Ich bin noch nicht bereit für Sex«, sagte er. Ein einfaches Eingeständnis – sieben Wörter, die ich noch nie jemanden hatte sagen hören, mich selbst eingeschlossen. War das eine Verschreibung?

»Das ist in Ordnung.« Und das war es auch. Was ich wollte, war die Möglichkeit, jemandem nahe zu sein. Es musste nicht Sex sein, nicht heute Nacht.

Sobald er verkündet hatte, dass wir heute nicht miteinander schlafen würden, fühlte sich mein Körper noch wohler mit ihm, dem Bett, dem Moment. Heute Abend hatte es mit einem Kuss begonnen und es würde mit einem Kuss enden. Er drehte sich zu mir und drückte mich an sich – Brust an Brust, Bauch an Bauch, Oberschenkel an Oberschenkel.

»Vielleicht können wir einfach schlafen«, sagte er.

»Natürlich.«

Wir schmiegten uns aneinander, und unsere Atmung wurde tiefer.

»Schläfst du immer in so vielen Klamotten?«, hauchte er in meinen Nacken.

Ich trug noch immer meine Jeans und ein T-Shirt. Mein leichter Wollpullover war das einzige Teil, das ich ausgezogen hatte.

»Ja.« Ich schlief tatsächlich immer mit BH. Seit der neunten Klasse, als meine Brüste von kleinen Knospen zu D-Körbchen explodiert waren. Ich hatte meine Brüste zum Schlafen gern festgezurrt, eingepackt in Drahtbügel und Spitze. Bei meinen Ex-Freunden hatte ich den BH ausgezogen, wenn wir Sex hatten, aber wenn es Zeit war zu schlafen, hatte ich ihn wieder angezogen. Ich war noch nie mit einem Mann zusammen gewesen, dem das aufgefallen war. Oder zumindest mit keinem, der mich darauf angesprochen hatte.

Am nächsten Morgen fielen an den Rändern von Jeremys Verdunklungsvorhängen Lichtstreifen ins Zimmer, und Mr. Bourgeois warf mir vom Bettrand einen prüfenden Blick zu. Ich tapste ins Wohnzimmer und fand Jeremy an dem kleinen Tisch in seiner abgedunkelten Küche, wo er an seinem Computer saß und tippte.

»Hey.« Ich trat in die kleine Lücke zwischen dem Kühlschrank und den Metallregalen, die ihm als Vorratskammer dienten. Ich verschränkte die Arme und umarmte mich selbst.

Eine merkwürdige Stille breitete sich zwischen uns aus. Ich räusperte mich. »Was hast du heute vor?« Würden wir zum Brunch spazieren, eingehüllt in die zarte Intimität der letzten Nacht? Würden wir uns wieder ins Bett legen?

Er drehte seinen Körper wieder dem Computer zu. Ich überkreuzte meine Beine.

»Dinge erledigen. Ein AA-Treffen heute Abend. Und du?«

»Ich muss noch etwas für mein Internetrechtsseminar lesen. Clare und ich sehen uns vielleicht einen Film an, der früh läuft.« Ich hielt inne. Müsste ich ihn einladen, mitzukommen? Er blickte auf den Bildschirm, wo vor einem dunklen Hintergrund ein Raster aus Punkten, Pfund- und Prozentzeichen leuchtete. »Was ist das?«

»Das ist ein ASCII-Onlinespiel namens NetHack.« Er wurde rot und blickte auf seine Füße. »Es ist eine ziemliche zeitaufwendige Beschäftigung.«

Ein Videospiel? Eine zeitaufwendige Beschäftigung?

»Ich verurteile dich nicht.« Ich lächelte ihn an. Aber ein warnender Schauer schoss durch mich hindurch. Ein ausgewachsener Mann saß in einem dunklen Zimmer und spielte ein Videospiel? Dieses klaustrophobische Bild schnürte mir die Kehle zu.

»Das sagst du jetzt. Aber ich spiele quasi den gesamten Tag …« Da war keine Unbeschwertheit in seinen grünen Augen, sondern etwas Schemenhaftes, das ich kannte. Scham.

»Wenn es dir Spaß macht, wo ist das Problem?« Die gespielte Fröhlichkeit ließ meine Stimme schrill klingen. Sein Gesicht entspannte sich, aber ich umarmte mich fester und verspürte einen Drang zur Flucht. »Ich denke, ich gehe dann mal.«

Als ich zu Hause auf meinen Parkplatz fuhr, wählte ich Rorys Nummer.

»Ich bin mir nicht sicher, was Jeremy angeht«, sagte ich.

»Süße, er hat gerade erst eine Beziehung hinter sich. Bring das alles mit in die Gruppe.«

Am Dienstagmorgen bejubelten Patrice, Rory, Marty, Ed und Dr. Rosen Jeremy dafür, dass er seine sexuellen Grenzen so deutlich artikuliert hatte. In diesem Moment mit Jeremy hatte es mich beruhigt, dass er zugab, noch nicht bereit für Sex zu sein. Aber nun fühlte sich ihr Beifall an wie eine Bevormundung. Sie waren alle Erwachsene und durften regelmäßig heißen Sex haben, und wir waren Kinder, die sich auf Küssen und Kuscheln zu beschränken hatten. Ich hasste ihre Heiterkeit, und ich hasste mich selbst dafür, dass ich eingewilligt hatte, meinen Gruppen alles zu offenbaren.

In der Mittagsgruppe gab es keine Begeisterungsreden. Marnie fand, dass Jeremys sexuelle Zurückhaltung zeigte, dass er noch nicht bereit war für eine Beziehung. »Ich finde das nicht gut«, sagte sie und schüttelte den Kopf. Nan und Emily wunderten sich darüber, dass er nicht angeboten hatte, mir Frühstück zu machen. Mary wunderte sich darüber, dass er keinen richtigen Vorratsschrank hatte. Ich zuckte mit den Schultern und schluckte einen Kloß Scham nach dem nächsten hinunter.

»Dr. Rosen, die Vormittagsgruppe liebt alles an diesem Kerl. Die Nachmittagsgruppe sieht nichts als Warnsignale. Was stimmt denn nun?« Die Schärfe der Kritik hatte mir Angst gemacht.

»Die beiden Gruppen spiegeln Ihren eigenen inneren Konflikt wider. Die Kluft liegt in Ihnen selbst – Sie wissen nicht, ob Jeremys langsames Tempo ein Geschenk ist oder ob sie in dieser Beziehung verhungern werden. Ob er süchtig nach Videospielen ist oder nur ein introvertierter Mann, der Computer mag.«

»Wie finde ich heraus, was wahr ist?«

»Lassen Sie sich weiterhin blicken.«

»Wo?«

»Überall.«

***

Pflichtbewusst berichtete ich beiden Gruppen in jeder Sitzung den aktuellen Stand. Alle zehn anderen Gruppenmitglieder wussten, dass ich die meisten von meinen und Jeremys Mahlzeiten mit dem Geld bezahlte, das ich über den Sommer gespart hatte. Dass ich uns überall hinfuhr, weil sein Wagen immer noch außer Betrieb war. Dass wir meistens bei ihm waren. Sie erfuhren, dass ich, als er das erste Mal meine Brüste berührt hatte, erzittert bin vor Lust, die an Übelkeit grenzte – ein Gefühl wie bei einer zu üppigen Torte, einem zu farbenprächtigen Sonnenuntergang. »Ist das in Ordnung?«, fragte Jeremy jedes Mal, wenn er meinen Körper auf irgendeine neue Weise berührte – ein Kuss auf den Bauch, eine Hand auf meinem Oberschenkel. Meine Dienstagvormittagsgruppe liebte es, dass er für alles meine Zustimmung einholte, aber meine Mittagsgruppe nannte es »irgendwie lahm«.

Wie sich herausstellte, war unser langsamer sexueller Fortschritt tatsächlich Dr. Rosens Werk. Eines Abends, als wir in seinem Bett herummachten, gab Jeremy zu, dass Dr. Rosen ihn davor gewarnt hatte, es zu überstürzen. »Er hat gesagt, ich solle es langsam angehen lassen, denn sonst würde ich dich irgendwann genauso sehr hassen wie meine Ex.« Ihre Beziehung war scheinbar nicht nur aufgrund von ungelösten finanziellen Konflikten in die Brüche gegangen, sondern auch, weil das Tempo der sexuellen Beziehung seine emotionale Bereitschaft überholt hatte.

Ich wickelte ein Handtuch um meinen Körper. Ich fühlte mich entblößt – ich war diejenige, die körperlich mehr wollte. Es fühlte sich wie eine Zurückweisung an, und am liebsten hätte ich mein Gesicht versteckt – vor ihm, vor Dr. Rosen und vor den mehr als 20 Leuten, die wussten, dass ich Sex mit ihm haben wollte.

Laut einer Umfrage im Radio gingen die meisten Paare beim dritten Date »bis zum Äußersten«. Als ich mich in meiner Vormittagsgruppe darüber beschwerte, dass ich schon weit aus dem nationalen Durchschnitt fiel, bestand Dr. Rosen darauf, dass *wir* noch nicht bereit waren. Ich spürte einen Interessenkonflikt, denn schließlich war es Jeremy, der nicht bereit war. Aber Dr. Rosen blieb dabei.

»Warum haben Sie es so eilig?«, fragte er.

»Ich habe ein Leben voller gescheiterter Beziehungen und sexueller Unterdrückung hinter mir.«

»Was macht da ein bisschen mehr Zeit aus?«

Mit Dr. Rosen zu streiten funktionierte nicht. Wenn ich wollte, dass er unserem Geschlechtsverkehr zustimmte, musste ich meine Strategie ändern. Einige Minuten später lehnte ich mich zu ihm hinüber und sagte in meiner vernünftigsten Stimme: »Können wir über Jeremy sprechen? Er versteckt sich hinter Computerspielen. Vielleicht sollten Sie ihm verschreiben, dass er etwas mehr Zeit mit seiner emotional und sexuell zugänglichen Freundin verbringt.«

Hüstel. Hüstel. Hüstel. Dr. Rosens theatralisches Räuspern. Übersetzung: *Sie reden Bullshit.* Ich ignorierte es.

»Er zeigt klare Anzeichen von Vermeidung. Er hat Angst vor Intimität …«

Mehr Husten. Dann eine Frage: »Und was ist mit Ihnen, *Mamaleh*?«

»Mit mir? Ich bin sowas von zu haben.« Ich streckte meine Arme weit aus. Nichts zu verstecken. Der ganze Raum lachte.

»Was ist so lustig?«

»Eine ernsthafte Frage?«, sagte Dr. Rosen. Ich nickte. »Wie viele BHs tragen Sie gerade?«

»Erwischt«, flüsterte Carlos.

Irritiert blickte ich auf meine Schulter, wo sich unter meinem Tanktop drei BH-Träger kreuzten. Ich war vor der Gruppe laufen gewesen, und ich hatte Doppel-D-Brüste. Ein einzelner Sport-BH reichte nicht, um meine Mädels an Ort und Stelle zu halten, also trug ich zwei, manchmal drei.

»Hassen Sie Ihre Brüste?«, fragte Dr. Rosen.

Natürlich hasste ich meine Brüste – sie waren nichts anderes als Tüten voller Fett, die von meinem Schlüsselbein hingen. Ich verband mit ihnen Plumpheit, nichts Erotisches. Und da war auch etwas Beängstigendes an ihnen – wie wichtig sie für andere Menschen (Männer) waren und wie unpraktisch. Mein ganzes Leben lang hatte ich mich nach einer flachen Brust gesehnt. Flach wie eine Landschaft, über die sich einst ein Gletscher geschoben hatte. Flach wie der Brustkorb einer Ballerina, eines Models, eines kleinen Mädchens.

»Ich mag sie nicht besonders.«

»Sie versuchen, sie kleiner zu machen ...«

»Ich habe Sport gemacht, nicht versucht, einen *Playboy*-Wettbewerb zu gewinnen.«

»Glauben Sie, es könnte ein Problem für Ihr Sexualleben sein, dass Sie Ihre Brüste hassen?«

Die richtige Antwort war Ja, aber ich konnte mich nicht dazu überwinden, sie auszusprechen. Noch nie hatte ich mit jemandem über mein Verhältnis zu meinen Brüsten gesprochen. Ich saß da, schüttelte den Kopf und versuchte, nicht zu weinen. Noch nie hatte ich es als traurig empfunden, meine eigenen Brüste zu hassen.

»Wie findet Jeremy Ihre Brüste?«

»Er findet es sicherlich merkwürdig, dass ich zum Schlafen einen BH trage.«

Dr. Rosen zog seine Augenbrauen so weit hoch, dass sie beinahe in seinem Haaransatz verschwanden. Den anderen verschlug es den Atem, als hätte ich gerade gestanden, Babygorillas zu töten. Der Colonel wirkte plötzlich so munter wie damals, als Carlos über Lesbenpornos gesprochen hatte.

»Wollen Sie wissen, woran es liegt, dass Sie mit BH schlafen?«, fragte Dr. Rosen.

Wut sammelte sich in meinem Mund. »Ich weiß, was Sie da tun! Das ist jetzt die Stelle, an der ich mich an irgendwas erinnern soll, was mein Vater oder Onkel oder irgendein widerlicher Sportlehrer irgendwann einmal getan oder gesagt hat. So etwas habe ich nicht zu bieten. Alles, was ich erlebt habe, war völlig banal ...«

»Nichts an deinem Hawaii-Erlebnis klang banal«, widersprach Rory.

»Das ist doch verrückt! Davids Ertrinken ist nicht der Grund, warum ich mehrere BHs trage.«

»Wollen Sie wissen, woran es liegt, dass Sie es tun?« Dr. Rosen wiederholte die Frage, langsam und ruhig.

»Es gibt keine Geschichte dazu. Ich war ein junges Mädchen und wollte dünn sein, weil alle dünne Mädchenkörper lieben. Weil ich Ballett machte – eine Kunstform, die auf Magersucht gründet, und Brüste sind nicht dünn. Sie sind voller Fett. Sie machen es schwierig, Tops in hippen Modeläden zu kaufen. Sie machen, dass ich mich fett fühle.« Ich richtete mein Tanktop, sodass die BH-Träger überdeckt waren. »So ist es nun mal mit Frauenkörpern in Amerika, Leute.«

»Wollen Sie Hilfe?« Dr. Rosen saß bewegungslos da, wie ein Raubvogel.

Warum hatte ich mir keine Frau als Therapeutin gesucht? Ich glaubte nicht, dass mein männlicher Therapeut meine Beziehung zu meinen Brüsten ergründen konnte. Er war zwar selbst auf dem Weg der Heilung einer Essstörung, aber er war noch nie mit seiner Großmutter in Waxahachie, Texas einkaufen gewesen, als eine Verkäuferin zu ihm gesagt hatte, dass seine Brüste ihn viel »voller« wirken lassen. Er hatte keine Ballettlehrerin gehabt, die ihm aufgetragen hatte, eine Eierdiät zu machen – drei Eier, jeweils eins zum Frühstück, Mittag und Abend, und sonst nichts –, zu einem Zeitpunkt, als seine Brust gerade die ersten zarten Knospen gebildet hatte. Er war noch nie in der Innenstadt von Houston an einem Hooters vorbeigelaufen und musste ertragen, wie betrunkene Männer ihm auf den Busen starrten. Auch wenn er in Harvard jeden Kurs mit voller Punktzahl abgeschlossen hatte und Gruppendynamik verstand wie kein anderer, so konnte ein Mann dennoch niemals wissen, wie es sich anfühlte, eine Frau zu sein. Aber ich nickte – *Ja, ich will Hilfe* –, denn unzureichende Hilfe von meinem männlichen Therapeuten war besser als nichts.

»Lassen Sie sich ein Henna-Tattoo auf Ihren Bauch malen, mit dem Satz: ›Ich hasse meine Brüste.‹«

»Ich soll mir aufmalen lassen, dass ich sie hasse? Ich dachte, wir zielen auf Liebe und Akzeptanz ab«, blaffte ich ihn an.

Dr. Rosen schüttelte den Kopf. »Als Erstes müssen Sie den Hass akzeptieren. Hören Sie auf, vor ihm davonzurennen.« Er zeigte auf meine Schultern und die BH-Träger. »Und nehmen Sie Jeremy mit.«

19

Jeremy und ich hielten vor einer brüchigen Industrielagerhalle an der Ecke Racine und Grand Avenue. Ich drückte die Klingel, auf der »Big Ernie« stand. Big Ernie bewarb sich selbst im *Chicago Reader* als Magier, Hundeausführer und Henna-Tattookünstler. Er drückte den Türöffner und wir stiegen die Treppe in den ersten Stock hinauf, wo uns ein Mann mit langem schwarzen Pferdeschwanz in schwarzen Haremshosen an der Tür seines Apartments begrüßte. Er hätte 30 oder 50 sein können – es war unmöglich, es genauer einzugrenzen. Sein warmherziges Lächeln beruhigte mich, und unter den viereinhalb Meter hohen Decken des Lofts fühlte ich mich wie eine Requisite in einem Puppenhaus. Die Backsteinwände waren glänzend weiß gestrichen. Er bat uns, in seinem Wohnzimmer Platz zu nehmen, solange er das Henna vorbereitete. Ich nahm die Couch, Jeremy hockte sich an den Kamin, wo um die 100 Pez-Spender sorgfältig aufgereiht standen, wie eine bunte Comicversion der vielen weißen Kreuze auf einem Militärfriedhof.

An dem Morgen, als ich den Fehler begangen habe, drei BHs zur Gruppe zu tragen, hatte ich Big Ernie direkt nach meiner zweiten Gruppe angerufen. Den anderen Frauen habe ich alles über meine Verschreibung erzählt. Als ich ihnen erzählte, dass ich meine Brüste schon mein Leben lang hasste, nickten sie alle und teilten ihre eigenen Geschichten. Nan hatte kürzlich ein Mann an die Brust gegrapscht, während sie im Kaufhaus nach Lippenstiften schaute. Zenias Vater hatte ihr Leben lang Kommentare über ihre Brüste abgegeben. Mary schämte sich dafür, dass ihre so klein waren. Emily schilderte einen Streit, den sie mit ihrem Ehemann gehabt hatte, nachdem er ihr scherzhaft an den Busen gegriffen hatte, während sie *The Daily Show* im Fernsehen sahen. In diesem Moment legte ich die Hände vor meinen Mund und begann zu weinen.

***

Ich war 16. Es war der Abschlussball. Ich trug ein trägerloses schwarzes Kleid in Größe 38, das einen Herzausschnitt und einen gigantischen pinken Blütenaufdruck hatte. Vier Wochen lang war ich jeden zweiten Tag ins Sonnenstudio gegangen, sodass meine Haut einen unnatürlichen bräunlich-orangen Ton hatte und beinahe schmerzhaft kribbelte, weil ich zu lange in der sargförmigen Zelle gelegen hatte. Mein Date, Matt, und ich kannten uns kaum, wir hatten zusammengefunden, nachdem alle anderen sich bereits verabredet hatten. Ein paar Jahre später würde er verkünden, dass er schwul war. Nachdem wir Blumenarmband und -anstecker ausgetauscht und zusammen zu Abend gegessen hatten, traf sich eine ganze Karawane von uns in einem Park, um Bier und Weinschorlen in uns hineinzukippen, die Beute aus den Barschränken verschiedener Eltern. Die sprudelige süße Beerenweinschorle schwappte in meinem Bauch hin und her und benebelte meine Sinne. Der Boden unter meinen Füßen fühlte sich angenehm wackelig an, als würde ich versuchen, auf einem Wasserbett zu laufen. Ich erinnere mich daran, neben Jared Meechums schwarzem Jeep gestanden zu haben, umgeben von zehn Typen.

Wir lachten. Alle paar Minuten zogen trübe Wolken vorbei und überdeckten den Mond.

Jared kam mit einem herausfordernden Blick in den Augen auf mich zu. In einer Hand hielt ich eine leere Weinflasche, mit der anderen hatte ich ein Stück meines Kleides gegriffen, um nicht das Gleichgewicht zu verlieren. Ich roch das Bier aus seinem Mund und sah den Klumpen Kautabak hinter seiner Unterlippe. Ich lachte gerade über irgendetwas, als Jared plötzlich zwei Finger in den Ausschnitt meines Kleides und zwischen meine Brüste schob. Ich lachte weiter, als sei nichts passiert. Weil ich nicht sicher sagen konnte, ob tatsächlich etwas passiert war.

War etwas passiert? Er war sofort wieder verschwunden, also war es leicht, es auf meinen matschigen Magen und mein benommenes Hirn zu schieben. Meine Brüste waren so in das Kleid gequetscht, dass ich sie kaum spürte, und die Erinnerung an die Berührung löste sich schnell auf.

Ich legte die Flasche an den Mund und leckte den letzten Tropfen vom Rand.

Spencer war der Nächste. Er beeilte sich und sah mir nicht in die Augen. Er hatte so viel Anstand, dabei rot zu werden. Aber die Scham hielt ihn nicht davon ab, mit P. J. und Tad zu tuscheln, während sie sich über mich beugten und ihre Finger zwischen meine Brüste schoben. Ich beobachtete die Baumkronen, wie sie sich ganz leicht im Wind wogen, obwohl die Nacht ruhig und schwül von der feuchten Luft des Spätfrühlingstages war. Meine Hände griffen noch fester um die Flasche und den Zipfel meines Kleides. Es war alles, was ich tun konnte.

Die Wolken zogen weiter am Mond vorbei.

Wo waren die anderen Mädchen? Wo war mein Date? Warum lachte ich immer noch, als hätte ich den größten Spaß mit diesen braven katholischen Jungs, die ich schon mein Leben lang kannte? Ich hatte mich danach gesehnt, dass irgendeiner von ihnen mit mir ausgehen wollte, mich um einen Tanz bat, mich anrief, mich zu küssen versuchte, mich wollte. Jeder von ihnen war mit einer meiner Freundinnen zusammen. Das war das allererste Mal, dass mich einer von ihnen berührte.

Jared tauchte noch ein zweites Mal auf. Bei dieser Runde steckte er seine ganze Hand zwischen meine Brüste. Erst dann trat ich einen Schritt zurück. Erst dann spürte ich die Scham, die sich durch den Schwips, das Kleid, das Lachen auf mich niederdrückte. Erst dann gestand ich mir ein, dass sie über mich lachten.

Ich lachte weiter.

Lachen, lachen, lachen. Das Geräusch überdeckte so viel – es überdeckte den gesamten Himmel über Texas, und die falschen Töne verdeckten meine Panik.

Meine Gruppe saß schweigend da, als ich die Namen von all diesen großen katholischen Jungs aufzählte, deren klebrige Hände sich in meinen Ausschnitt geschoben hatten.

***

Nun kitzelte mich der nasse Pinsel, mit dem Big Ernie auf meinen Bauch schrieb, aber diesmal lachte ich nicht. Ich starrte an die Decke und drückte Jeremys Hand. Ein erwartungsvolles Gefühl kribbelte in meinem Hals. Es war entweder ein Weinen oder ein Schrei – ich konnte nicht sagen, was es war –, aber ich wollte keines davon hier herauslassen. Ich heftete meinen Blick die ganze Zeit über an die Decke.

Zurück in Jeremys Wohnung ging ich ins Badezimmer und betrachtete mein Henna-Tattoo. Ich kratzte die bröckelige oberste Schicht ab. Schwungvolle orange-braune Wellen und Schnörkel tanzten über meinem Bauchnabel und schmückten den Schriftzug aus: *Ich hasse meine Brüste.* Ehrlicherweise sah es verdammt kitschig aus und fühlte sich auch so an. Aber dennoch legte ich die Hand darauf, als ich Rory anrief, um von meinem Essen zu berichten, und Marty, um eine Bestätigung zu bekommen.

Ich zog meinen BH aus, bevor ich in Jeremys weiches schwarzes T-Shirt mit dem Aufdruck *Ars Technica* schlüpfte. Er kam herein, als ich mich unter seiner Bettdecke eingerollt hatte, und fragte, ob er sich dazulegen dürfe.

Ich rutschte auf die Seite, um ihm Platz zu machen, und streckte meine Beine aus. Er zog seine Jeans aus und legte sich in Boxershorts und T-Shirt ins Bett. Ich schob mich an ihn, meine Arme noch immer vor meiner Brust zu einem schützenden X verschränkt. Ich atmete tief ein. Dann noch einmal. Ich entspannte meine Arme und legte sie an meine Seite. Aus dem empfindlichen Teil in mir, in dem dieser Hass auf meine Brüste so lange geruht hatte, stiegen mir Tränen in die Augen.

»Was ist los?«, fragte er.

»Ich habe so große Angst gehabt.« Mit seiner Handfläche strich er über meinen Hinterkopf.

»Ich auch.«

»Ich weiß nicht, was ich tue.«

»Ich auch nicht.« Er zog mich noch näher an sich heran.

Ich weinte weiter und stellte mir dabei vor, wie die Farbe auf meinem Bauch durch meine Haut bis in meinen Blutkreislauf sickerte.

20

Jeremy wartete im Eingangsbereich der juristischen Bibliothek auf mich, sein Kopf war in ein abgenutztes Nietzsche-Buch vergraben. Ich legte meine Hand in seine. »Lass uns die Michigan Avenue hochlaufen.« Ich hatte mir ausgemalt, wie wir beide, Hand in Hand, den Teil der Michigan Avenue entlangspazierten, der aufgrund seines schillernden Angebots an Geschäften und Restaurants die »prachtvolle Meile« hieß. Zu dieser Zeit im Jahr hing Weihnachtsbeleuchtung von jedem einzelnen Laternenmast und Freiwillige der Heilsarmee forderten in Weihnachtsmannkostümen und mit Glockengeläut zu Spenden auf.

Ich träumte von einem schönen Abendessen mit anschließendem Sex bei mir zu Hause. Den ganzen Samstag hatte ich mich in der Bibliothek verkrochen, um Strafverfahren zu studieren. Es war Anfang Dezember. Zeit der Klausuren. Ich hatte den Job bei Skadden sicher, und jeder sagte, dass die Noten im dritten Studienjahr nicht zählten, aber ich wollte Jahrgangsbeste bleiben. Vom Kauern über den Büchern tat mir schon der Rücken weh, als ich endlich die Gesetzeslage zu Festnahme und Inhaftierung gemeistert hatte. Ich entschied, dass es nun an der Zeit war, meine Beziehung zu meistern. Ich hatte genug davon, dass Dr. Rosen mein Liebesleben bestimmte. Meine Beziehung brauchte eine Führung, und ich war bereit, sie zu übernehmen. Sich zu küssen und vorsichtig herumzufummeln war zwar schön, aber ich war hungrig auf mehr. Ich verhungerte geradezu.

Der Wind peitschte vom See zu uns herüber. Ich vergrub mich tiefer in meinem Mantel und schob mich enger an Jeremy heran. Der Gehweg war rappelvoll mit Touristen, die große Weihnachtstüten aus dem Disney Store oder von Ralph Lauren schleppten. Jeremy wurde eine übergroße Tasche eines Einrichtungsladens gegen den Oberschenkel gerammt. Er blickte finster drein und lief schneller. Ich musste große Schritte machen, um mithalten zu können.

»Wohin gehen wir?«, fragte ich.

»Ich kann solche Menschenmengen nicht ausstehen.« Er bog in eine Seitenstraße ab.

Ich schluckte meine Enttäuschung herunter. In meinem Fantasiefilm kamen keine Nebenstraßen vor – wir sollten auf der Michigan Avenue sein, im Getümmel unter den Festtagslichtern, wo das Leben vor Energie und Fröhlichkeit pulsierte.

Einen halben Block weiter betrat er einen billigen Pizzaimbiss. Wieder musste ich schlucken. Eine Pizzakette voller Vorstadtteenager kam in meinen Träumereien definitiv nicht vor.

»Sollen wir uns eine Pizza und einen Salat teilen?«, fragte ich.

»Nee, ich nehme eine Calzone mit Salami. Die schaffe ich allein.«

Ich nickte übertrieben und bestellte eine kleine Gemüsepizza und einen Beilagensalat mit italienischer Vinaigrette.

Er hatte den kompletten Tag mit Computerspielen verbracht. Ich verdrängte den Schwall an Verachtung dafür, dass mein Freund, ein erwachsener Mann, der kurz vor seinem 40. Geburtstag stand, seinen Tag dafür opferte, das Amulett von Yendor zu gewinnen. Ich war in der gleichen Zeit sechseinhalb Kilometer weit gejoggt, hatte ein Zwölf-Schritte-Treffen besucht und vier Stunden lang für meine Strafverfahrensprüfung gelernt.

Die Unterhaltung stockte. Als das Essen kam, hätte ich der Bedienung am liebsten einen Hilferuf zugeflüstert. Telepathisch informierte ich sie darüber, dass ich in dem Leerraum zwischen mir und meinem Freund ertrank und dass er nach beinahe zwei Monaten noch immer nicht bereit war für Sex.

Jeremy pikste in seine Calzone, heißer Dampf entwich. Ich bewegte die Tomatenscheibe vom oberen Rand meines Tellers zum unteren und überlegte, was ich sagen konnte, damit er Lust auf Sex bekam.

»Willst du was von meinem Salat?«, fragte ich ihn.

Als wir in meiner Wohnung ankamen, machten Clare und Steven sich gerade auf den Weg zu einem Livekonzert im Lincoln Park. »Kommt doch mit«, sagte Clare und warf sich ihren Mantel über die Schultern.

Ehe ich fragen konnte, wo genau das Konzert stattfand, sagte Jeremy schon: »Ich haue mich aufs Ohr.« Er winkte Clare und Steven und ging in mein Zimmer.

»Na los, schnapp ihn dir«, flüsterte Clare und wackelte vielsagend mit den Augenbrauen.

Ich spielte mit. »Lass mich morgen früh ausschlafen!«

Bis ich die Lichter im Wohnzimmer ausgeschaltet hatte und in mein Zimmer kam, schnarchte Jeremy schon auf meinem Bett. Ich ließ mich auf die Matratze plumpsen, in der Hoffnung, er würde davon aufwachen. Ich lehnte mich an ein Kissen und starrte auf einen Schatten an der Wand. Ich fragte mich, was genau es war, das mich so anders machte als Clare, deren Freund sie die ganze Nacht lang berühren und mit ihr sprechen wollte. Lag es an den vielen Jahren, die ich mit der Bulimie gelebt hatte? Stieß ich Jeremy unterbewusst von mir weg? Zu Dr. Rosen und den Leuten aus den beiden Gruppen hatte ich eine Verbindung aufgebaut. Warum konnte ich das nicht auch mit einem Mann? Ich hatte keine Angst vor Sex, wie Dr. Rosen immer noch behauptete – ich wollte genau in diesem Moment mit Jeremy schlafen.

Die Leuchtziffern meines Weckers zeigten 20 Uhr 45. Fünf Minuten früher als damals, als mein desaströses Date mit Sam endete. Enttäuschung und Wut – auf Jeremy, auf mich selbst, auf Dr. Rosen, meine Gruppen und diesen ganzen bescheuerten Abend – schossen durch meine Adern, meine Finger zuckten. Ich seufzte laut. Jeremy rührte sich nicht, also kletterte ich aus dem Bett. Im Küchenschrank unter der Spüle fand ich die Kiste mit den zusammengewürfelten Tellern und Gläsern, die ich aus meiner alten Wohnung mitgebracht hatte. In der Kramschublade bewahrten Clare und ich einen Hammer auf. Ich nahm die Geschirrkiste und den Hammer und schob mit meinem Ellbogen die Balkontür auf.

Ich hob den Hammer, mein Brustkorb bebte. *Bämm.* Einzelne Glassplitter flogen über den Balkon. Meine nackten Knie kratzten über den Beton. *Bämm. Bämm. Bämm.* Meine Wangen glühten vor Anstrengung und vor Kälte.

***

Rory und Carlos verschlug es den Atem.

»Hast du dein Gesicht geschützt?«, fragte Patrice.

Ich hatte nicht anders gekonnt, als zuzuschlagen. Mein Körper konnte den Drang, den Hammer zu schwingen, einfach nicht unterdrücken. Ich schäumte über vor Wut. Alles, was ich in jenem Moment wusste, war: Wenn ich dieses Geschirr nicht zerstörte, würde ich mich mit dem Hammer stattdessen selbst verletzen.

»Hast du gehofft, ihn damit zu wecken?«, fragte Patrice.

»Vermutlich, ja. Aber das Zerstören war mir in diesem Moment ein körperliches Bedürfnis, wie niesen oder …«

»Sich übergeben«, ergänzte Dr. Rosen.

»Ja! Es fühlte sich an, als wäre da etwas in meinem Körper, was …« Welches Wort war das richtige dafür?

»Was toxisch war?«

»Genau! Etwas, was mein Körper herausstoßen musste.«

»Sich zu erbrechen ist nichts anderes als der Versuch des Körpers, einen davor zu beschützen, an einer Lebensmittelvergiftung zu sterben«, sagte Dr. Rosen. »Diese Wut in Ihnen ist alt. Es ist die Wut, die Sie früher dazu benutzt haben, sich zu übergeben. Sie ist immer noch da. Indem Sie keine intimen Beziehungen eingegangen sind, konnten Sie dieses Gefühl vermeiden.«

»Aber ich war auch schon wütend auf Sie. Erinnern Sie sich noch daran, als Sie uns alle in Ihr Büro marschieren ließen, um meine Mailboxnachricht anzuhören?«

»Wir haben keine sexuelle Beziehung.«

»Guter Punkt.« Ich verstand den Unterschied. Jeremy bot ich meinen Körper an, und ich wollte im Gegenzug seinen. Aber es funktionierte nicht. »Und was *mache* ich jetzt?«

Diese Antwort hätte ich akzeptiert: *Sie machen Schluss mit Jeremy*. Aber Dr. Rosen schlug vor, dass ich meinem Zorn weiterhin Ausdruck verleihen und Jeremy einladen solle, daran teilzuhaben. Als würde Jeremy sich für mich und meinen Hammer vom Fleck bewegen.

»Der Punkt ist, ob Sie bereit dazu sind, ihn zu fragen.« Was sollte das bringen? Ich sackte in mich zusammen. Dr. Rosen schien vor den Hindernissen absichtlich die Augen zu verschließen.

»Sie glauben wirklich, dass ich diese Beziehung weiterführen sollte?«

»Sie wird gerade erst gut …«

»Aber sie ist komplett gestört.«

»Nicht komplett.«

»Haben Sie eben zugehört? Ich habe mitten in der Nacht im 28. Stock auf dem Balkon gestanden und mit einem Hammer auf billige Weingläser eingeschlagen!«

»Du hast gesagt, es war 21 Uhr.« Der Colonel grinste mich von der anderen Seite des Stuhlkreises aus an.

Meine Spucke flog in alle Richtungen, als ich ihm entgegenrief, er könne mich mal. Ich schlug auf die Armlehnen meines Stuhls. »Helfen Sie mir!«

»Ich unterstütze Ihre Wut voll und ganz«, sagte Dr. Rosen mit aalglatter Stimme.

»Ich will mehr von Ihnen. Geben Sie mir mehr.«

»Kaufen Sie sich eine Schutzbrille.«

Drei Stunden später stürmte ich in die Mittagsgruppe und sagte Dr. Rosen, er könne mich mal. Gebannt lauschte die Gruppe, als ich vom Geschirr berichtete, von Dr. Rosen und seiner Schutzbrille. Marnie schielte zu ihm rüber und warf ihm vor, mir nicht geholfen zu haben. Emily schlug vor, dass Jeremy und ich »eine Pause machen« sollten.

»Ich brauche mehr von Ihnen, Dr. Rosen.« Wieder schlug ich auf die Armlehnen, die ich schon am Morgen malträtiert hatte.

Dr. Rosen sagte nichts. Er blickte wie üblich von einem zum anderen durch den Raum und ließ mich ihn anschreien.

Ich rutschte auf den Boden. Ich schrie in den Teppich. Mehr und mehr sinnlose Wörter voller Zorn. Kehlige Laute der Anstrengung ergossen sich über den Boden und schwebten zu den Füßen der anderen Frauen hinüber. Je mehr ich schrie und je mehr ich mit geballten Fäusten auf den Teppichboden einschlug, desto weiter versank ich in einem tiefen schwarzen Loch der Verzweiflung. Schweiß lief mir den Nacken hinunter, meine Haare klebten an meiner Stirn.

***

Als ich in der dritten oder vierten Klasse war, hatten meine Eltern einen Familienstrandurlaub auf Padre Island geplant. Mein Vater steuerte unseren himmelblauen Kombi nach Süden in Richtung Küste. Er war bis obenhin vollgestopft mit Schwimmbrettern, Sonnencreme und Badetüchern. Nach der Hälfte der achtstündigen Fahrt nahmen die Wettervorhersagen eine unheilvolle Wendung: Ein Hurricane hatte die Richtung gewechselt und steuerte nun auf die gekrümmte südliche Spitze von Texas zu, nur einige Kilometer von unserem Ziel entfernt. Meine Eltern sagten, wir würden es nicht bis dorthin schaffen. Zu gefährlich. Ein neuer Plan entstand. Wir würden in Houston im Holiday Inn einchecken und eine Highschoolfreundin meiner Mutter besuchen. Vielleicht das NASA-Gelände besichtigen. Am nächsten Morgen plantschten und tobten mein Bruder und meine Schwester im Hotelpool herum, während ich am seichteren Ende des Beckens Trübsal blies. *Komm schon, Christie. Ab ins tiefere Wasser. Gönn dir ein paar Erdnüsse. Oder geh mal zur Eismaschine in der Eingangshalle.* Ich tat es nicht. Oder konnte es nicht. Ich hatte mir genau ausgemalt, wie der Festungsgraben aussehen sollte, den ich um meine Sandburg bauen würde, und dieser dumme Hotelpool inmitten dieser schwülen Betonstadt passte nicht zu meiner Vorstellung. Welche Fähigkeiten auch immer es waren, die es meinen Geschwistern ermöglichten, sich umzuorientieren, sich anzupassen und Freude an diesem Umweg zu finden – mir fehlten sie. Ich konnte nur schweigend brodeln, versunken in meiner Enttäuschung und meiner inneren orkanartigen Wut. Meine Familie wusste nicht, wie sie an mich herankommen sollte, und schließlich ließ sie mich einfach in Ruhe. Weder damals noch später konnte mir irgendjemand zeigen, wie ich damit umgehen sollte, wenn ich ein Ballettsolo nicht bekam oder ein Freund mit mir Schluss machte oder ich nicht in das Graduiertenprogramm aufgenommen wurde, das ich wollte. Niemals habe ich mit meiner Wut etwas anderes getan, als sie herunterzuschlucken oder auszuspeien.

Und jetzt quoll sie aus mir heraus, schmutzig und laut.

***

Nun saß ich hier, in diesem Raum in Downtown Chicago, zusammengesackt auf dem Boden, die Seiten meiner Fäuste rot vom Reiben über den Teppich, und versuchte, meinen Atem zu beruhigen. Jedes einzelne Augenpaar blickte mich voller Mitgefühl an. Abgesehen von Dr. Rosen. Seine Augen sahen aus wie immer: konzentriert, aber undurchdringlich. Beinahe, als ärgerte er sich über seine theatralische Patientin, die immer tiefer und tiefer sank.

»SIE! SIE! SIE!« Ich griff mir mit beiden Händen ins Haar und zog daran, so fest ich konnte. Meine Kopfhaut brannte vor Schmerz, aber ich zog wieder. Und wieder.

Jemand sagte etwas, was ich nicht verstand. Ich setzte mich auf, meine Hände noch immer in meinen Haaren, als würde ich dafür Lösegeld verlangen.

»Die arme Kleine«, sagte Nan. Ihre Stimme bebte. »Arme, arme Kleine.«

Ihre Stimme wirkte wie ein Wiegenlied auf mich, und die Spannung fuhr aus meinem Körper. Sie rutschte näher, damit sie meinen Rücken tätscheln konnte. Ich ließ meine Haare los und kletterte auf meinen Stuhl. Meine Kopfhaut und meine Hände pochten im selben Takt wie mein Herz. Einzelne Haare hatten sich zwischen meinen Fingern verfangen. Ich konnte Dr. Rosen nicht einmal ansehen. Die Frauen übergossen mich mit Liebe, aber es brannte wie Mitleid.

Ich hatte einen Freund, zehn Gruppenmitglieder und beinahe zwei Jahre Dr. Rosen vorzuweisen. Ich fühlte mich dennoch genauso festgefahren wie davor.

21

Nach diesem Abend mit dem zerbrochenen Geschirr coachte mich Dr. Rosen darin, wie ich Jeremy um Dinge bitten konnte, die ich von ihm wollte. Dr. Rosen tat so, als sei er ich, und sagte zum Beispiel: »Jeremy, mein Schatz, ich möchte, dass du mich heute zum Abendessen ausführst« oder »Ich möchte, dass wir uns ausziehen, uns in Bett legen und uns in den Arm nehmen.« Er saß dabei aufrecht da und lächelte breit. Bei ihm sah es so einfach aus, danach zu fragen, was ich wollte.

Als es im echten Leben für mich an der Zeit war, stotterte ich wie ein verrosteter Rasenmäher. »Ich will … Meinst du, wir könnten … Könntest du dir vorstellen, eventuell … ich weiß nicht … dass wir irgendwann vielleicht die Wohnung verlassen?«

Jeremy lächelte süß. »Wohin willst du gehen?«

»Zu dem Sushiladen um die Ecke?«

Er zögerte kurz, dann sagte er: »Klar.«

An einem Dienstagvormittag bekam ich ein neues Rezept: Ich sollte Jeremy zu mir nach Hause einladen mit dem einzigen Ziel, dass er mich fünf Minuten lang küsst. Ich war skeptisch, ob Jeremy für einen fünfminütigen Kuss einen solchen Aufwand betreiben würde, aber es ging ja darum, ob ich mich traute, ihn zu fragen.

Kichernd gingen wir in mein Zimmer, wo wir auf dem schmalen Streifen zwischen meinem Schrank und meinem Bett standen. Wir konnten hören, dass im Wohnzimmer *Glücksrad* aus dem Fernseher dudelte, während Steven und Clare Abendessen kochten. Der Nachthimmel lag wie eine dunkle Decke vor dem Fenster. Jeremy spielte an seiner Armbanduhr herum. Dann legte er den Finger auf den Stoppuhrknopf und machte einen Schritt auf mich zu.

»Bereit?«

Ich atmete tief ein, schüttelte mich einmal kurz und ließ einen winzigen Quietschlaut heraus. Ein Teil von mir wollte aus der Rolle fallen, es eine bescheuerte Aufgabe nennen und einen Streit anfangen. Ich riss mich zusammen, drückte die Augen zu und konzentrierte mich auf den anderen Teil von mir: denjenigen, der diesen Kuss wollte.

»Bereit.«

Piep.

Er legte einen Arm um meine Taille und den anderen hinter meinen Kopf und küsste mich sanft. Ich war in meinem Kopf gefangen – dachte an den Timer, fragte mich, ob ich meine Zunge in seinen Mund schieben sollte, wie ich meine Verschreibung wohl am besten erfüllte. Dann stellte ich das Denken ab und konzentrierte mich auf meine Lippen. Ich schob mich etwas näher an Jeremy heran. Meine Zehenspitzen berührten seine Schuhe, und ich drückte meinen Körper an seinen, testend. Könnte er mein Gewicht tragen? Er roch nach Schweiß, Kaffee und Pfefferminzpastillen. Ich wusste, dass die Zeit beinahe abgelaufen war, und zog ihn für die letzten Sekunden näher an mich heran.

Piep.

»Das war cool«, sagte er und drückte wieder an seiner Uhr herum. Er schob seinen Arm durch den Träger seines Rucksacks und machte sich bereit zu gehen. Ich fühlte mich ruhig und ausgeglichen, fast wie ein Baby, das fest eingewickelt auf dem Arm gehalten wird. Als Jeremy mich zum Abschied umarmte, hielt er mich einen Moment länger als sonst. Sein Körper an meinem fühlte sich fest an, als könnte er mich lange hochheben. Ich stand in der Tür, bis der Aufzug kam, und sah zu, wie er hinter den silbernen Türen verschwand. Der Kuss hatte mich erfüllt. Ich wollte, dass er genug war.

Ich blieb bei Jeremy. Ich blieb bei Dr. Rosen. Ich blieb bei meinen beiden Gruppen. Ich blieb, weil ich glaubte, dass die Quälerei, die das bedeutete, notwendig war, damit mein Herz Kerben bekam. Ich glaubte, abzubrechen – aufhören zu wollen *und* es tatsächlich zu tun – sei der Beweis dafür, dass ich einfach nicht gemacht war für echte Vertrautheit. Ich musste mir selbst beweisen, dass ich allen Schmerz aushalten konnte, den diese Beziehungen mit sich brachten. Dass ich das Feuer überleben konnte, ohne loszulassen. Dass ich mich binden konnte.

Am Weihnachtsmorgen ließ ich Jeremy schlafen und traf mich mit meiner Freundin Jill auf einen Kaffee. Während Weihnachtsmusik durch den überfüllten Starbucks plärrte, weinte Jill darüber, dass sie single war und an den Feiertagen nichts vorhatte, außer ihren ausfälligen Vater zu besuchen, und mir kamen angesichts meiner Beziehung ohne Sex die Tränen. Als ich Jeremys Wohnung wieder betrat, rief er mich aus dem Schlafzimmer.

»Zieh deine Jeans aus«, sagte er.

Frohe Weihnachten!

Ich mochte es, dass er die Initiative übernahm.

Auf dem Kissen neben ihm lag ein Kondom. Mein sich sehnender Körper warf sich auf Jeremy. Eine belebende Offenheit überkam mich. Einen Sekundenbruchteil nach seinem ersten Stoß erfasste ein Orgasmus meinen ganzen Körper.

Ich brach sofort in Tränen aus.

»Was ist los?«, fragte er.

Unter all diesem Frust und der Wut lag ein Ozean voller Verletzung und Traurigkeit. Wellen der Einsamkeit, genau wie Dr. Rosen es schon vor langer Zeit vorhergesagt hatte.

»Warum ist es so schwer?«, fragte ich immer und immer wieder. Warum? Warum war es so schwer, mich und meinen Körper zu lieben? Warum hatten wir diese körperliche Intimität nicht schon die ganze Zeit über gehabt? All diese Wochen, in denen ich Jeremys Liebe und Aufmerksamkeit hinterhergejagt war, hatten meine Angst verstärkt, dass irgendetwas falsch sein könnte an der Art, wie ich liebte und geliebt werden wollte. Die Gleichgültigkeit, die ich erfahren hatte, hatte bestätigt, dass ich nicht richtig fähig war, mich zu binden. Ich hatte mir einen Freund ausgesucht, der Liebe und Aufmerksamkeit nur in viel zu kleinen Portionen austeilte. Und ich hatte ihn gewählt, weil er alles war, was ich ertrug, obwohl ich so viel mehr wollte. Ich war wie eine Magersüchtige, die immer weiter Reiswaffeln und Sellerie aß, obwohl sie von Filet Mignon und Ofenkartoffeln in Butter träumte.

Als sich das Jahr 2003 dem Ende zuneigte, setzte ich die Segel für mein letztes Jurasemester. Jeremy brauchte noch immer mehr Zeit für sich allein, als ich es tat. Manchmal machte er plötzlich dicht und drehte sich ohne irgendeine Erklärung von mir weg. Seine Leidenschaft für sein ASCII-Computerspiel fand ich weiterhin befremdlich. Aber anstatt Haushaltsgegenstände zu zerstören, schrieb ich Nachrichten an Rory, Marty und Carlos: *Ich bin so einsam. Er spielt Computerspiele.* Doch zwischen diesen Sendepausen, in denen Jeremy die Verbindung zwischen uns kappte, machten wir Stück für Stück Fortschritte, genau wie Dr. Rosen es versprochen hatte.

Aber Dr. Rosens Interessenkonflikt war keine kleine Sache. Arbeitete er an meinem Wohlergehen oder an Jeremys?

An einem Donnerstagabend kam Jeremy von seiner Männergruppe zurück und fragte, ob ich ihm ein Abo der *Financial Times* und ein Paar Laufschuhe kaufen könne. An seiner Art zu fragen – und daran, dass er gerade von seiner Gruppe zurückgekommen war – erkannte ich, dass es sich um eine Verschreibung von Dr. Rosen handelte.

»Wie können Sie es wagen, mich zu seiner *Sugarmama* zu machen!«, schrie ich Dr. Rosen in meiner nächsten Gruppensitzung an. »Sie sollen mir helfen und mich nicht dafür benutzen, dass ich Jeremys Hobbys bezahle.«

»Ich helfe Ihnen sehr wohl.«

»Schwachsinn.«

»Über welche beiden Dinge an Jeremy beschweren Sie sich am meisten?«

Ich hatte erwähnt, dass Jeremy beruflich nicht vorankam. Er war Mitglied des Hochbegabtenverbands und las griechische Philosophen, deren Namen ich kaum aussprechen konnte, und doch hatte sein Job keine Perspektive und reichte nicht, um seine Rechnungen zu bezahlen. Er hasste seinen Chef und hatte das Gefühl, sein Potenzial zu vergeuden. Einmal sprach er davon, Jura studieren zu wollen. Außerdem hatte ich gesagt, dass ich mir Sorgen machte, ob sich sein ewiges Herumsitzen nicht negativ auf unser aufkeimendes Sexleben auswirken könnte.

»Wenn er die *Financial Times* liest, könnte ihm das nicht helfen, seinen beruflichen Ehrgeiz zu wecken? Mit neuen Laufschuhen wird er aktiver werden. Vielleicht können Sie zusammen laufen gehen und danach miteinander schlafen.«

Dr. Rosen, der große Puppenspieler, zog an seinen Fäden. Er hatte Jeremy dazu gebracht zu fragen, und mich würde er dazu bringen zu bezahlen. Er wusste, dass ich das Geld hatte, weil ich in der Vorwoche den 7000-Dollar-Scheck von Skadden herumgezeigt hatte. Dr. Rosen hatte vorgeschlagen, ich solle ihn einmal im Kreis herumreichen. Als er bei ihm ankam, hielt er ihn über den Kopf. *Baruch Atah Adonai irgendwas. Gesegnet seist du, Gott, bla, bla, bla.*

Der Zorn, der mich vor Weihnachten in der Gruppe auf die Knie gebracht hatte, schwoll wieder an – Zorn, weil Dr. Rosen mir nicht richtig helfen konnte und sich stattdessen darauf verlegte, mich zu benutzen, um Jeremy zu helfen. Aber ich blieb auf meinem Stuhl sitzen, presste die Lippen aufeinander und ließ meine Wut gären.

Ab dem folgenden Wochenende bekam Jeremy täglich eine Ausgabe der rosafarbenen *Financial Times*, und wir kauften ihm ein paar schwarze Laufschuhe im Retrolook. Als ich ihn fragte, ob er mit mir laufen gehen wolle, sagte er: »Nö, geh du ruhig allein.«

Nachdem Dr. Rosen Einfluss auf mein Geld genommen hatte, wurde es noch schlimmer. Er zielte nun auf meine Vagina ab.

An einem Abend gegen Ende des Winters drehte Jeremy sich von seinem Computerspiel weg und verkündete, dass der März der »Monat der oralen Befriedigung für Christie« werden würde.

»Woher kommt das denn?«, fragte ich.

»Habe ich einfach beschlossen.«

Wir waren schon einige Monate zusammen, und oral hatten wir beide wenig Initiative gezeigt. Ich freute mich auf die Gaben, die der März für mich bereithalten würde. Doch am letzten Donnerstag im Februar kam Jeremy mit einer neuen Verkündung von seiner Gruppe nach Hause: »Dr. Rosen denkt, es ist eine schlechte Idee.«

Ich ließ das Gesetzbuch fallen, das ich in der Hand hielt. »Wie bitte?«

»Er denkt, ich versuche damit, unsere Beziehung zu sabotieren.«

Nun arbeitete also mein Therapeut, der mir versprochen hatte, mir zu gesunden Beziehungen, inklusive *sexueller* Beziehungen, zu verhelfen, aktiv *gegen* mein Vergnügen. Ich entschuldigte mich für einen Moment und nahm mein Telefon mit ins Bad. Ich wählte Dr. Rosens Nummer, aber erreichte nur seine Mailbox. Ich legte auf. Keine Nachrichten auf den Anrufbeantworter. Ich würde ihn persönlich mit der vollen Wucht meines Ärgers beglücken.

»Ich höre Ihre Wut.«

Als ich ihn in meiner Vormittagsgruppe damit konfrontierte, antwortete Dr. Rosen mit ruhigem Selbstvertrauen. Ich ballte die Fäuste auf den Armlehnen meines Stuhls. Ich nannte ihn einen Frauenhasser und einen Kontrollfreak.

»Ich höre, dass Sie den Eindruck haben, ich würde Kontrolle über Sie ausüben.«

»Sie haben meinem Freund gesagt, er solle mich nicht lecken! Was soll das?«

Er lächelte, als würde er denken: *Huiuiui, die ist wirklich sauer!*

»Hören Sie auf, überall die Fäden zu ziehen.«

Dr. Rosen hob abwehrend die Hände und schüttelte den Kopf. »Hier gibt es keine Fäden. Ich steuere nicht, was irgendjemand sagt.«

»Sie schlagen Menschen Dinge vor. Menschen, die Sie dafür bezahlen, Ihnen zu sagen, was sie tun sollen«, führte ich aus.

»Was wollen Sie?«, fragte Dr. Rosen.

»Ich will, dass Sie sich verpissen.« Die Wut hing auf halbem Weg zwischen meiner Kehle und meiner Brust fest.

Wieder steckte ich fest. In meinem Stuhl, in meinem Körper, in der Beziehung mit meinem Freund, in der Beziehung mit meinem Therapeuten.

Wenn Dr. Rosen die Hände aneinanderlegte, hieß das, dass die Sitzung zu Ende war. Ich stand gemeinsam mit allen anderen auf, aber ich sprach das Gelassenheitsgebet nicht mit, und als alle sich in Zweiergrüppchen zur Umarmung zusammenfanden, umarmte ich Patrice, Rory, Marty, Carlos und den Colonel. Dr. Rosen drehte ich den Rücken zu. Ich würde nicht so tun, als wäre alles in Ordnung, nur weil 90 Minuten vorüber waren. Ich fühlte mich betrogen. Seine Loyalität lag ganz klar bei Jeremy, und er brachte all seine Harvard-Expertise ein, um *dessen* Sexprobleme zu behandeln. Meine Interessen oder mein sexuelles Vergnügen waren ihm dabei völlig egal.

In der Mittagsgruppe weigerte ich mich, Dr. Rosen direkt anzusehen, aber ich berichtete den Frauen davon, wie er sich in meine Beziehung einmischte, indem er Jeremy riet, mir kein Vergnügen zu bereiten. Marnie kniff die Augen zusammen und fuhr Dr. Rosen an, weil er mich benutzte, um Jeremy zu helfen. Dann drehte sie sich auf ihrem Stuhl zu mir und schimpfte mich aus, weil ich mich in meiner Beziehung so zurücknahm. »Das ist nicht nur Dr. Rosen«, sagte sie und zeigte mit dem Finger auf mich. »Du machst bei alldem mit.« Es störte mich nicht, dass sie mich anschrie – ich konnte heraushören, dass sie mich mochte und sich mehr für mich wünschte. Und das wünschte ich mir auch.

22

Dieser 7000-Dollar-Gehaltsvorschuss von Skadden ließ mich wagemutig werden. Alle meine Unifreunde planten für die Zeit nach den Prüfungen Trips mit ihren Liebsten. Ich träumte von einer Reise nach Übersee mit meinem Freund. Ich malte mir aus, wie wir Händchen haltend in Italien auf mittelalterlichen Brücken stehen und uns gegenseitig mit Pizza Margherita füttern würden, umgeben von langsam fließenden Flüssen und hoch aufragenden Kathedralen. Ich malte mir aus, wie wir lachen, uns berühren, erkunden und lieben würden. Der Mann, der in meinen Tagträumen meine Hand hielt, hatte nur wenig Ähnlichkeit mit Jeremy. Doch ich hatte mir die Reise zum Ziel gesetzt und wollte nicht davon abrücken. Ich hatte im Studium hart gearbeitet, um mir diesen Platz bei Skadden zu verdienen, der mir die 7000 Dollar Vorschuss einbrachte, und ich hatte in der Therapie hart gearbeitet, um eine Beziehung zu haben. Wie schwer konnte das schon werden?

Die Verhandlungen waren von Beginn an angespannt. Ich schlug die Toskana oder Cinque Terre vor, und Jeremy zuckte nur mit den Schultern und seufzte laut.

»Wir könnten auch nach Griechenland, den Geburtsort der Philosophie.«

Mehr Schulterzucken.

»Wollen wir uns nicht beraten?«

»Du hast das Geld, also kannst du entscheiden.«

»Such dir etwas aus.« Ich hielt meine Hände in die Höhe. Es war mir wirklich egal, wohin wir fuhren, solange wir es *gemeinsam* taten.

Nach einer langen Pause sagte er: »Italien ist okay.«

Meine beiden Gruppen und Dr. Rosen rieten mir, ich solle mich auf mich selbst konzentrieren und die Reise planen, die ich wollte. »Entweder er kommt mit oder nicht«, sagte Dr. Rosen. Wie tröstend. Ich verdrängte meine aufkeimende Angst. Trotz Jeremys Widerstand plante ich weiter, denn ich war nicht scharf darauf, als junge Frau allein nach Italien zu fahren. Alleine zu verreisen war noch nie ein Herzenswunsch von mir gewesen.

***

In Florenz waren es über 30 Grad und Radio BBC berichtete von sieben Hitzetoten. Jeremy und ich saßen auf der sonnenüberfluteten Terrasse im zweiten Stock des Hotel Silla und frühstückten fluffiges Rührei, frische Erdbeeren und Toast mit hausgemachter Orangenmarmelade. Wir stellten unsere Stühle so um, dass wir im Schatten eines Feigenbaums sitzen konnten. Ich hätte den ganzen Tag damit verbringen können, dort zu sitzen, auf das Wasser des Arno zu blicken und den Tauben beim Gurren zuzuhören, aber ich hatte eine Fahrradtour gebucht, die um 10 Uhr starten sollte. Am Tag zuvor war ich mit dem Bus nach Siena gefahren. Allein. Jeremy hatte sich der Hitze nicht aussetzen wollen.

»Bist du bereit für die Radtour?«, fragte ich mit meiner beschwingten Urlaubsstimme – die Stimme, die mein Herz annimmt, wenn es sich an Hoffnung festklammert.

»Geh du ruhig. Ich werde lernen.« Er zog ein Arbeitsbuch und seinen speziellen schwarzen Stift heraus. Er hatte vor Kurzem beschlossen, sich für das Jurastudium zu bewerben, was zweifellos eine positive Entwicklung war, wenn man bedachte, wie sehr er seinen aktuellen Job hasste. Aber die florentinische Landschaft kam nicht an gegen seinen in Stein gemeißelten Lernplan, obwohl die Aufnahmeprüfung erst in ein paar Monaten stattfand.

»Würdest du lieber irgendetwas anderes machen? Ich kann die Radtour auch absagen …«

»Nein, geh ruhig. Ich muss einen Übungstest machen.«

Vor der Reise hatte Dr. Rosen mir geraten, Jeremys Introvertiertheit zu akzeptieren. Ich sollte aufhören, ihn verändern zu wollen. Ich verstand, dass Akzeptanz wichtig war, aber als Jeremy den zweiten Tag in Folge sagte, dass er mich nicht begleiten würde, hätte ich am liebsten den Tisch umgeworfen und sein kostbares Prüfungsbuch aufs Kopfsteinpflaster katapultiert. Wie stark konnte ich meine eigenen Sehnsüchte noch zurücknehmen, damit Jeremys Abfuhren nicht mehr so wehtaten? Wie konnte ich mich dazu bringen, weniger zu wollen von diesem Mann, der zwar sagte, dass er mich liebte, der aber gleichzeitig so wenig das Bedürfnis hatte, Zeit mit mir zu verbringen?

Er nahm seinen Stift und begann, seine Antwort auf eine der Fragen zu notieren.

Ich küsste ihn auf die Stirn und ging los zur Radtour. Schnaubend vor Wut. Wer zahlte Geld dafür, dass ihr Freund sie nach Italien begleitete und sie dort ignorierte? Mein Herz klopfte in seinem vertrauten Rhythmus: allein, allein, allein.

Eine schlaksige Amerikanerin namens Sherry, die hier lebte und die Körperhaltung einer Yogalehrerin hatte, zeigte mir mein Rad. »Wo ist dein Partner?«

»Oh, er …« Ich log, wie eine Ehefrau, die ihren alkoholabhängigen Ehemann deckt, der es nicht aus dem Bett schafft. »Er ist krank.« Ich schob es auf die Hitze und den Jetlag.

Die zwölf anderen Teilnehmer der Gruppe kamen in Pärchen. Frisch Verheiratete, Väter mit ihren Töchtern, Mitbewohner, ein Paar, das seinen 30. Hochzeitstag feierte. Unser erster Halt war ein altes Steinbauernhaus, wo ein sonnenverbrannter Hausmeister uns einen Snack servierte. Ich saß auf einer uralten steinernen Bank, aß salzigen Käse und in viel Butter gebratene Wachteleier – umgeben von Fremden, die Fotos voneinander knipsten.

»Willst du auch ein Foto?«, fragte mich ein Vater aus San Diego. Ich wischte mir den Schweiß von der Stirn und stellte mich neben einen Feigenbaum. Ich versuchte, natürlich auszusehen, obwohl ich keine Ahnung hatte, was ich mit meinen Händen machen sollte. Sie übereinanderlegen? In meine Hüften stemmen? Mich an der Steinmauer abstützen?

»Wie mutig, allein ein fremdes Land zu bereisen«, flüsterte der Vater seiner Tochter zu. Ha!, ich bin einiges, aber mutig kommt erst sehr weit nach verzweifelt, dumm, einsam, deprimiert, traurig, verloren, gedemütigt und hungrig.

Als wir am Ende der Tour zurück Richtung Florenz radelten, brach ich nach vorn aus und trat so schnell in die Pedale, dass meine Oberschenkel brannten. Nachdem ich mein Rad zurückgegeben hatte, lief ich durch die engen Gassen zum Hotel, doch nach der Hälfte des Weges blieb ich stehen. Wozu die Eile? Jeremy wartete nicht sehnlichst auf mich. Würde er sich überhaupt freuen, mich zu sehen? Ich steuerte weg vom Hotel und schlug stattdessen die Richtung des Touristenviertels an der Ponte Vecchio ein, wo dicht an dicht Ledergürtel von Verkaufsständen hingen. In einer Seitenstraße entdeckte ich eine Telefonzelle. Ich schmiss Münze um Münze in den Schlitz, bis es endlich bis nach Chicago reichte.

Es klingelte dreimal, und Dr. Rosens Mailbox antwortete. Nach dem Piep ließ ich es raus. »Ich war gerade auf einer Fahrradtour, *allein*. Gestern war ich in Siena, *allein*. Ich dachte, Sie hätten gesagt, dass Sie das hinbiegen können – dass Sie *mich* hinbiegen können.« Ich schluchzte so lange in das klebrige italienische Münztelefon, bis eine Stimme vom Band die Verbindung unterbrach.

Nach all den Sitzungen, die ich durchgestanden hatte. Den Verschreibungen, die ich bereitwillig erfüllt hatte. Nachdem ich all meine Gefühle *gefühlt* hatte. Da stand ich nun, und war immer noch so fürchterlich allein. Die Einsamkeit hätte weniger werden sollen. Ich dachte, mein Fortschritt in der Therapie wäre eine Kurve, die nach oben gehen würde – und zwar nur nach oben –, aber wie ich nun allein in Florenz saß, spürte ich dieselbe Verzweiflung in mir, die ich auch in Chicago gespürt hatte, bevor ich mit der Gruppentherapie begonnen hatte. Wenn ich mich jetzt noch nicht verändert hatte, wann dann? Vielleicht ging es einfach nicht. Ich mochte alle aus meiner Gruppe – sogar Dr. Rosen –, aber sie konnten natürlich nicht mit mir nach Italien kommen. Dr. Rosen hatte recht gehabt: Ich hatte es genossen, Woche für Woche in der Gruppe Gesellschaft und Verbundenheit zu spüren, und nun war die Einsamkeit finsterer und vernichtender als jemals zuvor.

Als ich in unser Zimmer zurückkam, lag Jeremy schlafend auf dem Bett, das aufgeschlagene Lehrbuch auf seinem Bauch. Er öffnete die Augen und lächelte. Ich legte mich neben ihn, unsere Körper berührten sich kaum. Schweigend sahen wir zu, wie das Licht abnahm, während die Sonne hinter dem Dom versank.

Nach dem Abendessen machte Jeremy das Licht aus und legte sich auf dem Rücken aufs Bett. Würden wir miteinander schlafen? Ich atmete tief durch und befahl meinem Körper, es nicht zu wollen. Ich faltete mein Verlangen klein wie einen winzigen Origami-Kranich und steckte es weg.

»Ich werde vor dem Schlafengehen noch masturbieren. Du darfst gerne mitmachen.«

Jeremy zog seine Boxershorts aus, und sein geschäftiger Ellenbogen berührte bei jedem Auf und Ab meinen Unterarm.

»Soll ich das machen?«, flüsterte ich, und eine Spur meiner Lust regte sich.

»Ich mach das schon.«

Ich legte meine Hand auf seine Schulter und war dankbar, dass sie dort bleiben durfte.

***

Nach dem Urlaub in Italien arbeitete ich so viel wie jede Studienabsolventin in ihrem ersten Jahr in einer großen Kanzlei. Ich verließ das Büro nie vor 19 Uhr. Plötzlich hatte ich einen Assistenten, ein Spesenkonto und ein Büro mit Aussicht auf den Chicago River. Meine Hauptaufgabe als Nachwuchsanwältin bestand darin, zehn Stunden pro Tag die Zahlungspapiere eines Getränkeherstellers zu prüfen, dessen Produkte ich als Kind getrunken hatte. Skadden schickte mich auch in die Zentrale des Klienten, damit ich die großen Tiere, die für die Verkaufsstrategien zuständig waren, befragte und wir sie gegenüber der Börsenaufsichtsbehörde verteidigen konnten. Nach einem vollgepackten Tag mit Meetings, in denen ich die einzige Frau war, und einem langwierigen Abendessen ließ ich mich schließlich auf das Hotelbett fallen und rief Jeremy an, der zu Hause sein Onlinespiel spielte.

»Du machst das toll, ich bin so stolz auf dich«, sagte er dann meist.

Während ich weg war, um zu lernen, was eine Skadden-Anwältin ausmachte, rutschte Jeremy in eine Depression. Er nahm zu, rasierte sich nicht mehr, ging nicht mehr zu den Treffen der Anonymen Alkoholiker und saß fast immer, wenn er nicht bei der Arbeit war, spielend an seinem Computer. Einmal würgte Mr. Bourgeois ein Haarknäuel heraus, das eine ganze Woche lang mitten in Jeremys Wohnzimmer lag. Die Badewanne wurde immer haariger und schmieriger. Wenn ich bei ihm übernachtete, ging ich erst dann auf die Toilette, wenn ich es nicht länger aushielt. Ich schaffte fast 18 Stunden. Damals waren wir *immer* in seiner Wohnung. Ich verstand, dass er nicht die Energie aufbringen konnte, um bis zu meiner zu fahren.

In meiner Freizeit versuchte ich ihn zu unterstützen, indem ich Lebensmittel für ihn einkaufte und vorschlug, er solle zu einem Treffen gehen oder seinen Sponsor anrufen. In der Gruppe flehte ich Dr. Rosen an, ihm zu helfen. »Erkennen Sie nicht, dass er depressiv ist?« Dr. Rosens Antwort war immer dieselbe: »Was fühlen *Sie*?«

Die Rückmeldung aus meinen beiden Gruppen war einstimmig: »Konzentriere dich auf deine Karriere.«

»Konzentrieren Sie sich auf Ihr neues Leben bei Skadden. Vielleicht verändert sich Ihr Geschmack«, sagte Dr. Rosen.

Es klang wie ein flapsiger Kommentar. Mein Geschmack?

Ich wollte unbedingt etwas tun. Mein Freund würde nicht psychisch abbauen oder, Gott behüte, zurück in die Alkoholabhängigkeit rutschen, während ich dabei zusah. Ich kaufte ihm eine neue Decke – ein maskulines Plaid –, nahm eine Flasche Bleiche mit ins Badezimmer und zog Klumpen von wer weiß was aus dem Abfluss. Ich schrubbte Katzenkotze aus dem Teppich. Ich füllte seinen Kühlschrank mit frischem Obst und fettarmen Proteinen und sein Vorratsregal mit zuckerarmen Müslis.

In meinem Rausch war ich taub für das einzige Bedürfnis, das er geäußert hatte – allein zu sein. Heute habe ich Mitleid mit ihm und der Krankheit, die ihn jeglicher Freude und Energie beraubte. Und ich habe Mitleid mit mir, seiner Ex-Freundin, die glaubte, sie könne sein Unwohlsein mit neuer Bettwäsche und frischer Ananas heilen. Damals war alles, was ich tun konnte, noch drängender zu versuchen, ihn zu »reparieren« und Jeremy zu dem Mann zu machen, den ich wollte.

Eines Nachts in dieser dunklen Zeit kroch ich unter Jeremys neue steife Decke, um ihm einen zu blasen. Ich arbeitete seit sechs Monaten als Anwältin. Mein Lebensstandard hatte sich von dem einer Jurastudentin zu dem einer Juristin in einer großen Kanzlei verbessert. Manchmal gönnte ich mir einen Einkauf im Biosupermarkt. Ich kaufte einen Rock bei J. Crew, der nicht heruntergesetzt war. Mein Sparkonto wuchs auf 2000 Dollar an. Tagsüber nahm ich meine Schultern zurück wie eine Frau, die die dicken weißen Visitenkarten wert war, die Skadden mit meinem Namen hatte bedrucken lassen.

Nachts sackte ich zusammen und litt.

Der Blowjob war meine Idee gewesen. Ein Versuch, den breiten Graben zwischen Jeremy und mir zur überwinden. Während mein Kopf zwischen seinen schwitzigen Oberschenkeln hoch und runter wippte, hatte ich nur einen einzigen Gedanken: *Ich will das nicht tun.* Indem ich mich dazu zwang, misshandelte ich mich selbst, und ich misshandelte ihn, indem ich Lust vortäuschte und Oralsex benutzte, um seine Aufmerksamkeit zu bekommen und seiner klinischen Depression Einhalt zu gebieten. Jeremy hatte seit Tagen nicht geduscht, sein Körper roch sauer. Ich atmete durch den Mund und versuchte, seinen Gestank und die Wogen meines Ekels zu ignorieren.

Am nächsten Dienstag in der Gruppe erwähnte ich den Blowjob nicht. Ich schämte mich. Es fühlte sich an, als müsste ich Jeremys ungewaschenen Körper beschützen, obwohl Dr. Rosen mir die ganze Zeit sagte, ich solle *alles* mit der Gruppe teilen. Ich schämte mich dafür, dass ich etwas erzwungen hatte, was mir selbst keinen Spaß gemacht hatte. Meine Beziehung war eine Farce, und ich verhielt mich weiter unaufrichtig und entgegen meiner eigenen Interessen und meiner eigenen Lust. Bis zur Mittagsgruppe fühlte sich alles, was ich über meine Beziehung verschwiegen hatte, an wie eine geladene Waffe an meinem Kopf. In einer Gesprächspause ergriff ich das Wort.

»Ich will keinen dreckigen Schwanz lutschen.«

Alle drehten sich zu mir.

»Was hast du da gerade gesagt?«, fragte Marnie.

Nans Augen weiteten sich, als ich erzählte, was passiert war. »Was zum Teufel …«, flüsterte sie.

Schließlich blickte ich zu Dr. Rosen, und ich sah das Mitgefühl in seinen Augen. »Sie müssen keine dreckigen Schwänze lutschen«, sagte er.

Tränen stiegen mir in die Augen. Er wiederholte es, ganz langsam. *Sie. Müssen. Keine. Dreckigen. Schwänze. Lutschen.* Dann fügte er dazu: *Nie wieder.* Ich nickte.

»Ich bin fertig«, sagte ich, und die Wahrheit, die in diesen drei Wörtern lag, ließ mich gerade aufsitzen.

Dr. Rosen streckte seine Arme vor sich aus, die Handflächen nach oben. Dann drehte er sie langsam nach unten. »So lassen Sie los.«

Ich konnte nicht folgen. Es sah aus wie Tai-Chi. Die anderen Gruppenmitglieder fügten dieser Geste die Worte hinzu.

»Hör auf, ihn anzurufen.«

»Hör auf, nach der Arbeit zu dieser Scheißwohnung zu fahren.«

»Hör auf, für alles zu bezahlen.«

Wenn ich einfach aufhörte – mit dem Hinterherjagen, dem Planen, dem Schleppen, dem Darüberhinwegsehen, dem Schmeicheln, dem Putzen, dem Einkaufen, dem Anschmachten, dem Bezahlen, dem Lutschen –, dann würde alles vorbei sein. Von sich aus würde Jeremy nicht zu meiner Wohnung kommen. Er würde keinen Tisch in einem Restaurant reservieren und auch keine Konzerttickets besorgen. Wenn ich losließ, dann würde da nichts mehr sein. Ich wäre wirklich allein, aber ich wäre frei.

»Also, wenn ich loslasse …«, sagte ich und griff mit beiden Händen nach Dr. Rosens haarigem Unterarm. Ich lehnte mich zu ihm, bis unsere Gesichter keine 30 Zentimeter voneinander entfernt waren. Ich wollte, dass er den Satz beendete. Was auch immer er sagte, ich würde ihn darauf festnageln.

»Wenn Sie loslassen, werden Sie herausfinden, wie sich eine echte Beziehung anfühlt.«

23

»Werden Sie sich erlauben, mit ihm einen Orgasmus zu bekommen?« – Dr. Rosen und die Vormittagsgruppe warteten auf meine Antwort.

Die Trennung von Jeremy lag drei Monate zurück, und seit zwei Wochen hatte ich ein Techtelmechtel mit einem Praktikanten bei Skadden, der es auf eine unbefristete Stelle abgesehen hatte.

»Gibt es nicht irgendein Gesetz dagegen?«, fragte ich. »Ich sollte nicht mit Jobanwärtern herummachen.«

»Du bist die Juristin«, sagte Nan.

»Mit sexueller Belästigung kenne ich mich allerdings nicht aus.«

»Scheinbar doch«, entgegnete sie.

Ich hatte »den Praktikanten« bei einem Abendessen kennengelernt, das die Firma in einem japanischen Restaurant abhielt. Während wir laufend mit rohem Thunfisch und Unagi versorgt wurden, ließ ich ihn Komplimente über meine Augen machen und andeuten, dass seine Fähigkeiten im Bett mich verdammt noch mal umhauen würden. Er war ein Junge in Designerjeans und hippen Tennisschuhen von Adidas – großspurig, locker und ungeniert sexuell. Er war sechs Jahre jünger als ich, aber es fühlte sich nach mehr an. Für ihn war es normal, mit dem brandneuen Lexus-SUV seines Vaters herumzufahren und mit speziellen Kursen auf die Aufnahmeprüfungen der Unis vorbereitet worden zu sein. Er hatte noch nie Vollzeit gearbeitet. Ich nahm sein Angebot an, mich vom Restaurant nach Hause zu begleiten, in der Überzeugung, dass es einem drahtigen Kerlchen wie ihm niemals gelingen würde, den unsichtbaren Zaun zu überwinden, der sexuell aktive Männer von mir fernhielt. Aber er segelte geradezu darüber hinweg. Unter einer kaputten Straßenlaterne auf der Clark Street nutzte er die Gelegenheit, seine Lippen auf meine zu pressen, und ich öffnete meinen Mund. Während sich seine Lippen und seine Zunge sanft bewegten, spürte ich ein Kribbeln zwischen meinen Beinen, und von einem Augenblick auf den nächsten verpuffte alles um mich herum. Alles, was blieb, war das Verlangen nach seinem Mund auf meinem.

Am nächsten Tag schrieb er mir an meine private E-Mail-Adresse. *Wow, was für ein Kuss!* Ich sagte ihm nicht, dass ich die ganze Nacht wachgelegen und daran gedacht hatte. Ich sagte ihm nicht, dass jede Zelle meines Körpers pulsierte – auch jetzt noch, 15 Stunden später. Ich sagte ihm nicht, dass ich das Frühstück ausgelassen und erst um 15 Uhr zu Mittag gegessen hatte, weil ich mich stattdessen an der Erinnerung an diesen Kuss labte. Ich antwortete ihm: *Ich hatte schon bessere.* Eine feine Lüge, die ihn dazu brachte, mir zu versprechen, dass er der Beste sein würde, den ich jemals hatte. *Beweise es mir*, forderte ich ihn heraus.

Dr. Rosen waren die Gesetze zu sexueller Belästigung vollkommen gleichgültig. »Und? Werden Sie sich erlauben, mit ihm einen Orgasmus zu haben?«

Ja, ich wollte unbedingt mit dem Praktikanten ins Bett und ihn all seine Versprechen einlösen lassen. Ich wollte, dass er mich leckte, bis die Sonne über Chicago aufging. Aber ich wollte auch eine richtige Beziehung, die Art Beziehung, bei der man samstags zusammen einkaufen ging. Und dieser Knabe schien nicht der Typ zu sein, der Lust hatte auf eine Frau, die nach einem 16-Stunden-Arbeitstag in ihre Jogginghose schlüpft und sich Antipickelcreme ins Gesicht tupft. In seiner dritten E-Mail gestand er mir, dass er auch homosexuellen Erfahrungen gegenüber aufgeschlossen war und kürzlich in Miami Kokain geschnupft hatte.

»Nichts an ihm schreit nach ›angemessenem Lebenspartner für eine Frau in Therapie‹.«

»Sie könnten mit ihm schlafen und es herausfinden«, sagte Dr. Rosen.

Ich hatte die katholische Schule ganz eindeutig hinter mir gelassen.

***

Unser erstes Date war an einem Montagabend, ein paar Tage nachdem er das Stellenangebot von Skadden angenommen hatte. Er war also kein Praktikant mehr, und ich verstieß nicht mehr gegen Belästigungsgesetze. Er hatte den ganzen Tag Uni, also holte er mich nach seinem Verfassungsrechtsseminar mit seinem blitzenden schwarzen Lexus vom Büro ab. Er hielt mir die Tür auf wie ein Hoteldiener. Der Wagen war makellos – glänzendes schwarzes Leder, saubere Becherhalter und ein Soundsystem, das das Armaturenbrett mit beleuchtete.

»Meine übliche Masche ist es, Mädchen ins *Jane's* in Bucktown einzuladen und dann mit ihnen in eine Bar in der Nähe zu gehen, aber du bekommst heute die Luxusbehandlung.« Er grinste verschlagen. Er hatte sich schon jetzt mehr Gedanken über dieses Date mit mir gemacht als irgendein anderer Mann, mit dem ich jemals Zeit verbracht hatte.

Er fuhr zu einem Bistro auf der Grand Street. Ich hatte ihn als besserwisserischen Aufreißer abgestempelt, was er definitiv auch war, aber unter seiner unaufhörlichen sexuellen Prahlerei verbarg er eine Begeisterung für Rechtsethik und die Grenzen bürgerlicher Freiheit. Als er davon erzählte, wie er das erste Mal seine neugeborene Nichte auf dem Arm gehalten hatte, zeigte sich aufrichtige Zärtlichkeit in seinem Gesicht. Es gab Punktabzug dafür, dass er George Bush gewählt hatte, aber er bekam ein paar neue Punkte, als er erwähnte, dass er zu einem Therapeuten ging.

»Es ist aber nicht Dr. Jonathan Rosen, oder?« Er schüttelte den Kopf. Gott sei Dank. Nachdem wir den ersten Gang mit der Kürbissuppe beendet hatten, war ich bereit, in den vollen Luther-Vandross-Modus zu schalten. Er strich mit seinem Fuß an meiner Wade entlang, und wieder spürte ich diese Hitze zwischen meinen Beinen. Während ich meinen Wolfsbarsch mit der Gabel zerteilte, hatte ich nur einen Gedanken im Kopf: *Oh mein Gott, ich werde heute Nacht Sex haben.*

Als die Rechnung kam, zog er seinen Geldbeutel heraus und legte eine schwarze *American Express* in die Ledermappe. Er kritzelte die Summe des Trinkgelds darauf, unterschrieb mit einem unleserlichen Schnörkel und stand auf. »Lass uns gehen.« Er streckte mir seine Hand entgegen, und ich nahm sie. Sein vielsagendes Lächeln verriet mir, dass er keineswegs vorhatte, die ganze Nacht Computerspiele zu spielen.

Auf dem Weg zu seiner Wohnung stellte er mir Fragen über Texas, als wäre es eine exotische Gegend auf einem fernen Planeten.

»Es ist flach, heiß und konservativ.«

»Gibt es dort auch Juden?«

»Ein paar. Meine französische Ballettlehrerin war Jüdin. Warum?«

»Wir Juden denken immer darüber nach, wie viele es von uns gibt.« Das war das erste Mal, dass seine Religion zur Sprache kam. Ich konnte mir das selbstzufriedene Lächeln von Sie wissen schon wem bildlich vorstellen, wenn er erfuhr, dass er mich dazu angeleitet hatte, einen Orgasmus mit einem jüdischen Mann zu haben. *Mamaleh, ich bin so stolz auf Sie.*

Als sich die Aufzugtüren in der Lobby seines Apartmenthauses hinter uns schlossen, hakte er seine Finger in meine Gürtelschlaufen und zog mich an sich. Er roch nach frischgewaschener Wäsche und irgendeinem Gewürz. War es Zimt? Er küsste mich, als hätte er sich nach mir verzehrt, und ich küsste ihn ebenso gierig. Als er seine Hände auf meine Brüste unter meinem *einen* BH legte, stöhnte ich vor Lust auf.

Ich fühlte mich so frei – als könnte ich die Moleküle in der Luft spüren, die zwischen uns tanzten und meine Befreiung feierten. Ich schob meine Hand unter sein T-Shirt, und er drückte sich näher an mich. Es fühlte sich an wie Magie – ein Mann, der näher an mich herankam, ein Mann, der für mich wach blieb, ein Mann, der hungrig nach mir war.

»Gefällt dir das?«, flüsterte er. Mit jeder seiner Berührungen schmolz ich etwas mehr dahin. Er biss mir spielerisch in die Lippe, und ich verabschiedete mich gedanklich von den Nonnen, die gesagt hatten, dass Zungenküsse Sünde seien, weil sie den Geschlechtsakt widerspiegelten. Er berührte mich am unteren Rücken, und das einschnürende Dekret meiner Mutter, mit dem Sex bis zur Ehe zu warten, fiel von mir ab. Er hielt mein Gesicht in den Händen, als er mich küsste, und wusch damit den Schmutz meiner Beziehung mit Jeremy von mir ab – die Haarknäuel im Abfluss, den schlechten Blowjob und das konstante Reiben meines Fleisches gegen Jeremys steinerne Abschottung.

Als sich die Aufzugtüren mit einem Ping öffneten, wollte ich von ihm zurückweichen, aber er hielt mich fest. »Müssen wir nicht raus?«, sagte ich. Er schnalzte mit seiner Zunge an meinem Ohr und flüsterte: »Oh, wir müssen noch ganz andere Dinge tun.«

Wir rannten den Gang hinunter, er vor mir, seine Hand in meiner. Wer war dieser Kerl, der bereit war, sich kopfüber ins Vergnügen zu stürzen und mich mitzunehmen?

Wir waren kaum an seiner Wohnungstür angekommen, als er meinen BH öffnete. Noch nie hatte mich jemand so leidenschaftlich geküsst. Er erweckte Teile von mir zum Leben, die sich noch niemals in Gegenwart eines anderen Menschen geregt hatten. Mein Körper sang vor Lust. *Ja, ja, ja. Mehr, mehr, mehr.*

Er führte mich in sein kleines, aufgeräumtes Schlafzimmer. Das Licht war aus, aber ich konnte eine schlichte graue Tagesdecke auf dem Bett erkennen und ein Wandregel mit ein paar Gesetzbüchern neben einem kleinen Wecker mit rot leuchtenden Ziffern. Ich breitete die Arme aus und ließ mich mit dem Bauch voran auf sein weiches, sauberes Bett fallen.

Da stand nichts zwischen uns – keine Computerspiele, keine psychische Erkrankung, keine Therapeuten. Er griff nach einem Kondom und zog seine Hose runter. Er legte seine Stirn auf meine, und ich blickte in seine offenen, furchtlosen Augen. Ich drückte mich an ihn und erfüllte bebend meine letzte Verschreibung.

Als ich die Augen wieder öffnete, zeigte sein Schmunzeln eine klare Botschaft: *Ich habe dir doch gesagt, dass ich gut bin.* Die Wellen der Lust stiegen zwischen meinen Beinen auf und erfassten meinen gesamten Körper. Und dann brach ich in Tränen aus.

»Ich weiß nicht, warum ich weine. Ich bin nicht traurig.« Ich versuchte, die Schluchzer wieder in mein verräterisches Herz zurückzuschieben.

Der Praktikant küsste die Tränen weg, die über meine Wangen liefen. Er fragte, was los sei.

»Du bist einfach so …«

Er zog die Augenbrauen in die Höhe und kam näher, küsste meinen Hals, jagte den Tränen hinterher, die entkommen wollten. »Was?«

»So rein.« Noch mehr Tränen liefen über meine heißen Wangen. »Oh mein Gott«, flüsterte ich und versteckte mein Gesicht in meinen Händen.

»Ehrlich gesagt, finde ich das irgendwie heiß.« Er legte die Hand an mein Kinn und küsste mich auf die Lippen. »Was wird dein Therapeut wohl dazu sagen?«

***

»Ich habe es getan, und dann habe ich geweint.«

Meine Mittagsgruppe war entzückt. Das erste Mal in der Historie meiner therapeutischen Behandlung hatte ich meine Vormittagsgruppe verschlafen. Endlich. Drei Jahre hatte ich darauf gewartet, zu beschäftigt mit Sex zu sein, um zur Gruppe zu kommen.

Nan konnte es gar nicht glauben. »Was hat dieser kleine weiße Junge mit dir angestellt?«

Dr. Rosen legte die Hände an seine Schläfen und schüttelte den Kopf. »Sie haben zugelassen, dass er Ihnen Lust bereitet, und dann haben Sie ihm alle Gefühle gezeigt, die Sie dazu hatten. Ist Ihnen klar, wie intim das war?« Er blickte mich voller Erstaunen an.

»Ich will es noch einmal tun.«

»Wann treffen Sie sich wieder?«

»Nächste Woche.« Daumen hoch von Herrn Doktor. »Er ist übrigens Jude.« Genau wie ich erwartet hatte, schnappte Dr. Rosen nach Luft und legte seine Hände auf seine Brust. »Ich wusste, dass Sie das tun würden«, sagte ich.

»Was glauben Sie, warum ich so reagiere?«

»Damit Sie behaupten können, dass es eigentlich um Sie geht. Wie bei meinem Sextraum mit Luther.«

Dr. Rosens Kopf nickte wie wahnsinnig, und er reckte beide Daumen nach oben. Ich hatte die richtige Antwort gegeben.

»Sie sind so nervig«, sagte Marnie mit einer abschätzigen Handbewegung zu ihm.

Dr. Rosen hielt seinen Blick auf mich gerichtet. »Verstehen Sie?«

Alles, was ich wusste, war, dass mein Therapeut einen Narren an Freud gefressen hatte. Meinen ausdruckslosen Blick interpretierte Dr. Rosen richtigerweise als Ignoranz.

»Wenn Sie sich an mich binden – hier, in der Therapie –«, er zeigte in Richtung seiner bekloppten braunen Schuhe, »dann werden Sie sich auch da draußen an Männer binden können.« Er deutete aus dem Fenster. »Wenn wir eine gesunde Verbundenheit haben, kann sie Ihnen als Fundament für Ihre romantischen Beziehungen dienen.«

»Funktioniert es?« Ich legte meine Handflächen auf meinen Brustkorb.

»Ist der Papst katholisch?«

***

Einmal pro Woche holte mich der Praktikant in seinem glänzenden schwarzen Wagen ab und zischte mit mir in irgendein angesagtes Restaurant, wo wir einander unaufhaltsam Andeutungen zuspielten wie Tischtennisbälle. Es war hochaufgeladenes Flirten – er gab damit an, dass er genau wusste, wie er mich beglücken konnte, und ich sagte, dass ich noch viel hungriger war, als er sich vorstellen konnte. »Ich habe ziemlich lange gehungert«, sagte ich. »Nichts, womit ich nicht zurechtkommen würde«, erwiderte er. Später in seiner Wohnung kauerte er auf der Suche nach der perfekten Musik über seiner Stereoanlage. Er mochte Al Green und Hip-Hop. Zu sehen, wie er sich so dafür ins Zeug legte, dass die Stimmung passte, machte mich wahnsinnig an.

In unserer dritten gemeinsamen Nacht zog er mich mit einem tückischen Funkeln in den Augen in sein Schlafzimmer. »Ich habe eine Überraschung für dich. Warte hier«, sagte er und ging wieder aus dem Raum. Als er zurückkam, reichte er mir etwas Blau-Weißes, das zusammengefaltet war.

»Was zum …?« Ich kicherte, als ich den schweren Stoff auseinanderfaltete und schließlich ein riesiges Footballtrikot mit der Nummer 18 in Händen hielt.

»Das ist Peyton Mannings Trikot. Ich will, dass du es anziehst.«

»Nur weil ich aus Texas komme, heißt das nicht, dass Football mich heißmacht.«

»Aber ich fände es heiß, neben dir zu schlafen, wenn du es trägst.«

Ich kapitulierte vor der Kraft seiner unbeschwerten Freiheit. Ich wollte in dieses Trikot kriechen, in seinen Körper, in seine Welt, wo das Verlangen nackt und unverhohlen war und man jederzeit Sex haben konnte.

Beide meiner Gruppen liebten den Praktikanten. Beide sagten sie einstimmig vorher, dass er sich in mich verlieben würde. Beide erklärten mich für geheilt von welcher emotionalen Verwundung oder welchem Charakterfehler auch immer, wegen derer ich so lange bei Jeremy geblieben war. Sitzung um Sitzung strahlte Dr. Rosen mich an und lobte mich für meine detaillierten Offenbarungen unserer intimen Treffen, meiner Freude, meiner Hingabe an die Lust.

Ich schwebte durch meine Arbeitstage. Das Feuer von heißem Sex und einer realen, aufkeimenden Beziehung dämpfte die täglichen Erniedrigungen, die es mit sich brachte, als weibliche Nachwuchsjuristin in einer großen Kanzlei zu arbeiten. An einem Dienstag biss ich mir auf die Lippe, als einer der Geschäftsführer mich, die einzige Frau im Raum, bat, während eines Meetings mitzuschreiben, als sei ich eine Sekretärin. Aber ich entspannte mich wieder, als ich eine E-Mail des Praktikanten auf meinem BlackBerry aufleuchten sah.

Zwei Stunden später reichte ich Dr. Rosen einen Ausdruck dieser E-Mail. »Lesen Sie das«, sagte ich. »Beginnen Sie mit dem zweiten Absatz.«

»›Es ist unumgänglich, dass ich eine jüdische Frau heirate.‹« Dr. Rosen blickte auf.

»Was redet er da von Heiraten?«, fragte Nan. »Ihr habt es wie oft, sechs Mal, getrieben?«

»Fünf Mal.«

»Er hat einfach Angst«, warf Marnie ein. Emily und Regina stimmten ihr zu.

»Ihr Weißen seid so merkwürdig«, sagte Nan lachend zu sich selbst, und ihre goldenen Creolen funkelten im Sonnenlicht.

Mich durchströmte Angst, es fiel mir schwer, auf meinem Stuhl sitzen zu bleiben und mir anzuhören, was sie zu sagen hatten. Wie konnten sie so ruhig bleiben? Der Praktikant würde all das Vergnügen und all die Freiheit wieder zusammenpacken und in seinem schicken schwarzen Auto davonfahren.

»Das wissen Sie nicht«, sagte Dr. Rosen.

»Da hat es mir ja viel gebracht, einen jüdischen Mann zu daten! Tausend Dank, Dr. Rosen.«

»Es hat Ihnen sehr viel gebracht. Und Sie wissen doch überhaupt nicht, was als Nächstes passieren wird.«

Ich wusste, dass ich das nächste Mal, wenn ich diesen verdammten Raum betreten würde, in einem Haufen meines eigenen Herzschmerzes sitzen würde. Ich würde die Taschentuchbox von mir wegtreten, während mir die Tränen das Gesicht hinunterliefen.

Als der Praktikant mich einige Tage später das letzte Mal von der Arbeit abholte, wirkte sein Lächeln unecht und ließ keine Spur mehr von seiner sonst für ihn so typischen Gewitztheit erkennen. Seine Umarmung war von der schnellen, steifen Sorte, wie man sie seiner Großtante Beatrice gab. Das Feuer und die Aussicht auf Sex, die sonst die Luft zwischen uns zum Knistern brachte, waren verschwunden.

Er fuhr uns nach Lincoln Park ins Sai Café, wo wir, jeder einzeln, Sushi bestellten. Ich verzichtete auf Garnelen, um zu beweisen, was für eine gute Jüdin ich sein konnte. Von der Damentoilette aus, wo leise Wasser durch einen Miniatursteingarten plätscherte, rief ich Rory an. »Ich spüre ein ›Mach's gut, für immer‹ aufziehen.«

Mein Magen fühlte sich an wie auf dem Gipfel eines Berges, kurz davor, sich in den freien Fall zu stürzen. Rory sagte mir, ich solle ruhig atmen und allen Möglichkeiten gegenüber aufgeschlossen bleiben. »Vielleicht bittet er dich zu konvertieren«, meinte sie.

»Es wird nicht funktionieren«, sagte er, als wir später am Abend vor meinem Haus hielten.

Ich fragte, warum wir uns nicht einfach weiterhin sehen konnten. Er schüttelte den Kopf und bestand darauf, dass es falsch wäre, mir etwas vorzumachen. Ich sagte ihm, dass ich darüber nachdachte zu konvertieren.

»Du bist katholisch.«

»Ich war seit Jahren in keinem Gottesdient, und ich wäre eine wunderbare Jüdin. Ich hasse Schinken. Ich werde meine Kinder auf die jüdische Schule schicken. Ich werde Schofar spielen lernen.«

Er grinste, aber es war kein echtes Lachen. Es war ein Mitleidslächeln.

»Ich meine es ernst. Ich spreche nicht von einem Konvertierungskurs im Internet. Ich gehe zur Anshe Emet Synagoge oder zur KAM Isaiah Israel. Ich werde eine Mikwe haben und eine Bar Mizwa …«

»*Bat* Mizwa.«

»Ich werde koscher essen, Challa backen …«

»Es tut mir leid.«

Ich schloss den Mund und starrte geradeaus, dorthin, wo er mich das erste Mal geküsst hatte, wo er meinen Appetit geweckt und wo diese »Liebelei« begonnen hatte, ehe sie zu einem »Techtelmechtel« heruntergestuft wurde.

»Kannst du nicht noch ein letztes Mal mit nach oben kommen?«

»Wir sollten uns nicht lächerlich machen.«

Am nächsten Morgen flehte ich Dr. Rosen von meinem Büro aus an, mich zurückzurufen. Ich konnte nicht bis zur nächsten Sitzung warten. Ich brauchte ihn jetzt. Als er anrief, heulte ich ins Telefon. Er sollte mir sagen, warum. Warum wollte der Praktikant nicht mit mir zusammen sein? Warum hatte er mich schon wieder weinend am Telefon? Warum musste ich ausgerechnet als Katholikin erzogen worden sein? Warum mussten meine Eltern mich nach Christus benennen? Ich wickelte das Telefonkabel um meinen Finger und lauschte auf die Hoffnung, die ich in Dr. Rosens Antworten finden würde. Aber nichts, was er sagte, beruhigte mich. Er fragte, ob mein Leben besser geworden war als vor der Therapie. Ja, mein Leben war besser als früher – ich fühlte mich ihm und den Leuten aus meinen Gruppen nah. Meine Mitbewohnerin Clare wusste über meine Therapiegruppen und meine Genesung Bescheid. Ich war dabei zu lernen, wie ich vor anderen Leuten so sein konnte, wie ich wirklich war. Aber eine Beziehung mit einem Mann fühlte sich noch immer genauso unmöglich an.

»Ich brauche mehr Hilfe. Irgendetwas. Es muss doch noch irgendetwas geben. Vielleicht können Sie mir nicht mehr weiterhelfen, Dr. Rosen.« Ich hatte keine Ahnung, was ich von ihm wollte. Meine Gedanken waren nicht zusammenhängend – ich schwafelte ins Telefon und versuchte gegen meine Traurigkeit anzukommen. Mein Zeigefinger unter dem Telefonkabel wurde weiß.

»Ich denke da an etwas. Wir können morgen in Ihren Gruppen darüber sprechen.«

Ich atmete zitternd ein. »An was denken Sie?« Der Gedanke an eine Abkürzung durch den Herzschmerz gab mir Hoffnung.

»Wir können das morgen besprechen.«

Was hatte er vor? Einzelsitzungen? Gab es eine Partnervermittlung für sexuell anorektische Frauen?

»Geben Sie mir einen Hinweis.«

»Wir sehen uns morgen.«

24

Ich tauchte zehn Minuten zu früh im Wartezimmer auf, mein Gesicht spannte und war fleckig vom Weinen. Gegenüber des Spanplatten-Bücherregals ließ ich mich auf einen Stuhl fallen. Als jemand durch die Tür kam, öffnete ich ein Auge und rechnete damit, Carlos oder Patrice zu sehen, doch stattdessen war es ein großer Mann in einem grauen Businessanzug und mit einer braunen Ledertasche in der Hand. Eindeutig der Typ Anwalt oder Banker. Vielleicht zehn Jahre älter als ich.

Ich hatte vergessen, dass Dr. Rosen angekündigt hatte, dass wir ein neues Gruppenmitglied bekommen würden.

»Ich bin Reed«, sagte er und streckte mir die Hand entgegen, als sei er auf einer Cocktailparty. Ich stand nicht auf, aber ich schüttelte seine Hand, und ich spürte ein Knistern in der Luft, als unsere Finger sich berührten. Sein grau meliertes Haar war an den Seiten kurz und oben etwas länger, seine Schuhe waren so glänzend poliert, dass ich in ihnen mein trauriges, aufgedunsenes Gesicht sehen konnte. Natürlich bemerkte ich den goldenen Ring an seiner linken Hand und das Grübchen in seiner linken Wange, als er lächelte. Sekunden später öffnete Dr. Rosen die Tür und wir marschierten hintereinander in den Gruppenraum. Noch bevor wir uns hingesetzt hatten, kamen Carlos und Patrice herein.

»Was ist das?«, fragte Reed und zeigte auf ein lila Frotteehandtuch, das auf meinem Schoß lag. Ich trug es mit mir herum, seit der Praktikant mich vor meinem Haus abgesetzt hatte.

»Das ist mein Trauertuch. Ich wurde gerade abserviert.« Ich nahm einen Faden zwischen die Fingernägel von Zeigefinger und Daumen und zog ihn mit einem Ruck heraus. Dann noch einen und noch einen. Bald lagen einzelne lila Fäden kreuz und quer auf meinem Schoß. Ein paar segelten auf den Boden. Während ich Fäden zupfte, rollten dicke Tränen meine Wangen hinunter. Es beruhigte mich, wenn meine Hände etwas zu tun hatten. Fäden aus dem Handtuch zu reißen half mir, meine Wut in winzigen Portionen abzusondern. Patrice schob die Box Taschentücher auf dem Boden zu mir herüber. Ich trat sie weg. »Taschentücher gibt es bei mir nicht mehr.«

Patrice ignorierte meinen Ausbruch, strich mir über den Arm und erinnerte mich daran, dass der Praktikant ohnehin kein Potenzial zum Ehemann hatte.

Carlos nahm im Verhör von Reed die Zügel in die Hand und entlockte ihm ein paar sachdienliche Informationen: Investmentbanker erster Klasse, verheiratet, Zwillingsmädchen, seit einigen Jahren trocken, und dann kam der Jackpot:

»Warum bist du wirklich hier?«, fragte Carlos.

Reed wurde rot, und er blickte zu Dr. Rosen, der ihm aufmunternd zunickte, als wolle er sagen: *Erzählen Sie es ihnen.*

»Raus damit«, sagte Carlos. Als Reed den Kopf senkte, schaute Carlos zu mir herüber und formte mit den Lippen ein *Er ist so heiß.* Ich nickte und zog einen weiteren lila Faden heraus.

»Ich habe Probleme in meiner Ehe.« Aha, Intimitätsprobleme.

»Sprich weiter.« Carlos zog die Augenbrauen in die Höhe.

»Oh Junge.« Patrice seufzte. Sie ahnte schon, was kommen würde – eine Geschichte voller Untreue, eine lange vor sich hin leidende Ehefrau, eine Geliebte, die ihm das Gefühl gab, lebendig zu sein. Dr. Rosen grinste breit.

»Es ist vor ein paar Wochen auf einer Cocktailparty anlässlich eines unserer Investmentfonds passiert. Da war eine Frau …« Reed blickte unsicher durch den Raum. Konnte er uns vertrauen? »Wir sind zusammen in ihr Büro, und sie hat mir …«

»Oh mein Gott, sie hat dir den Schwanz gelutscht!« Carlos klatschte in die Hände.

Patrice fragte, ob er seiner Frau davon erzählt hatte. Hatte er nicht. Er hoffte, dass er seine Ehe retten konnte. Patrice und Rory lobten Reed für seinen Mut, uns davon zu erzählen.

Ich breitete das Handtuch auf meinen Oberschenkeln aus. In der Mitte hatte ich einen zehn Zentimeter breiten Fleck kahl gezupft. Mit der Hand strich ich über den geschorenen Frotteestoff. Wie würde es sich anfühlen, über das Revers von Reeds Jackett zu streichen? Über sein Bein? Seit einer Woche war das der längste Moment, in dem ich nicht an den Praktikanten gedacht hatte. Ich spürte, wie sich so etwas wie Hoffnung in den Trümmerhaufen meines Herzens bohrte. Ich wünschte, die Gruppe würde länger als 90 Minuten dauern.

Vor dem Ende der Sitzung sammelte ich meine lila Fäden ein und stieß eine brennende Frage hervor: »Denkt ihr, ich werde jemals wieder Sex haben?«

Reeds Mund verzog sich zu einem angedeuteten Lächeln.

»Wenn Sie es wollen«, sagte Dr. Rosen.

»Das will ich. Sehr bald.« Mein Körper schmerzte, so sehr fehlten mir der Praktikant und das Vergnügen, das er mit sich gebracht hatte.

»Sind Sie offen für Vorschläge?«

»Ich mache *alles*.« Unser neues attraktives und untreues Gruppenmitglied ließ mich für einen Moment vergessen, dass Dr. Rosen es war, der mir gleich etwas empfehlen würde. »Woran denken Sie denn?« Ich legte das Handtuch in meinen Schoß und drehte aufnahmebereit die Handflächen nach oben.

»Ich schlage vor, Sie treten der Montags- und Donnerstagsgruppe bei.«

Ich atmete scharf ein und griff das Handtuch mit geballten Fäusten.

»Das kann nicht Ihr Ernst sein. Noch eine Gruppe? Und die geht *zwei Mal* die Woche?« War ihm klar, dass ich einen Vollzeitjob hatte? Wusste er, dass Anwälte 40 Stunden die Woche arbeiteten? Ich schüttelte den Kopf und presste die Lippen aufeinander. Ich nahm das Handtuch und riss kräftig an einem Faden am Rand der kahlen Stelle.

»Diese Gruppe ist anders. Es sind zweimal pro Woche dieselben Mitglieder, was es noch intensiver macht. Alle sind schon lange bei mir in Behandlung ...«

»Ich muss vier Mal die Woche herkommen, um irgendwann einmal eine echte Beziehung führen zu können? Wie sehr am Arsch muss ich denn sein?«

»Sie sind wirklich sehr am Arsch.« Dr. Rosen lächelte.

»Nettes Verkaufsargument.«

Dr. Rosen schlug vor, dass ich in der Dienstagvormittagsgruppe blieb, aber aus der Mittagsgruppe ausstieg, um Kapazitäten für die Montags- und Donnerstagsgruppe zu schaffen. Warum hatte er mir das nicht vor einem Jahr angeboten, als ich mir lieber den Kopf rasiert hätte, als noch einmal zu der Gruppe zu gehen, in der Nan und Marnie beinahe handgreiflich geworden wären? Jetzt spürte ich eine stechende Traurigkeit. Diese Frauen hatten mich durch die schwere Zeit mit Jeremy und die gesamte Liebelei mit dem Praktikanten getragen. Nan hatte mich im Arm gehalten an dem Tag, an dem ich versuchte, mir die Haare auszureißen. Zenia hatte mir eine Menge über Fanfiction und lesbischen Sex in Fernbeziehungen beigebracht. War ich bereit, sie hinter mir zu lassen?

»Ich werde darüber nachdenken.«

Als wir für das Abschiedsritual aufstanden, ließ ich mein malträtiertes Handtuch und sämtliche herausgezogene Fäden auf den Boden fallen.

Hier stand ich wieder und dachte darüber nach, einer *weiteren* Rosen-Gruppe beizutreten. Schon zwei Mal hatte ich zugesagt, und nun war mein Leben voller Menschen, die mich gut kannten. Die mir vertraut waren. Rory wusste über jeden Krümel Essen Bescheid, den ich mir in den Mund steckte. Marty gab mir jeden Abend ein bisschen Bestätigung. Meine Gruppen wussten von dem schmutzigen Schwanz, den ich gelutscht hatte, von meinen Madenwürmern, meinen Wutausbrüchen. War es nicht das, was ich immer gewollt hatte? Leute, die mich und alle meine Geschichten vollständig kannten und auch ihre mit mir teilten? Das war definitiv ein Teil von dem, was ich wollte, und nun wollte ich mehr. Ich wollte eine eigene Familie, wie die von Marnie, Patrice, Rory und Nan. Ich war dankbar für das, was ich mittlerweile hatte, aber es waren neue Wünsche in mir erblüht: Ich wollte einen Partner, und ich wollte mit ihm eine Familie gründen. Ich wollte Mutter werden. Mich emotional binden. Bei Skadden meine Stärke finden. Ich glaubte daran, dass Dr. Rosen mich dorthin bringen konnte, auch wenn es mir einen Stich versetzte, dass ich dafür jede Woche drei Sitzungen, also 270 Minuten Gruppentherapie brauchen würde.

Ich hatte schon von der Montags- und Donnerstagsgruppe gehört. Es war die einzige Rosen-Gruppe, die sich mehrmals pro Woche traf. Sie war bekannt als die Gruppe für »Fortgeschrittene«, und dazu eingeladen zu werden, machte mich durchaus ein bisschen stolz. Aber da war auch der Verdacht, dass Dr. Rosen einfach mein Geld wollte – ich war verletzlich und verdiente eine sechsstellige Summe im Jahr. Es konnte möglich sein, dass er mir einen Weg anbot, um dorthin zu gelangen, wo ich hinwollte – es konnte aber auch sein, dass er mich als Goldesel benutzte, um sich ein Segelboot zu finanzieren. Woher konnte ich wirklich wissen, was die Wahrheit war?

Aber natürlich sagte ich trotzdem zu. Mit drei Tagen Gruppentherapie pro Woche würde ich bestimmt in weniger als einem Jahr alles haben, was ich wollte.

TEIL 3

25

Am dritten Montag im Januar lag die Außentemperatur deutlich unter dem Gefrierpunkt, aber ich war zu nervös, um den stechenden Wind in meinem Gesicht zu spüren. Es zog mir die Füße weg, als ich auf der frischen Eisschicht ausrutschte, die den Bürgersteig bedeckte. Zwei Blocks von Dr. Rosens Büro entfernt landete ich mit dem Hintern auf Eis und Beton. War diese neue Gruppe eine blöde Idee? Der pochende Schmerz an meiner Hüfte sagte Ja.

»Was hast du über uns gehört?«, fragte Max. Er hatte wuscheliges blondes Haar, eine perfekte Körperhaltung und trug ein blaues Sakko mit goldenen Knöpfen. Er musste etwa Mitte 40 sein und bestimmt Mitglied eines Country Clubs. Ich hatte von Max gehört. Auf dem Rosen-Flurfunk sagte man, dass er vor zig Jahren zu Dr. Rosen gekommen war, als er total auf Drogen war und in seinem Auto wohnte. Ich hatte irgendetwas über Anklagen wegen schwerer Straftaten gehört. Aber er wurde clean und stieg in einer Pharmafirma einige Gehaltsstufen auf. Nun hatte er eine vorbildliche Führungsstelle inne, war im Elternbeirat der schicken Privatschule seiner Tochter und fuhr jedes Jahr in die Sommerfrische nach Colorado. Irgendetwas an seinen hochgezogenen Augenbrauen und seinem Schmunzeln verriet mir, dass er wusste, welche Gerüchte ich gehört hatte.

»Nicht viel.« Meine Haut spannte. Sie fühlte sich zu eng für mein Gesicht an.

»Du lügst.« Max starrte mich an. Ich wich seinem Blick aus und schaute zu Dr. Rosen, der mit nichts als seinem dümmlichen Lächeln antwortete.

»Nun ja«, ich atmete tief ein. »Ich habe gehört, dass du früher ein Suchtproblem hattest.«

»Und?«

Ich errötete. »Du sollst früher ziemlich wild gefeiert haben.«

Max wandte seinen Blick nicht ab. Er wusste genau, was ich nicht sagte. Es war ein Test, und ich war durchgefallen.

Hier gab es keine Zenia mit lila Haaren, die über Fanfiction-Sex sprach. Niemand aß oder schrie oder heulte. Alle hatten sie einen Aktenkoffer oder eine schnieke Ledertasche neben ihrem Stuhl stehen.

»Wir sind die Fortgeschrittenengruppe.« Max war eindeutig der Sprecher dieser so gefassten und zivilisierten Gruppe.

Patrice aus der Dienstagvormittagsgruppe war auch da. Sie war vor einem Jahr in diese »Fortgeschrittenengruppe« aufgerückt, aber hatte nicht viel darüber erzählt, außer dass Max ziemlich schwierig sein konnte. An diesem Morgen lächelte sie mich warmherzig an, aber gab mir keinerlei Hilfestellung, wie ich die nächsten 85 Minuten überleben sollte. Der Bluterguss an meiner Hüfte pochte mit jedem Herzschlag, aber wenn ich nun zuckte oder darüber rieb, würde ich damit Aufmerksamkeit auf mich ziehen. Nein danke.

Lorne kannte ich ebenfalls schon. Er war Mitte 40 und wirkte etwas ungepflegt – er trug verknitterte Khakihosen und einen ausgefransten braunen Pulli –, aber er hatte ein offenes Lächeln, das sich anfühlte wie ein Willkommen. Ich hatte Lorne auf seiner Hochzeit kennengelernt, zu der ich Jeremy begleitet hatte. Jeremy und Lorne waren zusammen in der Männergruppe. Mein linker Fuß zuckte nervös, als ich realisierte, was das bedeutete.

»Wir haben von dir gehört«, sagte Brad, als hätte er meine Gedanken gelesen. Brad war etwas älter als Lorne, groß und schlank mit grau meliertem Haar. Das Einzige, was ich über ihn gehört hatte, war, dass er besessen war von Geld.

»Was habt ihr gehört?«, fragte ich.

Max und er tauschten einen Blick aus. Beide lächelten.

»Dass du mit Blake Analsex hattest«, sagte Brad mit einer Spur Schüchternheit. Nicht, was ich erwartet hatte. Das war vor meiner

Zeit bei Dr. Rosen gewesen. Mein Gesicht verzog sich zu einem finsteren Blick. Was soll's, Brad. Ich stehe zu meiner sexuellen Vergangenheit.

»Ehrlich gesagt, mit Jeremy auch«, entgegnete ich.

»Davon habe ich ebenfalls gehört«, antwortete Brad.

Mein Magen zog sich vor Angst zusammen. Würde ich mich übergeben? Was tat ich hier – ich ließ mich von Männern, die ich nicht kannte, über mein Sexleben ausfragen? Das erste Mal in den dreieinhalb Jahren, die ich zu Dr. Rosen ging, sehnte ich mich nach Vertraulichkeit. In all dieser Zeit hatte ich bewundert, wie Dr. Rosen darauf beharrte, dass Geheimnisse toxisch waren. Nun sah ich die finstere Kehrseite davon: Ich war gerade einer Gruppe voller Leute beigetreten, die alles wussten, was es über meine Erfahrung mit Analsex zu wissen gab.

Die Gruppe ließ mich in meinem Unwohlsein schmoren und sprach nun über Lornes verrückte Ex-Frau und Brads anstehendes Bewerbungsgespräch für eine Stelle, die sein Grundgehalt um 20 Prozent erhöhen würde.

Als die Unterhaltung kurz stockte, sah ich zu Dr. Rosen. »Was macht diese Gruppe zu einer Fortgeschrittenengruppe?«, fragte ich.

Ehe er antworten konnte, ergriff eine Frau das Wort, die schulterlanges silbriges Haar hatte und einen dunkelblauen Polyesterhosenanzug trug. »Max und ich sind Gründungsmitglieder dieser Gruppe. Das war in den späten 1980er-Jahren. Ich bin übrigens Maggie.« Sie saß direkt neben Dr. Rosen. »Wir kannten Dr. Rosen schon, als …« Sie stockte.

»Als was?«, fragte ich.

Maggie verdrehte die Augen. »Sagen wir so: Dr. Rosen zog damals noch andere Grenzen.«

»Was soll das heißen?«

»Max und ich waren einmal zum Mittagessen bei ihm zu Hause …«

»Er machte mir ein Schinkensandwich«, sagte Max. Schinken? Dr. *Baruch Atah Adonai* hatte einem Patienten Schinken serviert? »Er war damals etwas weniger jüdisch. Dieses übertriebene Jüdischsein kam erst, als er seine zweite Frau heiratete.«

Maggie lehnte sich zu mir herüber und erzählte, dass sie einst »sehr eng« war mit seiner Ex-Frau, die magersüchtig war und Dr. Rosen mit einem Mann betrog, den sie in einem Nachtclub kennengelernt hatte. »Ich glaube, er war schwarz.«

»Ich denke, das erklärt Ihre Reaktion auf meinen Luther-Vandross-Traum«, sagte ich zu ihm. Er lachte und griff sich dabei an den Bauch.

Max erwähnte, dass Dr. Rosen in den frühen 1990ern eine längere Auszeit genommen hatte, ohne dass bis heute klar war, warum. Brad und Lorne diskutierten, ob es dabei um die Therapie einer Sexsucht oder einer Co-Abhängigkeit gegangen war.

Mit jeder neuen Offenbarung zog sich mein Magen weiter zusammen. Der makellose Dr. Rosen, der in meiner Vorstellung lebte, dem ich die Macht über meine tiefsten Sehnsüchte gegeben hatte, wurde mit jeder weiteren Enthüllung mit Schlamm besudelt. Ich spitzte die Lippen und presste die Zähne aufeinander.

Max drehte sich zu Dr. Rosen und schlug ihm auf den Unterarm. »Wissen Sie noch, als Sie einmal monatelang Durchfall hatten? Wann war das? 1989? Oder 1991?« Der Rest der Gruppe warf andere Jahreszahlen ein. Warum wusste hier jeder über Dr. Rosens Eingeweide Bescheid?

Ich wollte mich in Luft auflösen und aus dem Raum und aus der ganzen Therapie hinausschweben. Max und Maggie waren wie Löschwasserhydranten, die eine Geschichte nach der anderen über Dr. Rosen ausspuckten, die bis in die erste Amtszeit von Ronald Reagan zurückreichten. Damals war ich ein Teenager. *Das eine Mal, als sein Hund wegrannte. Der Sommer, in dem er Klamotten aus Seersucker trug. Das eine Mal, als er Maggie mit aller Kraft davon abhalten musste, Max anzugreifen, und ihr dabei eine Rippe brach.* Innerhalb von 15 Minuten hatte ich mehr über meinen Therapeuten erfahren als in den letzten drei Jahren. Das unbeschriebene Blatt war plötzlich mit einer dicken Schicht Morast überzogen.

Dr. Rosen lächelte sein übliches unbedachtes Lächeln. Diese Enthüllungen waren ihm nicht peinlich. Ich sah zu den anderen – niemand schien beunruhigt. Sie saßen entspannt auf ihren Stühlen. Diese Geschichten waren für sie wie Familienüberlieferungen, die jedes Jahr an Thanksgiving aufs Neue ausgepackt werden. Wenn Max mitten in einer Erzählung abbrach, führten Maggie oder Brad sie fort. So viele Geschichten. So viel Geschichte. So viele Lagen Dreck auf meinem Dr. Rosen.

Bis zu diesem Augenblick hatte ich Dr. Rosen als Ikone bewundert, auch wenn meine Freunde, die zu anderen Therapeuten gingen, zweifelnd die Stirn runzelten, wenn ich ihnen von Baby Jeremiah, meiner Verschreibung mit dem Raucher und meinen allabendlichen Anrufen bei Rory und Marty erzählte. Ich fand Dr. Rosen mutig, schlau und begnadet in der Behandlung von Süchtigen wie mir. Aber nun machte ich mir Sorgen, dass er noch etwas anderes sein könnte: zutiefst fehlerhaft und möglicherweise nachlässig. Vielleicht sogar gefährlich.

Je länger ich dasaß und meiner neuen Gruppe dabei zuhörte, wie sie über vergangene Zeiten lachten, umso mehr wurde mir übel. Sie hatten Ehen, Kinder und Karrieren. Maggie war Großmutter. Niemand von ihnen sehnte sich verzweifelt nach irgendeiner Sache, so wie ich es tat – abgesehen davon, dass Brad definitiv darauf fixiert war, sein Vermögen zu vergrößern. Niemand von ihnen war so sehr wie ich darauf angewiesen, dass Dr. Rosen ein mächtiger Zauberer und kein dahergelaufener Hochstapler war.

Dr. Rosen neigte den Kopf in meine Richtung und grinste. »Ja?«

»Ich habe dieser kleinen Reise in die Vergangenheit nichts hinzuzufügen.«

»Willst du irgendetwas mit uns teilen?«, fragte Maggie mit einem unschuldigen Großmutter-Lächeln. »Du hast irgendetwas leise vor dich hingemurmelt?«

Alle starrten mich an. Meine Hände zitterten, als würde ich auf ein Podium steigen, um zu Hunderten von Leuten zu sprechen und nicht zu einem Kreis von sechs.

»Nun, ich bin hier, um zu lernen, wie man eine gesunde Beziehung führt, um irgendwann eine eigene Familie zu gründen. Ich will nichts über Dr. Rosens frühere Verdauungsprobleme wissen.« Ich drehte mich Dr. Rosen zu und stellte meine Lieblingsfrage: »Wie soll mir das hier helfen?«

Max antwortete mir, bevor er es tun konnte. »Woher willst du wissen, dass es dir nicht hilft?«

»Es soll mir helfen, wenn ich mir Geschichten anhöre über seine Vergangenheit als Therapeut, der keine Grenzen kannte?«, fragte ich eher rhetorisch zurück.

»Warum nicht?«, erwiderte Max.

Max wusste nichts über mich. Ich schielte wieder auf die Uhr. Warum konnte ich meine Füße nicht dazu bringen, zur Tür zu gehen? Warum tat ich mir das an? Diese Gruppe – diese gesamte Therapie – bringt mich vielleicht niemals an eines meiner Ziele. Möglicherweise werde ich brav zweimal pro Woche hierherkommen, meine 70 Dollar pro Sitzung zahlen und trotzdem allein sterben.

Oma Maggie hielt ihre linke Hand in die Höhe und zeigte auf ihren Ehering. »Dr. Rosen ist wirklich gut darin, Frauen wie dich unter die Haube zu bringen. Du wirst schon sehen. Ich habe vor zwei Jahren geheiratet.« Maggie war locker in ihren 60ern und ging schon zu Dr. Rosen, seit George Bush Senior Vizepräsident war. Die Vorstellung, dass ich noch mehrere Jahrzehnte vor mir hatte, bis ich mich binden und eine Familie haben würde, war nicht gerade tröstend.

»Sechs Monate«, sagte ich. »Wenn mein Leben im Juli noch nicht besser ist, höre ich auf.« Scheiß auf die Fünfjahresfrist, die ich in meiner allerersten Sitzung bei Dr. Rosen gesetzt hatte. Ich war nun seit dreieinhalb Jahren bei ihm in Behandlung, hatte mich mittlerweile darauf eingelassen, zu drei Sitzungen pro Woche zu kommen, und gab 800 Dollar im Monat für die Therapie aus. Mein Einsatz hatte sich erhöht. Ich wollte Ergebnisse.

»Damit zu drohen, dass du aufhörst, ist ein interessanter Weg, Vertrauen und Intimität aufzubauen«, grinste Max.

»Ich komme dreimal die Woche hierher ...«

»Ich ebenfalls«, erwiderte Lorne.

»Ich auch«, sagte Patrice.

»Das ist wirklich eine Sekte.« Alle lachten. »Sechs Monate.«

»Würden Sie auch weiter zur Dienstagvormittagsgruppe kommen?«, fragte Dr. Rosen.

»Ja. Alles oder nichts. Sechs Monate.«

An diesem Abend saß ich in meinem Büro, als die Sonne hinter dem Horizont verschwand. Ich tippte in die Google-Suchleiste: *Therapeuten in Chicago*. Eine Liste von Links tauchte auf. Eine Psychologin namens Linda, ein Analyst namens Francis, der im selben Gebäude saß wie Dr. Rosen. Ich stellte mir vor, Linda oder Francis anzurufen, aber es fühlte sich völlig unmöglich an. Es würde zu viel Energie kosten, eine neue Person über alles ins Bild zu setzen. Die Äpfel. Die Würmer. Jeremy. Der Praktikant. Dr. Rosen und meine beiden ersten Gruppen hatten mir beigebracht zu essen, zu schlafen und Sex zu haben. Ich würde Dr. Rosen und sein doofes Lachen vermissen. Ich würde meine Dienstagvormittagsrunde vermissen. Die erste Sitzung in der »Fortgeschrittenengruppe« war nicht gerade lebensverändernd, aber ich war es mir selbst schuldig, ihr etwas Zeit zu geben. Nur für den Fall setzte ich für die Webseiten mit Lindas und Francis' Kontaktdaten ein Lesezeichen.

***

Mein neues Leben mit drei Gruppensitzungen pro Woche: Montags und dienstags ging ich vor der Arbeit zur Gruppe, donnerstags mitten am Tag. »Lange Mittagspause« nannte ich es. Ich arbeitete von 9 Uhr 30 morgens bis 19 Uhr abends, es sei denn, es gab ein Projekt, das es erforderlich machte, noch länger zu bleiben. Wenn ich Feierabend machte, loggte ich mich aus und lief zu Fuß nach Hause. Ich hatte eine neue Wohnung bezogen, die gegenüber von Clares Haus lag, da sie sich vor Kurzem mit Steven verlobt hatte. Anstatt wie ein fünftes Rad am Wagen ihre Mitbewohnerin zu bleiben, hatte ich in einem Hochhaus ein Einzimmerapartment gemietet. Kathryn, meine Vermieterin, ging freitags in eine von Dr. Rosens Frauengruppen. Mir fehlte zwar Clares Gesellschaft, doch gleichzeitig fühlte es sich gut an, mich in jeder Ecke meiner neuen Wohnung ausbreiten und aus den westwärts gerichteten Fenstern den Sonnenuntergang beobachten zu können. Dr. Rosen betrachtete meinen Umzug in die eigenen vier Wände als Beweis dafür, dass ich Platz machte für eine Beziehung. Als er das sagte, kniff ich meine Augen zusammen. Ich hatte Angst, meine in Stein gemeißelte Skepsis zugunsten einer fadenscheinigen Hoffnung aufzugeben.

An den Wochenenden ging ich zu Zwölf-Schritte-Treffen und verbrachte mindestens den halben Tag im Büro, wo ich Unterlagen prüfte und (mir selbst) bewies, dass ich meine Stelle bei Skadden verdient hatte. Hinter dem alltäglichen Rumoren meines Lebens wartete ich darauf, dass *etwas Großes* passierte. Ich wartete auf die wundersamen Effekte der »Fortgeschrittenengruppe« und stellte sie mir wie einen Schweißbrenner vor, der direkt auf mein Herz zielte. Aber es passierte kein Wunder, keine Funken flogen aus einer nackten Flamme, keine Abkürzung auf meinem Weg zur Bindung an andere Menschen tauchte auf. Ich saß in einem Kreis und sprach, lauschte, fühlte – das Gleiche, was ich tat, seit ich angefangen hatte, zu Dr. Rosen zu gehen.

Der Sechs-Monats-Countdown lief.

Ein paar Veränderungen gab es. Als Erstes bekam ich schlimme Verstopfung. Meine Gedärme leerten sich nur alle acht Tage, sodass ich sieben Tage lang mit einem dumpfen Pochen im Unterbauch herumlief. Mich zu bücken tat weh. Laufen tat weg. Niesen tat weg. Ich fühlte mich fetter als an meinen schlimmsten Tagen mit PMS. Mein Verdauungssystem schaltete sich ab, sobald ich mit der neuen Gruppe begonnen hatte. Nichts bewegte sich mehr in mir. Wenn das das einzige Geschenk der neuen Gruppe war, dann verzichtete ich gern darauf. Um mich zu trösten, blätterte ich den Kalender vor bis Juli, wie ein Kind, das die Tage bis Weihnachten zählt. Nur dass ich nicht auf einen Mann im roten Anzug und mit einem Sack voller Geschenke wartete, sondern darauf, dass ich die Beziehung zu meinem koboldhaften Therapeuten beenden konnte, der mir versprochen hatte, dass ich nicht allein sterben würde. Als ich in der Montagsgruppe über meine Verstopfung jammerte, erinnerte Max Dr. Rosen ein weiteres Mal an seinen legendären Durchfall in den späten 1980er-Jahren. Ich fragte, was ich gegen meine Verstopfung tun sollte, und Max blaffte mich an: »Hättest du dir diese sechsmonatige Deadline nicht gesetzt, wärst du vielleicht nicht so voller Scheiße.«

Dienstagvormittags sagte ich meiner ursprünglichen Gruppe, dass ich keine Ahnung hatte, was ich in der neuen Gruppe sollte. Ich versuchte zu beschreiben, wie es sich anfühlte, wenn ich nicht wusste, was ich mit meinen Händen tun sollte oder was ich 90 Minuten lang sagen sollte.

Patrice schüttelte den Kopf. »Sie macht sich ganz gut dort.«

»Es fühlt sich nicht an wie eine Gruppentherapie. Lorne ist der Einzige, der irgendwelche Probleme mitbringt. Sie unterhalten sich einfach nur wie alte Freunde. Niemand weiß von meinen Madenwürmern oder meiner Essstörung oder wie ich mich mit Jeremy selbst erniedrigt habe. Das Einzige, was sie zu interessieren scheint, ist das, was direkt vor ihnen liegt.«

»Und das Problem daran ist …?«, fragte Dr. Rosen.

Das Problem daran war, dass ich jede Woche 270 Minuten Therapie über mich ergehen ließ, mich aber kein Stück besser fühlte.

Während der Montags- und Donnerstagssitzungen fühlte ich mich wie eine Fremde, die in ein Familientreffen von Fremden geplatzt war. Jede Unterhaltung war unterlegt von zahlreichen Schichten gemeinsamer Vergangenheit, Erinnerungen, Geschichten und Beziehungen, die ich nicht verstand. Wenn Max oder Lorne fragten, wie es mir ging, sprach ich aus, was mir am drängendsten auf dem Herzen lag.

»Ernsthaft, wie werde ich diese Verstopfung los?«, fragte ich.

»Sie sollten viel Wasser trinken«, sagte Dr. Rosen. »Sie könnten auch Flohsamenschalen probieren. Sie sind der wirkende Bestandteil von Metamucil.«

Offenbar zahlte ich nun 840 Dollar im Monat, um über die Zusammensetzung von Abführmitteln aufgeklärt zu werden.

In der Montags- und Donnerstagsgruppe stellte Dr. Rosen keine Rezepte aus. Niemand rief irgendjemanden an, um schlafen zu können oder um über Apfelfressattacken nach dem Abendessen zu sprechen. Zweimal pro Woche saßen wir für 90 Minuten im Kreis und stichelten. Wenn Brad darüber sprach, wie er auf der Arbeit um eine Provision betrogen wurde, warf Max ihm vor, krankhaft geldbesessen zu sein. Wenn Patrice sich über die Mitinhaber ihrer Praxis beschwerte, hielt Dr. Rosen ihr vor, dass sie als erfahrenste Teilhaberin nicht auf ihrer Autorität bestand. Wenn ich zu lange schwieg, drehte Max sich zu mir und fragte, wie viele Monate es noch waren, bis ich die Therapie hinschmiss. Ich ignorierte ihn und fragte Dr. Rosen, wie mir das alles helfe.

»Natürlich hilft es dir«, stöhnte Max genervt.

»Aber von meinen Eingeweiden abgesehen gab es keinerlei Veränderung«, antwortete ich barsch.

»Das ist Quatsch. Und weißt du was?«, fragte Max nun lauter. »Hör auf damit, uns überzeugen zu wollen, wie bemitleidenswert du bist. Lass es einfach sein. Es nervt.«

Niemand konnte andere so gut bloßstellen wie Max. Als er den Kopf schüttelte und angewidert seufzte, fühlte ich mich gemaßregelt. Auf der Suche nach einer Hilfestellung oder Trost schaute ich zu Dr. Rosen, aber da war nichts außer seinem unergründlichen Schmunzeln, also lenkte ich meinen Blick auf einen Fleck auf dem gemusterten Teppich, der die Form von Australien hatte.

Einige Minuten später wandte Dr. Rosen sich an mich: »Warum bitten Sie Max nicht, alle Gründe aufzuzählen, weshalb Sie *nicht* bemitleidenswert sind?«

Mein Brustkorb zog sich zusammen. Im Bruchteil einer Sekunde, bevor ich Dr. Rosens Rat annahm, sah ich vor mir, wie Max all die Botschaften wiederholte, die in meinem Kopf umhertosten: *Es ist deine eigene Schuld, dass du allein bist. Du bist nicht therapierbar. Du bist bemitleidenswert!*

Ich setzte meine Füße fest auf den Boden auf, um mich für das zu wappnen, was kommen würde, und sah Max direkt in die Augen:

»Warum bin ich nicht bemitleidenswert?«

Max blickte zu Dr. Rosen und sagte: »Ich muss hier die ganze Arbeit machen.« Dann stöhnte er auf und drehte sich mir zu. »Du bist eine brillante Anwältin, die in einer der leistungsstärksten Kanzleien der Stadt arbeitet. Du bist in diese Fortgeschrittenengruppe aufgestiegen. Du arbeitest hart daran herauszufinden, wie verkorkst du bist und was du dagegen tun kannst. Du bist nicht bemitleidenswert – du bist angepisst, weil du nicht alles bekommen hast, worauf du hingearbeitet hast, aber das ist besser als diese *Ich armes Ding*-Nummer, die du abziehst.« Er zögerte einen Moment, und ich hielt die Luft an und wartete auf den Einschlag seiner Schlusssalve. »Hör verdammt noch mal auf damit.«

Ich wusste, dass ich Max weiter ansehen und atmen sollte, aber ich konnte nicht mehr. Was wäre ich für ein Mensch, wenn ich mich genauso wahrnehmen würde, wie Max es tat?

***

An einem Nachmittag im März saß ich an meinem Schreibtisch und aß eine Tüte Rosinen – ich kämpfte immer noch gegen diese Verstopfung –, als auf meinem beruflichen E-Mail-Account eine neue Nachricht einging. *Hättest du Lust, mit mir etwas trinken zu gehen?* Sie kam von Alex, der vier Stockwerke über mir wohnte. Vor ein paar Tagen hatten wir uns morgens im Aufzug unterhalten, als wir auf dem Weg in den Fitnessraum waren. Es hatte sich herausgestellt, dass er genau wie ich als Junioranwalt in einer riesigen Kanzlei arbeitete. Er hatte ein Laufband in der Nähe von meinem genommen, und im Spiegel hatte ich beobachtet, wie seine schlanken Beine Schritt um Schritt machten. Null Körperfett, perfekt geformt, ruhige Atmung, obwohl er einen Kilometer in unter vier Minuten lief. Seine körperliche Schönheit hatte mich so sehr abgelenkt, dass ich zu den Ergometern wechseln musste.

Ich legte mir eine Hand auf den Mund, um zu verstecken, wie sehr ich mich über seine Einladung freute. Vielleicht war das die *große Sache*, auf die ich wartete.

26

Am folgenden Montag trafen wir uns nach der Arbeit in einem Irish Pub in der Clark Street. Und was noch besser war: Ich hatte keine Verstopfung mehr. Nicht mal eine Stunde nachdem ich Alex' E-Mail bekommen hatte, waren meine Gedärme wieder zum Leben erwacht.

Alex und ich verglichen unsere bisherigen Erkenntnisse über unsere angehenden Anwaltskarrieren – »so viel Aktenprüfung« – und teilten uns einen Shepherd's Pie zum Abendessen. Ich zögerte nur eine Millisekunde, als der Teller mit den Schichten von Kartoffelbrei und den undefinierbaren braunen Klumpen darunter serviert wurde. Ich schaffte das: Ich konnte zusammen mit diesem schönen Mann einen irischen Auflauf essen.

Von der Damentoilette rief ich Rory an und erzählte ihr, dass ich auf einem Date mit einem Nachbarn war, der aussah wie Brad Pitt – nur gepflegter und größer.

»Schwul?«, fragte sie.

»Möglicherweise.« Er war mit seinen beiden Schwestern allein bei seiner Mutter aufgewachsen, also war es nachvollziehbar, dass er nicht gerade vor Männlichkeitsklischees sprühte. Lag im Herzen dieses äußerlich so wundervollen Mannes etwas verborgen, was mich verletzen konnte?

Alex und ich schrieben uns die ganze Woche über E-Mails, und ich zeigte mich von meiner besten Seite. Geistreiche Antworten. Witze über Popkultur und den Alltag in einer Anwaltskanzlei. Obwohl ich mir meine Antworten innerhalb von Sekunden zurechtlegte, wartete ich einige Stunden, bis ich sie abschickte. Ich komponierte eine Christie, von der ich glaubte, dass sie ihm gefallen würde. Was ein so schöner und gut gebauter Mann mögen könnte? Ich tippte auf: unbeschwerten Humor. Intelligenz und Ehrgeiz. Und ausgehend von seinem BMI – körperliche Fitness. Ich verfügte über all diese Dinge und servierte sie Alex mit jeder Nachricht in kleinen, aufpolierten Portionen. Meine emotionalen Höhen und Tiefen hob ich mir für die Gruppe auf.

Zwei Tage nach unserem ersten Date fragte er nach einem zweiten: italienisches Essen und anschließend Livejazz.

Der abgedunkelte Club war voller Pärchen, die mindestens zehn Jahre älter waren als wir. Alex und ich setzten uns an der hinteren Wand unter ein Bild, das den jungen Billie Holiday zeigte. Ein kleiner runder Tisch, der gerade groß genug für unsere beiden Getränke war, trennte uns von dem Gang, auf dem emsige Kellner Longdrinks und Cocktails zu den Tischen trugen. Als ein Trio einige Lieder spielte, hielt Alex meine Hand, und sein Daumen klopfte im Takt auf meine Handfläche.

Als die Band zwischen zwei Sets eine Pause einlegte, stellte er mir einige Fragen, die an die anknüpften, die er bei unserem ersten Abendessen gestellt hatte, um mich kennenzulernen.

»Könntest du dir vorstellen, irgendwann zurück nach Texas zu ziehen?«

»Auf keinen Fall.«

Als er fragte, warum, zögerte ich kurz. Es gab mehrere Antworten auf diese Frage. Ich konnte ihm sagen, dass ich die Hitze nicht mochte oder die konservative Politik. Oder dass ich das Gefühl hatte, es allein schaffen zu müssen in dieser Stadt, die ich mir ausgesucht hatte, und dass es sich darum wie eine Niederlage anfühlen würde, zurück nach Hause zu ziehen. Oder dass ich es versäumt hatte, mit meinen dortigen Freunden Kontakt zu halten, was eine Rückkehr nicht gerade verlockend machte. All das stimmte, aber als ich seine geschwungenen Lippen und seine perfekte Kieferpartie betrachtete, fühlte ich mich dazu ermutigt, ihm den wahren Grund zu sagen. »Ich hänge ziemlich stark an meinem Therapeuten.« Und wenn ich Dr. Rosen schon erwähnte, konnte ich auch gleich alles auf den Tisch legen. »Und ich gehe zu einer Gruppentherapie, also hänge ich auch an all den anderen Leuten.« Dass es zwei Gruppen und drei Sitzungen pro Woche waren, behielt ich jedoch für mich.

Ich starrte auf das Bild von Billie Holiday, der in ein altmodisches silbernes Mikrofon sang. Oh Gott, was habe ich getan? Versuchte ich Alex unterbewusst zu verjagen, indem ich andeutete, dass ich verrückt war?

»Cool«, sagte Alex und lächelte auf eine merkwürdige Art. Als sei er überrascht, dass ich mich so verletzlich zeigte. Er rückte näher an mich heran. »Soll ich gleichziehen?«

Ich lächelte. »Klar.«

»Ich habe dir erzählt, dass meine Eltern geschieden sind, oder?« Ich nickte. »Was ich nicht gesagt habe, ist, dass sie nach der Scheidung noch einmal geheiratet haben. Einander. Um sich dann noch einmal scheiden zu lassen.« Er blickte auf die leere Bühne. Dann wandte er sich wieder mir zu. »Das ist also auch ziemlich kompliziert.«

»Klingt so, ja.«

Was ich eigentlich sagen wollte, war: *Danke. Danke, dass du meine Verwundbarkeit verstehst. Dass du gleichgezogen hast. Dass es nicht fatal war, dir bei unserem zweiten Date von meiner Therapie zu erzählen.*

Als die Band wieder auf die Bühne kam, rutschte Alex seinen Stuhl näher an meinen heran. Unsere Knie berührten sich, als wir Hand in Hand in dem dunklen Club saßen und die Musik auf uns wirken ließen. Ich erkannte das Gefühl von Wärme und Sicherheit, das sich nach einem Rausch der emotionalen Wagnis einstellte. So fühlte ich mich auch in der Gruppe, wenn ich etwas Schwieriges mit den anderen teilte und sie »Geht mir genauso« oder »Das verstehe ich« erwiderten. Wie das eine Mal, als ich in der Frauengruppe darüber gesprochen hatte, dass ich meine Brüste hasste, und jede von ihnen mir ihre eigene Geschichte über das quälende Verhältnis zu ihrem Busen erzählt hatte.

Ich bin am Zug, du bist am Zug. Hin und her.

So war es also. So baute man eine vertraute Beziehung auf. Wort um Wort. Geschichte um Geschichte. Enthüllung um Enthüllung.

Wie in der Gruppe.

Nach dem Jazzclub lud er mich ein, mit in seine Wohnung zu kommen. »Ich würde dir gerne die Aussicht von meinem Balkon zeigen.«

Er legte einen Arm um mich, als er auf den Großen Bären zeigte. Die Sterne waren Zeugen unseres ersten Kusses. Als er seine perfekten Lippen auf meine legte, fühlte es sich an, als schluckte ich Sternenlicht, und mein Herz begann zu leuchten. Er brachte mich zu meiner Wohnungstür. »Das setzen wir fort«, sagte er und küsste mich wieder.

Wenn ich das der Fortgeschrittenengruppe zu verdanken hatte, dann würde ich für immer bleiben.

***

Alex war wundervoll. Unsere Dates waren alles, wonach ich mich in meinem Innersten gesehnt hatte. Ich konnte kaum glauben, wie gern ich Zeit mit ihm verbrachte. Die einzige Schattenseite war meine unterschwellige Angst, dass ich nicht wusste, was ich tun musste, damit es so blieb. Ich zermarterte mir den Kopf darüber, wie und wann unsere Beziehung umschlagen oder im Sande verlaufen oder implodieren würde.

Ich brachte meine Angst mit in die Gruppe. »Das kann nicht so weitergehen«, sagte ich. »Was muss ich tun, damit alles gut bleibt?«

»Können Sie sich von Ihrem Bedürfnis lösen, es steuern zu wollen?«, fragte Dr. Rosen.

»Nein.« Dr. Rosen verstand es nicht. Alex' Körper war quasi perfekt, er roch nach einem sportlich-frischen Deo, und ich konnte meine sexuelle Blütezeit schon am Horizont erkennen. Wenn ich mich auf diese Beziehung einließ und mir erlaubte, daran zu glauben, dass sie echt war – was wäre dann, wenn sie schiefging? Würde es mich zerstören?

»Können Sie sich davon lösen, immer mit einem Scheitern zu rechnen?«, fragte Dr. Rosen.

»Ich werde es versuchen.«

***

Alex hatte sich zu zwei Triathlons im Sommer und zu einem Marathon im Herbst angemeldet. Sein Leben bestand aus frühen Joggingrunden und Radtouren vor der Arbeit, gefolgt von Schwimmen im Fitnessstudio oder im Lake Michigan nach Feierabend. Als wir uns knapp einen Monat lang trafen, lud er mich an den meisten Morgen und Abenden ein, ihn zu begleiten.

An einem Samstag klopfte er morgens um 6 Uhr an meine Tür. Eine Startnummer war an seiner Fleecejacke befestigt, und seine Hände steckten in dünnen schwarzen Handschuhen. Er befestigte eine Nummer an meinem Shirt und reichte mir eine Wasserflasche. An der Startlinie des Zehn-Kilometer-Rennens, zu dem er uns angemeldet hatte, rieb er meine Schultern, als er merkte, dass ich vor Kälte zitterte. Am Boden neben der Laufstrecke klebten noch einige Flecken Schnee, und nur ein paar Hundert Läufer waren gekommen zu dem Lauf am Seeufer entlang, wo der Wind uns in die ungeschützten Gesichter peitschen würde. Ich hatte noch nie an einem Zehn-Kilometer-Rennen teilgenommen, aber seit ich Alex datete, hatte mein Körper eine neue Lebenskraft entwickelt, die teils auf Angst und teils auf Spaß beruhte. Eine durchgeknallte Bereitschaft, alles auszuprobieren, ließ mich zu sämtlichen Dingen, die er vorschlug, Ja sagen. Inklusive dieses eisigkalten Stadtlaufs.

Jedes Mal, wenn wir nach der Arbeit zum Abendessen gingen oder am See entlangjoggten, spürte ich einen federleichten Optimismus, der an meinem Herzen anklopfte und mich zu überzeugen versuchte, nicht länger ein mögliches Scheitern auf unsere Beziehung zu projizieren. Vielleicht musste nicht jede Beziehung damit enden, dass ich im Gruppenraum kauerte und in einen Putzlappen heulte. Vielleicht musste nicht jede Beziehung enden. Vielleicht würde diese halten.

Nach dem Lauf schmerzten meine Oberschenkel und meine Schultern stachen an der Stelle, wo der Träger meines Sport-BHs sie einschnitt. Aber mit Alex wurde der Schmerz von purer Freude verdrängt.

***

Am Montagmorgen hielt Dr. Rosen ein Bild hoch, sodass es jeder sehen konnte. Patrice setzte ihre Lesebrille auf, und Max lehnte sich nach vorn. »Hier kann man sehen, was es bedeutet, Blockaden zu lösen«, sagte Dr. Rosen. Es war ein Foto von mir und Alex. Ich trug ein pinkfarbenes Cocktailkleid und Alex einen Smoking. Wir waren bei einer Gala für das Joffrey Ballet gewesen. Die Tänzer und Tänzerinnen waren in glänzendem Tüll durch den abgedunkelten Saal gewirbelt, und Alex hatte seine Hände um meine gelegt. In lehnte mich in dem roten Samtsessel so weit zu ihm hinüber, bis sich unsere Beine berührten. Während des Abendessens in dem gigantischen, vergoldeten Ballsaal des Hilton Hotels streichelte er meinen Rücken und spielte mit dem Verschluss meiner Halskette. Auf der Tanzfläche zog er mich eng an sich, als die Band Otis Redding coverte. Später küsste er mich wieder auf seinem Balkon. »Es fühlt sich an, als wärst du meine Freundin«, sagte er. Ich hatte mich an ihn gelehnt und ausgeatmet.

Oma Maggie zeigte auf das Bild und dann auf ihren Ehering. »Du bist die Nächste, Kindchen.«

Alex fühlte sich so wohl in seiner Haut, dass er mir das Gefühl gab, ich könnte es ebenfalls tun. Völlig ungezwungen sprach er über all die Dinge, die wir gemeinsam machen würden. Einen Bootsausflug auf dem Chicago River mit seiner Firma im Juni. Einen Kurztriathlon im Juli. Einen Besuch bei seiner Schwester in Iowa irgendwann im Sommer. Eine Comedyshow, ein Konzert, einen Besuch im Zoo. Er verhielt sich so, als hätten wir eine Zukunft, und allmählich ließ auch ich es zu, mir vorzustellen, dass wir länger als ein paar Monate zusammen sein würden.

»Ernsthaft, wo ist der Haken?«, fragte ich meine Gruppe und Dr. Rosen.

»Sag du es uns«, entgegnete Max.

Ich schüttelte den Kopf. Das Verhältnis zu seinen Eltern klang kompliziert, aber er wirkte nicht wie jemand, der insgeheim traumatisiert war oder Angst vor einer Beziehung hatte. Sein Trainingsplan schien beinahe zwanghaft, aber er zehrte Alex nie so sehr aus, dass er zu erschöpft gewesen wäre, um Zeit mit mir zu verbringen oder mit mir zu schlafen. Sein Geschmack bei Büchern schien mir einen Tick unreif, aber viele Menschen liebten *Harry Potter* – das war kein legitimer Grund, an einer so wundervollen Person wie Alex herumzumeckern. Ich hatte einfach nur Angst.

Eines Morgens legten Alex und ich einen Stopp in der *Corner Bakery* ein, um vor der Arbeit gemeinsam zu frühstücken. Wir saßen auf einer Bank am Fenster, fütterten uns gegenseitig mit Muffins und verhielten uns wie die Art Pärchen, auf die ich verächtlich herabgeblickt hätte, als ich ein Single war oder Probleme mit Jeremy hatte. Als ich aufstand, um Servietten zu holen, rief Alex auf meinem Handy an, das in meiner Tasche neben ihm vergraben war. Die Mailboxnachricht, die ich später hörte, ließ mein ängstliches, wehrhaftes Herz dahinschmelzen: »Hallo, schöne Frau im Café. Hier ist dein Freund. Und er findet dich ziemlich bezaubernd.« Ich spielte sie immer und immer wieder ab und dachte dabei: *Wenn das hier auseinanderbricht, wird es richtig mies.*

Dr. Rosen verwandelte sich in eine festhängende Schallplatte, die immer wieder dasselbe abspielte: »Haben Sie Vertrauen, *Mamaleh*, vertrauen Sie.«

Als die Wochen vergingen, blieben Spuren meiner Angst zurück, aber meine Verstopfung wurde immer besser und meine Freude immer größer. Beide Gruppen bejubelten meine wöchentlichen Updates.

»Die Beständigkeit steht Ihnen gut«, sagte Dr. Rosen.

»Ich hoffe, du rechnest uns diese Beziehung an«, sagte Max. »Als du in den anderen Gruppen warst, hast du dreckige Schwänze gelutscht und wurdest abserviert. Gern geschehen.«

Lorne reckte seinen Daumen in die Höhe, und Brad rechnete meines und Alex' Einkommen durch unsere gutbezahlten Juristenjobs zusammen. Oma Maggie tätschelte meine Hand und flüsterte: »Ich wusste es.«

Ich grinste und fühlte mich, als würde ich schweben. An dem Morgen im Juli, an dem meine sechs Monate in der Montags- und Donnerstagsgruppe abgelaufen waren, verkündete ich, dass ich bleiben würde. Für immer.

»Na super«, erwiderte Max mit gespielter Genervtheit.

»Du kannst bleiben«, sagte Lorne, »aber ich werde mich für eine Hochzeit nicht herausputzen. Wenn ich nicht in Jeans kommen darf, komme ich überhaupt nicht.« Er zwinkerte mir von der gegenüberliegenden Seite des Kreises zu.

Ich strahlte sie alle an, meine fortgeschrittenen Gruppenmitglieder. Alex und ich hatten eine stabile, gesunde, sexuelle Beziehung, und die schrieb ich zum allergrößten Teil ihnen zu.

***

»Mom«, sagte ich während einer ihrer Anrufe an einem Sonntagnachmittag. »Ich habe jemanden kennengelernt. Er ist toll. Wirklich toll. Wir sind letztes Wochenende einen Zehn-Kilometer-Lauf zusammen gelaufen.«

Ich tanzte durch meine Wohnung, während ich ihr die Neuigkeiten verkündete. Ich begrüßte die neue Christie – eine Frau, die sich an ihrem reinlichen, unversehrten, aufmerksamen Freund erfreute. Christie, eine Frau, mit der man gern Zeit verbrachte und der man gern Aufmerksamkeit schenkte. Ich konnte meine gestörte Vergangenheit dort lassen, wo sie hingehörte: hinter mir.

»Wie wunderbar, Schätzchen. Du klingst so glücklich.«

***

»Komm doch zum Chiliessen hoch«, sagte Alex eines Abends. Er schmorte Hackfleisch an und kippte Dosentomaten in einen Bräter. Der Geruch von Kreuzkümmel lag in der Luft. Ich schlang meine Arme von hinten um ihn. Er rührte weiter.

»Weißt du, was die geheime Zutat ist?«, fragte er.

Ich schüttelte den Kopf.

»Du weißt es wirklich nicht?« Er ließ die Schultern hängen und sah mich verwundert an, beinahe verletzt.

Hatte ich irgendeinen Insiderwitz über Chili nicht erkannt? Liebte Harry Potter Chili? Ich wollte ihn nicht enttäuschen, aber das Einzige, was mir einfiel, war ein geschmackloser Furzwitz.

»Sag es mir.«

»Liebe«, antwortete er. »Die geheime Zutat ist Liebe.«

Ich aß zwei Schüsseln voll.

***

»Oh mein Gott«, sagte Lorne, als ich in der Gruppe mit der Liebe in Alex' Chili prahlte. »Das ist so kitschig.«

Ich rückte meinen Stuhl zu ihm hinüber und trat in seine Richtung. »Ruiniere es mir nicht! Das war so süß.«

»Kitschig.«

»Du bist nur eifersüchtig.«

»Auf Alex' dummes Chili?«

»Du musstest Renee einen gigantischen Ring von Cartier kaufen, und alles, was Alex tun musste, war, mir ein Chili zu servieren.«

»Du solltest dich mal hören.«

***

Eines Sonntags standen Alex und ich um 5 Uhr auf, noch bevor die Sonne über den See schimmerte, um fast 50 Kilometer den Lake Shore Drive hinauf und hinab zu radeln. Wir trugen Radhosen und kippten Gatorade in uns hinein. Als wir für ein spätes Frühstück zu Hause von den Rädern stiegen, waren unsere Rücken steif und unser Gang wackelig.

»Komm mit nach oben«, sagte er.

Küssend lagen wir auf seinem Bett mit dem Messinggestell, unsere Körper schwer vom frühen Aufstehen und dem stundenlangen Radfahren. Er zog mir die Hose aus. Die Strahlen der Mittagssonne tanzten frech über seine sauberen weißen Laken. Seine Haut schmeckte salzig, und ich hätte ihn am liebsten verschlungen. Er erfüllte mich. Ich kam immer und immer wieder.

Dieser bezaubernde Kerl, der bei *Les Misérables* von Anfang bis Ende heulte. Der mir zeigte, wie fantastisch der Sonnenaufgang über dem Lake Michigan von einem Fahrrad aus sein konnte. Der sein Essen mit Liebe würzte und auch mir Liebe gab. Mein Herz und mein Körper wurden von ihm angezogen. In meinen Gedanken formten Alex und meine neue Gruppe eine Doppelhelix, die sich um mein eingekerbtes Herz schlang.

»Dieser Typ ist *der eine*«, sagte Marnie, nachdem sie Alex und mich eines Abends zu Sushi getroffen hatte. Clare sagte dasselbe. Patrice und Dr. Rosen ebenfalls.

»Ich mag ihn wirklich sehr«, sagte ich meinen Gruppen und meinen Freunden. Ich sagte es immer wieder; ich suhlte mich in diesem Gedanken. Ich schlief tief und fest.

Mitte Juli waren wir auf der Hochzeit meiner Freundin Kathryn, der Rosen-Patientin, die mir die Wohnung vermietete. Kathryn heiratete Jacob, einen Mann, den sie in einer Rosen-Gruppe kennengelernt hatte. Auf der anderen Seite des Raumes, an Tisch vier, aßen Dr. Rosen und seine Frau ihre Steaks und lächelten, während ein Patient nach dem anderen vorbeilief und schüchtern grüßte. Am Schokoladenbrunnen stellte ich Alex und Dr. Rosen einander vor. Als die beiden Hände schüttelten, sah ich, wie sich auf Dr. Rosens Gesicht ein warmes Willkommen abzeichnete. Ein Gefühl der Vollkommenheit erfüllte meine Brust. Noch nie hatte ich mich so erfüllt gefühlt. *Christie*, sagten sie. Ich hörte ihre Liebe und nahm sie an. Beharrliche Freude wirbelte in mir herum wie ein Faden Zuckerwatte.

Später an diesem Abend, in meinem dunklen Schlafzimmer, zog Alex mir mein weißes Baumwollnachthemd über den Kopf. Es fühlte sich immer wieder so an, als würde ich fallen und aufgefangen werden. Er lehnte sich ein Stück zurück.

»Du bist so schön«, sagte er. »Ich bin so glücklich.«

»Ich liebe dich«, sagte ich und umfasste sein schönes Gesicht.

Ich saß kerzengerade in meiner Montagvormittagsgruppe, und die Sonne, die durch das westwärts gerichtete Fenster hereinfiel, schien mir auf die Arme. Im Gesicht mein strahlendes Lächeln. »Ich habe ihm gesagt, dass ich ihn liebe.«

»Hat er es erwidert?«, fragte Lorne.

»Nicht wortwörtlich.«

Brad und Max tauschten einen kurzen Blick aus. Oma Maggie senkte den Kopf und schaute auf ihre Hände. Ich verdrängte die aufflackernde Sorge, indem ich in meinen Körper hineinspürte. Ich erinnerte mich an das Gefühl, wie seine Haut die meine berührte. Natürlich war das Liebe.

***

Ende Juli reiste ich mit Patrice und ihrer Familie nach St. Petersburg – ein Urlaub, den wir geplant hatten, bevor ich mit Alex zusammengekommen war. Unser Apartment am Newski-Prospekt war voller Stechmücken, die wütende rote Punkte auf meinen Armen und Beinen hinterließen. Wenn ich nachts den Mond anstarrte und meine geschwollenen Stiche kratzte, sehnte ich mich nach Alex. Tagsüber schlich ich mich in Internetcafés, um zu schauen, ob ich eine neue E-Mail bekommen hatte. Mein Magen verkrampfte sich, als ich auch nach zwei, drei, vier Tagen noch nichts von Alex gehört hatte. Schließlich war ich so angespannt, dass ich kaum eine ganze Mahlzeit schaffte. Warum schrieb er nicht? War das nichts Festes zwischen uns? War es keine Liebe?

»Er ist weg«, schluchzte ich vor der Eremitage zu Patrice. Sie schlang ihren Arm um meine Schultern und sagte, ich solle die Aussicht genießen: Ein Straßenkünstler mit einem Ghettoblaster brachte gerade einen angeketteten Schwarzbären dazu, zu Cyndi Laupers *Girls Just Want to Have Fun* zu tanzen.

»Ich kann nicht. Mein Bauch tut weh.« Ich beugte mich nach unten, um eine Ansammlung von Stichen an meinem Knöchel zu kratzten. »Ich hasse Russland. Die blöden Kuppeln, die Stechmücken, die Tanzbären.« In Russland war mir kalt, schlecht, und ich war so weit weg. Einsam und in Vergessenheit geraten. Ich kratzte, bis meine Knöchel bluteten. Unter meinen Fingernägeln sammelten sich Blut und Haut. Patrice rieb mir in kreisenden Bewegungen über den Rücken und bot mir ein Stück dunkle Schokolade an. Ich schloss die Augen und vermisste die Gruppe, wo ich weinen, mit den Zähnen knirschen und alle Gefühle aus mir herausströmen lassen konnte.

***

»Während du in Russland warst, hatte ich Zeit nachzudenken.«

Alex und ich gingen nach einen Fünf-Kilometer-Lauf zugunsten der Legal Aid Society die Dearborn Street hinunter. Mein Körper schwebte irgendwo in der Stratosphäre zwischen Russland und Chicago und kämpfte gegen den Jetlag an, der mir das Gefühl gab, betrunken zu sein.

»Die Sache ist Folgende: Ich weiß, dass du nicht *die eine* für mich bist.« Er marschierte weiter, ohne stehen zu bleiben oder mich anzusehen.

Nein, nein, nein. Ich atmete durch die Nase, um nicht die Beherrschung über meine Stimme zu verlieren. »Wovon redest du da?«

»Ich weiß es einfach. Du bist nicht der Mensch, mit dem ich für immer zusammen sein soll.«

Meine Arme zitterten in der feuchten Augustluft. Ich schmeckte die Banane, die ich vier Blocks weiter hinten nach dem Laufen verschlungen hatte. Der Schweiß in meinem Nacken wurde eiskalt.

In der Lobby blieb er stehen, um seine E-Mails zu lesen, während ich wie eine streunende Katze zitternd auf den Aufzug wartete. Musste er wirklich ausgerechnet jetzt seine Kreditkartenabrechnung und die Wochenangebote des Supermarkts lesen?

Als sich die Aufzugtüren öffneten, schlurfte ich hinein. Doch er trat einen Schritt zurück und wartete auf den nächsten.

***

Die Scherben von all dem Geschirr, das ich an diesem Abend zerstörte, brachte ich mit zu meiner Montagvormittagsgruppe und lud sie in der Mitte des Stuhlkreises ab. Teile einer Thanksgiving-Servierplatte aus Keramik, die ich in einem großen Drogeriemarkt gekauft hatte, Gläser von Ikea, die hellblaue Obstschale, die ich mit

Carlos im Outlet gekauft hatte. Ich hatte sie in eine doppellagige Einkaufstasche von Macy's gestopft, die ich mir auf dem eineinhalb Kilometer langen Fußweg von meiner Wohnung zur Gruppe über das Handgelenk hängte. Die scharfe Bruchkante eines Speisetellers durchschnitt die Tasche und riss mir die Haut an der Wade auf, als ich die Chicago Avenue überquerte. Ein Rinnsal Blut lief mir das Bein hinunter und in meine schwarzen Ballerinas.

»Er ist weg«, sagte ich zu der Gruppe, die Alex in mein Leben gebracht hatte. Nun war ich darauf angewiesen, dass sie mich auffingen, denn ich fiel unaufhaltsam. »Ich bin nicht *die eine.*« Tränen tropften auf den Boden, leise und unaufhörlich.

Patrice stand aus ihrem Stuhl auf und zog mich auf meine Füße. Sie nahm mich in ihre Arme. »Es tut mir so leid.«

Dr. Rosen beugte sich zu mir, als wolle er mir ein Geheimnis verraten. »*Mamaleh*, er hat bestimmt nur Angst bekommen, als Sie nach Russland gefahren sind.«

Nein, er war endgültig weg. Die Zeitbombe, die ich mir einst unter seiner glatten Haut vorgestellt hatte, war detoniert. Ich war zerstört.

»Seid ihr nicht alle enttäuscht von mir? Ihr dachtet alle, Alex wäre der Richtige für mich.« Ich sah ringsum in ihre Gesichter. Max' besorgter Blick. Lornes und Brads fürsorglicher Gesichtsausdruck. Oma Maggie, die immer mit ihrem Ehering vor mir herumfuchtelte und mich »Kindchen« nannte, schüttelte voller Mitleid den Kopf. Und dann natürlich noch Dr. Rosen, der noch immer an mich glaubte, obwohl ich (schon wieder) all mein Geschirr zerstört und mir auf dem Weg hierher das Bein aufgeschlitzt hatte.

»Wir wissen nicht sicher, dass er es nicht ist.«

Dr. Rosen, ewiger Optimist oder vollkommen wahnsinnig?

Als ich nach dem Gebet und den Umarmungen auf dem Weg nach draußen war, luden mich Lorne, Brad und Max ein, mit ihnen frühstücken zu gehen. »Aber ohne diese irrsinnige Tüte voller Scherben«, sagte Max, also ließ ich sie im Gruppenraum zurück. Ich aß Rührei, während sie Kaffee tranken. Wir lästerten über Dr. Rosens Klamotten und stellten Mutmaßungen über seine Ehe mit der stets gut gekleideten Mrs. Rosen an. Wir sahen sie donnerstags nach der Gruppe manchmal auf dem Flur. Als ich vor mich hinstarrte und an Alex, sein Chili und sein Messingbett dachte, schnippte Lorne vor meinem Gesicht mit den Fingern. »Komm zurück, Christie! Iss dein Rührei. Verrate uns, was du über Dr. Rosens Frau denkst!«

Um 10 Uhr stand ich auf. »Ich habe in 30 Minuten eine Telefonkonferenz«, sagte ich und griff noch nach einer Serviette, für den Fall, dass ich auf dem Weg zur Arbeit heulen musste. Die drei standen auf, um mich zu umarmen. Lorne erinnerte mich daran, dass Alex ohnehin »verdammt kitschig« war. Max sagte, ich sollte mir per Expressversand neues Geschirr liefern lassen. Brad, der mich auf das Rührei eingeladen hatte, bot an, mich zum Büro zu begleiten. Er trug die gesamte Strecke lang meine Handtasche und versicherte mir an jeder Ampel, dass ich die Liebe wiederfinden würde. Er blieb sogar bei mir, als ich mitten auf der LaSalle Street für alle sichtbar in Tränen ausbrach.

Bei der Arbeit gab es keine Gruppenmitglieder, die mich ablenken oder trösten konnten, also weinte ich weiter und machte mir nicht einmal die Mühe, meine Bürotür zu schließen. Mein Kollege Raj kam mehrmals vorbei, um zu schauen, ob ich immer noch heulte. Dann machte er die Tür hinter sich zu und stellte Spekulationen über das Liebesleben der Geschäftsführer an, bis er mich damit zu einem Lächeln brachte. Unter meinem Schreibtisch hatte ich einen kleinen CD-Player, der in Dauerschleife *Riverdance* spielte. Die Arbeitsstunden vergingen, während ich den eindringlichen keltischen Liedern lauschte, die zu meiner Stimmung passten. Ich drückte die Spitze eines metallenen Brieföffners in meinen linken Zeigefinger. Die Haut blieb heil, aber der stechende Schmerz beruhigte mich. Ich *könnte* die Haut durchbohren, wenn es sein musste.

Ich weinte während der gesamten Sitzung der Dienstagsgruppe und brachte kaum einen zusammenhängenden Satz hervor. Am Donnerstag saß ich rechts neben Dr. Rosen und hatte meine Handtasche auf dem Schoß, sodass ich heimlich die Spitze des Brieföffners in meinen Finger drücken konnte. Aber es war unmöglich, sich in diesem Raum zu verstecken. Der ganze Zweck der Gruppe war es, gesehen zu werden, aus seinem Versteck herauszukommen.

Dr. Rosen streckte mir seine rechte Hand entgegen, die Handfläche nach oben. »Ich will Ihre Waffe.« Ich schüttelte den Kopf. »Ich möchte, dass Sie sie mir geben.«

Ich überließ ihm die Klinge, weil ich mich nicht wirklich verletzen wollte. Dr. Rosen nahm den Brieföffner entgegen und hielt weiter meine Hand. Ich ließ es zu, weil ich wollte, dass er mich vor mir selbst rettete. Vor meiner Faszination für spitze Gegenstände, die mich bluten lassen konnten. Vor Männern, die mich nicht liebten. Vor meiner psychischen Krankheit, welche auch immer es war. Ich wollte, dass er mein Herz rettete, das niemals tief genug eingekerbt sein würde, um eine dauerhafte Bindung möglich zu machen. So würde ich sterben: Ich würde jemanden dafür bezahlen, dass er mir die Hand hielt, während mein Leben davonglitt. Diese Sache, die schon immer falsch an mir war, fühlte sich schlimmer an als jemals zuvor. Ich konnte niemandem in die Augen sehen, nur auf die Schuhe. Max' teure Adidas, Lornes abgewetzte braune Schuhe von Ecco, Oma Maggies weiße mit den dicken Sohlen, Brads graue New-Balance-Tennisschuhe, Patrice' dunkelblaue Halbschuhe. Sie waren der einzige Anblick, den ich ertragen konnte.

»Weinen Sie nicht allein. Verbringen Sie so viel Zeit wie möglich mit den anderen Gruppenmitgliedern«, sagte Dr. Rosen. Mein Blick ruhte noch immer auf ihren Schuhen.

»Renee bekommt dieses Wochenende ihr Baby. Komm doch ins Krankenhaus«, sagte Lorne.

»Komm am Samstag zu mir zum Abendessen«, sagte Patrice. »Du kannst über Nacht bleiben.«

»Ich habe Karten für die Oper, und William hat keine Lust«, sagte Oma Maggie.

Ich weinte im Supermarkt. Ich weinte auf der Arbeit. In der Bahn. In der Gruppe. Zu Hause. Auf Marnies Couch. Auf Patrice' Couch. Am Telefon mit Marnie, Marty, Patrice und Rory. Ich fuhr ins Krankenhaus, um Lornes neugeborenen Sohn zu sehen, und weinte in jeder Ecke der Entbindungsstation, sodass die Krankenschwestern es mit der Angst zu tun bekamen. Ich ging für eine Vorsorgeuntersuchung zu meiner Frauenärztin und weinte, als sie fragte, ob ich etwas zur Verhütung brauchte. Besorgt legte Dr. Spring ihren Stift beiseite und bot an, mich an einen Therapeuten zu überweisen.

Jeden Morgen schreckte ich mit einem heftigen Magenkrampf aus dem Schlaf hoch. Durchfall. An einem Tag schaffte ich es nicht bis ins Badezimmer und schiss mitten in meinem Wohnzimmer in meine liebste kornblumenblaue Pyjamahose. Dr. Rosen versprach, dass es nicht für immer so weitergehen würde – das Weinen und der Dünnschiss. Ich glaubte ihm eine Sekunde lang, aber dann schon wieder nicht mehr. Ich schämte mich, weil ich wegen einer fünf Monate dauernden Beziehung die Kontrolle verlor. Ich schämte mich, weil ich mir wortwörtlich in die Hosen machte, nachdem ich einen schönen Mann verloren hatte, mit dem ich 27 Mal geschlafen hatte. Ich schämte mich, dass nach beinahe 380 Therapiesitzungen – mehr als 34 000 Minuten in Behandlung eines Therapeuten mit einem Eliteuniabschluss – mein Herz immer noch kaputt war und niemanden an sich binden konnte.

27

»Ist Ihr Reisepass noch gültig?« Jack, ein Kanzleipartner mittleren Alters mit dicken Brillengläsern und einem freundlich glucksenden Lachen, streckte seinen Kopf in mein Büro, wo ich gerade Aktennotizen zu meinem Getränkehersteller-Fall machte. Ich drückte bei meinem CD-Player auf Pause und setzte mich aufrecht hin. Es war August 2005, in zwei Tagen würde ich seit genau zwei Jahren bei Skadden arbeiten.

»Ja, er gilt noch bis 2014.«

»Sprechen Sie Deutsch?«

»Niet …?«

»Das ist Russisch.«

»Dann nein.«

»Macht nichts. Wir haben einen neuen Fall. Das Justizministerium ist involviert, also müssen wir schnell reagieren. Können Sie am Sonntag fliegen?«

»Nach Deutschland? Klar.« Das war die beste Nachricht aller Zeiten. Ich hatte meine Karriere einige Monate lang schleifen lassen, als ich stattdessen Rad fuhr, lief und Chili aß. Jack hatte Einfluss – wer sein Protegé war, würde irgendwann zum Partner befördert werden. Wenn ich ihn beeindruckte, könnte ich diese Laufbahn einschlagen. Mir wurde warm ums Herz: Ich war auserwählt worden. Es war egal, dass ich Dr. Rosen vor einigen Jahren mit dem expliziten Ziel angerufen hatte, mein Leben mit Beziehungen zu füllen, nicht mit bezahlter Arbeit.

»Bei unserem Partnermeeting haben wir besprochen, welcher Mitarbeiter keine Verpflichtungen hat – keine Ehepartner oder Kinder –, und Ihr Name fiel als erster.«

»Fantastisch.« Das Lächeln in meinem Gesicht erstarrte.

Zwei Tage später betrat ich die Donnerstagsgruppe zum ersten Mal seit längerer Zeit wieder mit einem Lachen.

»Ich erkenne dich gar nicht wieder ohne all die Tränen und scharfkantigen Scherben«, sagte Max.

»Meine Firma schickt mich nach Deutschland. Ich werde in den nächsten Monaten jede zweite Woche rüberfliegen. Vielleicht auch länger.«

Alle nickten beeindruckt. Zweifellos stellten sie sich vor, wie ich tagsüber die steinernen Stufen zu imposanten deutschen Gerichtshofsgebäuden hinaufstieg und abends im Hofbräuhaus Bierkrüge stemmte.

»Sie bekommen eine berufliche Entwicklungsmöglichkeit.« Dr. Rosen nickte anerkennend. »Jetzt können Sie aufhören, so zu tun, als hätten Sie kein Interesse an einem Aufstieg zum Partner, und zugeben, dass Sie sowohl im Job erfolgreich sein wollen als auch …«

Ich hielt mir die Ohren zu. »Ich *hasse* es, wenn Sie das tun.« Ich war beruflich erfolgreich und würde es auch immer sein, weil ich wusste, wie man sich den Arsch aufreißt und seine Sachen erledigt. Ich war schon die Klassenbeste, lange bevor ich einen Fuß in die Rosen-Welt gesetzt hatte. Ich hatte gelernt, wie man sich bei Führungskräften einschleimte, und behandelte auch Assistenten wie menschliche Lebewesen, die meinen Respekt verdient hatten. Ich machte mit Kollegen während der Happy Hour Witze und hielt Klienten die Hand, wenn die Börsenaufsichtsbehörde mit einer Klage drohte. Die Fehlschläge lagen ausschließlich in meinen persönlichen Beziehungen. »Konzentrieren Sie sich auf mein Privatleben. Immer das Ziel im Auge behalten«, sagte ich zu Dr. Rosen.

An diesem Abend rief ich aus heiterem Himmel bei meiner Mutter an. Normalerweise sprachen wir zweimal im Monat miteinander, in der Regel sonntags. Ich wollte ihr von Deutschland erzählen, aber das Erste, was aus meinem Mund kam, war, dass ich Angst hatte, dass irgendetwas Grundlegendes mit mir nicht stimmte. Etwas, was verhindern würde, dass ich jemals eine eigene Familie gründete.

»Ich bin so allein«, sagte ich und brach das erste Mal in meinem Erwachsenenleben vor meiner Mutter in Tränen aus. Wir hatten nie über meine Ausgrenzung aus der Familie gesprochen oder über meine Angst, für immer allein zu bleiben. Mein Plan war es gewesen, dass Dr. Rosen mich hinbog, sodass ich mich als eine Tochter präsentieren konnte, mit der am Ende doch alles okay war. Aber bei dem Tempo, das ich vorlegte, würden wir das beide nicht mehr erleben.

»Schätzchen, mir ging es früher genauso.«

Ich saß auf der Couch und wischte meine Nase an meinem Ärmel ab. Soweit ich wusste, hatten meine Eltern sich bei einer Party des Volleyballteams kennengelernt. Der Rest – drei Kinder und ein Backsteinhaus – war Geschichte. Ich konnte mir meine Mutter, die immer noch ihren schulterlangen 1960er-Jahre-Haarschnitt und den Job am Bankschalter hatte, den sie nach dem Collegeabschluss angetreten war, beim besten Willen nicht dabei vorstellen, wie sie sich unter einer Decke einrollte und sich Sorgen machte, allein zu sterben.

»Ich war genau wie du. Alle meine Freunde waren verheiratet und erwarteten Nachwuchs, und ich dachte, dass ich nie dorthin kommen würde. Ich war mit 26 noch single, was in den 1970ern ziemlich alt war. Es fühlte sich an, als würde mich niemand wollen.«

War das genetisch? Ich fühle mich merkwürdig beschwingt – vielleicht war das alles überhaupt nicht meine Schuld. Vielleicht war es kein Versagen meiner Vorstellungskraft oder meiner Emanzipation oder meines Willens. Diese Überzeugung, dass etwas falsch war mit mir und meinen Beziehungen zu anderen, war etwas, was ich mit meiner Mutter gemeinsam hatte. Wie die braunen Augen und die Todesangst vor Zahnbehandlungen. Vielleicht musste ich nicht länger versuchen, davor wegzulaufen. Vielleicht musste ich mein Leid und meine Verwirrtheit nicht länger vor ihr geheim halten. Noch war ich nicht bereit, ihr zu erzählen, dass ich wieder in Therapie war und an nicht weniger als drei Gruppensitzungen pro Woche teilnahm, aber es war bereits eine Erleichterung, einen Teil meiner wahren Gefühle mit ihr zu teilen.

»Soll ich nach Chicago kommen?«

Ihr Angebot ließ mich noch stärker weinen. Ich brauchte ihre mütterliche Fürsorge, aber es wäre zu viel gewesen, sie den ganzen Weg bis nach Chicago fliegen zu lassen. Dass sie gefragt hatte und dass ich meine größten Ängste nicht länger vor ihr verstecken musste, war genug.

***

Ich bin nie auf einer deutschen Autobahn gefahren. Und habe kein einziges deutsches Verhandlungszimmer gesehen. Alles, was ich Tag für Tag in Deutschland sah, war ein riesiger, nicht klimatisierter Raum in einem nichtssagenden vierstöckigen Bürogebäude irgendwo mitten auf einem Feld in der Nähe von Augsburg. In unerwarteten Momenten der Ruhe war das leise Muhen von Kühen zu hören. Auch der beißende Geruch nach Kuhmist schaffte es bis ins Büro im zweiten Stock, wo Rechtsanwälte und Rechtsanwaltsgehilfen aus Deutschland, Chicago und Atlanta Schulter an Schulter an langen Schreibtischen arbeiteten. Am Toilettenpapier wurde geknausert, also musste man vor 15 Uhr gehen, wenn man welches benutzen wollte.

Der Höhepunkt des Tages war das Mittagessen in der Angestelltenkantine, wo die Hauptzutat dunkle Bratensoße war. Man fand sie auf absolut allem: Hauptgerichten, Beilagen, Salaten. Braun, zähflüssig, fettig und geschmacklos.

Ich hasste Deutschland. Ich hasste meinen Job. Ich hasste mein Leben.

Ich war froh, beschäftigt zu sein, doch wenn ich zwischen zwei Aufgaben kurz Ruhe hatte, starrte ich auf die Uhr und rechnete aus, wie spät es gerade in Chicago war. Am Dienstagnachmittag rief ich aus dem Büro auf Rorys Handy an. Sie musste gerade in der Gruppe sein, aber sie ging nicht ran.

Erschöpft ließ ich mich an diesem Abend auf mein Hotelbett fallen. Ich hatte eine schicke Viersternebude erwartet, aber stattdessen hatten wir bei einer günstigen Kette mit unfreundlichen Mitarbeitern eingecheckt. Das Wasser in der Dusche wurde maximal lauwarm. Ich vermisste mein Zuhause, wo es wenigstens kochend heißes Wasser gab.

Im Fernsehen kam nichts außer Berichten über die Zerstörung, die Hurricane Katrina anrichtete – erschreckende Bilder von wogenden braunen Wassermassen und obdachlos gewordenen Menschen, die sich im Superdome von New Orleans zusammendrängten –, und brutale deutsche Pornos. Der Zimmerservice war meine letzte Hoffnung. Die »Pizza«, die ich bestellte, war ein Klumpen von halb geschmolzenem, hellem Käse auf einem Flecken Ketchup und einem unscheinbaren Fladenbrot. Ich kroch unter die Bettdecke und zitterte noch immer nach der kühlen Dusche. Gnädigerweise befreite mich der Schlaf vom Bewusstsein.

Weniger als eine Stunde später weckten mich das Klirren von Gläsern und gedämpftes Gelächter. Ich schob das Rollo zur Seite und sah, dass sich direkt unter meinem Fenster ein Pool und eine Bar befanden. Ein Dutzend Leute ließ sich Häppchen und Drinks schmecken – splitterfasernackt. Mein Zimmer lag direkt über der Schwabenquelle, was scheinbar »Schnitzel essen und Bier trinken, wie Gott Sie schuf« bedeutete.

Ich ließ mich von der Rezeption zu Dr. Rosen durchstellen. Auf der anderen Seite des Atlantiks befand er sich gerade in seiner letzten Gruppensitzung des Tages und würde bald den Anrufbeantworter seiner Praxis abhören.

Tuut.

»Da sind nackte Leute vor meinem Zimmer und trinken Cocktails. Ich kann das nicht. Bitte rufen Sie mich an. Bitte.« Ich hinterließ die Nummer, unter der er mich erreichen konnte.

Um 2 Uhr morgens deutscher Zeit – 19 Uhr zu Hause in Chicago – fand ich mich mit der Wahrheit ab: Dr. Rosen würde mich nicht anrufen. Ich rollte mich in die kratzige Decke ein und schloss die Augen. *Wie konnte er es wagen, mich im Stich zu lassen?* Ich wickelte mich wieder aus und bat den Rezeptionisten noch einmal, mich zu verbinden.

Tuut.

»Zeigen Sie mir den verdammten Fachartikel, in dem steht, dass Ärzte Ihren Patienten nicht auch über internationale Telefonleitungen helfen können! Wie können Sie mir nicht einmal fünf Minuten Ihrer Zeit gönnen, um mir zu sagen, dass Sie noch da sind? Ich hätte Ihnen die Telefongebühren für die Auslandsverbindung sogar zurückgezahlt. Arschloch!« Ich donnerte den Hörer auf das Telefon. Scheiß auf ihn. Nach all dem Geld, der Zeit und dem Vertrauen, das ich ihm gegeben hatte – hatte er im Gegenzug nichts für mich?

Am Freitag bat Jack im Augsburger Konferenzraum um Handzeichen: Wer will nach Hause? Diejenigen, die zurückflogen, würden das Team in Chicago auf den aktuellen Stand bringen und in der folgenden Woche zurückkommen. Die meisten wollten sich die Wochenendausflüge in die Biergärten und den Schwarzwald nicht entgehen lassen. Das Oktoberfest begann in wenigen Tagen. Meine Hand schoss weit nach oben. *Schickt mich nach Hause.*

Drei Stunden später kam ich am Flughafen an, aber mein Flug von Augsburg nach Frankfurt war gestrichen worden. Eine übereifrige Mitarbeiterin am Schalter der United Airlines bot mir einen Flug am nächsten Tag an. Ich schüttelte den Kopf. Nein. Ich kaufte ein Zugticket nach Frankfurt und buchte einen späteren Flug nach

Chicago. Ich würde nach Hause fliegen, und wenn ich durch halb Deutschland kriechen musste.

Eine Stunde später reichte ich dem Schaffner, ohne aufzublicken, mein Ticket. Ich hatte eine Entscheidung getroffen: Wenn ich das nächste Mal zur Gruppe kam, würde ich mit Dr. Rosen Schluss machen. Mein Schmerz und meine Wut waren nicht heiß und brodelnd. Sie waren kalt und stechend. Meine Entscheidung stand fest. Ein unterzeichneter Vertrag. Eine abgeschlossene Tür. Wenn ich schon ganz nach unten sinken würde, dann wenigstens mit den Füßen voran. Dr. Rosen hatte bewiesen, dass er nicht für mich da war, wenn ich ihn am meisten brauchte, also wollte ich auch nicht länger von ihm betreut werden. Ich würde die Nummer von Linda oder Francis anrufen. Mir einen richtigen Therapeuten suchen. Einen, der sich wenigstens einen Funken um mich scherte.

Ich kauerte mich ans Fenster, ohne die vorbeifliegende Landschaft wahrzunehmen. Es hätte mir mittlerweile besser gehen sollen. Niemand hatte nach so vielen Jahren in Behandlung so wenige Fortschritte gemacht. Andere Gruppenmitglieder kamen neu dazu, und schon bald ging es ihnen besser. Ihre Karrieren schlugen vielversprechende neue Richtungen ein. Sie zahlten ihre Schulden ab. Ihre Kinder machten ihre Schulabschlüsse und begannen ein geisteswissenschaftliches Studium. Sie zogen mit ihren Partnern zusammen. Sie heirateten. Bekamen Babys.

Und bei mir? Beziehungen entglitten mir, egal, wie vielen Gruppen ich beitrat. Was für eine verdammte Idiotin ich doch gewesen bin! Vielleicht war Dr. Rosen sauer auf mich, weil ich seine Erfolgsbilanz versaut hatte. Ich war das Rennpferd, das als Sieger gehandelt worden war, aber dann nicht einmal eine saubere Runde schaffte. Jemand sollte mir den Gnadenschuss geben. Ich war zurück an dem Punkt, an dem ich gewesen war, bevor ich Dr. Rosen das erste Mal angerufen hatte. Nur dass es jetzt noch schlimmer war, weil ich gelernt hatte, so viel mehr zu *fühlen*. All diese zweisilbigen Wörter: Wütend. Verletzt. Einsam. Beschämt.

Ich zog mein BlackBerry heraus, um jemandem Bescheid zu geben, dass ich sechs Stunden später als erwartet in Chicago landen würde. Aber wem? Ich konnte meinen Eltern sagen, dass ich gerade nicht in einem Flugzeug, sondern in einem Zug saß, aber das fühlte sich an, als sei ich eine 32-jährige Verliererin. Wen kümmerte es, wo ich in dieser Minute war? Niemanden. Absolut niemanden.

Ich schickte Dr. Rosen eine Nachricht: *Es tut mir leid. Ich habe es wirklich versucht. Ich schwöre, das habe ich getan.*

Am Montagvormittag in der Gruppe sagte ich während der ersten 85 Minuten der 90-minütigen Sitzung kein einziges Wort. Alle schienen zu fühlen, dass ich Abstand brauchte. Ich bemerkte, dass Max und Oma Maggie mich anstarrten, aber sie sagten nichts. Ich hatte nicht genug Energie, um mit Dr. Rosen Schluss zu machen. Es wären zu viele Wörter nötig, es würde zu viel Diskussionsstoff führen. Für den Moment würde ich mich einfach treiben lassen, bis mein Kopf unter Wasser geriet.

»Ich werde nächste Woche nicht hier sein«, sagte Patrice fünf Minuten vor neun. »Eine Konferenz in San Francisco.«

Dr. Rosen zog den blauen Terminkalender heraus, den er immer in der Tasche hatte – wie üblich, wenn jemand verkündete, dass er nicht da sein würde. Einmal hatte ich ihn gefragt, warum er unsere Abwesenheiten immer in seinem kleinen Büchlein notierte, und er hatte geantwortet, dass es ihm wichtig sei zu wissen, wo wir waren. Ich erinnerte mich, dass ich es ihm geglaubt hatte.

Er sah zu mir, den Stift in der Hand, und wartete darauf, dass ich sagte, wann ich wieder nach Deutschland fliegen würde – damit er meine Initialen in die Rechtecke für Montag, Dienstag und Donnerstag eintragen konnte. Ich sagte nichts. Mein Kopf sank unter die Wasseroberfläche.

Dr. Rosen klippte seinen Stift an das Notizbuch und räusperte sich. »Es gibt etwas, was ich mit der Gruppe besprechen muss.« Seine Lippen formten eine gerade Linie, seine Augen funkelten ernst. Ich spürte, dass er mich ansah, aber mein Blick bohrte sich in Brads Turnschuhe.

»Als ich Ihre letzte E-Mail bekommen habe, Christie«, er hielt inne und ließ seinen Blick durch den Raum wandern, »habe ich mir das erste Mal Sorgen um Ihre Sicherheit gemacht.«

Ich hatte dem undurchdringlichen Dr. Rosen Angst gemacht? Dem wahnwitzigen Kerl, für den alles Futter zum emotionalen Wachstum war?

»Normalerweise sind Sie voller Leidenschaft und Zorn.« Er imitierte mich, wedelte zuckend mit den Händen und warf seinen Kopf vor und zurück. »Sie schreien und schäumen und regen sich auf. Diesmal war es anders. Beängstigend.«

Einen Therapeuten zu verängstigen konnte keine gute Sache sein.

Eine Erinnerung flackerte in mir auf: vorletzter Sommer, ich kauerte sieben Tage die Woche über den Büchern für meine Abschlussprüfung, und in meiner Freizeit klammerte ich mich mit aller Kraft an meine dahinsiechende Beziehung mit Jeremy.

»Kann ich mir eines ausleihen?«, hatte ich gefragt und auf den zusammengewürfelten Haufen von Stofftieren gezeigt, den Dr. Rosen im Gruppenraum lagerte. »Ich könnte es mit ins Bett nehmen, wenn ich bei Jeremy übernachte und er zu beschäftigt mit Computerspielen ist, um mit mir zu schlafen.«

Dr. Rosen drehte die Handflächen nach oben, als wolle er sagen: *Nur zu*, und Carlos warf mir einen vergrämt dreinschauenden, braunen Teddybär zu. Ich klemmte ihn unter mein Kinn und tat so, als ob ich schliefe. »Perfekt.«

An einem Sonntagabend in diesem Sommer rief meine jüngste Cousine an – die, deren Windeln ich als Jugendliche gewechselt hatte –, um mir zu erzählen, dass sie und ihr Verlobter einen Kaufvertrag für ein Haus in Houston unterschrieben hatten. Als ich auflegte, glühte ich vor Scham. Ich hatte noch nicht einmal gewusst, dass meine Cousine verlobt war. Und ich beneidete sie um den Schwung nach vorn, den ihr Leben genommen hatte, während man meinen Freund noch nicht einmal vom Computerbildschirm wegbekam. Mein Familienstammbaum bestand nun vollständig aus Paaren. Ich war die Einzige, die noch allein an einem Ast baumelte.

Als Jeremy an diesem Abend einschlief, saß ich in seinem dunklen Wohnzimmer und richtete gedanklich das neue Haus meiner Cousine ein: ein dunkler Holztisch im Esszimmer, ein Schlittenbett mit hohen Kopf- und Fußteilen im Elternschlafzimmer. Während ich mir ihr perfektes Leben ausmalte, ließ eine Straßenlaterne gerade genug schummriges Licht durch das Fenster fallen, damit ich auf Jeremys Schreibtisch eine Schere mit orangefarbenem Griff erkennen konnte. Ich nahm sie und säbelte damit den rechten Arm des Teddybären ab. Am darauffolgenden Dienstag warf ich den verstümmelten Bären und einen Gefrierbeutel mit der Füllung seines Arms auf den Boden in der Mitte des Stuhlkreises.

Dr. Rosen starrte mich an.

»Meine kleine Cousine kauft ein Haus. Zweistöckig.« Die Gruppe war damals schon an meine Ausbrüche gewöhnt, aber Dr. Rosen saß steif da, wie in Beton gegossen.

»Er sieht wütend aus.« Rory klang beunruhigt.

»Warum zuckt sein Kiefer?«, fragte Carlos.

Der Colonel griff den einarmigen Bären am Bauch. Fluffige weiße Flocken schwebten auf den Boden.

»Warum tun Sie so merkwürdig?«, fragte ich Dr. Rosen. Definitiv strahlte er nicht vor Stolz. Er seufzte auf, setzte zum Reden an, und rutschte dann noch einmal auf seinem Stuhl hin und her. Ich stellte mir vor, wie er seinen Mund öffnete und zischte: *Sie bekommen Ärger, Ärger, Ärger.*

»Sie haben etwas zerstört, was mir gehört. Was heißt das für Sie?«, fragte Dr. Rosen.

»Das heißt, dass ich in meiner gesamten Familie der einzige einsame Loser bin! Jedes andere Familienmitglied ist mindestens auf dem Weg zu gemeinsamem Wohneigentum …«

»Und der Bär?«, fragte er.

Ich suchte in meinem Inneren nach dem Gefühl, das laut Dr. Rosen da irgendwo sein sollte. Ich wusste, dass es unangenehm werden würde. Scham rumorte in meinem Bauch.

»Ich habe einfach das genommen, was ich als Erstes gesehen habe.«

Dr. Rosen blinzelte nicht, er gab nicht nach. »Der Bär steht für mich und die Gruppe.« Er zeigte in die Runde. »Möchten Sie sich vorstellen, was es heißt, sich hieran mit einer Schere zu vergehen?«

»Aber ich habe auch das Geschirr auf meinem Balkon zerschlagen …« Meine Hände begannen zu zittern.

»Das hat nicht mir gehört.«

Warum lächelte er nicht? Warum stiegen mir Tränen in die Augen? Ich hob den Teddy auf und setzte ihn auf meinen Schoß. Ich fuhr mit dem Finger über das Loch, wo der Arm gewesen war, und versuchte etwas zu fühlen. Unter dem Schamgefühl dafür, dass ich Ärger bekam, fand ich einen kalten Klumpen Furcht. Es machte mir Angst, dass ich mein Unterbewusstsein nicht verstand. Warum reagierte ich, seit ich mit der Gruppe begonnen hatte, mit scharfkantigen Gegenständen auf Eifersucht und Enttäuschung?

»Wie kann ich das wiedergutmachen?«, fragte ich.

Dr. Rosens Kiefer entspannte sich etwas. »Bitten Sie die Gruppe um Hilfe.«

Marty sah zu mir. »Komm heute Nachmittag in mein Büro. Ich werde den Arm wieder annähen.« Bevor er sich auf die Psychiatrie spezialisiert hatte, hatte Marty davon geträumt, Chirurg zu werden. Er schien sich darauf zu freuen, mal wieder Nadel und Faden auspacken zu können.

In Martys winziger Praxis stopfte ich so viel Polyesterfüllung wie möglich zurück in den Bären und hielt die Ränder der Wunde zusammen, damit Marty sie zusammenflicken konnte. »So«, sagte er und zog den dicken Faden durch das Fell des Teddys. Ich nähte die letzten Stiche selbst und hielt den Bären dann hoch, damit Marty ihn inspizieren konnte. Die Füllung hatte keine Chance mehr, aus dem angenähten Arm zu entkommen.

***

Als ich damals seinen Teddybären zerhackt hatte, wirkte Dr. Rosen wütend. Jetzt, nach meiner E-Mail aus Deutschland, wirkte er ängstlich und traurig. Ich wusste, dass es keine gute Idee war, nach einer schnellen Lösung zu fragen. Die gab es in der Rosen-Welt nicht. Es war 9 Uhr. Die Gruppensitzung war zu Ende. Wir standen alle auf, und ich streckte Lorne und Patrice meine geöffneten Hände entgegen. Aber die Bewegung war mehr eine Reaktion meines Muskelgedächtnisses als eine aufrichtige Geste der Verbundenheit. Ihre warmen Handflächen auf meinen halfen nicht gegen das Frösteln in mir. Als sie mich umarmten, umarmte ich sie wie ein Roboter zurück. Noch mehr Muskelgedächtnis. Nichts davon gelangte bis in mein gefrorenes Inneres. Ich begleitete Brad, Max und Lorne nicht zum Frühstück. Ich ließ mich nicht von Brad zur Kanzlei begleiten. Ich ließ ihre sorgenvolle Heiterkeit abprallen und weigerte mich, dabei zuzusehen, wie sie abwechselnd versuchten, mich mit Witzen und Bestätigungen über Wasser zu halten. Ich wollte allein sein. Ich wollte, dass sie mich bis ganz nach unten sinken ließen. Ich lief zurück ins Büro, schloss die Tür, schaltete *Riverdance* an und machte den ganzen Tag Aktennotizen, bis der Himmel um 20 Uhr 15 dunkel wurde. Dann ging ich nach Hause.

28

Ich musste diesen Fall in Deutschland loswerden.

Ich war für meine zweite Schicht nach Augsburg zurückgekehrt und hatte mich dort in einem Zimmer mit direktem Blick auf die nackten Schnitzelesser wiedergefunden. Auch diesmal hatte ich für einen Moment darüber nachgedacht, eine ganze Packung Schmerztabletten zu schlucken. Als ich das zweite Mal nach Chicago zurückkam, schlug Dr. Rosen vor, ich solle Jack sagen, dass es mir private Umstände unmöglich machten, in nächster Zeit nach Deutschland zu reisen. Ich schrieb Jack eine E-Mail, dass ich eine persönliche Angelegenheit mit ihm besprechen müsse. Er antwortete umgehend. *Lass uns zusammen zu Mittag essen!*

Er war ein wichtiger Partner in der Kanzlei und ein anständiger Kerl. Er hatte mich zum Mittagessen eingeladen. Er benutzte Ausrufezeichen. Vielleicht konnte ich doch ein paar weitere Wochen in Deutschland ertragen? Ich dachte an das Hotel, die Happy Hour unter Nackten, und an diese langen einsamen Nächte. Mein ganzer Körper schrie *Nein*. Wenn ich meine juristische Karriere damit ruinierte, dann war es eben so.

Jack und ich liefen zum One North und setzten uns an einen Tisch auf der Terrasse, umgeben von anderen Menschen in Power-Anzügen, die Power-Mittagessen aßen. Während Jack einen Salat bestellte, atmete ich ein paarmal tief ein und spürte, wie mein Geständnis mit jeder Sekunde näher rückte.

»Also, was gibt's?« Jack blickte mich mit einem so offenen Gesichtsausdruck an, dass ich beinahe die Nerven verlor. Ich spreizte unter dem Tisch meine Finger und lehnte mich nach vorn.

»Ich kann nicht mehr nach Deutschland … Es gibt da eine persönliche Sache …«

Jack hob seine Hand. »Du musst nicht mehr sagen. Es gibt hier genügend für dich zu tun. Ich werde es die anderen Partner wissen lassen.« Er nahm sein BlackBerry und tippte eine Nachricht. Ich starrte auf den Wacker Drive und betete, dass ich meine Karriere gerade nicht komplett gegen die Wand gefahren hatte.

***

Zweimal traf ich Alex im Aufzug, und beide Male war er in Begleitung einer Blondine, die Laufschuhe und Klamotten mit dem Logo der Duke University trug. Beide Male ignorierten wir uns. Beide Male hielt ich die Luft an und starrte geradeaus, aber sobald sie die Straße hinunter verschwunden waren, rief ich Rory an und brach über Alex' neue, fettfreie Freundin in Tränen aus.

»Du solltest dir irgendwo anders eine Wohnung kaufen«, sagte Max.

»Mit deinem Gehalt kannst du dir drei Zimmer leisten«, sagte Brad.

»Eine Frau in deiner Position sollte definitiv eine Immobilie besitzen«, sagte Oma Maggie.

Als Dr. Rosen fragte, woher mein Widerstand gegen den Kauf einer Wohnung kam, sagte ich die Wahrheit: »Ich will das nicht allein tun.« Allein eine Wohnung zu kaufen, würde meinen Status als erfolgreiche, aber vollkommen einsame Singlefrau zementieren. Wie deprimierend wäre es, nur an der Seite eines Maklers leere Wohnungen zu besichtigen und von der Zukunft zu träumen. Wie traurig, sich ganz allein eine solche finanzielle Last aufzubürden. Eine Wohnung zu kaufen, wäre aus feministischer Sicht ein Erfolg, aber es fühlte sich auch nach genau der Zukunft an, die ich gehofft hatte, mithilfe von Dr. Rosen zu vermeiden.

»Sich umzusehen kann nicht schaden«, meinte Max, als wir nach der Sitzung rausgingen.

***

An einem Donnerstag Ende Januar saß ich in einem dunkelblauen Hosenanzug im zehnten Stock einer Immobilienfirma und unterschrieb einen Stapel Formulare. Ich war nicht komplett allein: Rechts von mir saß ein Anwalt, den ich engagiert hatte, und links von mir saß Lornes Frau Renee. Ein Dutzend Mal setzte ich meine Unterschrift unter die Zeile: *Christie O. Tate, unverheiratet, alleinstehend.* »Wow«, flüsterte ich.

»Ein paar der standardisierten Immobilienformulare haben noch immer eine etwas altertümliche Sprache«, sagte mein Anwalt mit einem Kichern.

»Haha«, entgegnete Renee sarkastisch. »Vielleicht sollte sie mal jemand aktualisieren.« Während ich Seite um Seite abzeichnete, rieb sie mir in kreisenden Bewegungen über den Rücken.

Als ich einige Minuten zu spät bei Dr. Rosen ankam, drückte ich mit dem Zeigefinger meiner rechten Hand auf die Klingel für den Gruppenraum. In der linken klimperten die Schlüssel für meine neue Wohnung. Ich konnte kaum glauben, dass ich – gemeinsam mit der Bank – nun ein Loft im fünften Stock eines Hauses in River North besaß. Zwei Schlafzimmer. Ich war stolz auf meinen Fortschritt und darauf, zehn Prozent einer Immobilie anzahlen zu können. Was für ein Glück, was für ein Segen. Ich setzte mich und alle gratulierten mir, aber im weiteren Verlauf der Sitzung schwand meine Euphorie mehr und mehr, bis nur noch ein Gedanke übrig war: *Christie Tate, alleinstehend.*

Ich fiel Max ins Wort. Ich kann mich nicht daran erinnern, was er gerade sagte, aber meine Panik unterbrach seine Erzählung. »Leute, ich bin mir nicht sicher, was diese Wohnung angeht.« All diese Formulare. All diese offiziellen Beweise meines Singlelebens, besiegelt vom Staat Illinois. Ich musste ganz allein diese leeren, hallenden Räume füllen.

Max schnaubte, genervt von meiner Unterbrechung. »Es ist okay. Du wirst okay sein. Du hast das Richtige getan.« Dann griff er seine Geschichte wieder auf. Solange ich es aushielt, saß ich still auf meinem Platz, aber der Ärger auf Max und die Angst bezüglich der Wohnung waren so stark, dass ich sie nicht lange zurückhalten konnte. Meine Hände ballten sich zu Fäusten, ich lehnte mich nach vorn und war kurz davor loszuschreien.

»Oh, es geht los«, sagte Max. Ich sah nicht zu ihm hinüber, aber ich konnte auch so das Augenrollen in seiner Stimme hören.

Scheiß auf ihn. Ich zog den Fuß aus einem meiner Stiefel – pinke Uggs für die verschneiten Straßen – und warf ihn in Max' Richtung. Ich schwöre, ich habe auf die Wand über ihm gezielt, nicht auf sein Gesicht. Und ich traf ihn auch nicht, aber es war knapp. In Begleitung eines lauten »Fick dich« segelte mein lammfellgefütterter Schuh quer durch den Raum. Ich starrte diesen selbstgefälligen Kerl direkt an. »Ich habe die Schnauze voll davon, mich von dir einschüchtern zu lassen. Die Schnauze voll von deinen Seufzern. Davon, dass du mir sagst, was okay ist und was nicht. Du musstest noch nie …«

Max griff den Stiefel, den ich geworfen hatte, lief zu mir herüber und richtete ihn wie eine Waffe auf mich. Er blieb vor mir stehen, und ich stand auf, um mit ihm auf Augenhöhe zu sein.

»Fick dich selbst!«, schrie er mir ins Gesicht.

»Nein, fick *du dich*!«

Wir standen so nah voreinander, dass ich die Messingknöpfe seines Mantels an meinem Bauch spürte. Meine Wut entlud sich direkt in seinen Mund, und sein Zorn blies direkt in meinen. In seinen Augen sah ich goldene Sprenkel und puren Hass. Auf mich. Und ich hoffte, er sah auch meine Verachtung und meinen Hass für ihn und jeden anderen in diesem Kreis und auf der ganzen Welt, der noch nie allein eine Immobilie kaufen musste oder in seinen 30ern auf Dates gehen musste oder Tausende Stunden Therapie durchschwimmen musste, um genau dort zu landen, wo er niemals hinwollte. *Christie Tate, alleinstehend.*

»Du kennst mich überhaupt nicht, Max!«

»Doch, das tue ich! Natürlich kenne ich dich! Warum sagst du so dumme Sachen?«

»Ich bin nicht dumm!«

»Dann hör auf, dich so zu verhalten!«

Das Einzige, was ich in diesem Moment wusste, war, dass ich ihn so lange anschreien würde, wie er mich anschrie. Ich würde nicht auf meinem Stuhl zusammensinken und in mitleiderregende Tränen ausbrechen. Ich würde meine Stellung halten und so lange und so laut schreien, wie er es tat. Ich würde meine ganze Kraft in meinem Körper behalten. Er konnte sie nicht haben.

Dann waren wir ruhig. Wir standen noch immer nur Zentimeter voneinander entfernt. Noch immer pulsierte der Zorn zwischen uns. Er wich zurück und setzte sich. Erst danach ließ auch ich mich wieder auf meinem Stuhl nieder.

Dr. Rosen schwang keine große Rede nach unserem Streit. Es gab kein: *Das zeigt, dass Sie bereit sind für Intimität.* Keine Suggestivfragen wie: *Haben Sie schon jemals mit einem Mann so gestritten? Mit irgendjemandem? Verstehen Sie, was das bedeutet, Mamaleh?* So laut, wie mein Herzschlag in meinen Ohren pochte, hätte ich es ohnehin nicht gehört. Und das allererste Mal in all den Stunden Gruppentherapie hoffte ich nicht insgeheim darauf, dass Dr. Rosen sich mir zuwenden und mich loben würde für all die intensive Arbeit, die ich geleistet hatte. Das allererste Mal war ich nicht auf seine Bestätigung angewiesen, um zu beweisen, dass ich Fortschritte machte und all diese schweren Dinge tat, um der Mensch zu werden, der ich sein wollte. Ich hatte die Schlüssel für eine neue Wohnung in River

North in meiner Tasche. Ich hatte meinen Stiefel auf Max geworfen und einer hitzigen Konfrontation standgehalten. Zweifellos war es lebensverändernd, eine Immobilie zu kaufen, aber ich hatte schon genug Gruppentherapiesitzungen hinter mir, um zu erkennen, dass meine Bereitschaft, mich Max mit allem entgegenzustellen, was ich hatte, vielleicht sogar ein noch größeres Zeichen von Veränderung war als eine neue Adresse in der Ontario Street. In meinem ganzen Körper spürte ich das Adrenalin, das bald abklingen würde, aber in diesen schwindelerregenden Augenblicken nach unserem Schreikampf fühlte ich auch einen festen, ruhigen Teil in mir, der wusste: Ich bewegte mich vorwärts. Auf meine eigene kaputte, laute, ängstliche Art und Weise.

Als ich am Ende der Sitzung aufstand, war ich mir nicht sicher, ob meine zittrigen Beine mich tragen würden. Ich schämte mich nicht unbedingt, aber ich wusste nicht, wie ich mich Max gegenüber verhalten sollte, während der Umarmungen und wenn wir alle zu den Aufzügen gingen. Doch dann war er es, der auf mich zukam, nachdem er Dr. Rosen umarmt hatte. Das zweite Mal innerhalb von 30 Minuten stand er nur wenige Zentimeter vor mir. Diesmal breitete er die Arme aus. Und ich meine. Keiner von uns sagte ein Wort, aber wir hielten einander fest.

29

Ich klammerte mich für einen Moment an meinen roten Trenchcoat, der hinter meiner Bürotür hing, dann setzte ich mich an meinen Schreibtisch und drückte den Startknopf meines Computers. Er war noch dabei hochzufahren, als das Telefon klingelte. Ich warf einen Blick auf die Nummer, die auf der verknickten Visitenkarte stand, die ich in meiner klammen Hand hielt. Ja, er war es, wie er versprochen hatte.

»Hier spricht Christie Tate«, sagte ich, um professionell zu klingen, um meine Nerven zu beruhigen, um mir selbst vorzugaukeln, dass es ein geschäftlicher Anruf war. Reed, der Neue in meiner Dienstagsgruppe, handelte seit zwei Jahrzehnten Deals aus – oder was auch immer es war, was ein Hedgefonds-Manager tat. Ich war seit zwei Jahren Anwältin. Er brauchte keine juristischen Ratschläge von mir. Als er am anderen Ende der Leitung lachte, sah ich seine Grübchen vor mir, weil ich sie eben erst in der Gruppe gesehen hatte, als wir über irgendetwas lachten, das Rory über ihren Vater gesagt hatte.

»Du klingst wie eine richtige Anwältin«, sagte er.

»Das liegt daran, dass ich eine richtige Anwältin bin.« Mir wurde warm. Ich fächelte mir mit der Visitenkarte, die er mir in die Hand gedrückt hatte, Luft zu.

»Hättest du gedacht, dass ich anrufen würde?«

Würde die Wahrheit auch hier – im ungezähmten, unbeaufsichtigten Raum außerhalb der Gruppe – so gut funktionieren, wie sie es dort tat? Würde sie mich vor dem Klischee bewahren, in das ich mich schon hineinhechten sah wie in einen glitzernden Pool aus einer *Dallas*-Folge aus den 1970ern? Was dachte ich, was passieren würde, zwischen mir und diesem älteren verheirateten Mann mit den rauen Unterarmen und dem gewellten Haaransatz in seinem schlanken Nacken? Mit dem verheirateten Mann, der der Gruppe beigetreten war, weil er nicht damit aufhören konnte, sich von anderen Frauen Blowjobs geben zu lassen?

»Ich war mir nicht sicher.« Aber ich hatte gehofft, dass er anrufen würde, und ich war froh, dass er es getan hatte. »Was kann ich für dich tun?«

»Kennst du irgendjemanden, der Erfahrung mit Unternehmenskäufen und Fusionen hat?«

Nun musste ich lachen. Skadden war für genau diese Tätigkeit international bekannt. Ich saß nur ein Stockwerk entfernt von 30 Juristen, die auf Unternehmenskäufe spezialisiert waren. »Ich kann dir den Namen des Abteilungsleiters geben«, bot ich an.

»Ein Name und eine Telefonnummer wären großartig«, antwortete er.

Ich nannte ihm den Namen und die Nummer des Kanzleipartners mit dem schneeweißen Haar, der maßgeschneiderte Nadelstreifenanzüge trug und Geschäfte abschloss, von denen anschließend auf der Titelseite des *Wall Street Journal* berichtet wurde.

Wir schwiegen für einen Moment. Ich schnippte gegen die Ecke von Reeds Visitenkarte und heftete sie an die Pinnwand hinter meinem Telefon, obwohl ich mir seine Nummer längst eingeprägt hatte.

Wir schwiegen weiter. Und weiter.

»Nun«, sagte er dann, und ich konnte sein Grinsen dabei hören und mir das Funkeln in seinen Augen vorstellen. »Wenn wir weiter in der Leitung bleiben, brauchen wir dann einen Anstandswauwau?«

»Weswegen?« Ich wollte, dass er es aussprach.

»Wegen all der Dinge, die wir zueinander sagen und miteinander tun werden.«

Als ich auflegte, lächelte ich immer noch. Mir war warm, und ich spürte ein Kribbeln von meinen Oberschenkeln bis zur Kopfhaut. Ich stand auf und knetete meine Hände, versuchte, den Bann zu brechen, die Hitze, das Pulsieren, die Freude über Reeds Aufmerksamkeit. Gedanklich spielte ich unsere Unterhaltung noch einmal durch und amüsierte mich darüber, dass er den Vorwand abgelegt hatte, unser Gespräch sei beruflicher Natur.

Ich ließ meinen Nacken knacken und streckte meinen Rücken durch, aber mein Körper verlangte nach Erlösung, also drückte ich das metallene Schloss an meiner Tür. Ich rollte meinen Stuhl zurück und legte mich auf den Boden. Ich schob mir die Hände zwischen die Beine. Mein Kiefer spannte sich an, während ich mich selbst berührte und an Reeds Grübchen dachte, an seine starken Hände und seine spitzen Hemdkragen. Seine Stimme am Telefon. Diese köstlichen Gesprächspausen. Ich kam mit einer solchen Wucht, dass ich mir den Kopf an der Ecke meines Standrechners anschlug. Mein ganzer Körper pulsierte – Fingerspitzen, Oberarme, Lippen, Bauch, Achillesferse, Zehen.

Ich atmete immer noch schwer, als ich wieder auf meinem Schreibtischstuhl saß, meinen Pullover richtete und begann, E-Mails von Jack und dem Team in Deutschland zu beantworten.

***

Aus der Gruppe wusste ich, dass Reed seine Ehe als Pattsituation betrachtete. Er war der schuldige, herumstreunende Ehemann, und der Zorn seiner Frau Miranda simmerte dicht unter dem Siedepunkt vor sich hin. Ihre Kommunikation beschränkte sich auf kurz angebundene Gespräche darüber, wie sie ihre Töchter zum Sport und zur Nachhilfe brachten. Sie schliefen mit den Rücken zueinander.

Mir war klar, dass es klischeehaft wäre, wenn ich mich kopfüber in eine Affäre mit ihm stürzte, während ich immer noch an der Sache mit Alex zu knabbern hatte. Und dennoch sprintete ich direkt darauf zu.

In den Sitzungen am folgenden Donnerstag und Montag erwähnte ich Reed nicht und rechtfertigte mein Schweigen mir selbst gegenüber damit, dass er in meiner Dienstagsgruppe war und ich darum auch dort über ihn sprechen sollte. Am Dienstag stellte ich meinen Wecker eine Viertelstunde früher, sodass ich extraviel Zeit hatte, um zu überlegen, was ich anzog. Mein Magen rumorte nervös, als der Zug in die Haltestelle Washington einfuhr. *Ich werde gleich 90 Minuten mit ihm verbringen.*

Reed kam ein paar Minuten zu spät. Er stellte seine Aktentasche neben meinem Stuhl ab, und als er sich setzte, rutschte er ein Stück näher an mich heran. Konnten die anderen die Hitze spüren, die zwischen uns aufstieg? Mein Herz klopfte wild. Bestimmt konnten Dr. Rosen und alle anderen es hören.

Während der Sitzung starrte ich auf das dunkle Blau von Reeds Hose, auf die feinen Härchen an seinen Handgelenken. Wenn er sprach, sah ich zu, wie sich seine Lippen bewegten; wenn er sich frustriert mit der Hand durchs Haar fuhr, schaffte ich es nicht, wegzusehen. Gleichzeitig blickte ich pausenlos auf die Uhr, denn um neun würde die Gruppe vorbei sein, Reed würde in nördlicher Richtung zu seinem Büro gehen und ich Richtung Westen zu meinem, wo mich mein grauer Alltag voller Dokumentenprüfung und *Riverdance* erwartete. Aber hier in der Gruppe, keine 30 Zentimeter von Reed entfernt, schimmerte mein Leben mit bunten Versprechungen, weil ich ihm dabei zusehen konnte, wie er den Colonel herausforderte, weil ich seinen Fuß mit meinem streifen konnte, weil ich seinem Lachen lauschen konnte.

Allerdings waren meine Gefühle für Reed zweifelsohne sexueller Natur, was bedeutete, dass ich sie mit der Gruppe teilen sollte. Der Druck, mich zu offenbaren, lag auf meinen Lippen, aber Reed kam mir zuvor.

»Ich denke die ganze Zeit an Christie. Wenn ich mich neben Miranda ins Bett lege, wünsche ich mir, sie wäre Christie. Wenn ich bei einem Fußballspiel meiner Töchter bin, wünsche ich mir, Christie wäre bei mir. Vor ein paar Tagen haben wir telefoniert, und es war wirklich …« Reed blickte zu mir herüber, als wolle er mich um Erlaubnis bitten. Ich nickte. »Es war wirklich schön.«

Alle sahen mich an und warteten auf meinen Teil des Geständnisses. Ich gab zu, dass ich gern mit ihm gesprochen hatte. Aber ich erwähnte nicht, dass ich nach unserem ersten Gespräch meine Bürotür abgeschlossen und mich befriedigt hatte. Welche Wörter könnten diesen Empfindungen in meinem Körper schon gerecht werden? Diesem konstanten Surren, dem benebelten Gefühl, als hätte ich gerade Schnaps getrunken oder Lachgas inhaliert. Die einzigen Wörter, die mir einfielen, waren lächerlich. Ich konnte ihnen nicht sagen, dass ich dabei war, mich zu verlieben.

Gleichzeitig war ich nicht der Typ Frau, der anderen Frauen den Ehemann stahl. Ich hatte Kurse aus dem Bereich *Women's Studies* belegt. Ich hatte Catharine MacKinnon, Nancy Chodorow und Hélène Cixous gelesen. Und ich war nicht so naiv zu glauben, dass der verheiratete Reed sein schickes Vorstadthaus aufgeben würde. Ich hatte nicht Hunderte Therapiesitzungen durchgestanden, um nun das Stereotyp des einsamen Mädchens zu werden, das sich in den unglücklich verheirateten Mann *aus der eigenen Therapiegruppe* verliebt. Ich hatte schon einmal versucht, mit einem Mann zusammen zu sein, der ebenfalls zu Dr. Rosen ging, und es hatte nicht funktioniert. Ich dachte an Monica Lewinsky – den öffentlichen Spott und die Rücknahme ihres Jobangebots von Revlon, als der Blowjob-Skandal öffentlich wurde. Angesichts der losen Beschränkungen der Rosen-Welt konnte auch ich öffentlich bloßgestellt enden, ganz abgesehen davon, dass ich meine therapeutische Heimat aufs Spiel setzte.

»Was wollen Sie?«, fragte Dr. Rosen mich.

»Ich weiß nicht, was ich darauf antworten soll.«

»Warum nicht?«

»Ich weiß nicht, was ich haben kann.« Ich sah Dr. Rosen an, und ich glaube, dass er die Antwort kannte: Ich wollte Reed.

***

Jeden Morgen vibrierte mein Handy auf meinem Nachttisch. Reed auf dem Weg zur Arbeit, noch vor dem Morgengrauen. Börsenarbeitszeiten. Jeden Vormittag rief er mich im Büro an, um Hallo zu sagen, und dann noch einmal, wenn die Börse schloss. Abends meldete er sich auf dem Weg von seinem Büro zum Zug. Ich konnte seine Schuhe auf dem Gehweg klacken hören. Manchmal sprachen wir von dem Augenblick an, als er sein Büro verließ, seine ganze Zugfahrt und den Fußweg bis zu seinem Haus über, bis er schließlich den Schlüssel in die Haustür steckte und flüsterte, dass er nun auflegen müsse. Er zeigte mir, wie ich ihm PIN-Nachrichten auf sein BlackBerry schicken konnte – Nachrichten, die nicht über die Server unserer Firmen liefen und angeblich keine Spuren hinterließen. Wenn an meinem BlackBerry ein rotes Licht aufleuchtete, wusste ich, dass es eine PIN von Reed war, und ein Zucken durchfuhr meinen Körper.

Er sagte mir, ich könne ihn alles fragen, also fragte ich nach Miranda. Vielleicht würde sie mir dann endlich real erscheinen, und ich würde mich zurückziehen. Wie roch sie? (Sauber.) Wie dünn war sie? (Konfektionsgröße 34.) Was mochte er an ihr am liebsten? (Ihre Hingabe zu den Kindern.) Wann hatten sie das letzte Mal miteinander geschlafen? (Er konnte sich nicht mehr erinnern.) Warum hatte er sie geheiratet? (Es hatte sich angefühlt, als wäre es das, was er tun sollte.) Warum hatte er sie nicht verlassen? (Wegen der Mädchen.) In meinem Kopf entstand ein Bild von ihr: Eine Frau meiner Größe in einem lila Kleid mit silbernen Sandalen und perfekten, sonnengeküssten Strähnchen in ihrem größtenteils blonden Haar. Dazu eine Kälte, die ich allen superdünnen, wohlhabenden Frauen zuschrieb, die nicht arbeiten mussten. Ich malte mir aus, dass sie an ihrem Essen knabberte und als Markenzeichen immer Lippenstift in einem ganz bestimmten Farbton trug. Ich stellte sie mir als makellos, aber kühl vor; selbstbewusst, aber hungernd; mit perfekt manikürten Nägeln, aber doch zerbrechlich. Mein Körper besaß mehr Fleisch, mehr Wärme, mehr Vitalität, mehr Jugend, mehr Kraft.

Ich fühlte mich schuldig. Ich war also doch keine aufrichtige Feministin. Ich war eine Frau, die Ehemänner stahl. Ein Klischee.

Und dennoch: Ich hatte mich noch nie so lebendig gefühlt.

***

»Ich muss um zwölf bei meinem Treffen der Anonymen Alkoholiker sein. Komm doch auch«, sagte Reed eines späten Vormittags.

In zehn Minuten hatte ich einen Termin mit Jack. Nachdem er mich darin unterstützt hatte, nicht mehr nach Deutschland fahren zu müssen, wollte ich ihm wirklich ungern Ärger machen. Wie viel würde ich für Reed riskieren?

Ich schrieb Jack eine E-Mail: *Mir ist etwas dazwischengekommen. Können wir uns um 13 Uhr 30 treffen?*

Der Treffpunkt der AA war vier Blocks von meinem Büro entfernt. Bei minus ein Grad rannte ich in Stöckelschuhen und ohne Mantel hin. Ich hatte keine Brieftasche dabei, kein Geld, keinen verdammten Verstand mehr in meinem Kopf. Alles, was ich hatte, waren die Macht von Reeds Stimme, seine Einladung, ihn zu sehen, und mein leichtfertiges Ja. Ich schlängelte mich hüpfend zwischen Fußgängern hindurch und trat immer wieder auf die Fahrbahn, nur um schneller bei Reed zu sein und meinem grauen, lieblosen Leben zu entkommen, das in seiner Gegenwart lebendig wurde. Ja, ich sprintete zu einem Treffen der Anonymen Alkoholiker.

Obwohl ich eigentlich keine Alkoholikerin war.

Obwohl ich einen Termin mit der einflussreichsten Führungskraft in meiner Abteilung verschieben musste.

Obwohl Reed ein verheirateter Mann mit gut dokumentierten Treueproblemen war.

Ganz hinten am Ende einer Reihe saß ich neben ihm. Er presste seine glänzenden schwarzen Schnürschuhe gegen meinen schwarzen Keilabsatzschuh. Mein Atem ging stoßweise. Ich lehnte mich in meinem Stuhl zurück und schob meine Hand zwischen seinen Ellbogen und seine Rippen. Das Pulsieren in meinen Fingerspitzen kam von meinem eigenen Herzschlag, aber es fühlte sich an, als wäre es seiner.

Der Vorsitzende des Treffens ließ einen Flyer für ein Zwölf-Schritte-Retreat herumgehen, und als ich ihn an Reed weiterreichte, ließ ich meine Finger in seiner Hand liegen. Haut auf Haut. Alles verschwand. Der weiße Raum voller trockener Anwälte, Sekretärinnen, Kaufleuten und einem Masseur. Die Nüchternheitsmünzen. Die stapelbaren Stühle. Die Frau in der Uniform eines Sicherheitsdienstes, die in der hintersten Ecke einen Burrito aß. Alles war verschwunden und mit ihnen die Einkaufsstraße vor der Tür, die Bahn, der Verkehr.

Da waren nur noch meine Fingerspitzen und Reeds Handfläche.

Und das Pulsieren in meinem Körper.

Er begleitete mich zurück zu meinem Büro. Ich passte mich seinen langen Schritten an, sodass sich unsere Hände immer wieder kurz streiften. Jedes Mal zogen wir sie rasch zurück, als wären wir erschrocken. Oder als wären wir erwischt worden. Wir hatten beide ein albernes Grinsen im Gesicht.

Die verdammte altbekannte Geschichte. Ein erfolgreicher älterer Typ und seine jüngere Geliebte. Am Ende dieser Geschichte würde ich irgendwo heulend kauern, Dr. Rosen Nachrichten auf die Mailbox sprechen und beim Gedanken an meine idiotischen Entscheidungen die Fäuste ballen. Aber in diesem Moment an der Ecke Wacker Drive und Randolph Street war alles, was zählte, dass Reeds Hand nur wenige Zentimeter von meiner entfernt war und mein Körper vor unausgesprochener Sehnsucht beinahe platzte. Das war ausreichend.

»Ich möchte, dass du alles über mich erfährst«, sagte er, als wir vor der großen gläsernen Drehtür standen, die mich zurück in mein Büro befördern würde.

»Was denn zum Beispiel?«

Dank der Gruppe wusste ich bereits, dass sein Vater von verschreibungspflichtigen Medikamenten abhängig war und er Reed immer dazu gedrängt hatte, Betriebswirtschaft zu studieren, obwohl er Architekt hatte werden wollen. Ich kannte die Geschichte von dem

Lauftrainer, der ihn in der Mittelstufe während eines Wettkampfs in einer anderen Stadt betrunken gemacht und belästigt hatte. Ich war Teil der Sitzungen gewesen, als er der Gruppe beschrieb, wie er war, wenn er jeden Tag trank, und natürlich auch, als er von diesem Blowjob erzählte, der ihn zur Therapie gebracht hatte. Und von all den anderen außerehelichen Spielereien, die die Beziehung zu seiner Frau hatten brüchig werden lassen. Ich wusste einiges. Wissen war Macht, die sich anfühlte wie Liebe.

»Du sollst alles erfahren. Wie ich eine Flasche Wasser aufmache. Wie ich das Lenkrad halte oder Runden im Pool schwimme. Dinge, die ich dir in der Gruppe und auf der Straße nicht zeigen kann.« Er lehnte sich zu mir herüber und flüsterte in mein Ohr: »Du sollst wissen, wie ich aussehe, wenn ich dir sage, dass ich dich liebe.«

***

»Gestern habe ich etwas getan«, verkündete ich in der Montagvormittagsgruppe, wo es mir leichter fiel, mich zu offenbaren, weil Reed nicht Teil der Gruppe war. Wochenlang war ich kurz davor, mit Reed eine Sünde zu begehen. Bei jeder Beinahegrenzüberschreitung redete ich mir ein, dass sie harmlos sei, weil nichts offenkundig Sexuelles passierte. Bei einem Treffen der AA seine Hand zu streifen, war keine Affäre. Ihn zum Lunch in einer dunklen Bar unter den Bahngleisen zu treffen, war es ebenfalls nicht. Auch nicht, mit ihm spätabends zu telefonieren, wenn seine Familie im Bett war. Wir hatten uns noch nicht einmal geküsst. Ich log mir selbst vor, dass ich keinerlei Schuld auf mich lud, obwohl ich tief in meinem Inneren ahnte, dass das, was ich mit Reed tat, genauso war, wie zu behaupten, ich sei von einer Essstörung genesen, und dennoch heimlich weiter Dutzende Äpfel zu essen.

»Was ist passiert?«, fragte Lorne. Er hatte schon vor Wochen vorhergesagt, dass meine »Freundschaft« mit Reed möglicherweise etwas zu nah werden könnte. Lornes Frau, Renee, war vor Jahren mit Reed in einer Gruppe, und sie waren kurz davor gewesen, eine Affäre zu beginnen. Das hätte mir zu denken geben sollen. Tat es aber nicht.

»Wir haben gestern telefoniert. Und die Dinge … liefen irgendwie aus dem Ruder.«

»Was soll das heißen?« Patrice' Stirn runzelte sich vor mütterlicher Sorge. Oma Maggie gluckste, als wüsste sie schon, worauf meine Erzählung hinauslief.

»Er rief aus dem Supermarkt an.« An den Wochenenden führten Reed und ich meist ein paar kürzere Guerilla-Telefonate, wann immer es ihm gelang, sich kurz von seiner Familie wegzuschleichen. Ich legte mein Handy keinen Moment aus der Hand. »Er hat Sachen gesagt … Er war gerade in der Tiefkühlabteilung …«

»Mein Gott, wir interessieren uns nicht für gefrorene Erbsen!«, fuhr Lorne dazwischen.

»Also gut. Wir hatten Telefonsex.«

»Während er mit seiner Frau und seinen Kindern beim Einkaufen war«, ergänzte Patrice dankenswerterweise.

»Das hat er mit Renee übrigens auch getan«, warf Lorne ein. »Hat er dir gesagt, wie besonders du bist? Dass er dich liebt?«

Ich redete mir selbst genau das ein, was sich jede Frau in dieser Situation einredet: Mit mir war es anders. Aber in meinem Bauch zog sich ein Knoten zusammen, ein geflochtener Zopf – ein Strang für Reeds Frau und jede seiner Töchter. Ich presste meine Lippen aufeinander und sah zu Dr. Rosen, der mich aufforderte, weiterzusprechen. Also erzählte ich, wie ich auf dem Boden meines kleinen Ankleidezimmers lag und mich selbst berührte, während mir Reed sagte, ich solle mir vorstellen, er wäre in mir. Er sagte mir, dass er mich liebte, dass er alles für mich tun würde. Als ich hörte, wie der Kassierer fragte, ob er bar oder mit Karte bezahle, wollte ich auflegen, aber Reed drängte mich, in der Leitung zu bleiben, bis er wieder am Auto war.

»Warum im Ankleidezimmer?« Max stellte immer die relevanten Fragen.

Als sich das Gespräch mit Reed aufheizte, stand ich gerade in meinem Ankleidezimmer und suchte nach einem Pullover. Und im nächsten Moment lag ich mit den Fingern zwischen den Beinen auf dem Boden, das Telefon zwischen Ohr und Schulter eingeklemmt, und starrte hoch auf die Säume meiner Hosen und Röcke.

Dr. Rosen ergriff das Wort. »Wo könnte man seine Sexualität besser verstecken als in einem Wandschrank? Die Wahl liegt nahe.«

Ich konnte Dr. Rosen nicht in die Augen sehen und starrte stattdessen auf sein Kinn. Er fragte, was ich fühlte. Es gab nur eine Antwort: Scham. Scham. Scham. Die pulsierende Erregung verwandelte sich vollständig in flüssiges Schamgefühl, das durch meinen Körper schwappte.

»Ich bin ein verdammtes Klischee. Ich sollte besser sein als das. Ich mache Rückschritte.« Ein verheirateter trockener Alkoholiker mit Kindern im Teenageralter war wie eine Falltür in dem Boden, den ich noch vor Kurzem als »ganz unten« bezeichnet hatte. Auf keinen Fall würde mich Dr. Rosen überzeugen können, dass es ein Fortschritt in die richtige Richtung war, dass nach Alex – der single, aber nicht in mich verliebt war – der verheiratete Reed kam. Dr. Rosen bestand darauf, dass ich mich weiterentwickelte. »Ich will meinen *eigenen* Ehemann und meine *eigenen* Kinder, nicht die von jemand anderem! Ich will mehr als Telefonsex neben meinen Ballerinas.«

»Was, wenn das genau der richtige Weg ist, um dorthin zu gelangen, wo Sie hinwollen?«

»Das kann nicht Ihr Ernst sein.«

»Wann haben Sie sich das letzte Mal von einem Mann anhimmeln lassen, der mit Ihnen ins Bett wollte?«

»Der Praktikant …«

Dr. Rosen schüttelte den Kopf.

»Sie sollten mich warnen, mit einer roten Flagge vor meiner Nase herumfuchteln.« Das würde niemals passieren. Dr. Rosen bestand darauf, uns unseren Weg selbst finden zu lassen, ohne uns zu verurteilen. Wenn ich, eine sogenannte sexuelle Anorektikerin, die sich auf Männer stürzte, die aus dem einen oder anderen Grund nicht zu haben waren, eine Affäre mit einem verheirateten Mann haben musste, um endlich am Tiefpunkt anzukommen, dann sollte es so sein. Für mich war Reed wie ein Hurricane der höchsten Kategorie, der kurz davor war, auf Land zu treffen – und ich wollte, dass Dr. Rosen mich hochhob und in sicheres Gelände brachte. Aber das war nicht seine Art. Er war ein Zeuge, nicht die Nationalgarde.

Patrice stellte sich gegen Dr. Rosens Laissez-faire-Grundsatz. »Vielleicht solltest du besser nicht mehr außerhalb der Gruppe mit ihm sprechen, Christie.«

Ich nickte, wohl wissend, dass ich ihren Rat beherzigen sollte – aber auch, dass ich es nicht tun würde. Getreu der unsterblichen Worte Martin Luthers: *Sei ein Sünder und sündige tapfer*. Auch wenn Luther sich wohl nicht darauf bezog, es sich im Ankleidezimmer zu dem Gesäusel eines verheirateten Gruppenkollegen selbst zu machen.

»Wie soll mich das an mein Ziel bringen?«, fragte ich.

»Wir werden es herausfinden.« Dr. Rosen zuckte mit den Schultern – keine sehr inspirierende Geste auf meinem Weg in Richtung unvermeidbare Zerstörung.

»Max, hilf mir«, sagte ich.

Seit unserer Auseinandersetzung hatte ich das Gefühl, Max mehr als jedem anderen in der Runde trauen zu können. Wenn man jemandem ins Gesicht schreit, lernt man auch etwas darüber, wie solide diese Person ist. Und Max war so beständig und verlässlich wie ein gottverdammter Mammutbaum, dessen Wurzeln tiefer und weiter gingen als die von allen anderen hier. Wenn er mir sagte, ich solle vor Reed davonrennen, dann würde ich darüber nachdenken, meine Laufschuhe anzuziehen.

»Ich denke, du musst sehen, wohin es dich führt.« Obwohl sein ernster Gesichtsausdruck mir etwas Angst machte, hörte ich auch seinen Segen für diese Dummheit heraus.

Dennoch war Dr. Rosen die Autoritätsfigur hier, der Doktor, der Harvard-Absolvent. Er sollte eine Anordnung oder eine Empfehlung geben. »Ist es nicht Amtsmissbrauch von Ihnen, diese Affäre gutzuheißen?«

»Glauben Sie, es wäre hilfreich für Sie, diese Geschichte zu unterdrücken und damit in *noch mehr Heimlichkeit* zu drängen? Also bitte.«

30

Als meine Gruppe Reeds Potenzial als mein Partner diskutierte, landete sie schließlich auch bei dem Goldring an seiner linken Hand. Es war nicht so, als würde ich dieses Detail ignorieren – auch wenn er andeutete, dass ich eine großartige Stiefmutter wäre und er mit in meine neue Wohnung ziehen könne. Aber stattdessen konzentrierte ich mich darauf, um wie viel er besser war als die anderen Männer, mit denen ich zusammen gewesen war. Jedes Mal, wenn wir uns unterhielten, sagte er mir, dass er mich liebte – also war er das Gegenteil des Praktikanten. Er beantwortete meine E-Mails innerhalb von 30 Sekunden und fragte mich jeden zweiten Tag, ob ich ihn zum Mittagessen treffen wolle – also war er das Gegenteil von Jeremy. Ich redete mir ein, dass es eine gute Übung war, mich in Reeds Liebe und Aufmerksamkeit zu aalen. Irgendwann würde ich meine Aufmerksamkeit dann auf einen Mann richten, der genauso war wie er, nur ohne den goldenen Ring.

Sobald Reed am Dienstag in der Gruppe Platz genommen hatte, streckte er seine Hand nach mir aus. Ich hatte schon viel Händchen gehalten in den Sitzungen: mit Patrice, Marty, Nan, Emily, Mary, Marnie, Max, Oma Maggie, Lorne und Dr. Rosen. Manchmal hatten diese Hände mich gestützt, und manchmal diente meine Handfläche als Halt für jemand anderen. Aber das war anders. Reeds Hand zu halten, fühlte sich nicht an wie eine Geste des therapeutischen Beistands. Es fühlte sich an wie ein Vorspiel.

Das erste Mal, als wir in der Gruppe Händchen hielten, verschlug es Rory und Marty die Sprache. Patrice seufzte frustriert. Carlos flüsterte: »Christie, bitte.« Dr. Rosen machte eine Show daraus, unsere Hände ineinander zu sehen, die Finger wie Gitter vor dem Körper des anderen, aber er sagte nichts. Als unsere Blicke sich trafen, wuchs der Keim aus Angst und Frust in mir zu Protest heran.

»Was ist Ihr Plan, Dr. Rosen?« Ich streckte meine Hand nach oben, die Finger immer noch mit Reeds verknotet.

»Mein Plan? Ich bin nicht Gott.«

»Was ist mit Reeds Frau? Ist sie Ihnen egal?«

»Reeds Frau ist nicht meine Patientin. Sie sind es.«

Er fragte mich, was ich fühlte. Meine Antwort war immer dieselbe: Scham und Hunger. Dr. Rosen fragte mich, was ich wollte. »Reed. Ich will Reed. Helfen Sie mir? Ich bin hierhergekommen, um Hilfe in Sachen Beziehungen zu bekommen …«

»Ich helfe Ihnen bereits«, entgegnete er.

»Die Summe all Ihrer therapeutischen Ratschläge für mich beschränkt sich auf *Kommen Sie her, fühlen Sie Ihre Gefühle und offenbaren Sie alles*?« Während ich mich Dr. Rosen entgegenstellte, hielt Reed weiter meine Hand und fuhr mit seinem Daumen in einer runden Bewegung über meine Handfläche.

»Ja.«

Dachte Dr. Rosen, dass Reed und ich zusammen sein sollten? *Richtig* zusammen? Ich fixierte Dr. Rosen – seine Augen, die nicht blinzelten, seinen geraden Hals, seine leicht nach vorn gerundeten Schultern, seine Schuhe, die gerade auf dem Boden standen. Wenn er in die Zukunft blickte, was sah er da für mich? Ein Leben mit Reed und seinen Töchtern? Ein Leben mit jemandem wie Reed, den ich jedoch ganz für mich allein haben konnte?

Patrice und Oma Maggie flehten mich an, die Sache zu beenden. Lorne führte Renees Geschichte mit Reed als abschreckendes Omen an. Max sagte weiterhin, ich solle schauen, wohin mich das alles führte, und dass die geheimnisvolle Alchemie der Fortgeschrittenengruppe mich irgendwie vor dem totalen Untergang bewahren würde. Rory, Marty, Carlos und der Colonel blickten zu Dr. Rosen, der sein unergründliches Lächeln im Gesicht hatte und seine Handflächen nach oben hielt.

An einem Dienstagmorgen sagte Rory im Aufzug leise zu mir: »Ich verstehe nicht, was Dr. Rosen mit dir macht.« Ängstlich wichen ihre Augen meinem Blick aus.

Ende Februar schmiss Steven eine Party zu Clares Geburtstag und lud alle unsere Freunde aus dem Jurastudium ein. Als ich das schummrige Restaurant betrat, entdeckte ich Clare, die sich mit einem Seidentop und einer engen Hose aufgebrezelt hatte. Ich fühlte mich, als sei ich gerade von einer langen Reise aus einem fernen Land zurückgekehrt. Meine Beziehung mit Reed hatte mich so sehr eingenommen, dass ich die große weite Welt völlig vergessen hatte, die sich hinter dem Display meines BlackBerrys erstreckte, auf dem ich Reeds Nachrichten las, während ich darauf wartete, dass er seiner Familie entkam und mich anrief.

Im Laufe des Abendessens vibrierte mein BlackBerry pausenlos. Jedes Mal tat ich so, als würde ich in meiner Tasche nach meinem Lipgloss oder einem Kaugummi oder einem Stift suchen, um heimlich Reeds Nachrichten lesen zu können: *Ich vermisse dich.* Zwei Minuten später: *Wann gehst du nach Hause?* Zehn Minuten später: *Ich habe ein paar Sekunden zum Telefonieren. Kannst du rangehen? Wo bist du?* Fünf Minuten danach: *Wir fahren bald nach Haus. Ich werde eine Stunde offline sein.*

Schließlich trieb Clare mich in der Schlange vor der Damentoilette in die Enge. »Tate, was zum Geier erwartest du auf deinem Handy?«

Ich erzählte ihr, dass ich mit jemandem zusammen war, und sie wollte wissen, warum er nicht hier war. Mein Mund gefror zu einem Lächeln, als ich mit vollkommener Klarheit erkannte: Clare würde Reed niemals treffen. Ich war ein Geheimnis, eine *Geliebte*. Mir wurde übel bei der Vorstellung, Clare in die Augen zu sehen und sagen zu müssen, dass der Mann, mit dem ich zusammen war, gerade mit seiner Frau, mit der er seit 19 Jahren verheiratet war, die Ballettaufführung seiner Nichte besuchte. Ich sagte, dass er »Verpflichtungen habe«, und sie verstand sofort, was ich meinte.

»Seid ihr ineinander verliebt?«

Ich zog die Karte heraus, die Reed mir am Valentinstag gegeben hatte und die ich seitdem in meiner Handtasche herumtrug. Clare öffnete sie und las laut vor: »Ich liebe dich, Reed.«

»Wie hast du ihn kennengelernt?« Clare wusste über meine Therapie Bescheid, aber die Wahrheit wollte mir kaum über die Lippen gehen. Die Worte zitterten vor Irrsinn, als ich sagte: »Gruppentherapie.«

»Nun, er liebt dich offensichtlich!« Sie wedelte mit der Karte durch die Luft und umarmte mich. Ich sog ihren aufrichtigen Jubel über meine unaufrichtige Beziehung in mich auf.

Als ich ein paar Stunden später ins Bett krabbelte, leuchtete das rote Lämpchen an meinem BlackBerry und zeigte eine neue PIN-Nachricht an. Ich entsperrte das Display, aber zögerte, seine Nachricht zu öffnen. Beim Gedanken an Clares Gesichtsausdruck, als ich ihr gesagt hatte, dass Reed verheiratet war, wollte ich mich am liebsten zusammenrollen und laut ächzen. Reed würde Miranda und die Mädchen nie verlassen. Und falls doch, würden wir uns dann noch genauso anziehend finden? Wie könnte ich ihm mit seiner Vorgeschichte jemals vertrauen? Und was, wenn es gerade das Verbotene, die Heimlichkeit und das Schamgefühl waren, die unsere Beziehung antrieben und mit Leben füllten? War nicht genau das der Kern der anspruchslosesten Fernsehfilme?

Ich feuerte mein Handy ins Ankleidezimmer. Vor dem Einschlafen nicht mit Reed in Verbindung zu treten, fühlte sich wie ein körperlicher Schmerz an – ein Bauchkrampf, wenn sich etwas in meinen Gedärmen zusammenbraute. Vielleicht liebte mich Reed, aber er war nicht zu haben. Wollte ich nicht etwas *Echtes*? Wie sollte mich ein Techtelmechtel mit einem verheirateten Mann zu einem *echten* Menschen machen, wenn die ganze Sache geheim war? Ich schaukelte mich vor und zurück. Ich schob mir eine Ecke meines Kissens in den Mund und biss fest zu. Das rote Licht an meinem BlackBerry blinkte wie ein Herzschlag.

31

An einem Freitagabend um halb sieben schob ich mich am Logan Square in einen Starbucks. Pendler waren eilig auf dem Nachhauseweg, und die schwache Wintersonne war schon vor einer Weile von der Dunkelheit verdrängt worden. Mein guter Vorsatz, den ich nach Clares Party gefasst hatte, hatte sich schon am nächsten Tag wieder in Luft aufgelöst, und Reed und ich telefonierten wieder jeden Tag. An einem Abend unter der Woche waren wir außerdem zusammen in ein Vorstadtshoppingcenter gefahren, und ich hatte ihm geholfen, einen Wintermantel auszusuchen. Als die Mall schloss, fummelten wir in seinem Minivan im Licht einer Restaurantkette aneinander herum. Unsere Romanze war äußerst stilvoll.

Als mein Telefon endlich klingelte, setzte ich mich auf einen Hocker, der weit von der Espressomaschine entfernt in einer ruhigen Ecke stand. Reed atmete so heftig, dass seine Stimme kaum zu verstehen war. Es klang, als würde er gerade die Straße hinunterrennen. Ich stellte mir vor, wie er die Madison Street entlangsprintete, um schnell nach Hause zu kommen. Zu seiner Familie. *Ich will, dass er zu mir rennt.* Etwas Kaltes und Scharfes in seiner Stimme ließ mich aufhorchen. Immer beteuerte er, dass er keine Geheimnisse vor mir hatte, dass ich ihn alles fragen könne. Nun musste ich all meinen Mut zusammennehmen, um zu fragen: »Wohin gehst du?«

»Ich gehe mit den Mädels Pizza essen.« Die *Mädels* schlossen zweifelsohne seine Ehefrau mit ein. Meine Vorstellung von ihr in diesem lila Kleid und mit dem topgesträhnten Haar führte dazu, dass ich einen Kloß im Hals hatte. »Es wird ein kurzer Abend. Wir fahren morgen zurück nach Iowa.« Bei Mirandas Vater war kürzlich Leberkrebs im Endstadium diagnostiziert worden. Ich war mir sicher, dass diese Diagnose Reed und seine Frau wieder enger zueinander bringen würde, aber bislang hatte er nur erzählt, dass sie sich mehr denn je vor ihm verschloss.

»Alles okay mit dir?«, fragte ich, während ich auf dem Hocker vor und zurück schaukelte, eine Hand am Handy, eine auf meiner Brust.

»Ich bin etwas nervös wegen der Fahrt.« Diese Kälte in seiner Stimme war immer noch schneidend.

»Ich bin da, wenn du mich brauchst …« Die Espressomaschine mahlte und surrte so laut, dass sie alle anderen Geräusche schluckte.

»Ich muss auflegen.«

Es war das erste Mal, dass er auflegte, ohne *Ich liebe dich* zu sagen. Der lärmende Starbucks-Tresen verschwamm in meiner Sicht, als waschechte Panik in mir aufstieg. Ich kannte dieses Gefühl. Reed lockerte seinen Griff und löste sich von mir. Er würde unter Wasser gleiten und verschwinden, genau wie all die anderen, genau, wie ich es immer vorhergesehen hatte.

Reeds PIN-Nachricht kam kurz nach 23 Uhr. *Sorry*, schrieb er.

Ich würde ihn nicht ausfragen. Ich war das Gegenteil von Miranda – niemals misstrauisch, niemals herumschnüffelnd, niemals schwierig. Ich schrieb zurück: *Kein Grund, sich zu entschuldigen! Ich liebe dich! Lass uns morgen sprechen.* Ich würde ganz bestimmt nicht fragen, warum das Pizzaessen »mit den Mädels« vier Stunden gedauert hatte.

»Ich habe dich angelogen«, sagte er am nächsten Morgen am Telefon. Es war 6 Uhr, und ich war seit 4 Uhr wach, war in meiner Wohnung auf und ab gelaufen, hatte fettarme Milch aus dem Tetrapak getrunken und versucht, meine Nerven zu beruhigen.

»Von der Frau und den Kindern weiß ich schon, mein Lieber.« Ich zwang mich zu einem Lachen. Er blieb still.

»Gestern Abend waren Miranda und ich zusammen essen zu unserem …« Ich atmete hastig ein und formte das Wort mit meinen Lippen, ehe er es aussprach. »… zu unserem Jahrestag.«

Ich lehnte mich gegen die Wand und ließ mich auf den Boden rutschen.

Jahrestag. So ein schönes Wort, aber in meinem Mund schmeckte es bitter. Die Bedeutung seiner Lüge setzte sich in meinem Bauch fest. Mein Körper verlangte danach, etwas auszustoßen: dass ich mich erbreche, weine oder schreie. Aber ich saß einfach nur an der Wand, mein Oberkörper im rechten Winkel zu meinen Beinen.

In der Gruppe hatte er kein Wort über seinen Jahrestag verloren. In all den Therapiesitzungen, in denen wir gemeinsam – Händchen haltend – gesessen hatten, hatte ich den Eindruck gewonnen, dass das angespannte Verhältnis zwischen Reed und Miranda schon eine gemeinsame Mahlzeit mit ihren Töchtern schwierig machte. Nun konnte ich die Vorstellung der beiden, wie sie bei Rinderfilets und glutenfreiem Schokoladenkuchen zusammensaßen, nicht mehr vergessen. Ich sah Kerzenlicht, zaghafte Liebkosungen und wie der Schmerz zwischen den beiden allmählich abklang.

Ich zitterte und zitterte und zitterte.

»Ich liebe dich. Bitte zweifele nicht daran, dass ich dich liebe«, flehte Reed. »Sag etwas. Bitte.«

»Es langweilt mich.« Ich war schlau genug gewesen, um zu wissen, dass das mit uns nicht halten würde. Aber auch dumm genug, um auf einen anderen Ausgang zu hoffen.

Mit dem Telefon in der Hand kroch ich zum Badezimmer und spähte über den Rand der Toilettenschüssel. Ein tröstender Anblick und in meiner Jugend so vertraut. Es kam nichts heraus, da ich gestern Abend nichts herunterbekommen hatte – im Gegensatz zu Reed, der ein bezauberndes Abendessen genossen hatte, *mit seiner Frau, mit der er an diesem Tag seit 20 Jahren verheiratet war.*

»Ich lege jetzt auf.« Ich klappte mein Handy zu und warf es, so heftig ich konnte, gegen den Badezimmerspiegel. Scheppernd fiel es neben die Badewanne. Ich schaltete das BlackBerry aus und schloss es in den Kofferraum meines Autos ein.

Keine PIN-Nachrichten mehr.

Kein Telefonsex mehr.

Keine heimlichen Nervenkitzel mehr.

Die Wut in meinem Körper – auf mich selbst, auf Reed, auf Dr. Rosen dafür, dass er das einen »Fortschritt« genannt hatte – machte es mir unmöglich stillzustehen. Auch auf Max war ich wütend, weil er mich ermutigt hatte, »zu sehen, wohin es mich führt«. Auf Rory, Patrice und Oma Maggie, weil sie die ganze Zeit recht gehabt hatten. Ich zog meine Laufschuhe an und rannte 16 Kilometer am Seeufer entlang. Ich stampfte an Jogginggruppen vorbei und an Trauben von Touristen, die Fotos vom Navy Pier machten. Ich zog meine Mütze bis über meine Augenbrauen hinunter und nahm mit keiner Seele Blickkontakt auf. Meine Musik dröhnte auf maximaler

Lautstärke und ertränkte jeden Gedanken an Reed und daran, welch eine Idiotin ich war. Hinterher fühlte ich mich immer noch gereizt und hibbelig. Ich hätte noch mal so weit laufen können. Ich hätte so lange laufen können, bis jeder Muskel in meinen Beinen zerfetzt, meine Lungen verbrannt und von meinen Zehen nur noch blutige Stümpfe übrig waren.

Aber was ich wirklich brauchte, war zu weinen.

Ich ging zu einem Zwölf-Schritte-Treffen und saß dort, ohne ein einziges Wort zu hören oder zu sagen. Hinterher kamen mehrere Leute zu mir und fragten, ob ich okay sei, und ich schüttelte den Kopf. Ich drückte die Faust gegen meinen Mund. *Nein, ich bin nicht okay.*

Nach dem Treffen saß ich in meinem Auto und wusste nicht, wohin ich fahren sollte. Von allen Seiten strömte das Sonnenlicht herein, und lachende Studenten und Touristengrüppchen liefen die Straße hinunter. Die Welt außerhalb meines Autos war zu laut und zu beängstigend.

Ich rief Patrice an. »Ich habe mein BlackBerry ausgemacht. Ich bin fertig mit ihm.«

»Ich habe mir solche Sorgen um dich gemacht. Du solltest jetzt nicht allein sein.«

Ich fuhr zu Lornes Haus, heulte in seine Sofakissen und kämpfte gegen den Drang an, das BlackBerry aus meinem Kofferraum zu holen und Reed eine Nachricht zu schicken. Lornes Frau, Renee, streichelte mir den Kopf und erzählte mir von den Nächten, in denen sie damals wegen Reed geweint hatte, als ihr klar wurde, dass er seine Frau niemals verlassen würde. Roman, Lornes und Renees Sohn, krabbelte auf dem Boden um meine Füße und machte dabei süße Babygeräusche.

Eine Welle der Trauer übermannte mich, und immer wieder brandete das absurde Gefühl in mir auf, dass ich ihn unfairerweise im Stich ließ. »Sein Schwiegervater liegt im Sterben. Vielleicht sollte ich mich erst im Sommer von ihm trennen.«

Lorne und Renee schüttelten ihre Köpfe.

»Dr. Rosen wird so stolz auf dich sein«, sagte Lorne. Tränen stiegen mir in die Augen. Was musste Dr. Rosen gedacht haben, als er mich mit Reed Händchen halten gesehen und sich angehört hat, wie ich über unseren bescheuerten Ausflug in die Mall und unser Sexleben im Wandschrank sprach? In der Gruppe behielt er immer sein Pokerface, aber mit Sicherheit saß er anschließend kopfschüttelnd im Büro und fragte sich, wann seine närrische Patientin endlich zur Besinnung kommen würde.

»Ich habe eine Idee. Komm mit.« Renee führte mich zu ihrem Schreibtisch und setzte mich vor ihren Computer. Sie drückte ein paar Tasten, und der Bildschirm füllte sich mit den strahlenden Gesichtern eines jungen Paares. Im Hintergrund um die beiden herum waren verschwommen Leute zu erkennen, die Wunderkerzen hielten. Darüber stand: *Entdecken Sie, wo jüdische Beziehungen ihren Anfang nehmen. Klicken Sie jetzt.*

»JDate?«

»Diese Typen sind single …«

»Und auf der Suche nach *jüdischen* Frauen. Ich wurde wortwörtlich nach Jesus Christus benannt.«

»Vertrau mir. Sie werden dich lieben. Wir nennen dich ›Texas Girl‹. Sobald sie dich getroffen haben, wird es ihnen sogar egal sein, wenn du Nonne wärst.«

Ich zögerte, und sie warf mir einen Blick zu: *Willst du oder willst du nicht?* Kurz nachdem sie ihre Beziehung mit Reed beendet hatte, hatte Renee sich ein glückliches Leben mit Lorne aufgebaut, einem netten jüdischen Mann. Jetzt hatte sie einen bezaubernden Sohn, Sofakissen und frische Bauernhofeier im Kühlschrank. Sie schien sich so sicher, dass das auch für mich funktionieren könnte. Am ersten Tag meiner Behandlung hatte Dr. Rosen gesagt, dass es mir helfen würde, wenn ich mich bei meinen Entscheidungen ihm und der Gruppe *öffnete*. Das hier war definitiv kein Alleingang.

Renee führte mich durch die Fragen im Profilformular. Nein, ich war keine aschkenasische Jüdin. Nein, ich ging nicht jede Woche ins Gebetshaus. Weil ich Schinken hasste, bestand Renee darauf, dass ich das Kästchen ankreuzte, das behauptete, dass ich mich koscher ernährte.

Ich hatte wenig Hoffnung, dass die Männer auf JDate sich auf mich stürzen würden, aber Renee hatte mich zum Lachen gebracht. Sie gab mir ein Stück Challa-Zopfbrot mit nach Hause, das von ihrem Abendessen am Schabbat übrig war. »Schalom«, sagte ich und zog die Tür hinter mir zu.

Es gibt kaum eine schönere Szenerie als den Lakeshore Drive, wenn man in einer klaren Winternacht in Richtung Innenstadt fährt – das Drake Hotel erhebt sich wie eine steinerne Burg und das Hochhaus des Hancock Buildings scheint bis zu den Sternen zu reichen. So schlecht es mir auch wegen Reed ging, konnte ich doch nicht anders, als über diesen Anblick der Stadt zu staunen. Es war mein dritter Abend als angehende Jüdin auf JDate, und ich war auf dem Rückweg von einem Selbsthilfetreffen. Ich wusste, dass meine Wohnung kalt und leer sein würde, aber die brutale Einsamkeit war mir lieber als der spannungsgeladene, zittrige Versuch, mir ein Leben um Reed herum aufzubauen. Bisher hatte ich weder Geschirr zerschlagen noch mich mit einem Brieföffner verletzt.

Ich rief Dr. Rosen an, der bei einer Konferenz in einer anderen Stadt war und noch nichts von der Lüge und dem Abendessen am Hochzeitstag wusste. »Ich habe Reed ziehen lassen. Ich werde außerhalb der Gruppe keinen Kontakt mehr zu ihm haben«, sprach ich auf seine Mailbox.

Ich atmete tief ein. Es gab so viel mehr zu sagen. Wochenlang hatte ich mich gefragt, wie Dr. Rosen es mit sich vereinbaren konnte, meine Affäre mit Reed mitanzusehen. Andere Gruppenmitglieder hatten ihn mehrfach in meinem Namen darauf angesprochen. *Warum tun Sie nichts dagegen? Christie wird verletzt werden. Das ist absolut unethisch*. Dr. Rosen hatte sich jeden Vorwurf mit ausdrucksloser Miene angehört und gefragt, was genau er denn tun solle, um mich davon abzuhalten.

Während meiner bisherigen Laufbahn im Rosen-Land hatten ihn schon mehrere Gruppenmitglieder als *brillant* bezeichnet. Ich hatte schon gesehen, wie er sich mit Colonel und Max in fließendem Deutsch unterhielt. Ich hatte hebräische Segenswünsche aus seinem Mund sprudeln hören. Er stellte tiefgreifende Verbindungen zwischen scheinbar grundverschiedenen Vorkommnissen in den Leben einzelner Gruppenmitglieder her. Zwischen Frettchen und dem Holocaust. Gitarrenunterricht und Zyankalikapseln. Madenwürmern und Kreditkartenschulden. Er war scharfsinnig – aber war das Brillanz? Möglicherweise.

Was ich an Dr. Rosen am meisten schätzte, war sein Mumm. Er hatte Eier aus Stahl. Er hatte so viel Selbstvertrauen, dass er zwei Gruppenmitgliedern erlaubte, eine Affäre zu beginnen, während er wortwörtlich dabei zusah. Er wurde Zeuge davon, wie ich eine fragwürdige Entscheidung nach der nächsten traf, und wartete geduldig darauf, dass ich zur Vernunft kam. Wenn es mich zwischenzeitlich in den Selbstmord getrieben hätte, würde sicherlich eine Untersuchungskommission vor seiner Tür stehen. Aber er hatte Vertrauen in sich selbst – und in mich. Auf meine Einsicht zu warten musste sich angefühlt haben, als würde ihm ohne Schmerzmittel langsam ein Zahn gezogen. Ich hätte es niemals ausgehalten, jemandem, der mir etwas bedeutete, dabei zuzusehen, wie er so falsche Entscheidungen traf.

Ich war dankbar dafür, dass er es konnte.

32

Ich war nackt, zitterte und hatte meine Arme zu einem V verschränkt, was den Zweck, meine Brüste zu verdecken, nur unzureichend erfüllte. Es war ohnehin etwas albern, schließlich hatte ich gerade Sex mit ihm gehabt. Meine Klamotten lagen auf der anderen Seite des Zimmers über der Heizung. Das einzige Licht war das glühende gleichschenkelige Dreieck, das durch die Tür des Ankleidezimmers fiel. Sades zeitlose Stimme flötete durch den Raum.

Mehrere Minuten lang stand ich da und beobachtete Brandon, der schon sein Pyjama-Set mit Knopfleiste übergezogen hatte. Er zog erst das Bettlaken und dann die Daunendecke straff und faltete sie unter die Matratze. Er beachtete mich nicht, wie ich schlotternd neben ihm stand. Er war in einer anderen Welt, einem Zwischenzustand, in dem es nichts gab als Laken, Bettdecken, Tagesdecken, gerade Faltlinien und ebene, faltenfreie Oberflächen. Meine Arme zitterten gegen meine Brüste, und eine Gänsehaut überzog meinen Bauch, während ich erfolglos versuchte, mich gedanklich wieder in die Momente zu versetzen, bevor Brandon seinen Tunnelblick auf die Bettlaken gerichtet hatte.

Er trat einen Schritt zurück, stemmte die Hände in die Seiten und betrachtete prüfend sein Werk. Er nickte und murmelte irgendetwas zu sich selbst. Er ging auf eine Seite des Bettes und schlug behutsam die Decke zurück. Er schob seinen Körper vorsichtig hinein, um die harterkämpfte Ordnung nicht zu zerstören. Als sein Kopf auf seinem Kissen lag, drehte er sich mit einem breiten, unbesonnenen Lächeln zu mir.

»Kommst du ins Bett?«

Nachdem Renee mir ein Profil auf JDate erstellt hatte, bekam ich von mehreren Männern, die jüdische Partnerinnen suchten, einen

Korb, nachdem sie herausgefunden hatten, dass sich hinter »Texas Girl« in Wahrheit eine *Schickse* verbarg, die nach dem Retter des Neuen Testaments benannt war. Aaron und Oren schienen beleidigt, weil sie sich von meinem Profil an der Nase herumgeführt fühlten, wohingegen Daniel, Eric und Marc sich über meine angeblich koschere Ernährung amüsierten. Jerry, der wohl 62 Jahre alt war, bot mir an, mich in Manny's Deli einzuladen und mir anschließend sein eigenes jüdisches Würstchen zu zeigen. Ich ließ meine Mitgliedschaft bei JDate auslaufen und wechselte zu eharmony.com.

Brandons erste E-Mail bezauberte mich schon. Er fragte, ob ich gern Frühstücksflocken zum Abendessen aß, was zu einer lebhaften Debatte über die Vorzüge von Cornflakes versus Müsli führte. Aus seinen Nachrichten schloss ich, dass er Erfahrung mit Onlinedating haben musste, denn er konnte über E-Mail flirten. Auch nahm ich an, dass er gebildet war, denn er wusste, an welchen Stellen man ein Semikolon setzte.

Brandon erfüllte mein einziges Kriterium für ein Date: Er war kein verheirateter Mann aus meiner Therapiegruppe. Er hatte die ruhige Ausstrahlung eines Mannes Ende 30, der nun auf der Suche nach einer festen Partnerschaft war. Bei unserem ersten Date trafen wir uns zum Mittagessen im East Bank Club, Chicagos Version eines Country Clubs, der sich der Mitgliedschaft von Oprah Winfrey und den Obamas rühmte. Brandon trug ein blaues Sakko und lächelte mit einem freundlichen Blick. Er war zwei Zentimeter größer als ich, und sein Haar war länger als auf seinem Profilfoto. Er wirkte jungenhaft und nahbar, wie ein Beatle, der sich auf seinen ersten Auftritt im Fernsehen vorbereitet. Bei unserem zweiten Date sahen wir ein Theaterstück namens *Love Song* und gingen danach noch essen. Brandon war der Typ Mann, der Spezialitäten des Hauses bestellte und am Wochenende gebügelte Khakihosen trug. Er hielt mir immer die Tür auf, bestand darauf, dass wir uns noch einen Nachtisch teilten, und übernahm immer die Rechnung. Sein College, an dem er auch Medizin studiert hatte, war berühmt dafür, Dutzende Präsidenten und Richter am Supreme Court hervorgebracht zu haben. Wenn er lachte, hielt er sich schüchtern die Hand vor den Mund. Er hatte kürzlich begonnen zu klettern, weil er sich dazu zwingen wollte, etwas zu lernen, was ihm nicht von Natur aus zufiel. Seine Körperhygiene war einwandfrei – er putzte sich die Zähne, bevor und nachdem wir herumgeknutscht hatten, und er duschte zweimal täglich. Er fluchte nicht, er trank nicht, und er verlor nie die Fassung. Ich war mir zu 90 Prozent sicher, dass er Republikaner war, aber bisher hatte er weder Frauenfeindlichkeit noch Rassismus oder Klassismus an den Tag gelegt, also ließ ich mich bereitwillig von seinen vornehmen Manieren und seinem freundlichen Auftreten betören.

Brandon rief in mir keine spontanen Schübe der Lust hervor, deren Drang nach einem Orgasmus mich in Windeseile auf den Fußboden meines Büros beförderte. Unser erster Kuss nach dem Theaterstück auf meiner Couch fühlte sich gut an, auch wenn er mich nicht direkt erregte. Aber das war okay für mich. Der Verlust meines Appetits, als ich mit dem Praktikanten zusammen war, und das Gefühl, mit der Beziehung zu Reed etwas Unrechtes zu tun, hatten mich erschöpft. In Brandons Gegenwart fühlte ich mich wie ein stiller See an einem ruhigen Junimorgen.

Manchmal, flüsterte ich in der Gruppe, war ich davon beinahe gelangweilt.

»Gut«, sagte Max. »Langeweile ist das Erkennungsmerkmal einer gesunden Beziehung.«

»Das stimmt, Kleines«, bestätigte Oma Maggie und schickte ein strahlendes Lächeln in meine Richtung. »Langeweile ist Teil einer jeden Ehe.«

Dr. Rosen stimmte zu: Wenn ich gelangweilt war, machte ich etwas richtig. Aber wenn ich hörte, wie andere über die Anfänge ihrer Beziehungen sprachen – Clare oder Marnie oder Renee –, dann erzählten sie, dass sie nicht schlafen, nicht essen und sich nicht konzentrieren konnten. Niemand beschrieb einen See, auf dem sich nicht eine kleine Welle kräuselt.

Ein Teil von mir vermisste die Aufregung, die mich bei meinen früheren Liebhabern durchströmt hatte, auch wenn mir bewusst war, dass es mir nicht gerade gedient hatte. Wenn ich mir jetzt mein Herz vorstellte, dann war es von Reed eingekerbt, hatte ein paar Dellen von Alex und dem Praktikanten und einige Kratzer von Jeremy. Natürlich hatten auch jedes Gruppenmitglied und Dr. Rosen ihre Spuren hinterlassen. Ich malte mir aus, wie es wäre, mich an Brandon zu binden. Einmal hatte ich beim Abendessen auf sein gestärktes weißes Hemd gestarrt und versucht, mir die Oberfläche seines Herzens vorzustellen. Passten seine Kerben zu meinen?

Und nun hatte ich Brandon dabei zugesehen, wie er seine Bettlaken zurechtzog, als sei er einem Comedysketch über Zwangsneurosen entsprungen. Was, fragte ich mich, hatte sein obsessives Ritual zu bedeuten? Das Einzige, was ich mir vorstellen konnte, war, dass ihn irgendein unausgesprochenes Kindheitstrauma dazu zwang, seinem Bettzeug eine solch penible Ordnung abzuverlangen. Ich hätte ihn gern danach gefragt, aber er war bereits kurz davor einzuschlafen. Mit der Decke über seinen Schultern sah er so jung aus, dass ich das Gefühl hatte, ich sollte ihm ein Glas Milch und ein paar Kekse bringen.

Der Sex war merkwürdig gewesen. Wir waren Hand in Hand von seinem Lieblingsthairestaurant nach Hause gelaufen. Dort angekommen, hatte Brandon Sade aufgelegt. Er führte mich in sein abgedunkeltes Schlafzimmer, wo wir uns das erste Mal auf seinem Bett küssten. Der ruhige See in meinem Bauch schlug kleine Wellen, als er erst sich selbst und dann mir das T-Shirt über den Kopf zog. Als wir komplett nackt waren, setzte er sich an die Bettkante und rollte ein Kondom über. Er kletterte zu mir herüber und beugte sich über mich. Es gab weniger Vorspiel, als ich erwartet und gewollt hätte, aber er hatte seit dem Medizinstudium vor 15 Jahren keine Freundin mehr gehabt. Ich machte ihm keinen Vorwurf, dass er in diesen Dingen etwas eingerostet war, und ich wollte auch nichts sagen.

Anstelle der Standard-Missionarsstellung, die ich erwartet hatte, schob Brandon seine rechte Hand unter meine linke Schulter und wendete mich mit einer zügigen Bewegung um. Alles wurde schwarz, als ich mit dem Gesicht im Kissen landete. Noch ehe ich den Kopf heben oder irgendetwas sagen konnte, zog Brandon mein Becken zu sich heran und drang in mich ein. Seine Stöße waren schnell und technisch, aber nicht unangenehm. Ich steckte in meinem Kopf fest: Ich war überrascht und auch etwas erregt davon, dass ein Mann, der so prüde und konservativ wirkte, auf Sex von hinten stand.

Doch ich wollte mein Gesicht nicht in einem Kissen versenken. Ich wollte ihn sehen, die Musik hören, frei atmen. Die Worte, um mich wieder umdrehen zu können – *Warte. Moment. Dreh mich wieder um. Darauf stehe ich nicht so.* –, kamen mir nicht über die Lippen. Während ich dalag und darüber nachdachte, wie ich meiner Gruppe davon erzählen würde, fuhren Brandons Finger zwischen meine Beine. Schnelle, heiße Wellen der Lust durchfuhren mich, und alle Gedanken verschwanden. Ich drückte den Rücken durch, und dann ließ ich mein Gesicht mit einem unbeherrschten, dumpfen Geräusch aufs Kissen fallen. Als ich mich herumrollte, um ihn anzusehen, schob er gerade die Arme durch sein Pyjamaoberteil.

Meine Gedanken schluckten jede körperliche Empfindung, als lasse mein Gehirn eine Jalousie herunter. *Was war das für ein Pyjama? Hatte mir das gefallen? Wohin war Sade verschwunden?*

Und: *Was war mit meiner Stimme passiert?*

Von dem Augenblick an, als wir sein Schlafzimmer betreten hatten, waren wir vollkommen stumm gewesen. Da waren kein Stöhnen, kein Keuchen, keine Ooohs und keine Aaahs. Da war kein Gespräch – kein »Was magst du?« oder »Wie fühlt sich das an?« Es war ordentlich und aufgeräumt gewesen, genau wie der Stapel altmodischer Schlafanzüge in seinem tadellos geordneten Wäscheschrank.

Als Brandon schlief, spielte ich die ganze Szene noch einmal gedanklich durch, vom Sex in Bauchlage bis zu den penibel gefalteten Bettlaken. Nichts davon turnte mich so richtig ab. Brandon war weder gemein noch unaufmerksam oder geistesabwesend. Ich diagnostizierte eine Phobie vor Sex mit Blickkontakt und eine Psychose bezüglich seiner Bettwäsche. Aber wir hatten alle unser Päckchen zu tragen. Ich konnte meine gesammelten Urteile, Unsicherheiten, Ängste, Einbildungen und Gefühle über das, was gerade passiert war, zu meiner Gruppe bringen. Sie würden mir helfen, alles zu ordnen.

***

»Vielleicht datest du einen promovierten Hund, wenn er es so gern von hinten macht«, lachte Lorne. »Aber *Dr. Lassie* ist besser als Reed.«

Max meinte, es sei nicht klar, ob die Sache mit den Bettlaken liebenswert war oder ein Zeichen dafür, dass Brandon selbst steif und unnachgiebig war. »Wahrscheinlich solltest du ihn zur Therapie schicken«, schlug Max vor.

Ich sagte ihnen, dass wir noch nicht über meine Therapie gesprochen hatten, und Max zog fragend die Augenbrauen in die Höhe. »Ich verheimliche es nicht, wir sind nur noch nie auf das Thema gekommen«, verteidigte ich mich.

»Wartest du darauf, dass er dich fragt, ob du zufällig dreimal pro Woche zur Gruppentherapie gehst?« Max grinste.

Die Regel besagte, Dr. Rosen und den Gruppen alles zu erzählen – nicht, meinen potenziellen Liebhabern alles über meine Therapie zu erzählen. »Ich bin mir noch nicht sicher, wie sehr ich ihn mag. Mein Körper reagiert nicht so richtig auf ihn.«

»Hattest du einen Orgasmus?«, fragte Lorne.

»Ja.«

Dr. Rosen strahlte wie der Vollmond an einem wolkenlosen Himmel.

***

An meinem 34. Geburtstag stand Brandon in meiner Küche, während ich meine Übernachtungstasche packte. Wir verbrachten die Nächte immer in seinem Penthouse mit Blick auf den Navy Pier, weil dort seine schicken importierten Möbel, seine Stereoanlage mit Surround-Sound und natürlich vor allem seine Pyjamas waren.

»Wer ist das?« Brandon zeigte auf ein Bild an meinem Kühlschrank, der vollkommen zugepflastert war mit Fotos, Rückennummern von Zehn-Kilometer-Läufen und abgerissenen Eintrittskarten. Von den Dutzenden von Gesichtern, die dort zu sehen waren, zeigte er ausgerechnet auf das eine, über das ich nicht sprechen wollte. Mussten wir das ausgerechnet an meinem Geburtstag diskutieren?

»Das ist mein …« Ich hielt inne.

Er ließ seinen Finger auf dem Foto, legte seinen Kopf zur Seite und sah mich fragend an.

»Mein Mentor.«

Brandon ging näher heran und betrachtete das Foto. »Wirklich?« Es war eine Nahaufnahme von Dr. Rosen auf Kathryns Hochzeit. Es war entstanden, direkt bevor ich ihn und Alex einander vorgestellt hatte. »Welche Art Mentor?«

Ich wollte Brandon nicht von Dr. Rosen erzählen, weil ich keine Ahnung hatte, was er von Psychotherapie hielt. Als ich ihm vor ein paar Wochen erzählte, dass ich wegen einer Essstörung in einem Zwölf-Schritte-Programm war, hatte er das Gesicht verzogen und gesagt: »Ich verstehe nicht, warum du dazu all diese Leute brauchst. Und warum man nicht einfach aufhört zu essen, wenn man satt ist.«

»Nun ja, also ...« – scheiß drauf – »er ist mein Therapeut.«

Er lehnte sich noch einmal in Richtung des Fotos und inspizierte es genau. »Dein Therapeut? Warum hast du dann dieses Foto von ihm?«

»Es stammt von einer Hochzeit. Zwei seiner Patienten haben geheiratet, und ich bin mit der Braut befreundet.«

Für ein Moment flackerte ein Zeichen der Beunruhigung in Brandons Blick auf. »Zwei Patienten haben *geheiratet*? Wie kam es denn bitte dazu – haben sie sich im Wartezimmer verliebt?« Ich erzählte ihm von den Gruppen und dass Dr. Rosen nichts dagegen hatte, wenn man sich außerhalb der Sitzungen traf. Brandons Mund verkrampfte sich zu einem schmalen Strich. Er lief auf und ab und stellte dabei zig Fragen dazu, wie die Gruppentherapie ablief, wer die anderen Gruppenmitglieder waren, wie das alles funktionierte. Ich versicherte ihm, dass es einfach eine ganz normale Therapie war, nur mit etwas mehr Leuten. Er wollte wissen, ob ich auch schon über ihn gesprochen hatte, und als ich nickte, schob er die Hände in seine Hosentaschen. Es fühlte sich an, als wäre es im Raum schlagartig ein paar Grad kälter geworden.

Als wir später in seiner Wohnung miteinander schliefen, lief alles noch schneller und routinemäßiger ab als sonst: Er drehte mich um, und 20 Minuten später lagen wir unter der zurechtgezogenen Bettdecke. Ich legte meinen Kopf auf seine Brust, aber ich spürte, dass er an die Decke starrte. Ich setzte mich auf.

»Was ist los?«, fragte ich.

Er fixierte weiter die Deckenleisten. »Bitte sprich mit deiner Gruppe nicht über mich.«

»Was?« Wusste er nicht, wie Therapie funktionierte?

»Sage ihnen bitte nicht, wie ich heiße.« Er wusste noch nicht, dass »meine Gruppe« eigentlich zwei Gruppen waren und ich dreimal pro Woche hinging.

»Sie wissen schon, dass wir zusammen sind.« Sie wussten *alles*. Einmal hatten Max und Brad nach der Montagssitzung Brandon gegoogelt und herausgefunden, dass seine Wohnung mehr als eine Million Dollar wert sein musste und seine Mutter große Summen an katholische Wohltätigkeitsorganisationen spendete.

»Kennen sie meinen Namen?«

Ich nickte und spürte, wie mein Gesicht zu glühen begann. Hätte ich nicht sagen dürfen, wie er heißt?

»Bitte« – jetzt sah er mich direkt an – »halte mich einfach da raus.«

Ich nickte – nicht, weil ich zustimmte, sondern weil ich verstand, was er meinte. Er nahm mein stummes Nicken als Einwilligung, beugte sich zu mir, um mir einen Kuss auf die Wange zu geben, und legte sich dann wieder auf sein Kissen.

33

»Wie war dein Geburtstag?«, fragte Max.

Ich schwärmte von dem schicken Restaurant, in dem wir gewesen waren, von dem Lachs und der Panna Cotta mit schwarzem Trüffel.

»Hatte er auch ein Geschenk für dich, zum Beispiel, dass er dich mal ansieht, wenn er dich fickt?«, fragte Lorne. Ich schenkte ihm meinen ausgestreckten Mittelfinger.

»Können wir über etwas anderes sprechen?«

Max kniff die Augen zusammen. »Du bist doch sonst so ein Plappermaul, wenn es darum geht, was er gesagt hat, wie er dich geküsst hat, ob er sich seiner Zwangsstörung bewusst ist …«

»Wie er dich auf den Bauch gedreht hat …«, ergänzte Lorne, und ich zeigte ihm noch mal meine beiden Mittelfinger.

»Und nun tust du so, als ginge uns das alles gar nichts an«, sagte Max.

Ich schaute zu Dr. Rosen. »Können Sie mir helfen?«

Dr. Rosen und ich hatten am Morgen nach meinem Geburtstag telefoniert. Er hatte gesagt, er würde mich nicht dazu zwingen, in der Gruppe über Brandon zu sprechen, aber empfehle mir dringend, der Gruppe zumindest zu sagen, worum Brandon mich gebeten hatte. Mit einer Geste forderte er mich auf weiterzusprechen. Ich atmete tief ein, erklärte Brandons Bitte und meine implizite Zustimmung, nicht mehr über ihn zu sprechen.

Alle stellten die gleiche Frage: Warum sollte er meinen Behandlungserfolg aufs Spiel setzen? Ich presste die Lippen aufeinander. Sie waren so pathetisch. Brandon wollte einfach seine Privatsphäre schützen. Nur weil ich kein Problem damit hatte, meinen Gruppen zu erzählen, was ich aß und wie ich Sex hatte, hieß das nicht, dass es ihm genauso ging. Was war so schlimm daran, es einmal auf Brandons Art zu versuchen? Sollte ich wieder bei Selbstmordgedanken und Apfelfressgelagen landen, könnte ich es ja wieder ändern.

Sie feuerten weitere Fragen auf mich ab. Oma Maggie wollte wissen, wie wir vorgehen wollten, wenn ich Hilfe mit der Beziehung bräuchte. Lorna wollte wissen, ob Brandon wusste, dass sein Spitzname hier inzwischen »Dr. Lassie« war. Max' Frage traf mich am empfindlichsten: War diese Beziehung dieses Opfer wert?

Dr. Rosen schwieg, während ich versuchte, die Fragen zu beantworten. Ich sah mehrmals zu ihm hinüber. Einmal erkannte ich, dass er befürwortete, dass ich Brandons Bitte gegenüber aufgeschlossen war. Als ich das nächste Mal zu ihm blickte, las ich in der geraden Linie seiner Lippen jedoch eine Skepsis, die mich sofort verkrampfen ließ. Am liebsten hätte ich mir die Hände auf die Ohren gepresst und geschrien. Warum musste jede einzelne meiner Beziehungen so eine gottverdammte Show sein? Würde das irgendwann leichter werden?

Am Ende der Sitzung hatten wir eine Abmachung getroffen: Ich würde keine Geschichten über Brandon mehr mitbringen, aber wenn ich Hilfe mit der Beziehung brauchte, würde ich es Dr. Rosen wissen lassen, und er würde mich außerhalb der Gruppe beraten. Die Gruppe würde ich anschließend zwar nicht wissen lassen, über was genau Dr. Rosen und ich gesprochen hatten, aber sie zumindest über die Tatsache informieren, dass wir außerhalb der Gruppe geredet hatten.

»Das wird niemals funktionieren«, sagte Lorne. Ich winkte ihm ein weiteres Mal mit meinem Mittelfinger zu. Aber auch wenn ich so tat, als stünde ich voll hinter dem Handel, den ich gerade abgeschlossen hatte, stieg doch eine Sorge in mir auf. Fünf Jahre lang hatte ich gelernt, mich gegenüber Dr. Rosen und meinen Gruppen zu entblößen, mich »ihnen zu öffnen«. Was würde der Preis dafür sein, sie nun wieder auszuschließen?

»Christie«, sagte Max in erstem Ton. »Spaß beiseite. Worum geht es hier? Warum darfst du in deiner Therapie nicht über ihn sprechen?«

Ich nahm an, dass es irgendein altes Familiengeheimnis gab, das Brandon aus Loyalität gegenüber seinen Vorfahren hütete. Ich tippte auf irgendeine Geschichte, für die er sich schämte, irgendeine Sucht, psychische Krankheit oder außereheliche Schwangerschaft. Ich wusste, dass sein Vater gestorben war, als Brandon noch ein Kind war, und das eine Mal, als Brandon das Thema angesprochen hatte, hatte ich Schmerz und Scham herausgehört. Wenn die Zeit dafür reif war, würde ich Brandon noch beibringen, dass Geheimnisse toxisch und das Offenlegen der Wahrheit der einzige Weg zu Freiheit und Vertrautheit waren.

Als wir abends in einem Sushilokal saßen, sagte ich Brandon, dass ich bereit sei, ihn aus meiner Gruppentherapie herauszuhalten, solange ich mit Dr. Rosen über alles sprechen durfte. Er sagte, damit könne er leben. Ich stand auf und lief um den Tisch herum, um ihn zu umarmen. Diese öffentliche Zurschaustellung meiner Gefühle ließ ihn erröten. Wir bestellten ein Stück Zitronentarte mit zwei Gabeln. Mir war nach Feiern zumute.

Die nächsten Wochen war es merkwürdig in der Gruppe. Vor Brandons Dekret hatte ich in jeder Sitzung im Zentrum von heißen Debatten gestanden und berichtet, mit wem ich schlief und wer mir gerade einen Korb gegeben hatte. Ich riss Fäden aus Handtüchern, Haare von meinem Kopf und verlangte eine Antwort darauf, wie die Gruppe mir helfen würde. Ich hatte gelernt, über mich selbst zu lachen und meine Beziehungen aus verschiedenen Blickwinkeln zu betrachten. Wenn es nun jedoch um Sex oder Beziehungen ging, zog ich die Schultern ein und presste die Lippen aufeinander, um mich selbst und alle anderen daran zu erinnern, dass ich nichts preisgeben würde.

Nach jedem Treffen mit Brandon hinterließ ich eine Nachricht auf Dr. Rosens Mailbox, die sich auf Fakten beschränkte (»Wir haben seinen Mitbewohner aus dem College zum Abendessen getroffen« oder »Ich habe am Freitag, Samstag und Sonntag bei ihm übernachtet«). Ich würde nicht die Todsünde begehen, einen Alleingang zu wagen. Immer noch rief ich jeden Abend bei Rory an, um ihr zu erzählen, was ich gegessen hatte.

***

An einem Donnerstagmorgen saßen Brandon und ich nebeneinander an seinem maßgefertigten Eichentisch und frühstückten Haferbrei. Er trug den mit seinen Initialen bestickten Morgenmantel, und ich hatte mich für die Arbeit angezogen. Wir waren nun seit über drei Monaten zusammen und hatten unter der Woche eine entspannte Morgenroutine. Die *New York Times* lag zerpflückt auf dem Tisch, und jeder von uns hatte einen Teil: Business für ihn, die Titelstory für mich.

»Ich muss los«, sagte ich und faltete die Zeitung zusammen. »Telefonkonferenz mit einem Klienten in einer Stunde.«

»Wie spät ist es?«, fragte er.

»Halb neun.«

Er wandte sich wieder der Zeitung zu. »Mein Termin ist erst um zehn.«

Ich nahm an, er sprach von einem Patienten. Als ich mich für einen Abschiedskuss zu ihm hinunterbeugte, sagte er: »Ich habe einen Termin mit Dietrich …« Einen Moment zögerte er, dann: »… meinem Seelenklempner.«

»Deinem *was*?«

Er lachte und legte die Hand auf den Knoten im Gürtel seines Morgenmantels. »Meinem Seelenklempner.«

Er lachte weiter. Plötzlich kam mir Brandon nicht mehr verschroben oder unerfahren oder schlau vor, sondern berechnend und grausam. Ich nahm einen tiefen Atemzug und wechselte meine Tasche von der rechten auf die linke Schulter.

»Wie lange gehst du schon zu ihm?« Er kicherte immer noch und tat so, als würde er es an seinen Fingern abzählen. »Brandon. Wie lange?«

»Genau genommen ist er Psychoanalytiker.«

»Wie lange?«

»Es ist keine Gruppentherapie. Keine Ahnung, wie du das aushältst – herumzusitzen und dir die Probleme anderer Leute anzuhören …« Er lachte in sich hinein und faltete die Zeitung mit sorgfältiger Präzision zusammen. »Dieses Gruppending würde für mich nie funktionieren.« Ich drehte mich. »Warum bist du sauer?« Er sprach weiter zu meinem Rücken, als ich in Richtung des Aufzugs davondampfte.

»Du machst dich lustig über mich.« Ich hämmerte auf den Aufzugknopf ein. Brandon folgte mir mit einem reumütigen Blick im Gesicht.

Mit einem *Pling* öffneten sich die Türen des Aufzugs.

Ich trat hinein.

Als sich die Türen schlossen, hörte ich: »Neun Jahre.«

Ich hatte Brandon für einen guten Menschen gehalten – schrullig und ein wenig verklemmt, aber herzensgut. Die Mischung aus seinem Lächeln, seiner ruhigen Art und den tadellosen Umgangsformen hatten in mir den Eindruck hinterlassen, dass er eine sanfte Seele war und wie ich auf der Suche nach seinem Weg im Leben. Ungeachtet seines Wohlstands und den damit einhergehenden Privilegien behandelte er jeden mit Respekt. Er gab viel Trinkgeld. Als ich ihm erzählt hatte, dass ich *König Lear* liebte, besorgte er Tickets für eine Aufführung im noblen Goodman Theatre. Selbst als ich seine merkwürdigen Verhaltensweisen im Schlafzimmer entdeckt hatte, hatte ich sie nicht als verborgene Hinweise auf einen Soziopathen interpretiert. Er war einfach zwischenmenschlich etwas unbeholfen, wie Bill Gates. Oder ich.

Aber das war zu viel. Er hatte so viel von mir verlangt – dass ich in der Therapie nicht mehr über ihn sprach –, ohne zu erwähnen, dass er selbst zu einem Therapeuten ging. Nicht in Ordnung. Wenn ich über die anderen Kerle hinwegkommen konnte – die, die meinen ganzen Körper zum Leben erweckt hatten –, dann würde ich auch über ihn hinwegkommen. Ich stellte mir vor, wie ich ihn später anrufen und sagen würde: »Hab noch ein schönes Leben. Viel Spaß mit deinem Penthouse und deinem Geld.«

Aber es fühlte sich an, als wäre es mir noch nicht gestattet, ihn loszulassen. Tatsächlich hatte ich genau dieses Wort im Kopf: *gestattet.* Seit Jahren jammerte ich über Beziehungen. Ich hatte Tausende von Dollars in Therapiestunden investiert. Hatte mir verdammt noch mal sogar ein Profil bei JDate angelegt, obwohl ich nach Jesus Christus benannt war. Hatte vor Kurzem noch etwas mit einem verheirateten Mann gehabt. Und genau darum war es mir noch nicht *gestattet*, mich von Brandon zu trennen. Er war single, solvent und meistens nett. Als das Taxi den Wacker Drive hinunterraste und nach einer ruckartigen Wende, von der ich beinahe ein Schleudertrauma bekommen hätte, vor meinem Bürogebäude anhielt, wusste ich, dass ich nicht mit ihm Schluss machen würde. Mein Fluchtreflex war verdrängt worden von dem Bedürfnis zu beweisen, dass ich bereit war zu all der harten Arbeit, die intime Beziehungen offenbar brauchten. Ich hatte gelernt, meine Wut zurückzuhalten und mich direkt mit ihr auseinanderzusetzen. Ich hatte schon zu viel Therapie hinter mir, um nun einfach Reißaus zu nehmen. Aber ich stand vor einem waschechten Dilemma: Sollte ich der Gruppe erzählen, was gerade passiert war?

Ich hatte viereinhalb Stunden Zeit, um mich zu entscheiden.

***

»Neun Jahre?«, fragte Max. Genau genommen brach ich mein Versprechen an Brandon nicht, denn ich hatte nur gesagt: »Der Mann, mit dem ich letzte Nacht geschlafen habe, hat mir erzählt, dass er seit neun Jahren in Therapie ist.«

»Ja, seit fast einem Jahrzehnt. Arschloch.«

Dr. Rosen hob beschwichtigend die Hand. »Können wir einen Gang runterschalten?«

Ich zeigte mit dem Finger auf Dr. Rosen. »Er weiß seit Monaten von Ihnen. Sie hätten sehen sollen, wie er gelacht hat. Und seine Geheimnisse …«

»Es ist kein Geheimnis. Er hat es Ihnen gesagt.« Dr. Rosen redete in seiner besänftigenden Stimme, die mich nur noch wütender machte.

»Wollen Sie nicht *mehr* für mich?«

Er zog die Augenbrauen in die Höhe. »Was meinen Sie mit *mehr*?«

»Er hat einen Keil zwischen mich und die Gruppe getrieben und mir nichts von seiner eigenen Therapie erzählt. Diese Beziehung ist doch schon wieder eine Sackgasse. Mein Spezialgebiet.«

Dr. Rosen legte seine grübelnde Miene auf und starrte mich an. Er rieb sich das Kinn und setzte ein paarmal zum Sprechen an. Dann endlich rückte er mit seiner Weisheit heraus: »Ich weiß es nicht.«

Aber ich zahlte ihm nicht jeden Monat 840 Dollar dafür, dass er es *nicht* wusste. Ich bezahlte ihn, damit er seine schicken Urkunden und Abschlüsse dafür verwendete, mein Leben zu verändern. Mir beizubringen, wie man eine Beziehung führte, damit ich innerhalb einer gesunden Beziehung davon Gebrauch machen konnte. Ich fragte ihn, ob es an der Zeit war, mich zu trennen.

»Warum sollten Sie sich von ihm trennen?« Dr. Rosen sah mich an, als hätte ich gerade verkündet, dass ich vorhatte, Brandons Silberbesteck zu stehlen.

»Er hat mich wochenlang belogen, indem er es mir verschwiegen hat. Ich werde wieder genau dort landen, wo ich angefangen habe. Wer weiß, ob er nicht auch noch eine Ehefrau und Kinder in irgendeiner Kleinstadt in Illinois hat?«

»Das hat er auf keinen Fall«, sagte Dr. Rosen.

»Warum nicht?«

»Weil Illinois ätzend ist«, entgegnete Lorne.

Dr. Rosen lehnte sich übertrieben weit zu mir herüber, als wolle er mir ein Geheimnis verraten. »Pssst. Vertrauliche Nachricht an Christie. Das ist die beste Beziehung, die Sie jemals hatten.«

Am liebsten hätte ihm die halbkahle Rübe von seinem dürren Hals geschlagen. *Das soll meine beste Beziehung sein?* »Was für ein Bullshit, Dr. Rosen!«

»Es stimmt«, sagte Patrice. Oma Maggie nickte bestätigend.

»Reed hätte niemals eine Therapie vor mir verheimlicht.«

»Er hat dich mehr als genug angelogen«, warf Brad ein.

»Also schön. Aber Alex – wir haben Radtouren bei Sonnenaufgang gemacht und haben pausenlos miteinander …«

Max stöhnte verzweifelt auf. »Er hat dich nicht geliebt, weißt du noch? Und erinnerst du dich an den Brieföffner und diesen Sack voller Porzellanscherben?« Jeder steuerte ein Argument bei, warum Brandon meine beste Beziehung bislang war. Dr. Rosen legte ein selbstzufriedenes Grinsen auf. Ich gab nach. Ich hatte das aufregende Kribbeln in meinem Bauch, das ich bei Reed und Alex gehabt hatte, geopfert, damit ich eine sogenannte *echte* Beziehung mit einem Mann führen konnte, der tatsächlich zu haben war. Aber dieser Mann hatte offensichtlich tiefsitzende Probleme, die mir Angst machten.

»Sie fühlen sich sexuell angezogen von der Aussicht, verlassen zu werden«, sagte Dr. Rosen.

Ich wollte ihm widersprechen, aber wie konnte ich das? In jeder meiner vorangegangenen Beziehungen war mindestens die Hälfte des Reizes die Herausforderung gewesen, ein Hindernis zu überwinden – die Religion des Praktikanten, Reeds Ehefrau, Alex' Unsicherheit, was mich betraf.

»Brandon bleibt, wo er ist«, sagte Dr. Rosen. Und ich hätte schwören können, in der Stille, die darauf folgte, zu hören, dass er ergänzte: »Und Sie auch.«

Brandon tauchte an diesem Abend mit einem Lächeln im Gesicht in meinem Büro auf, das sagte: *Bitte verzeih mir.* »Es fällt mir schwer, Menschen an mich heranzulassen«, sagte er. Meine draufgängerischen Trennungsvorsätze lösten sich in Luft auf. Anstatt zu sagen: »Das funktioniert so nicht für mich«, sagte ich: »Was wollen wir heute zu Abend essen?« Als er mich später auf den Bauch drehte, waren seine Stöße drängender als sonst, und ich stellte mir vor, dass er Angst gehabt hatte, mich zu verlieren. Es störte mich, dass wir nie über unser Sexleben sprachen – das Umdrehen, das merkwürdige Schweigen, in das wir versanken, sobald wir intim wurden. Später schlief ich mit einer Frage im Kopf ein: *Könnte ich mit diesem Mann eine Familie gründen? War das hier besser, als allein zu sein?*

34

Ich unterzog Brandon einem Test. Hätte ich das auch getan, wenn ich in der Gruppe über ihn sprechen dürfte? Vermutlich nicht. Ich wollte herausfinden, ob er dachte, dass er mich liebte. Ob er sich eine Zukunft mit mir vorstellen konnte. Ob ich ihm genauso wichtig war wie die strengen Falten seines Bettlakens. Es fiel mir leichter, ihn auf eine Probe zu stellen, als ihn direkt zu fragen.

Der erste Test: Als John, ein großer, introvertierter Anwalt aus meiner Kanzlei, fragte, ob ich mit ihm zu Abend essen gehen wolle, sagte ich Ja. Ich wusste nichts über ihn, außer dass er gern Golf spielte, keinen Fernseher besaß und bei jeder Geschichte, die er erzählte, ziemlich weit ausschweifte. Ich sagte Ja, weil ein Date mit einem anderen Mann genau der richtige Anlass war, um ein *Wie ernst ist das mit uns?*-Gespräch mit Brandon zu führen.

Als ich ihm von Johns Abendesseneinladung erzählte, schaute er nicht mal von seiner Zeitung auf. »Klingt nett«, sagte er. Am nächsten Tag sagte ich John ab.

Eines Abends saßen Brandon und ich nach Sonnenuntergang auf einem Felsvorsprung mit Blick auf den North Avenue Beach und aßen Schinkensandwiches und schwarze Oliven. Er legte seinen Arm um mich, während wir auf das Wasser des Lake Michigan starrten, das leise gegen den Strand wogte. Er küsste mich unter den Bäumen neben dem Schachpavillon, und ich stellte mir dabei vor, wie sich tief in mir etwas rührte. Nicht diese Welle oder dieser Rausch der Lust. Etwas Tiefgreifenderes. War das die Art, wie gesunde Erwachsene sich verliebten? Als er zurückwich, sah er mich an. »Du weißt das vermutlich überhaupt nicht, aber normalerweise verbringe ich den Winter in London«, sagte er. Brandon griff meine Hand. »Dieses Jahr will ich hierbleiben. Um zu sehen, wohin das mit uns führt.«

Später, als wir miteinander schliefen, drehte er mich nicht um.

An einem Montagabend einige Wochen später rief Brandon mich an, als er auf dem Bürgersteig vor meiner Wohnung stand. Ob ich mit ihm spazieren gehen wolle, fragte er. Als ich rauskam, tippte er mit angespanntem Blick etwas auf seinem Handy. Ohne ein Wort lief er los. Ich folgte ihm und wartete darauf, dass er etwas sagte. An der LaSalle Street blieb er abrupt stehen. Ein Bus zischte an uns vorbei.

»Ich will dir etwas erzählen, aber du darfst es niemandem sagen. Auch nicht Dr. Rosen. Es muss unter uns bleiben.«

Ich starrte auf die roten Leuchtbuchstaben über einem Sportgeschäft. Jetzt wurde *ich* auf eine Probe gestellt. Warum bat er mich um so etwas? Und noch schlimmer – warum sollte ich zustimmen?

Noch nie innerhalb der letzten fünf Jahre hatte ich einen meiner Freunde über meine Loyalität zu Dr. Rosen gestellt. Würde ich mich weiterentwickeln, wenn ich mich von meiner Abhängigkeit von Dr. Rosen löste? Vielleicht war es notwendig, einen Kreis um etwas zu ziehen und Dr. Rosen auszuschließen. Aber sollte ich meine seelische Gesundheit wirklich in die Hände eines Mannes legen, der seiner Bettwäsche mit Fadendichte 1000 verliebtere Blicke zuwarf als mir? Würde es mein Herz weiter einkerben, wenn ich Ja sagte? Oder wenn ich Nein sagte?

Ja. Bis die Ampel auf Grün schaltete, hatte ich meine Therapie offiziell über Bord geworfen, damit ich Brandons tiefstes Geheimnis in mir einschließen konnte. Ich ließ es einen Keil zwischen mich und Dr. Rosen treiben, obwohl der gesetzlich dazu verpflichtet war, alles, was ich ihm erzählte, für sich zu behalten.

»Ich habe keine Libido«, gestand Brandon.

Ich brach in Lachen aus. Ein regelrechtes Rosen-Lachen, bei dem ich mir den Bauch hielt und mich nach vorn beugte. Zum einen, weil ich das bereits wusste. Zum anderen, weil es doch völlig egal war, ob Dr. Rosen etwas über seine Libido erfuhr. Keiner erwartete von Brandon, dass er vögelte wie ein Mick Jagger in den 1970er-Jahren. Erleichterung überkam mich, und ich fühlte mich wohl und kraftvoll. Das konnten wir gemeinsam schaffen.

Er schüttelte den Kopf. »Das wird sich vielleicht nie ändern.«

»Was sagt Dietrich dazu?«

»Dass ich Intimitätsprobleme habe.« Ach.

»Sonst noch etwas?«

»Nicht wirklich.«

Die Lichter aus dem zweistöckigen McDonald's schienen auf den Gehweg vor uns. Der Drive-in eines anderen Burgerladens ließ den Verkehr auf der Clark Street stocken. Eine fehlende Libido war kein Deal-Breaker. Wenn wir zusammenblieben und daran arbeiteten, er mit Dietrich und ich mit, nun ja, ich hatte gerade versprochen, es allein zu tun – wer weiß, wo wir dann landen würden. Wegen dieser großen »Offenbarung« würde ich nicht aufgeben.

»Ich sollte dir die Kleider vom Leib reißen wollen, aber das tue ich nicht.« Er berührte meinen Arm und sagte, dass er dieses Bedürfnis noch nie gespürt habe, bei niemandem. Seinen Augen war abzulesen, wie sehr es ihn quälte. Ich kannte dieses Gefühl. Mein ganzes Leben lang hatte ich geglaubt, irgendetwas stimme ganz gewaltig nicht mit mir. Jahrelang hatte ich versucht, Lösungen für meine Probleme zu finden. Ich hatte angekämpft gegen das Mädchen, das ich früher sein sollte, als Tänzerin, als Texanerin, Studentin, Freundin. Und dieser Kampf hatte mich jahrelang zu einer Toilettenschüssel geführt. Genau wie ich hatte auch Brandon immer die allerbesten Noten gehabt und war als Mediziner ohne Anstrengung aufgestiegen. Aber sein Privatleben – wie er sich mit sich selbst fühlte, wie er den frühen Tod seines Vaters verkraftete und wie er mit anderen Menschen umging, besonders mit Frauen – hatte er über Jahre vernachlässigt. Wie hätte ich Brandon den Rücken zukehren können, während er seinen Weg durch dasselbe Dickicht suchte, durch das auch ich mich bahnte? Er brauchte emotionale Sicherheit, und ich liebte ihn genug, um es auf seine Art zu versuchen. Zumindest eine Weile lang.

Als ich am nächsten Tag zur Gruppe kam, fühlte ich mich so hibbelig wie ein Eichhörnchen. Alle zehn Minuten spürte ich das Bedürfnis, meine Beine zu überschlagen. Durch meinen Kopf schwirrten Fetzen des Gesprächs mit Brandon, aber ich sagte nichts. 90 Minuten lang sprach ich fast kein Wort.

Zwei Tage später, in der Donnerstagsgruppe, war es das Gleiche. Lorne fragte nach dem aktuellen Stand mit Dr. Lassie, und Patrice fragte, ob es mir gutging. Als ich mich weigerte, eine sinnvolle Antwort zu geben, ließen mich irgendwann alle in Ruhe. Bis kurz vor Ende der Gruppensitzung, als Max fragte, ob ich wirklich glaubte, dass das mit der Geheimniskrämerei für mich funktioniere. Patrice sagte, das frage sie sich auch.

Dr. Rosen setzte zum Sprechen an, aber dann hielt er inne. »Was?«, fragte ich. Ich hatte ihm auf die Mailbox gesprochen, dass Brandon mir ein Geheimnis verraten und ich versprochen hatte, es für mich zu behalten. Mehr hatte ich nicht gesagt.

»Kann ich etwas zu der Nachricht sagen, die Sie mir hinterlassen haben?«, fragte Dr. Rosen.

»Nur zu.«

»Ich werde Ihr Geheimnis nicht verraten, aber …«

»Geheimnis?«, fragte Lorne.

»Christie«, sagte Max leise und zog dabei beide Silben in die Länge. »Was tust du da?«

Dr. Rosen versicherte mir, dass ich Brandons Geheimnis nicht preisgeben müsse, aber er wollte auch sichergehen, dass ich verstand, welche Auswirkungen Geheimnisse haben. »Wenn Sie einwilligen, ein Geheimnis von jemandem zu bewahren, dann laden Sie die Scham desjenigen auf sich.« Dass das Dr. Rosens Philosophie war, wusste ich bereits. Aber ich verstand nicht, was daran so schlimm war, dass ich meinem Freund half, mit seiner Scham zurechtzukommen. Würde es mich umbringen, sie eine Weile für ihn zu tragen, während wir an unserer Beziehung arbeiteten? Ging es nicht in Beziehungen darum, Kompromisse einzugehen, damit man nicht allein neben einer Blechdose mit der Asche eines Babys starb?

Der Appetit der Gruppe auf eine Enthüllung war geweckt. Sie versuchten, das Geheimnis zu erraten: Veruntreuung? Insolvenz? Geheime Ehefrau? Spielsucht? Scheckbetrug? Pädophile Neigungen? Genau die Gruppe, vor der ich Brandons Geheimnis schützen sollte, verdächtigte ihn nun der möglichen Geldwäsche und Kindesmisshandlung. Ich sah zu Dr. Rosen und flehte ihn an, sie zum Schweigen zu bringen, aber er schüttelte den Kopf und bestand darauf, dass sie mir dabei halfen, die Scham zu tragen.

»Sie zeigen Ihnen den Preis auf, den Sie dafür zahlen.«

Ich schaute in die Gesichter im Kreis. Die Unbeschwertheit, die noch wenige Augenblicke zuvor geherrscht hatte, war verschwunden. Was hätte ich dafür gegeben, ihnen erzählen zu können, was Brandon gesagt hatte. Ich könnte es verraten, und Max würde lachen und irgendwas über den Mythos des sexuell unersättlichen Mannes sagen. Lorne würde etwas Bissiges über das Umdrehen ergänzen. Patrice würde mir mit beruhigenden Lauten über den Arm streichen, und Oma Maggie würde auf ihren Ehering zeigen. Brad würde irgendeine Frage über Brandons Finanzen einfließen lassen. Ich liebte meine Gruppe mehr, als ich Brandon liebte, aber ich konnte sie nicht alle abends mit nach Hause nehmen. Ich konnte sie nicht alle mit zu meinem nächsten Jahrgangstreffen nehmen. Sie konnten nicht nachts meine Hand halten oder eine Familie mit mir gründen. Sie konnten nicht verhindern, dass ich allein starb.

Dr. Rosen fragte, wie ich mich fühlte. Als ich es sagte, brach mir die Stimme.

»Einsam.«

35

Am Montag vor Thanksgiving saß ich schweigend in der Runde, während die anderen die Probleme mit ihren Feiertagsplänen besprachen: Max hatte Ärger mit seiner Frau, weil der die falschen Semmelbrösel für die Truthahnfüllung bestellt hatte. Patrice' Töchter waren in der Stadt, aber verbrachten zu viel Zeit mit ihrem Vater. Oma Maggies Stiefsohn aus Arizona hatte gegen ihre Regeln verstoßen und im Keller Gras geraucht. Dr. Rosen hörte sich alles an und gab jedem einen Ratschlag. Mehrmals sah er zu mir herüber, aber mein Gesicht blieb teilnahmslos.

Max tippte mit dem Schuh gegen meinen Zeh. »Du bist ruhig heute.«

Ich nickte und zuckte die Schultern.

»Also? Was darfst du uns erzählen? Kannst du verraten, was du an Thanksgiving planst?«

Ich drehte mich auf meinem Stuhl, um auf die Uhr an der Wand hinter mir zu schauen. Wir hatten noch fünf Minuten. Konnte ich seine Frage die nächsten 300 Sekunden lang einfach ignorieren? Die Wahrheit war, dass ich überhaupt keine Pläne hatte. Zwar gab es eine Menge Leute, die mich liebend gern zu sich nach Hause eingeladen hätten – Clare, Rory, Marnie, Patrice, Lorne, Renee –, aber ich wollte mir keinen Platz am Tisch anderer Leute erbetteln. Meiner Familie hatte ich gesagt, dass ich in Chicago bleiben und Thanksgiving mit meinem Freund verbringen würde – weil ich angenommen hatte, dass Brandon und ich den Tag zusammen verbringen würden. Aber am letzten Freitagabend hatte er verkündet, dass er am Samstag für eine Woche mit seiner Familie verreisen würde. Ich hatte keine Zeit gehabt, all meine Gefühle zu verarbeiten – die Scham, die Einsamkeit, die Kränkung und die Wut. Wie eine selbstgebastelte Bombe saßen sie zusammengeknotet in meiner Brust.

»Wo wird Brandon sein?«, fragte Max.

Ich sah zu Dr. Rosen und hoffte, er würde merken, dass ich gleich vor Scham explodieren würde. Vor Scham darüber, dass ich einen weiteren Feiertag allein verbringen würde, obwohl ich einen Freund hatte. Es war das Gleiche wie die Italienreise mit Jeremy.

»Antworten Sie ihm«, sagte er. Er wusste es.

Ich schüttelte widerstrebend den Kopf.

»Wollen Sie das alles für sich behalten?«, fragte Dr. Rosen und blickte auf die Uhr. Noch 200 Sekunden.

»Nein!«, schrie ich. NEIN! NEIN! NEIN! NEIN!

»Nein, was?« Er fixierte meinen Blick.

Nein zu alldem – dazu, mir selbst den Mund zu verbieten für einen Mann, der nach mehreren Monaten Beziehung die Feiertage nicht mit mir verbringen wollte. Nein dazu, dass Brandon mir gerade mal 48 Stunden vor seinem Flug überhaupt von seiner Reise erzählt hatte. Nein zu dieser Einsamkeit. Nein zu diesem Umgedrehtwerden und nicht sprechen zu können und so isoliert und einsam und vollgestopft mit lauter Geheimnissen in der Gruppe sitzen zu müssen. Dr. Rosen sah mich auf dieselbe Weise an, wie er mich angesehen hatte, als ich aus Deutschland zurückgekommen war. Er machte sich immer noch Sorgen um mich, seinen kleinen Misserfolg. Er sollte mich hassen. Ich hasste mich.

»Was wollen Sie?«, fragte er.

»Hören Sie damit auf, so nett zu mir zu sein!«

»Weder ich noch diese Gruppe wird aufhören, Sie zu lieben.«

Ich schloss meine Augen. Ich hasste sie alle für das, was sie hatten: Schwiegereltern, die sie nicht ausstehen konnten, vergessliche Ehepartner, drogensüchtige Stiefkinder. Truthahnrezepte. Familie. Orte, wo sie sein konnten, Menschen, bei denen sie sein konnten. Wenn ich meine Augen öffnete, würde ich ihre Gesichter sehen und zugeben, dass ich nicht wusste, wohin. Ich sank auf die Knie, griff mir in die Haare, ballte meine Hände zu Fäusten und zog. Heftig. Der stechende körperliche Schmerz fühlte sich gut an. Meine Hände waren voller Haare, die ich mir vom Kopf gerissen hatte.

Ich wollte, dass meine Therapie geradlinig verlief. Ich wollte mit jedem Jahr, das ich hineinsteckte, eine messbare Veränderung. An diesem Punkt, nach fünf Jahren und zwei Monaten, sollte ich längst immun sein gegen diese Art von Zorn, die mich dazu brachte, mir mit meinen eigenen Händen Haare auszureißen.

Patrice legte ihre Hand auf meinen Rücken. »Bitte tu dir nicht selbst weh. Komm an Thanksgiving zu mir.«

»Ich will kein Mitleid! Ich will meine eigene! Meine eigene Familie! Ich dachte, Sie würden mir helfen, Dr. Rosen!« Mein Geschrei hallte von den Fenstern wider. Ein weiteres Mal war ich die heulende Frau, die mit Fäusten voller Haare in der Gruppentherapie saß. Würde ich jemals jemand anderes sein?

»Können wir noch mal auf die Kränkung zurückkommen?«, fragte Dr. Rosen.

»Nein!« Es war keine Sekunde der Sitzung mehr übrig. Mein Kopf pochte.

»Bleiben Sie bei der Kränkung.«

Ich stand auf und griff nach einem Keramikblumentopf vom Fensterbrett. Ich hob ihn mit beiden Händen über meinen Kopf und donnerte ihn dann auf meinen Schädel – genau auf meinen Haaransatz über der Stirn. Weißglühende Hitze überkam mich, bevor ich die Wogen des Schmerzes in meinen Kopf spürte. Ich ließ den Blumentopf aus meinen Händen gleiten. Die mit winzigen weißen Kügelchen versetzte Erde regnete zusammen mit einem Klumpen Eukalyptus auf den Teppich. Dr. Rosen nahm mich an den Handgelenken und führte mich zurück zu meinem Stuhl. Ich wehrte mich nicht. Ich befühlte die Beule, die sich bereits auf meinem Kopf formte. Abgesehen von meinem keuchenden Atmen war der Raum vollkommen still. »Sagen Sie es, Dr. Rosen: ›Wir machen an dieser Stelle für heute Schluss.‹ Es ist vorbei.«

Es war zwei Minuten nach neun. Niemand rührte sich. Ohne aufzublicken, fragte ich: »Was mache ich jetzt?« Meine Frage richtete sich an sie alle. Wir würden uns eine Woche lang nicht sehen. Ein Schluchzen sammelte sich in meiner Brust, ehe es aus mir herausbrach. »Ich dachte, es würde mir besser gehen.«

»Tu dir nicht mehr selbst weh«, sagte Patrice. »Bitte.«

»Christie …«, Max zögerte. »Brandons Geheimnisse zu bewahren funktioniert nicht.«

Ich nickte und öffnete die Handflächen, in der Hoffnung, diese Geste könne mich vor mir selbst beschützen. Wie immer empfahl Dr. Rosen, dass ich über das Feiertagswochenende so viel Zeit wie möglich mit anderen Menschen verbringen sollte. Zu Treffen gehen. Bei Lorne und Renee auf der Couch schlafen. Wie ein Grundschüler, der seine Freunde zum Spielen besucht, sollte ich mich mit anderen Leuten aus den Gruppen oder den Selbsthilfetreffen verabreden.

Fünf Minuten nach neun nahm Dr. Rosen einen tiefen Atemzug und klatschte in die Hände. Wir standen alle für unser übliches Schlussritual auf. Ich hielt Patrice meine rechte Hand entgegen, die von meinem eigenen Blut überzogen war. Dr. Rosen nahm die andere. Tränen liefen über meine Wangen, und mein Schädel dröhnte mit jedem Herzschlag. Als wir uns losgelassen hatten, bewegten sich alle wie in Zeitlupe. Mit dem Rücken zur Gruppe beugte ich mich hinunter, um meine Tasche aufzuheben. Ich schämte mich für meinen Ausraster, für die blutende Wunde auf meinem Kopf, für meine alles andere als lineare Entwicklung in der Therapie.

»Können Sie alle noch ein paar Minuten bleiben?«, fragte Dr. Rosen. Max, Brad Patrice, Maggie und Lorne standen stumm vor ihren Stühlen. »Ich will Christie noch etwas für ihre Wunde geben.« Dr. Rosen zog ein kleines Erste-Hilfe-Set aus seinem Aktenschrank. Er drückte etwas Salbe auf seinen Finger und schmierte sie auf meine

Stirn. Er tätschelte mir zärtlich den Kopf. »Es wird alles gut.« Er wiederholte es noch zweimal. »Zum Glück haben Sie einen wirklich harten Schädel.«

***

Ich schob die Vorhänge auseinander, um die strahlend helle Dezembersonne hineinzulassen. Wie eine schaumige Zunge rollte der Pazifische Ozean immer wieder an den Strand. Der Sand schimmerte im Licht des Vormittags, und das Riesenrad auf dem Pier glitzerte vor dem komplett wolkenlosen Himmel.

Es war Heiligabend, und Brandon und ich waren in Santa Monica.

Nach dem Vorfall mit dem Blumentopf hatte ich all meinen Mut zusammengenommen, um etwas direkter zu sein. Sobald Brandon von seiner Thanksgivingreise zurück war, hatte ich ihm unumwunden gesagt: »Ich möchte, dass wir die nächsten Feiertage zusammen verbringen.« Es war weder ein Test noch eine Forderung – es war einfach das, was ich brauchte. Er schlug vor, dass wir für ein paar Tage nach Los Angeles flogen. »Ich kenne ein tolles Hotel am Strand«, sagte er. Woher der Bluterguss auf meiner Stirn stammte, fragte er nie.

Dr. Rosen wirkte kritischer bezüglich meiner Beziehung mit Brandon. Er deutete zwar nie an, dass ich nicht länger Geheimnisse haben sollte – aber alle in der Gruppe waren skeptisch. Während der Sitzungen stellten sie untereinander Spekulationen an. Darüber, ob er mich immer noch zum Sex auf den Bauch drehte, darüber, wie lange das mit uns noch halten würde. *Hat sie überhaupt Freude an dieser Beziehung?*

Im Urlaub waren Brandon und ich entspannt und liebevoll. Er machte mehr Witze und summte beim Rasieren vor sich hin. Wir hatten mehr Sex, sangen bei Liedern aus dem Radio mit und aßen Gerichte mit frischen Avocados. Wir sahen uns *Das Streben nach Glück* an, den Film, in dem Will Smith einen mittellosen Handelsvertreter spielt, der an ein unbezahltes Praktikum bei einer angesehenen Investmentbank kommt und schließlich ein wohlhabender Geschäftsmann wird. Brandon hielt den ganzen Film über meine Hand. Der Film bewies, dass unmöglich scheinende Veränderungen möglich waren. Unter dem strahlenden kalifornischen Himmel, mit dem Ozean als Zeugen, sog ich das Glück auf.

***

»Am Sonntag treffe ich meine Mutter zum Brunch im Peninsula Hotel.« An einem Morgen im Januar lief Brandon in meinem Wohnzimmer auf und ab, während ich auf meinem BlackBerry durch Arbeits-E-Mails scrollte. »Willst du mitkommen?«

Ich riss meinen Kopf in die Höhe und legte mein BlackBerry weg. Brunch. Das Peninsula. Seine Mutter. »Ja. Ja, ich will mit dir und deiner Mutter im Peninsula brunchen.«

Es war die erste Januarwoche, und alles in Chicago war still und gefroren: vereiste Bäume, rutschige Straßen voller altem Schnee, das eisige Geländer, das zum Bahnsteig führte. Aber unter meinem Wollpullover, meinem Daunenmantel und meiner Fleecemütze brummte das Leben in mir. Ich hatte noch nie die Mutter einer meiner Männer zum Fünf-Sterne-Hotel-Brunch getroffen. Mein Herz wärmte meinen ganzen Körper. In der Gruppe deutete ich an, dass es gut lief. »Vielleicht gehe ich am Sonntag mit einem Freund und seiner Mutter schick brunchen.« Sehr subtil.

An dem Morgen, als es so weit war, holte uns das Familienoberhaupt mit ihrem Fahrer in ihrem langen schwarzen Mercedes ab.

Ihr Pelzmantel war so dick, dass ihr Kopf zwischen all dem Nerz kaum zu entdecken war. Sie schüttelte meine Hand und schenkte mir ein schwaches Lächeln. Wir sprachen über die Romane von Barbara Kingsolver und bestellten die gleiche Vorspeise: Eiweiß-Frittata mit Bauerngemüse und Ziegenkäse. Sie ließ den Nerz über ihren Schultern liegen, aber ihr Lächeln wurde breiter, und sie lachte über meine Witze.

Später berichtete Brandon, seine Mutter habe meine »beschwingte Gesellschaft« genossen. Ich nahm an, der nächste Schritt wäre es, seinen jüngeren Bruder zu treffen, der in London wohnte, und dann könnte er meine Eltern kennenlernen, wenn sie im Frühjahr zu Besuch kamen. Ich photoshoppte Brandon in jedes Bild, das ich mir für meine Zukunft ausmalte. Und direkt neben ihm spürte ich die Anwesenheit von Dr. Rosen und meinen Gruppenmitglieder, die mich anfeuerten, auch wenn nur ich sie sehen konnte.

36

Brandon hörte auf, mich auf den Mund zu küssen. Als ich ihn darauf ansprach, sagte er, dass mein Atem ihn abturnte, auch wenn ich zuvor die Zähne geputzt, Zahnseide und Mundspülung benutzt hatte. Gekränkt putzte ich noch fester und gurgelte noch mehr Mundwasser. Weiterhin keine Küsse.

Dann begann er, länger zu arbeiten. Er plante Dienstreisen und lehnte ab, wenn ich anbot, ihn zum Flughafen zu fahren. Wir hatten noch immer etwa einmal pro Woche Sex, und mein Gesicht landete jedes Mal im Kissen. In 100 Prozent der Fälle. Und jedes einzelne Mal versagte mir die Stimme. Sie lag zitternd und nutzlos neben meinem Kopf auf dem Kissen. Auf der Arbeit stellte ich mir vor, wie ich mich aufbäumen und etwas sagen würde – irgendetwas –, wenn er mich das nächste Mal umdrehte. Oder wie ich das Thema im Auto zur Sprache brachte, beim Abendessen, in einer Textnachricht. Ich versprach mir selbst, dass ich nicht mehr mit ihm schlafen würde, wenn ich es nicht schaffte, mit ihm darüber zu reden, wie wir miteinander schliefen. Aber in seinem Schlafzimmer, auf den teuren weißen Bettlaken, brachte ich nicht eine einzige Silbe über die Lippen.

In der Gruppe blieb ich ebenfalls stumm. Wie gerne hätte ich mein Herz ausgeschüttet und die anderen um ihre Meinung gebeten. Das letzte Mal war schon so lange her, dass ich mir nicht mehr vorstellen konnte, was sie mir raten würden. Würden sie sagen, ich solle ihn um Küsse auf den Mund bitten? Ich solle mit ihm darüber sprechen, wie sich das für mich anfühlt, wenn er mich im Bett umdreht? Ihn genau so akzeptieren, wie er war? Die ganze Sache sein lassen? Es machte mir Angst, dass die Verbindung zu meinen Gruppenmitgliedern und ihren Stimmen sich immer mehr in meiner Erinnerung auflöste.

Die Sonntagmorgen mit Brandon fühlten sich immer noch normal an. Wir schliefen aus, lasen die *New York Times* und gingen ins Fitnessstudio. Während dieser wenigen Stunden, wenn wir uns die Zeitungsteile reichten oder uns nach einer Runde auf dem Laufband abklatschten, war ich mir sicher, dass unsere Beziehung stärker war als das, was Brandon derzeit beruflich beschäftigte. Echte Beziehungen hatten Höhen und Tiefen. Das sagte jeder. Unsere Herzen passten vielleicht nicht perfekt zusammen, aber sie hatten auf jeden Fall genug Furchen und Kratzer, um sich aneinander zu binden.

An einem Sonntag Anfang Februar liefen wir vor dem Fitnessstudio zufällig Brandons Collegefreund Bill über den Weg. Wir standen zu dritt auf dem Parkplatz und wippten auf und ab, um uns warm zu halten, während dicke Schneeflocken vom kaschmirgrauen Himmel fielen. Ich hörte zu, wie Brandon und Bill über gemeinsame Freunde, Orthopädie und den Dow-Jones sprachen.

»Wie geht es Marcie?«, fragte Bill ihn. Ich hatte Marcie – eine ihrer gemeinsamen Freundinnen aus dem Studium – im Herbst kennengelernt. Sie war in Chicago gewesen, um Einkäufer ihrer exklusiven und hochwertigen Linie von Brillengestellen zu treffen. Ich hatte sie um ihr langes lockiges Haar beneidet, um ihre wahnsinnige Lederjacke und ihre abgefahrene Brille. Im Vergleich mit ihrem schicken New Yorker Style fühlte ich mich wie ein Teigklumpen aus dem Mittleren Westen.

»Ich sehe sie in zwei Wochen«, antwortete Brandon. Das war mir neu.

»In New York?«, fragte Bill.

»Nein, in Cancún.«

Wäre mein Leben ein Film, hätte ich in diesem Moment mein Essen ausgespuckt oder jemandem einen Mund voll Limo ins Gesicht geprustet. Mein Freund, mit dem ich seit zehn Monaten zusammen war, hatte gerade nebenbei verkündet, dass er mit einer anderen Frau in ein anderes Land in den Urlaub fahren würde. Ich musste mich verhört haben. Brandon bemerkte nicht, wie schockiert ich war. Einige Minuten später legte Bill die Hand auf meine Schulter, verabschiedete sich und ging davon. Brandon lief zum Eingang des Fitnessstudios. Ich rührte mich nicht. Nach einigen Schritten drehte er sich um und fragte, was los sei.

»Ist das dein Ernst?« Meine Stimme klang ruhig und kraftvoll. Ich sprach aus meinem tiefsten Inneren.

»Was?«

»Das ist ein Scherz, oder?« Ich drehte mich um und lief zu meinem Auto. Ich hatte genug.

Als ich die Tür auf der Fahrerseite öffnete, hatte er mich eingeholt. Im Auto blickte ich starr geradeaus, steckte den Schlüssel in die Zündung und stellte die Heizlüftung auf die höchste Stufe. Ich hielt mir die Hände vor den Mund und atmete warme Luft in sie hinein. Im CD-Player war irgendeine CD, und ich drehte die Lautstärke voll auf. Brandon glitt auf den Beifahrersitz und drehte leise.

»Christie.«

Ich drehte wieder laut.

Er drückte den »Power«-Knopf und nahm meine Hand. »Warum bist du so wütend?«

»Bitte steig aus.« Er rührte sich nicht. Obwohl ich wusste, dass ich heute Abend wieder single sein würde, war ich dieses eine Mal nicht hysterisch. »Stell dich nicht dumm. Das steht dir nicht. Und nach Cancún fahren Highschoolabsolventen aus Texas, um sich auf dem Spring Break zu übergeben …«

»Sie hat einen Geschäftstermin und hat mich gebeten mitzukommen …«

»Entweder du sagst mir jetzt, was Sache ist, oder du steigst aus meinem Auto aus.« Er seufzte auf, und am liebsten hätte ich ihm ins Gesicht geschlagen. Das alles war so schwer für den armen Brandon.

Dann sagte er Dinge wie »Du solltest mit jemandem zusammen sein, der dich wirklich will« und »Du hast etwas Besseres verdient«.

»Wenn du Schluss machen willst, dann tue es wie ein Erwachsener.«

»Ich sage, dass du jemanden verdienst, der wirklich mit dir zusammen sein will.«

»Und du sagst, dass du das nicht bist.«

Er antwortete nicht.

***

»Du siehst nicht gut aus …«, sagte Max.

Ich trug noch immer dieselben Klamotten wie am Tag zuvor – einen Pulli, der jetzt verknittert war, und eine Bluse, die nicht mehr in meiner Hose steckte. »Brandon und ich haben gestern Abend Schluss gemacht.«

Alle schnauften überrascht und sahen mich mit großen Augen an.

»Versteckst du irgendwelche scharfkantigen Gegenstände?«, fragte Lorne.

Ich streckte meine Hände kapitulierend in die Höhe. Keine Waffen. Ich verspürte keinen Drang danach, mich zu verletzen oder meine Sachen zu zerstören. Anders als bei den anderen Trennungen kam bei dieser etwas Neues dazu: eine gewaltige Portion Erleichterung. Nun konnte ich aufhören, so zu tun, als sei Brandon mein Seelenverwandter, und mein Leben weiterleben. Als ich den anderen von Marcie und Cancún erzählte, schien keiner sonderlich schockiert.

»Dr. Lassie hat wohl so einige Probleme«, sagte Lorne.

»Viel Geld kann Irrsinn auch nicht heilen«, kommentierte Max und warf Brad einen Blick zu, der weiterhin felsenfest davon überzeugt war, dass es das konnte.

Dr. Rosen sah mir lange und fest in die Augen.

»Ich weiß, was Sie sagen werden«, meinte ich zu ihm. Meine Hände waren geöffnet, jeglicher Kampfgeist aus mir gewichen.

Dr. Rosen drehte seine Handflächen nach oben und spiegelte meine Geste. »Ich höre.«

»Sie werden sagen, dass diese Gruppe mich liebt. Dass meine andere Gruppe mich liebt. Dass Sie mich lieben. Dass es mir wieder gutgehen wird.« Natürlich würde er auch darauf bestehen, dass das hier – in meinen zerwühlten Klamotten in diesem Stuhlkreis zu sitzen und meine Gedanken und Gefühle mit ihm und der Gruppe zu teilen – genug sein würde.

»Moment.« Lorne begann zu grinsen wie ein Halloweenkürbis. »Kannst du uns jetzt sein Geheimnis verraten?«

Ich sah zu Dr. Rosen, dessen Gesichtsausdruck vollkommen unergründlich war. Ich wollte ihnen alles erzählen – wollte, dass alles wieder so wurde, wie es gewesen war, bevor ich Brandon über sie gestellt hatte –, aber nicht so. Nicht, um Lornes Neugier zu befriedigen, und nicht, solange es noch so wehtat. Ich schüttelte den Kopf –

ich würde es ihnen wann anders erzählen. Ich begann unkontrolliert zu zittern. Meine Zähne klapperten wie Münzen, die auf Porzellan fielen. Meine Knie schlotterten auf und ab. Ich schlang meine Arme um meinen Körper und versuchte stillzusitzen. Es war unmöglich.

»Was ist los?«, fragte Dr. Rosen.

Ich schüttelte den Kopf. Keine noch so große Anstrengung konnte das Zittern stoppen, das immer heftiger wurde.

»Geben Sie ihr eine Decke«, sagte Patrice. Ich schielte in die Ecke, in der Dr. Rosens traurige Sammlung aus Fransenkissen aus den 1970er-Jahren und einer abgegriffenen alten braunen Decke lag, die aussah, als stamme sie aus der Zeit der Pockenepidemie.

»Nein danke«, sagte ich zähneklappernd.

Dr. Rosen stand auf und schob seinen Stuhl zurück. Er setzte sich mit hüftbreit geöffneten Beinen auf den Boden und breitete die Arme aus.

»Oh Mann«, murmelte Max leise.

»Was tun Sie da?«, fragte ich.

Dr. Rosen lächelte. »Ich habe eine Idee.« Er öffnete die Arme noch weiter. »Ich habe das Gefühl, Sie müssen gehalten werden. Sie stehen an der Schwelle zu einer neuen Identität und einer neuen Art der Selbstwahrnehmung.« Er breitete die Arme noch ein Stück weiter aus.

»Er bietet an, dich zu halten«, sagte Max.

»Wie?«

Max warf mir ein Kissen zu. Ich ging zu Dr. Rosen und reichte es ihm, und er legte es wie ein Feigenblatt in seinen Schoß. Ich ging in die Knie, und dann ließ ich mich auf meinen Hintern fallen. Ich streckte die Füße nach vorn, sodass sie im rechten Winkel von ihm weg lagen. Er beugte sein linkes Knie, um damit meinen Rücken zu stützen, während sein rechtes Bein eine Brücke über meine Beine formte. Ich zitterte immer noch, meine Hände und Beine bebten.

»Atmen Sie«, sagte er.

Ich atmete ein, bis es sich anfühlte, als würde meine Brust explodieren. Langsam ließ ich die Luft wieder hinaus, Molekül für Molekül. Das Zittern war immer noch da, aber weniger stark. Eine Welle des Schamgefühls überkam mich, weil ich schon wieder mit einem neuen Rückschlag auf dem Zettel in diesem Raum saß. Ich ließ es zu. Ich versuchte nicht, gedanklich davor zu entkommen oder mir mit der Vorstellung, allein zu sterben, Angst einzujagen. Dr. Rosen hielt mich. Ich ließ ihn.

Nach ein paar Minuten legte ich den Kopf auf Dr. Rosens Schulter. Er legte den Arm um meinen Rücken und hielt mich fester. Wie ein Kind vergrub ich mein Gesicht in seinem Hemd und begann, vor und zurück zu schaukeln. Er klopfte mir sanft auf den Rücken. Ich schaukelte weiter und weiter. Dann war ich an einem anderen Ort – in einer Zeit, in der ich als kleines Kind in den Schlaf gewiegt wurde, bevor ich sprechen konnte und bevor ich die Wörter *Versagen* und *Verlierer* kannte.

Die Gruppensitzung lief weiter wie immer: Lorne erzählte eine Geschichte über seine Ex-Frau, und Max berichtete etwas über die Collegebewerbungen seiner Tochter. Sie waren alle hier, aber ich war weit weg – ich war ein Kind, ein Kleinkind, ein Baby. Wenn Dr. Rosen sprach, vibrierte sein Hals an meinem Kopf. Ich ließ die Augen geschlossen, aber wenn ich sie ab und an kurz öffnete, sah ich Dr. Rosens Armbanduhr, Max' Schuhe und den gefleckten Teppich. 20 Minuten vergingen. Dann noch einmal 20.

Irgendwann sagte Dr. Rosen: »Wir machen an dieser Stelle für heute Schluss.«

Wir saßen noch immer auf dem Boden, und nun war die Gruppentherapie zu Ende. Ich öffnete meine Augen und richtete mich auf. Max nahm meine eine Hand, Brad die andere. Ich stand auf und stellte mich in den Kreis.

37

Um über Brandon hinwegzukommen, stellte mir Dr. Rosen zwei Verordnungen aus: Ich sollte meine Gefühle fühlen, immer und überall, und nichts tun, wozu ich eine Schutzbrille bräuchte. Ich war einverstanden und entschied, dass ich diesmal anders single sein würde. Ich würde es annehmen und auskosten. Ich würde mich von dem Gedanken verabschieden, dass single zu sein einer Todesstrafe oder tödlichen Krankheit gleichkam. Abends würde ich auf meiner Couch sitzen und auf die Skyline von Chicago schauen. Wenn ich in meinen Fingern das Bedürfnis spürte, etwas zu zerschlagen, würde ich Rory, Lorne oder Patrice anrufen. Ihre vertrauten Stimmen würden mir Trost geben und mich durch die Einsamkeit geleiten.

An einem Abend fühlte sich die Ruhe an wie ein Fluch, und niemand war da. Ich lief von meiner Küche in mein Schlafzimmer, wo ich im Türrahmen stehen blieb, auf mein Bett starrte und mir vorstellte, wie die Geister von Jeremy, dem Praktikanten, Alex und Brandon direkt über meiner Tagesdecke schwebten. *Tschüss*, flüsterte ich, und dann schaltete ich meinen Laptop ein, klickte mich durch die Seiten von Möbelhändlern und suchte nach einem neuen Bett. Ich mochte die Symbolik eines neuen Bettes für dieses neue Kapitel meines Lebens – was auch immer es für mich bereithielt. Und wenn es nur ich allein war.

Klick. Klick. Klick.

Schon war ich die Besitzerin eines riesigen Schlittenbetts, eines schweren, geschwungenen Monstrums in heller Eiche, das in zwei Wochen geliefert werden würde. Ein warmes Gefühl von Triumph ließ mich die Faust in die Luft strecken. In der Nacht, als ich Dr. Rosens Teddybär zerschnitten hatte, hatte ich mir ein solches Bett im Haus meiner verlobten kleinen Cousine vorgestellt, aber nun gönnte ich es mir selbst.

Eine Woche später stellte ich mir selbst die Herausforderung, von nun an jegliche soziale Einladung anzunehmen. Punkt. Ohne Bedingungen. Auf irgendeine übersinnliche Art und Weise musste sich mein neuer Vorsatz herumgesprochen haben, denn ich bekam eine Einladung nach der nächsten. Ob ich mit einer Freundin aus der Kanzlei zum Konzert einer Countryband gehen wolle, von der ich noch nie etwas gehört hatte? Ob ich Nan in den Sexshop begleiten würde, um ihren Dildo umzutauschen? Wie wäre es mit einem Schwarz-Weiß-Film von Preston Surges in einer ehemaligen Bank 15 Kilometer außerhalb von Chicago, die zu einem Kino umfunktioniert worden war? Ja, ja, ja. *Ich bin dabei. Ich lebe. Ich existiere.*

An einem eisigen Feiertag im Februar wachte ich in einem Dunst aus Scham und Wut auf. Meine Fäuste ballten sich, mein Kopf pochte.

Das war's. Hier würde ich von der Spur abkommen.

Brandon und ich sollten jetzt in New Hampshire bei einer Hochzeit sein – wären wir noch zusammen, wären wir jetzt dort. Vermutlich hatte er Marcie mit dorthin genommen und die beiden taten nun, was auch immer man Mitte Februar in New Hampshire machte: Baumstämme für Ahornsirup anzapfen? Eisangeln? Neben einem Kaminfeuer ficken? Vor mir lag ein langer leerer Tag: Das Büro war zu, und ich hatte keine Pläne, außer zur Gruppensitzung zu gehen. Bevorstehende Feiertage waren schon immer mein Verderben gewesen. Ich konnte kaum atmen. Um mich der Verzweiflung entgegenzustemmen, schnürte ich meine Laufschuhe und ging nach draußen.

Der Himmel war noch immer dunkelgrau und es waren um die zehn Grad minus. Eine dünne Eisschicht überzog die Gehwege, also lief ich auf der Straße. Die Luft war so kalt und dünn, dass das Atmen eine zusätzliche Anstrengung war. Als ich den Uferweg erreichte, ging die Sonne über dem halb zugefrorenen See auf. Mit jedem

Schritt stieß mein Atem eine weiße Wolke aus. Dieser Lauf grenzte an Selbstgeißelung – die Welt um mich herum war gefroren –, aber ich beschloss: Wenn mir innerhalb der nächsten zwei Minuten ein anderer Jogger begegnete, würde ich weiterlaufen. Wenn nicht, würde ich in ein Taxi steigen und in einem Café in der Nähe von Dr. Rosens Büro warten, bis es Zeit für die Gruppe war.

Einige Hundert Meter vor mir erspähte ich eine einsame Läuferin, und ich folgte ihr wie dem Polarstern.

Linker Fuß, rechter Fuß, atmen.

Linker Fuß, rechter Fuß, atmen.

Folge der grünen Jacke. Den grünen Lichtern. Lauf, lauf, lauf.

Als die Sonne gerade so vollständig über dem Horizont stand, blieb ich stehen und starrte ihr entgegen. Wie eine lodernde, trotzige Faust ragte sie aus dem Lake Michigan. Ich reckte ihr meine Faust entgegen. Als ich um die Kurve kam, an der Wacker und Lake Shore Drive aufeinandertreffen, blieb ich stehen, stemmte die Hände auf meine Knie und versuchte, meinen Atem zu beruhigen. Irgendetwas geschah gerade. Mein ganzer Körper fühlte sich plötzlich unerklärlich warm an – von innen heraus.

Dann, während ich noch immer der leuchtenden Faust entgegenblickte, hörte ich eine Stimme. »Du bist okay.« Ich drehte mich um. Da war niemand. Wessen Stimme war das? Noch nie in meinem Leben hatte ich einen so aufrührerischen Gedanken gedacht: *Ich bin okay, so wie ich bin, auch ohne jemanden an meiner Seite, ohne einen Liebhaber, einen Anwärter auf mein Herz, einen Geliebten, einen Partner, eine eigene Familie, eine glänzende Zukunft voller Menschen, die mich aufrichtig kannten.*

Auf meiner Nase bildeten sich Eiskristalle, und ich lief weiter. Mein Schritttempo verdoppelte sich. Die Geschwindigkeit einer leisen Kapitulation. *Ich bin okay, ich bin okay, ich bin okay* – mit jedem Schlag meines pumpenden Herzens. Es war eine Offenbarung. Und es kamen noch mehr. Brandon konnte mir nicht dabei helfen, okay zu sein. Und auch niemand sonst. Nicht einmal Dr. Rosen. Er konnte mich nicht okay machen. Alles, was er tun konnte, war, zu jeder Sitzung aufzutauchen und all diesen Unfug zu bezeugen, der mein Privatleben ausmachte. Er konnte anbieten, mich zu halten, wenn ich vor Schmerz zu zerbrechen drohte. Zum allerersten Mal in meinem Leben war ich okay, oder zumindest okay genug. Weil ich selbst es sagte.

In der Gruppe wollte ich diese Gedanken nicht teilen, weil ich Angst hatte, dass sie nur flüchtig waren. Aber dann passierte es mitten in der Sitzung: Lorne las gerade den letzten Gerichtsbeschluss in seinem Sorgerechtsstreit vor, da überkam mich wieder dieses Gefühl – dass es in Ordnung war, genau in diesem Moment.

»Leute, irgendetwas passiert mit mir.«

Patrice fühlte mit ihrem Handrücken meine Wange. »Du bist eiskalt.«

»Ich hatte vorhin eine Eingebung, aber es ist schwer zu beschreiben. Es war, als würde jemand zu mir sprechen, aber ich war es selbst. Ich habe mir gesagt, dass ich okay bin. Dass ich okay bin, genau jetzt, in dieser Sekunde.« Dr. Rosens Gesicht verzog sich zu einem verdutzten Lächeln. »Und auch falls ich niemals diese eine große Beziehung haben werde, selbst wenn ich als Singlefrau ein Kind adoptieren muss, und sogar für den Fall, dass ich von heute an jede einzelne Romanze verbocke – ich bin okay. Ich darf leben, ich darf zur Arbeit gehen. Und ich darf hierherkommen.«

Dr. Rosen lehnte sich zu mir herüber. »Wir alle lieben dich schon lange genau so – genau so, wie du bist.«

Sie hatten mich immer geliebt. Auch meine Dienstagsgruppe. Sie hielten zu mir, selbst wenn ich wütete, wenn ich Selbstmitleidsbomben zündete, jammerte, rotzte, kämpfte und ganze Sitzungen mit meinem Kummer vereinnahmte. Ich würde nicht allein sterben. Diese Menschen wären bei mir. Sie würden meine Familie unterstützen, eine ordentliche Beerdigung zu planen. Sie würden nette Dinge über mich sagen und meiner irritierten, trauernden Mutter erklären, was es mit Baby Jeremiah auf sich hatte.

Ich stellte mir mein Herz vor und sah einen Kratzer von jeder Gruppensitzung, an der ich teilgenommen hatte, von jedem Mann, mit dem ich zusammen war, von jedem Zank mit Dr. Rosen oder einem der anderen Gruppenmitglieder. Jedes »Ficken Sie sich«, das ich zu Dr. Rosen gesagt hatte, war eine Kerbe. Jede schrille Nachricht auf seiner Mailbox, jeder Tobsuchtsanfall während einer Sitzung, jedes dramatische Haareraufen und jeder zerbrochene Teller. Kerben, Schnitte, Rauten, Späne, Furchen, Rillen. Mein Herz, ein chaotisches, fleischiges Ding, war eingekerbt von jedem Versuch, jedem knappen Fehlschlag, jedem Schritt, den ich auf andere Menschen zugemacht hatte. Auf die, die mich zurückliebten, und auch auf die, die es nicht taten.

Zusätzlich zu meinem neuen Grundsatz des Jasagens begann ich damit, genau zu formulieren, was ich von anderen wollte. Es war eine Art Wiedergutmachung dafür, dass ich in der Zeit mit Brandon so stumm gewesen war. Niemals wieder würde ich mich selbst in einer sexuellen Situation so im Stich lassen. Aber um dieses Versprechen zu halten, musste ich damit anfangen, in nichtsexuellen Situationen meine Stimme zu finden. *Ich will dich dieses Wochenende treffen*, schrieb ich an meine Freunde – anstelle eines risikoloseren *Wir sollten uns mal wieder sehen*. Als meine Kollegin Anna daraufhin ein Konzert im *House of Blues* vorschlug, trug ich es in das leere Kästchen in meinem Kalender ein. Meine Stimme füllte die Leere und begann, mein Leben zu formen.

Dann schickte ich noch eine E-Mail. *Ein paar von uns gehen auf ein Konzert, und ich will, dass du auch mitkommst.* Ich drückte auf »Senden«, und dann musste ich lachen. Hatte ich gerade wirklich einfach so eine E-Mail an John geschickt? John war der Typ von Skadden, mit dem ich Brandon getestet hatte. Diese E-Mail war eine besondere Herausforderung für meine Stimme. Bevor ich auf

»Senden« gedrückt hatte, hatte ich kurz lächeln müssen über die Zeile: *Ich will, dass du auch mitkommst.* Das hatte ich noch nie zu einem Mann gesagt.

Ich hatte keinen versteckten Heiratsplan, keine heimliche Hoffnung, dass aus John und mir etwas werden würde. Als ich die E-Mail abgeschickt hatte, arbeitete ich weiter, ohne ständig zwanghaft zu überprüfen, ob er geantwortet hatte. Ehrlicherweise war es mir gar nicht so wichtig, ob er mitkam oder nicht.

Nachdem ich im Herbst das Abendessen mit John abgesagt hatte, hatte ich erwartet, nichts mehr von ihm zu hören. Aber sechs Wochen bevor Brandon und ich Schluss machten, bot John mir eine Opernkarte für Puccinis *Turandot* an, die er übrig hatte. Als ich Brandon davon erzählte, reagierte er natürlich völlig gelassen. Zu dieser Zeit wollte ich ihn nicht mehr testen – kurz zuvor waren wir im Peninsula Hotel beim Brunch gewesen. Doch drei Tage vor dem Opernbesuch mit John rief Brandon mich im Büro an und fragte, ob ich für den Abend schon Pläne hatte. Es war ein Mittwochabend in der eingeschneiten, toten Zeit Anfang Januar – mein einziger Plan war es, mich in eine Flanelldecke zu wickeln und das Wetter in Chicago zu verfluchen. Brandon fragte, ob ich mit ihm in die Oper gehen wolle. *Turandot.* Die Jahreskarten seiner Eltern. Vierte Reihe Mitte. Wie es für unsere dysfunktionale Beziehung typisch war, erwähnte keiner von uns, dass ich am Samstagabend mit John dieselbe Oper sehen wollte. Ich lächelte während des gesamten Gesprächs, weil Brandon mir zeigte, dass ich ihm wichtig war. Dass *wir* ihm wichtig waren. Vielleicht war er doch ein kleines bisschen eifersüchtig auf John.

Drei Abende später sah ich mir dieselbe Oper noch einmal mit John und zwei seiner Freunde vom Balkon aus an. Hinterher fuhr Johns Freund Michael uns alle nach Hause, während *Nessun dorma* aus dem CD-Player schmetterte. Von der Rückbank hörte ich zu, wie Michael und John darüber diskutierten, wo in Chicago es den besten Nachtisch gab. Den ganzen Abend lang dachte ich, dass John attraktiver war, als ich ihn in Erinnerung gehabt hatte. Und dann, in diesem Moment, kam mir der Gedanke, dass er vielleicht schwul war.

Einen potenziell schwulen Kollegen fragen, ob er mit auf ein Konzert kommen wolle: nicht sehr riskant.

Ich würde sehr gerne auf das Konzert gehen. Sag Bescheid, wann wir uns treffen.

Sechs Stunden vor Beginn des Konzerts ging ich schlechtgelaunt zur Gruppensitzung. Mein neues Leben so auszukosten, wie ich es gerade tat, war anstrengend und teuer. Konzerttickets, ein neues Bett, Sushi für eine Person – nichts davon war günstig. In diesem Moment war ich müde von alldem und so frustriert. Ich schrie Dr. Rosen an. Viel *Ficken Sie sich* und *Das hier funktioniert nicht* und *Warum geben Sie nicht einfach zu, dass Sie mir nicht helfen können?* Nichts, was Dr. Rosen oder die anderen Gruppenmitglieder sagten, drang zu mir durch. In meinem Kopf pochte wieder ein einziger Gedanke: *Ich hasse es, wie kaputt ich bin.*

Nach der Sitzung stampfte ich zurück ins Büro. Es graute mir vor dem Konzert, wo ich ein Lächeln aufsetzen und gesellig sein musste. Ruckzuck war es 18 Uhr. Ich blieb an meinem Schreibtisch sitzen. Dann war es fast 19 Uhr. In 20 Minuten sollte ich alle, einschließlich John, treffen. Ich rief Rory an und weinte, während die Sonne glühend hinter dem Chicago River versank, bis es abgesehen vom Leuchten meines Computerbildschirms vollkommen dunkel in meinem Büro war. Außer der Putzkolonne war niemand mehr hier.

»Ich habe genug davon, Ja zu sagen.«

»Kannst du nicht für eine Stunde zum Konzert gehen? Nur eine.« Rory legte erst auf, als ich zugestimmt hatte.

Bevor ich das Büro verließ, ging ich auf die Toilette, um zu schauen, welchen Schaden eine Stunde Weinen hinterlassen hatte. Mein Make-up war komplett heruntergeschwemmt. Ich hatte keinen Pinsel dabei, keinen Lippenstift und auch sonst nichts, was Schminke gleichkam. Ich kämmte mit den Fingern durch meine Haare und band sie zu einem Dutt, der hoffentlich sexy und nachlässig aussah und nicht wie der Beweis meiner anhaltenden Lebenskrise.

Auf dem Weg zur Bar fand ich einen alten Lipgloss in meiner Jackentasche. Es fühlte sich an, als würde mir das Universum eine versöhnliche Hand reichen. Auf dem Boden lagen noch einzelne Reste von Schnee, aber man konnte riechen, dass der Frühling schon bald Einzug halten würde. Je näher ich zu der Bar kam, in der wir uns trafen, umso besser fühlte ich mich. Ich erinnerte mich daran, dass ich okay war. Und dass ich nach einer Stunde heim zu meinem Schlittenbett gehen konnte.

Anna und die anderen standen zusammengedrängt in einer Ecke der Bar. Jemand hielt eine riesige Platte mit Käse und Trockenfrüchten in meine Richtung. Ich schob cremigen Roquefort und geräucherten Gouda in meinen Mund. Zehn Minuten später kam John herein. Ich beobachtete, wie er sich mit selbstbewusstem Gang und einem ruhigen Lächeln einen Weg zu uns bahnte. Er grüßte die Kollegen, die er kaum kannte, und legte kurz den Arm um mich. Er roch nach frischer Luft und sauberen Klamotten. Dieser Kerl konnte für sich selbst sorgen. Ich konnte gehen, wann immer ich wollte.

»Tut mir leid, dass ich zu spät bin.« Er lehnte sich zu mir herüber, damit ich ihn im Getöse der vollen Bar verstehen konnte. »Ich habe mir gerade ein neues Bett gekauft und musste noch auf den Lieferdienst warten.« Ich erzählte ihm von meinem neuen Bett. Unser Bettgespräch hatte etwas Anzügliches, und ich merkte, dass sich etwas in mir rührte. Vielleicht war er doch nicht schwul.

Noch mehr Freunde kamen, und unsere Gruppe verteilte sich um die Bar. Ich landete immer wieder an Johns Seite.

Ich beobachtete ihn. Er sagte nicht viel, aber seine Augen strahlten, während er dem Gespräch der anderen folgte. Als es an der Zeit war, zum House of Blues hinüberzugehen, liefen John und ich nebeneinander. Sein Kleidungsstil war schlicht: blauer Pulli, Jeans, schwarze Schnürschuhe mit runder Spitze. Seine Jacke wirkte warm, aber weder sonderlich modisch noch sehr seriös. Ich spürte keinen versteckten Berg der Scham in ihm – kein tiefes Loch voller Einsamkeit, keinen Hinweis auf eine dunkle Seite, die mich locken und im Versuch, sie zu heilen, in den Wahnsinn treiben würde.

In meiner Tasche vibrierte mein Handy. Rory hatte eine Nachricht geschickt und fragte, ob ich gut zu Hause angekommen war. Ich antwortete ihr von der Damentoilette: *Bin noch unterwegs und habe beinahe Spaß!*

Das House of Blues war voll mit schwitzenden, betrunkenen Menschen in Pullovern und Stiefeln. John brachte mir eine Flasche Wasser. Ich erwischte mich dabei, wie ich mir wirklich wünschte, dass er nicht schwul war. Er erinnerte mich an irgendjemanden, aber ich kam nicht darauf, an wen. Ein vages Gefühl flackerte in mir auf. Ich wollte ihn nicht ausquetschen. Es war nur eine Frage. Eine harmlose Frage an einen Kerl, mit dem ich mich gerade gut unterhielt.

»Hast du eine Religion?« Keine Ahnung, warum ich es so formulierte.

Er hob amüsiert die Augenbrauen. »Mit dieser Frage habe ich gerade nicht gerechnet.« Er nahm einen Schluck von seinem Wasser, bevor er antwortete: »Ich wurde jüdisch erzogen.«

Alles wurde still: die Tanzfläche. Der Barbereich. Die Leute, die alles auf der Bühne aufbauten. Für einen Augenblick, der auch am nächsten Tag noch in mir nachhallte, erstarrte ich. Dieser Mann, den ich vor Monaten abgewiesen und später als schwul abgeschrieben hatte und den ich jetzt küssen wollte, erinnerte mich an Dr. Rosen. Beim Stichwort *jüdisch* konnte ich es nicht länger leugnen. Und plötzlich war es so offensichtlich. Sie waren beide introvertiert, hatten einen scharfsinnigen Humor und strahlten eine sanfte, aber solide Männlichkeit aus, die sie niemandem beweisen mussten. Einen schlichten Stil, der weder ihren Status noch irgendwelche Trends zur Schau stellte. Beide strahlten ein Selbstbewusstsein aus, das manchmal an Besserwisserei grenzte. Und dann war da noch ihre

Direktheit – sie waren beide keine Männer, die um den heißen Brei herumredeten. Mein Gott – vor mir stand ein junger, erwerbstätiger Mann, der im angemessenen Alter und noch zu haben war … und der mich an meinen Therapeuten erinnerte.

Den Rest des Konzerts über schwitzte ich, tanzte und gab mich der Musik hin. John stand am Rand und beobachtete die ganze Szene. Um 2 Uhr morgens begleitete er mich nach Hause. Schneegestöber wehte durch die Straßen, die abgesehen von ein paar nächtlichen Gassigehern leer waren. Ich fühlte mich, wie ich mich zuvor noch nie mit einem Mann gefühlt hatte: ruhig, gelassen, glücklich und aufgeregt. Ich wollte ihm nah sein. Ich wollte beim Einschlafen seine Stimme hören. Ich wollte hören, was er über all die Leute dachte, die wir beide kannten, und welche Länder er schon bereist hatte. Ich mochte ihn, und es fühlte sich an wie eine geheime Kraft, die sich in meinem Inneren sammelte. Wir lachten noch einmal darüber, dass wir uns beide innerhalb von 48 Stunden ein neues Bett gekauft hatten. Das musste etwas zu bedeuten haben – wir beide mit unseren neuen Betten. Ein gutes Omen.

Am nächsten Tag hinterließ John eine Nachricht auf meiner Mailbox. »Ich weiß nicht, ob du single bist, aber wenn du es bist, dann sollten wir uns wieder treffen.«

Die Begeisterung, die ich für John empfand, war wie eine Stütze der Hoffnung, die mich führen konnte, ohne mich abzulenken und alles andere in meinem Leben zu überdecken. Sie war stiller als der orkanartige Sturm, der mich mit Reed und dem Praktikanten überkommen hatte. Sie war strahlender und höher als die flache Lustkurve mit Brandon. Aber sie war nicht erdrückend. Ich konnte immer noch essen. Ich schlief normal. Ich machte meine Arbeit und ging zu Zwölf-Schritte-Treffen.

»Er ist jüdisch, single, gutaussehend, erwerbstätig, liberal, nett, und er hat sich gerade ein neues Bett gekauft.« Ich zählte der Gruppe Johns Vorzüge auf. »Wir sind morgen Abend verabredet.«

»Und du warst schon mit ihm in der Oper«, sagte Max. »Ich prophezeie es jetzt: John ist der Richtige.«

»Tu das nicht.« Zu viel Druck. »Es ist nur ein Abendessen.« Ich lehnte mich zurück und strahlte Dr. Rosen an, der zu mir herübergrinste. »Er erinnert mich an Sie.«

Dr. Rosen rieb sich die Brust.

***

Das La Scarola lag direkt an der Grand Street, aber innen war es hell, es roch nach in Butter gedünstetem Knoblauch, und emsige Kellner trugen Tabletts mit Tellern voller Lasagne und frittierter Calamares zwischen den Tischen umher. Vor der Tür warteten Dutzende Leute, aber John sprach kurz mit dem Geschäftsführer, der uns umgehend zu einem Tisch in einer ruhigen Ecke führte. Wir teilten uns Pasta Arrabiata und Engelshaarnudeln mit Shrimps. Wir sprachen über unsere Collegezeit, darüber, was wir von unseren jeweiligen Abteilungsleitern hielten und wie oft wir unsere Familien besuchten. Nicht ein einziges Mal innerhalb der drei Stunden schweifte mein Blick auf etwas ab, was außerhalb der Welt unseres Tisches lag. Ich war aufrichtig überrascht, als helle Lichter angingen und die Musik stoppte. »Es tut mir leid«, sagte unser zuvorkommender Kellner, »aber wir müssen ins Bett.« Ich hatte gerade fast dreieinhalb Stunden mit John verbracht und währenddessen keines der anderen Gruppenmitglieder von der Damentoilette aus angerufen. Mein Herz war noch immer erfüllt von der anhaltenden Freude, die ich spürte, seit er mich neulich nachts nach Hause begleitet hatte.

Als wir uns verabschiedeten, drückte John meine Hand, was direkt einen Blitz durch meinen ganzen Körper jagte. Zu Hause angekommen, schickte ich keine Mail mit einem langen Update an meine Gruppen, und ich rief auch nicht Rory an, um ihr von meinem Essen zu berichten. Ich kletterte in mein Schlittenbett und schlief mit einem Lächeln im Gesicht ein.

Am nächsten Tag konzentrierte ich mich auf das Mandat, an dem ich arbeitete, und schloss den Tag mit einem Zwölf-Schritte-Treffen ab. Ich hatte das beste Date meines Lebens gehabt und konnte immer noch funktionieren. Bevor ich ins Bett ging, checkte ich meine E-Mails und sah, dass John mir geschrieben hatte.

Ich glaube, ich war gestern auf dem letzten ersten Date meines Lebens.

Ich las die Zeile immer und immer wieder. Dann trippelte ich auf Zehenspitzen zu meinem Bett, als könnte jede plötzliche Bewegung das warme Gefühl in meiner Brust verschwinden lassen. Ich legte den Kopf auf mein Kissen. Ich hatte all diese Jahre auf eine Möglichkeit gewartet, mit jemandem eine Beziehung aufzubauen, die frei war von Drama, Zweifeln, Alkoholsucht oder Schutzbrillen. Und nun lag diese Möglichkeit in meinem Posteingang.

Ich legte meine Hände über mein Herz – mein schönes eingekerbtes Herz.

38

Ich wartete darauf, dass John sich betrank und mich anpinkelte, aber er mochte keinen Alkohol. Er spielte keine Computerspiele, hatte keine Ehefrau und befolgte keine strengen religiösen Vorschriften. Wenn er davon erzählte, wie er in Los Angeles aufgewachsen war, suchte ich nach Anzeichen dafür, dass er mit seiner Mutter verstritten oder unterbewusst wütend auf seinen Vater war, aber er schien nichts anderes zu sein als fleißig und emotional stabil. Es schien in seiner Persönlichkeit keine Extreme zu geben. Er machte Sport, aber nicht im Übermaß; er hatte einen Job als Anwalt, der lange Arbeitszeiten von ihm erforderte, aber er arbeitete nicht mehr, als er musste; er hatte seine Finanzen im Blick, war aber nicht geizig. Ich rechnete damit, dass seine Stabilität mich langweilen würde, dass mein Körper sich zusammenkrümmen würde wie ein Blatt im Herbst. Aber mit John zusammen zu sein, war wie ein perfekt gebratenes Stück Saibling mit Rosmarinkartoffeln und gegrilltem Spargel. Sättigend, lecker, nahrhaft. Meine Geschmackssinne hatten sich verändert, und John war köstlich. Mit ihm fühlte ich mich wie ein Seestern, der sich nach allen Seiten strecken konnte, voller Leben.

»Da muss irgendein Haken sein«, sagte ich zu Dr. Rosen und meinen Gruppen. »Wie bin ich innerhalb von ein paar Wochen von Brandon zu ihm gekommen?« Ich dachte, nach einer Trennung müsse man monatelang auf die nächste gesunde Beziehung warten. »Ist er nur mein Lückenbüßer?«

»Fragen Sie ihn nach seinen letzten Beziehungen – ob es welche gab und wie sie endeten«, sagte Dr. Rosen. »Vielleicht wird sich herausstellen, dass er Angst vor Verbindlichkeit hat.«

Lorne stöhnte. »Tu das nicht. Männer wollen nicht über ›Bindungsangst‹ sprechen.«

»Keine Sorge, ich werde es ganz beiläufig tun.«

Nach dem Abendessen schürte John im Kamin ein Feuer an, während ich mich unter eine weiße Wolldecke kuschelte. Er setzte sich neben mich auf die Couch und schloss die Augen – am Abend zuvor hatte er bis nach Mitternacht gearbeitet.

Ich warf die Decke zur Seite und blickte ihn an. »Hattest du schon mal eine längere feste Beziehung?«

Er öffnete ein Auge und sah mich an. »Wir arbeiten gerade darauf hin?«

»Ich habe mich nur gefragt, ob du …«

»Ob ich es schon einmal mit jemandem ernst gemeint habe?«

»Genau. Ob du schon mal eine verbindliche Beziehung geführt hast, und wenn ja, was passiert ist.«

»Ist das ein Test?«

Ich nickte. Er lachte auf seine gutmütige Art und erzählte dann von zwei festen Freundinnen. Mit einer war er direkt nach dem College zusammen gewesen und mit der anderen ein paar Jahre später. Er beschrieb sie beide als gute Menschen, mit denen er wahrscheinlich immer noch befreundet wäre, wenn sie nicht seine Ex-Freundinnen wären. Die erste Beziehung scheiterte, weil sie ihn betrog und es zu viel Drama gab. Seine zweite Freundin und er trennten sich, weil sie sich zu ähnlich waren.

»Es war nicht gerade aufregend, mit jemandem zusammen zu sein, der genauso denkt und sich genauso verhält wie ich selbst.«

Vielleicht würde ich mehr Drama in sein Leben bringen, als er es normalerweise mochte, aber immerhin mussten wir uns keine Sorgen darüber machen, dass wir uns zu ähnlich sein könnten. Nichts in meinem Leben war maßvoll, und ich durchlebte in einer Stunde mehr Emotionen als er in einem ganzen Monat.

In der zweiten Woche, in der wir uns regelmäßig trafen, saßen John und ich vor meinem Haus in seinem Auto und küssten uns – keiner von uns wollte sich für die Nacht verabschieden. Mich überkam der Impuls, ihm alles zu gestehen.

»Ich gehe wegen einer Essstörung zu Selbsthilfetreffen. Und dreimal pro Woche zur Gruppentherapie. Wenn das für dich ein Problem ist, dann sollten wir es besser gleich lassen. Und ich halte nichts vor meiner Gruppe geheim, also frag gar nicht erst. Sie werden erfahren, wie groß dein Penis ist und ob du mich beim Sex auf den Bauch drehst.« Ich wappnete mich für eine angespannte Verhandlung.

»Ob ich dich auf den Bauch drehe? Das klingt nach einer guten Geschichte.« Keine Anzeichen von Panik auf seiner Seite.

»Ich meine das mit der Gruppe ernst.«

Er zuckte mit den Schultern. »Sprich in deiner Therapie über alles, was dich bewegt, egal was.«

»Und ich lutsche keinen ungewaschenen Schwanz, niemals.«

»Ist ordnungsgemäß notiert.« Er lächelte, als wolle er sagen: *Was gibt's noch?*

Ich legte meine Hand auf seine Wange. Konnte er wirklich echt sein?

Wir küssten uns wieder, aber dann wich John zurück und sah nach unten auf seine Hände. Sein Gesichtsausdruck war ernst.

»Was ist?«, fragte ich.

»Ich wusste schon Bescheid über deine Therapie und deine Zwölf-Schritte-Treffen.«

»Was? Woher?«

»Ich habe ein paar deiner Essays gelesen. Die, die du auf dem Skadden-Server abgespeichert hast.«

Oh mein Gott, die hatte ich vollkommen vergessen. Manchmal, wenn ich auf Rückmeldung von einem der Partner zu einem meiner Schriftsätze wartete – teilweise stundenlang –, schrieb ich Essays, Fetzen irgendwelcher Geschichten. Darüber, wie ich in Texas aufgewachsen war, über meine katholische Schule und Anekdoten aus der Gruppentherapie. Ich speicherte das Geschriebene unter meinem Namen auf dem Firmenlaufwerk, mit verschleiernden Dateinamen wie »Tate Rechnungsdaten« oder »Tate Prozessakten«. Ich hatte gedacht, damit waren sie gut versteckt.

»Die hast du gefunden?«

Er wurde rot. »Ich wollte mehr über dich erfahren.«

»Indem du ›Tate Rechnungsdaten‹ liest?«

»Es hat funktioniert.«

Wir küssten uns wieder, aber diesmal hielt ich inne. Mein Gewissen meldete sich wie ein schmerzender Muskel.

»Ich war mit meinem Ex-Freund in *Turandot*, drei Tage bevor wir zusammen in der Oper waren.«

In seinem Gesicht war Überraschung zu lesen. »Aber du hast so getan, als wüsstest du absolut nichts darüber.« Vor der Vorstellung hatte John mich zu sich nach Hause eingeladen, um mir eine PowerPoint-Präsentation vorzuführen, die er über Puccinis Leben und die Handlung von *Turandot* vorbereitet hatte. Er hatte einen kurzen Cartoon über den Autounfall angefügt, den Puccini hatte, bevor er *Madama Butterfly* vollenden konnte. Ich war gerührt davon, wie viel Mühe er hineingesteckt hatte, damit ich die Oper so sehr genießen konnte wie er. Ganz sicher hätte ich da nicht meine Hand gehoben und ihm gesagt, dass ich sie gerade aus der vierten Reihe gesehen hatte.

»Ich wollte deine Gefühle nicht verletzen.«

»Es braucht schon einiges, um mich aus dem Konzept zu bringen«, antwortete er.

»Habe ich das denn?«

»Beinah.«

***

In der dritten Woche, in der wir uns trafen, verließ ich Johns Wohnung eines Abends erst weit nach Mitternacht. Er sagte, ich dürfe ruhig bleiben, aber dazu fühlte ich mich noch nicht bereit. Noch vor sechs Wochen hatte ich in Brandons Bett geschlafen.

»Wir müssen keinen Sex haben«, sagte John.

»Ich bin einfach noch nicht bereit.«

Er begleitete mich zu meinem Auto und umarmte mich unter dem dunkelblauen Nachthimmel.

»Ich kann nicht mit jemandem schlafen, der nicht in mich verliebt ist. Daran habe ich kein Interesse.« Da war sie wieder, meine schöne unmissverständliche Stimme.

»Aber ich liebe dich, weißt du?«, flüsterte er in mein Ohr.

»Was?«

Er sah mir in die Augen und sagte es noch einmal.

»Woher weißt du das?«

»Ich fühle es.«

»Aber wir treffen uns erst seit drei Wochen«, entgegnete ich.

»Also weiß ich es seit ungefähr drei Wochen.«

Kurz danach verbrachten wir jede Nacht zusammen bei ihm oder bei mir, wir redeten und taten »alles außer das«, bis irgendwann das Licht des neuen Tages durch die Vorhänge drang. Immer wenn wir an den Punkt kamen, wo es schließlich darum ging, ob wir Sex haben würden oder nicht, machte ich einen Rückzieher. »Ich bin immer noch nicht bereit«, sagte ich dann, ohne erklären zu können, woran es lag. Er passte so viel besser zu mir als jeder andere Mann, mit dem ich jemals geschlafen oder auch nur auf einem Supermarktparkplatz herumgefummelt hatte, aber sexuell betrachtet schaffte ich es einfach nicht, den nächsten Schritt zu gehen.

»Warum quälst du ihn und dich selbst so?«, fragte Max. »Er tut mir richtig leid.«

»Wovor hast du Angst?«, wollten sie alle wissen, mich selbst eingeschlossen.

Dr. Rosen betonte, dass das die gesunde Beziehung war, auf die ich so lange gewartet hatte. Ich benutzte meine Stimme, ich setzte Grenzen und blieb vollkommen bei mir, wenn ich mit John zusammen war. Dr. Rosen meinte, ich hätte Hemmungen, mit ihm zu schlafen, weil das John und mich noch näherbringen würde. Dieses eine Mal war ich vollkommen seiner Meinung, aber dennoch wollte ich wissen: »Warum kann ich nicht endlich Sex mit ihm haben?«

»*Mamaleh*, das werden Sie, wenn Sie bereit dafür sind.«

Und dann, in einer Nacht im Frühling, musste ich John nicht länger von mir fernhalten. Unsere Körper passten zusammen. Dieser physische Teil unserer Beziehung war wie die Erweiterung von all den Dingen, die wir bereits taten – reden, essen, lachen, küssen, uns berühren, nebeneinander schlafen. Und zum ersten Mal verstand ich, dass Sex für mich nicht deshalb so eine große Sache war, weil Genitalien dabei eine Rolle spielten. Oder weil die Nonnen mir gesagt hatten, dass Sex in enger Verbindung mit Gott stand. Oder weil meine Mutter mir gesagt hatte, dass ich in der Hölle landen würde, wenn ich es vor meiner Hochzeit tat. Als wir miteinander schliefen, war es eine große Sache, weil ich John damit auf eine einzigartige Weise meinen Körper gab, und er gab mir seinen. Zusammen genossen wir diesen Tausch. Und obwohl er nett, engagiert und liebevoll war, war es auch wahnsinnig heiß.

39

Als mein 35. Geburtstag vor der Tür stand, waren John und ich erst vier Monate zusammen. Ich hoffte auf ein Abendessen in irgendeinem Restaurant, in dem man reservieren musste, und auf ein paar gefühlvolle Worte auf einer Karte, die unterschrieben war mit *In Liebe, John.* Dr. Rosen deutete an, dass ich vielleicht einen Verlobungsring bekommen würde, aber ich schnitt ihm das Wort ab. Das Letzte, was ich gerade brauchte, war die Last von Erwartungen auf meiner gerade vier Monate alten Beziehung. Dr. Rosen machte ein dummes Gesicht, als John mir eine elektrische Zahnbürste und einen selbstgebauten hölzernen Bilderrahmen überreichte. Schön, aber kein Edelstein, der eine lebenslange Bindung symbolisierte.

Ein paar Monate später flogen John und ich mit seinen Freunden aus der Highschool für zwei Wochen nach Indien. Kaum etwas verfestigt eine Beziehung so sehr wie eine Reise in ein Dritte-Welt-Land, auf der man die Kontrolle über seine Eingeweide verliert. John hielt meine Hand während des Feuerwerks zum Lichterfest, half mir, in einem Supermarkt in Goa Tampons zu finden, und schleppte die Mitbringsel für all meine Gruppenmitglieder in seiner Reisetasche. Einschließlich eines hinduistischen Symbols aus Messing, das für Glück und Erfolg stand und zufälligerweise aussah wie ein spiegelverkehrtes Hakenkreuz. Das war für Dr. Rosen.

Im Dezember verbrachten John und ich Weihnachten und Chanukka bei seiner Familie in Los Angeles. Während des epischen Geschenketauschs zwischen 30 Leuten überreichte seine Mutter mir einen Gutschein für Victoria's Secret, und von seiner Großmutter bekam ich ein weißes Kästchen mit einem Muster aus verschlungenen Marmorplättchen, das sie vor langer Zeit von einer Reise nach Indien mitgebracht hatte. Johns Cousin brachte mir bei, wie man aus Kartoffeln traditionelle Latkes macht, und sein Bruder zeigte mir alte Familienfotos ihrer russischen Vorfahren – streng dreinblickende Männer mit langen Bärten und schwarzen Hüten und Frauen in schwarzen Kleidern mit hohen Kragen. Als John für ein Gruppenfoto die Kamera auf einem Stativ befestigt hatte, stellte er sich neben mich und legte den Arm um meine Taille. Ich ließ mich von den herzlichen Armen seiner Familie willkommen heißen.

An einem Nachmittag schlichen wir uns von den Feierlichkeiten davon, um in Orange County am Strand einen ruhigen Spaziergang zu machen. Der strahlende Sonnenschein Kaliforniens und der heiße weiße Sand taten mir fast in den Augen weh – das hier war derselbe Ozean, an dem Brandon und ich vor einem Jahr entlanggelaufen waren, und dasselbe Wasser, das damals Davids Leben genommen hatte. Es war beruhigend zu sehen, dass es immer noch gegen das Ufer schäumte. Ich krempelte meine Jeans hoch und zog meine Schuhe aus, um den Sand zu spüren, der sich warm und körnig zwischen meine Zehen schob. An einem Felsvorsprung blieben wir stehen und blickten aufs Meer. Unter dem übernatürlich blauen Himmel suchte ich den Strand nach Promis ab, die ihre Hunde ausführten. John war still, bis wir uns auf den Rückweg zum Auto machten.

»Ich möchte, dass es vorwärtsgeht. Mit uns beiden.« Er nahm Wörter in den Mund, die noch nie ein Mann zu mir gesagt hatte: *verloben* und *sicher* und *zusammen* und *Zukunft*. Ich legte die Hand auf mein wild pochendes Herz.

***

An einem Montag im März kam ich ein paar Minuten zu spät zur Gruppensitzung und setzte mich auf den leeren Stuhl rechts neben Dr. Rosen. Ich saß ruhig da, ohne mit übertriebenen Gesten die Aufmerksamkeit auf meine linke Hand zu lenken.

Als Dr. Rosen nicht länger darauf warten konnte, dass ich das Wort ergriff, sagte er: »Es tut mir leid, der Ring an Christies Finger blendet mich.« Lachend sprang ich auf, wirbelte durch den Raum und hielt jedem meine Hand vor die Nase.

»Nicht zu groß, nicht zu klein«, kommentierte Max anerkennend.

Patrice hielt meine Hand vor das Fenster, um ihn in der Sonne glitzern zu sehen.

Oma Maggie strahlte. »Ich wusste es, Kindchen.«

Ich hatte noch nie auf Diamanten Wert gelegt, aber dieser Ring stand für so viel mehr als nur einen Edelstein. John und ich hatten ihn gemeinsam designt. In der Mitte war ein großer Stein, der von jeweils drei kleineren auf jeder Seite eingerahmt wurde. Der große Diamant stand für John und mich, die drei kleineren auf jeder Seite standen für Dr. Rosen und meine Gruppe. Sie waren die Einfassung meines Lebens. Sie hatten mir mein Selbst eröffnet, meine Gelüste, meine Wut, meine Ängste, meine Lust, meine Stimme. Sie machten mich zu einem echten Menschen. Es gab kein »John und ich« ohne sie. Jeder einzelne Tag meiner Ehe würde ein Tribut an die Arbeit sein, die ich in der Gruppe geleistet hatte, und ich konnte meine romantische Beziehung nicht getrennt betrachten von den vielen Stunden, die ich in den Gruppen damit verbracht hatte, allmählich in mein Leben hineinzuwachsen.

»Ich kann es einfach nicht glauben, dass John es mit dir aushält«, sagte Lorne und zwinkerte mir zu. »Gut, dass du einen Mann gefunden hast, der dich nicht jede Nacht umdrehen muss.«

Dr. Rosen bestaunte meinen Ring mit Ooohs und Aaahs und beglückwünschte mich so aufrichtig, dass es mir ans Herz ging wie ein Segenswunsch. Dieses *Masel tov* konnte ich annehmen – anders als das *Masel tov*, das er mir bei unserem ersten Termin vor sieben Jahren anlässlich meines Jahrgangsrangs ausgesprochen hatte. Mittlerweile wusste ich, wie viel ich Dr. Rosen bedeutete und dass ich seinen Lobpreis und was auch immer »Masel« bedeutete verdient hatte. Aber ich sehnte mich nach mehr. Ich wollte seinen expliziten Segen. Keine Erlaubnis, aber doch eine Art Weihung. Ich sah ihn an und sagte: »Ich will noch mehr von Ihnen.«

»An was dachten Sie?«

»Ich weiß nicht genau.«

»Sprechen wir in den Gruppen darüber und sehen wir, ob Sie es herausfinden.«

***

Dr. Rosen öffnete uns die Tür zu seiner aufgeräumten weißen Stadtwohnung in Jeans und braunen Sandalen, die seine Zehen entblößten. Sollte man die nackten Füße seines Therapeuten sehen? Ich dachte, eher nicht, also lenkte ich meine Aufmerksamkeit auf seine helle Küche. Doch dann spürte ich, wie ein Schmerz in meinen Schädel fuhr, der so stark war, dass er ihn beinahe entzweigespalten hätte – ein grausamer Stresskopfschmerz angesichts des bevorstehenden Abendessens mit meinem Verlobten im Haus meines Therapeuten. Als ich neben John auf dem Beifahrersitz gesessen hatte und wir in den ruhigen Vorort fuhren, wo Dr. Rosen wohnte, hatte ich schon leichte Übelkeit verspürt. Nun waren ein kalter Wickel und ein starkes Schmerzmittel alles, was ich wollte. Ich drückte Johns Hand und versuchte mich zusammenzureißen. Es ist völlig normal, zum Abendessen bei seinem Therapeuten zu Hause zu sein. Ich reichte Dr. Rosens Frau einen Strauß mit hellrosa Pfingstrosen. Sie roch daran und sagte, das seien ihre Lieblingsblumen.

»Könnte ich kurz Ihr Badezimmer benutzen?«, fragte ich. Nicht weil ich auf die Toilette musste, sondern weil ich noch nicht bereit war für Small Talk und Häppchen mit dem Mann, den ich heiraten wollte, und dem Mann, der schon Zeuge von mehreren meiner Wutausbrüche und Monologe über Madenwürmer geworden war. Ich saß auf der Toilette, massierte meine Schläfen und versuchte, den Schmerz in meinem Schädel dazu zu bringen, sich zu verziehen. Ich zählte die Toilettenpapierblättchen, die ich abriss (sechs), und die Pumpstöße der Flüssigseife, die ich nahm (drei). Es zuckte mir in den Händen, das Arzneischränkchen zu öffnen, aber die Aussicht darauf, dass ich mein Herumschnüffeln nächste Woche in der Gruppe gestehen müsste, hielt mich davon ab.

Auf dem Weg durch das Wohnzimmer zurück in die Küche hätte ich am liebsten die Bücher in den Regalen betrachtet, die gerahmten Bilder, den Kleinkram auf dem Beistelltischchen, aber ich hatte zu viel Angst. Man sollte nicht die persönlichen Habseligkeiten seines Therapeuten inspizieren. Was, wenn ich irgendetwas Peinliches entdeckte, Romane von Nicholas Sparks oder Fotos von Dr. Rosen und seiner Ehefrau, wie sie auf einem Kreuzfahrtschiff mit Goofy posierten?

Glücklicherweise bat seine Frau uns, uns zu setzen. Sie hatte einen starken russischen Akzent und ein warmherziges Lachen. Zwischen Johns und meinem Teller lag ein eingepacktes Geschenk. »Öffnen Sie es«, sagte Dr. Rosen lächelnd. John faltete das Geschenkpapier auf und hielt eine weiße handbemalte Keramikkachel mit bunten Blumen und der Inschrift *Howdy und Shalom!* in die Höhe. Sie hatten sie auf ihrer letzten Reise nach Israel entdeckt und fanden es toll, dass sie unser beider Herkunft symbolisierte: das Judentum und Texas. Ich fand keine Worte – ich konnte nur auf die Zeile starren und verarbeiten, dass Dr. Rosen selbst auf der anderen Seite des Globus noch an mich dachte. An mich und John.

Dr. Rosen zündete zwei Kerzen an und sprach ein hebräisches Gebet. Wie wir es in der Gruppe besprochen hatten, legte er anschließend seine Hände auf meinen Kopf und sagte einen hebräischen Segenwunsch auf, der üblicherweise für Kinder gedacht war. Das Gewicht seiner Hände auf meinem Schädel ließ das schmerzhafte Pulsieren in meinem Kopf verschwinden, aber als er sich John zuwandte, kam der Schmerz mit einem Dröhnen zurück. Dr. Rosen sprach das Gebet für John, und Tränen stiegen in Johns Augen, und in meine daraufhin ebenfalls.

Dr. Rosens Frau entschuldigte sich dafür, dass Pastinaken gerade nicht Saison hatten. Ich blickte zu Dr. Rosen, der mit einem Lächeln antwortete. Eine Woche zuvor hatte er mich in der Gruppe gefragt, was ich am liebsten aß, und als Antwort fing ich an zu weinen. Mir kamen Lebensmittel in den Sinn, aber die Wörter steckten in meinem Kopf fest.

Ich erinnerte mich daran, wie es war, als ich mich das erste Mal wegen meiner Bulimie in Behandlung begeben hatte und Dutzende Regeln befolgte, um nicht wieder mit dem Fressen und Kotzen anzufangen. Ich aß keinen Zucker, kein Mehl, keinen Weizen, keinen Mais, keine Bananen, keinen Honig, keine Kartoffeln. Ich aß nichts zwischen den Hauptmahlzeiten und nicht nach 21 Uhr.

Ich nahm mir niemals von irgendetwas Nachschlag, und ich aß nie im Stehen. Kurz nachdem ich mit der Behandlung begonnen hatte, fuhr ich mit meinen Eltern von Dallas nach Baton Rouge zur Abschlussfeier meines Bruders. In Lecompte, Louisiana, hielt mein Vater bei Lea's Lunchroom an, der Lieblingskonditorei meiner Eltern. Das Einzige, was es gab, waren Honigschinkensandwiches und vier verschiedene Kuchen. Ich fragte die Kellnerin, ob sie mir aus dem Eisbergsalat für die Schinkensandwiches einen Salat machen könne. »Geht nicht«, sagte sie. Ich war am Verhungern und bestellte zwei Schinkensandwiches, aß die Salatblätter mit Salz und Pfeffer und ließ den Schinken und das Brot übrig. Mein Teller sah aus wie ein Schlachtfeld. Ich sah meinen Eltern dabei zu, wie sie ihre Sandwiches verspeisten und sich anschließend zwei Stücke Kuchen teilten, Schokolade und Zitrone. Ich wusste nicht, wie ich sie darum bitten konnte, mit mir irgendwohin zu fahren, wo es etwas gab, was ich essen konnte. Ich wusste nicht, wie ich ihnen sagen sollte, dass mich nur das strenge Einhalten meiner Essensregeln am Leben hielt. Alles, was ich tun konnte, war, auf meinem Stuhl zu sitzen und dümmlich zu lächeln, während mein leerer Magen knurrte und mich anflehte, eine Gabel zu nehmen und sie mit einem Stück Kuchen zu beladen.

In der Gruppe hatte Dr. Rosen von Anfang an Essensmetaphern benutzt, wenn er mit mir sprach. Aber das Abendessen bei ihm zu Hause war keine Metapher: Dr. Rosen und seine Frau nährten und segneten uns. Er wollte mir genau das zu essen geben, was ich wollte. Meine Lieblingszutaten. In der Sitzung hatte Rory gesagt, ich solle die Augen schließen und mein Lieblingsessen herausschreien. Ich drückte die Augen zu und presste die Fäuste dagegen, während ich flüsterte: »Pastinaken. Mango. Lachs. Kartoffeln.«

Dr. Rosens Frau servierte eine leuchtend orangene Karottensuppe mit einem Kleks schmelzender Schlagsahne in der Mitte. Ich fuhr mit meinem Löffel hindurch, und die Sahne löste sich auf. Die Suppe schmeckte reichhaltig und erdig. Vor jedem Gericht zählte Dr. Rosen die enthaltenen Zutaten auf, obwohl ich die meisten meiner Regeln mittlerweile nicht mehr befolgte. Der Lachs war perfekt rosa, und die Kartoffeln schmeckten nach einem Hauch von Rosmarin und Salz. Nachdem wir gegessen hatten, trugen sie die leeren Teller in die Küche und unterhielten sich leise miteinander in einer Sprache, die wie eine Mischung aus Russisch und Hebräisch klang.

Auch wenn ich es getan haben muss, kann mich nicht daran erinnern, im Laufe des gesamten Abends auch nur ein einziges Wort gesprochen zu haben. Es war alles nur Gefühl. Der hämmernde Kopfschmerz. Die Geschmäcker auf meiner Zunge. Johns Hand auf meinem Oberschenkel. Das Bedürfnis zu weinen, einfach nur, weil der Abend so schön war, das Essen so köstlich, der Anlass so unglaublich. Ich erinnere mich daran, dass es wirkte, als habe Dr. Rosens Frau die Hosen an. Sie sagte ihm, wo die Silberlöffel für den Tee waren und das Messer für den Käse. Was für eine Freude zu sehen, wie jemand Dr. Rosen herumkommandierte! Ich konnte es kaum erwarten, Max davon zu erzählen.

Zum Dessert stellte Dr. Rosen ein hölzernes Schneidebrett mit verschiedenen Sorten Hartkäse, Weintrauben und getrockneten Kirschen in die Mitte des Tisches. Ich schob mir eine Traube in den Mund. Ihre glitschige Süße machte meine Kopfschmerzen ein kleines bisschen besser. Die letzten Sonnenstrahlen des Tages fielen durch das Fenster und warfen Schatten auf den Tisch. Dr. Rosen erzählte, dass sie zwischen den vielen Bäumen in ihrem Garten manchmal sogar Rehe sahen. Ich war so voll, dass ich mich kaum mehr bewegen konnte. Ich hatte so viel in mich aufgenommen; ich war bereit, nach Hause zu gehen.

Auf der Rückfahrt von der Vorstadt nach Chicago stellte ich die Rückenlehne meines Sitzes zurück, drehte die Klimaanlage auf und ließ mir die Luft ins Gesicht blasen. Ich weinte die gesamten 30 Kilometer lang. John hielt meine Hand.

»Passiert das gerade wirklich?«, fragte ich heulend. John griff meine Hand noch fester. »Bist du wirklich echt?« Ich weinte noch mehr. Kilometer um Kilometer weinte ich. Meine Gefühle strömten aus mir heraus. »Ich kann nicht glauben, dass das alles wirklich passiert. Wie bin ich so weit gekommen?« John hielt meine Hand, während die Skyline glitzernd vor der Windschutzscheibe auftauchte.

»Ich habe Angst«, sagte ich, als wir vor meinem Haus hielten.

»Wovor?«, fragte John.

»Vor dir.« Er zog seine Augenbrauen in die Höhe und lächelte. »Wir sind jetzt aneinander gebunden. Aber ich fühle so eine merkwürdige Einsamkeit. Als wüsste ich nicht genau, wo ich bin.« John drückte meine Hand, als verstünde er, was ich meinte.

Ich hatte immer gedacht, sobald man sich verlobte, war man erfüllt von Sicherheit und Glückseligkeit über diesen anderen Menschen, den man heiraten und mit dem man sich ein Leben aufbauen würde. Ich hatte gedacht, dass es mich von meiner tiefen Einsamkeit heilen würde, meinen zukünftigen Ehemann zu finden. Aber ich verspürte kein pures Glück. Ich hörte Angst und Einsamkeit in mir flüstern. Ich war immer noch ich.

»All diese Jahre war ich so sehr single, wie man es nur sein kann – in der Gruppe, an der juristischen Fakultät, bei meinen Freunden in Texas, bei meiner Familie. Christie – ungebunden, alleinstehend, *Ich bringe niemanden mit*-Christie. Ich habe diese Rolle immer gehasst, aber jetzt, wo ich sie nicht mehr habe, fühle ich mich wie im freien Fall. Als würde ich etwas verlieren. Es fühlt sich an, als wäre ich jetzt nicht mehr besonders. Jetzt, wo ich nicht mehr in allen Ecken der Stadt über mein beschissenes Liebesleben und die langweiligen Wochenenden jammere. Jetzt bin ich wie alle anderen. Ergibt das irgendeinen Sinn?«

Wohin waren die Äpfel verschwunden? Die Würmer? Das lila Handtuch, aus dem ich die Fäden herausgezupft hatte? Wer war ich jetzt, und wohin war mein altes Ich gegangen?

John strich mir über die Wange. »Du weinst immer noch sehr viel mehr als die meisten Leute. Das wird sich vermutlich nie ändern.«

40

Barack Obama war nur wenige Stunden davon entfernt, der 44. Präsident der Vereinigten Staaten zu werden. Ganz Chicago drehte vollkommen durch – jubelnde Menschen strömten aus ihren Büros in der Innenstadt Richtung Grant Park, wo sie darauf warteten, dass Obama als gewählter Präsident das Podium betrat. Raj streckte gegen 16 Uhr seinen Kopf in mein Büro und bot mir ein übrig gebliebenes Ticket für die Kundgebung an. Ich lehnte ab, obwohl John und ich in Wisconsin für Obama geworben hatten und sein Sieg mich in einen regelrechten Freudentaumel versetzte. Körperlich fühlte ich mich seit Tagen nicht wie ich selbst. An diesem Nachmittag hatte ich eine Telefonkonferenz stumm schalten müssen, weil ich sonst auf einen Anwalt der Gegenseite losgegangen wäre, der darauf bestand, dass unser Klient wegen Betrugs haftbar wäre. Ich hatte die Hände so fest auf meinen Schreibtisch gedonnert, dass mein Tacker bis an die Tischkante schepperte. Eine Stunde später wurde ich von einer solchen Müdigkeit übermannt, dass ich meinen Kopf auf den Schreibtisch legen und 20 Minuten schlafen musste. Ich vermutete, dass ich eine Grippe bekam, und in der kalten Novemberluft im Grant Park zu stehen, würde mich wahrscheinlich ins Krankenhaus befördern.

Später am Abend bestellten John und ich etwas zu essen und warteten darauf, dass Obamas Ansprache begann. Die Fernsehkameras schwenkten über die Menge, die sich acht Kilometer von uns entfernt versammelt hatte, und ich bereute es, nicht dabei zu sein. John sah, dass einige seiner Unifreunde keine zwei Meter von Oprah Winfrey entfernt standen. »Das hätten wir sein können!« Was stimmte nicht mit mir? Das war die historischste Nacht meines ganzen Lebens, und ich hatte es vorgezogen, ohne BH auf der Couch zu sitzen und gemischten Salat in mich hineinzuschaufeln, während ich die Füße auf zwei Paketen eines Haushaltswarenladens abgelegt hatte, in denen sich verfrühte Hochzeitsgeschenke von Johns Tante befanden.

Auf dem Bildschirm tauchte das Gesicht von John McCain auf, der seine Niederlage eingestand. Neben ihm stand seine perfekt frisierte Ehefrau in einem gelben Kostüm und mit makellosem roten Lippenstift. Ich war nicht für McCain gewesen, aber als er die Hand auf seine Brust legte und sich von seinen Unterstützern verabschiedete, quoll aus meinem tiefen Inneren ein Schluchzen hervor, das meinen ganzen Körper erfasste. Ich heulte in unsere neue rote Samtdecke um den armen John McCain, als sei er mein engster Freund. Ich konnte nicht aufhören zu weinen, egal, wie sehr ich versuchte, mich davon zu überzeugen, dass McCain eines Tages wieder glücklich werden würde.

Das Nächste, an was ich mich erinnere, ist, dass John an meiner Schulter rüttelte. »Das willst du nicht verpassen«, sagte er und drehte die Lautstärke hoch. Ich hob den Kopf – wo war ich? »Du hast wegen McCain geweint, und dann bist du eingeschlafen.« Ehrfürchtig lauschten wir Obamas Rede. Wieder liefen mir Tränen übers Gesicht. Diesmal: pure Freude.

Am nächsten Abend schlief ich wieder direkt nach dem Essen ein und starrte dafür nachts um zwei an die Schlafzimmerdecke. John rührte sich und öffnete die Augen. Ich sagte ihm, dass ich pinkeln müsse. »Und wenn ich schon dabei bin, mache ich einen Schwangerschaftstest.« Er lachte und wünschte mir viel Glück, als hätte ich einen Witz gemacht.

Ich bückte mich hinunter und wühlte die lila Schachtel mit dem Schwangerschaftstest aus dem Schrank unter dem Waschbecken hervor. Am 14. Tag meines Zyklus hatten wir miteinander geschlafen, ohne zu verhüten, also war es möglich. Aber ich kannte so viele Frauen, die sogar mit Hormonpräparaten noch Probleme damit hatten, schwanger zu werden, dass ich mir nicht vorstellen konnte, dass da ein Embryo in mir sein sollte. Mein Frauenarzt hatte mich gewarnt, dass es eine Weile dauern könne, weil ich schon über 35 war. Ich pinkelte auf das Stäbchen und kroch wieder ins Bett.

»Na, ist da ein Braten in der Röhre?«, fragte John in einem gutgelaunten, aber auch scherzhaften Ton.

»Wahrscheinlich Zwillinge. Wir brauchen eine größere Wohnung.«

Nach drei Minuten stupste ich ihn an. »Geh mal nachsehen.« Ich würde mich nicht aus meinem warmen Deckenkokon schälen, um mir bestätigen zu lassen, dass ich nicht schwanger war. Ich drehte mein Kissen um und legte meine Wange auf die kühle Seite. Ich hörte, wie John pinkelte, und dann: Stille. Er trat in die Tür, sein Umriss war vom Badezimmerlicht hinter ihm beleuchtet, sein Gesicht war ein dunkler Schatten.

»Ich glaube, da sind möglicherweise zwei Striche.«

»Haha.« Ich wusste nicht mal, ob meine Periode überfällig war – ich hatte im Oktober den Überblick verloren, als ich für Schlichtungsverhandlungen zu einem neuen Fall mit Jack auf Dienstreise gewesen war. Ich kuschelte mich tiefer in die Decke und wartete darauf, dass John sich zu mir legte, aber er blieb in der Tür stehen und starrte auf den Schwangerschaftstest. Er meinte es ernst. Ich warf die Decke zurück und sprang zu ihm.

In dem kleinen Kreis waren zwei rote Linien zu sehen, so deutlich wie Pinselstriche.

Ich schrie und tanzte vor Freude. Ein Baby! Ein Baby! Ein Baby! Wir Glücklichen.

41

Wir waren alle schon einmal auf einer Hochzeit. Haben elfenbeinfarbene Kleider gesehen, schwarze Fliegen und Brautjungfern in Juwelenfarbtönen. Wir haben Streichquartetten gelauscht und herzergreifenden Ehegelübden. Wir wissen, wie die Sache abläuft: Einzug mit Musik, eine Lesung, Ehegelübde, eine Erklärung im Namen des Staates.

Unsere Hochzeit müssen Sie sich so vorstellen:

Ich und meine sechs Brautjungfern, von denen vier Rosen-Patientinnen waren, rennen durch den Millennium Park, damit der Fotograf Bilder von uns vor dem Cloud Gate machen kann – vor der riesigen bohnenförmigen Edelstahlskulptur –, bevor die Sonne untergeht. Stellen Sie sich vor, wie wir lachend durch die Lobby eines Bürogebäudes mit sechseckigen Spiegelfliesen an der Decke springen und dem verwirrten Fotografen verkünden: »Wir gehen jetzt zu meinem Therapeuten!« Stellen Sie sich vor, dass ich gerade in der sechsten Woche schwanger bin, weiße High Heels mit Riemchen trage und ein Kleid, das in der Taille spannt von all dem Heißhunger auf Kohlenhydrate im ersten Trimester.

Stellen Sie sich Dr. Rosen in seinem schicken grauen Anzug und mit glänzenden schwarzen Schuhen vor, wie er einem Chor von sieben kreischenden Frauen die Tür öffnet, die ihn behandeln wie einen Rockstar, den sie backstage treffen dürfen. Dr. Rosen, wie er lächelt und uns in den Raum geleitet, den ich besser kenne als jeden anderen Ort auf diesem Planeten – mitsamt dem flackernden Licht in der Ecke, dem Kaffeefleck beim Fenster und den schiefen Jalousien. Stellen Sie sich vor, dass er die Stühle in einem Kreis aufgestellt hat – genau wie zu einer Gruppentherapiesitzung –, nur dass es Samstagabend ist, 90 Minuten vor meiner Vermählung. Stellen

Sie sich vor, wie er auf seinem üblichen Stuhl Platz nimmt und fragt, wo wir waren. Wie er mich fragt, ob ich bereit bin. *Ja, ich bin bereit.* Stellen Sie sich vor, wie ich die Augen schließe und tief einatme, während die Übelkeit des ersten Schwangerschaftsdrittels in meinem Körper rumort. Wie ich mit einem Anflug von Panik verkünde: *Ich habe meine Kekse vergessen!*, Dr. Rosen durch die Tür verschwindet und mit einem roten Becher voll Milch und Müsli wiederkommt. Stellen Sie sich vor, wie ich frage: *Essen Sie das jeden Morgen vor den Sitzungen? Ich hätte Sie eher für den Toast-Typ gehalten.*

Stellen Sie sich vor, wie John und ich vor der Zeremonie in einem Nebenraum stehen. Wie wir uns umarmen und den Moment zwischen uns festhalten. Stellen Sie sich vor, wie viel Liebe mein eingekerbtes Herz nun in seinem geschwollenen Inneren hält. Stellen Sie sich vor, wie John und ich gemeinsam vor den Traualter treten. Und dabei geben wir nichts von uns auf – wir wählen einander, wir akzeptieren, wir zeigen uns. Hören Sie, wie wir versprechen, miteinander ein Zuhause und ein Leben aufzubauen mithilfe der Unterstützung von den Menschen, die uns lieben. Wie wir unsere künftige Familie ins Leben rufen.

Stellen Sie sich vor, wie wir uns vor unseren Zeugen Liebe und Treue geloben. Wie ich meine Hand auf meinen Bauch lege, wo 175 Mal pro Minute das Herz unseres Babys schlägt.

Sie waren auch schon bei Hochzeitsfeiern. Sie kennen Tischgestecke, Stuhlhussen und Tischkarten mit fein geschwungener Schrift. Sie haben Häppchen mit Pilzen und Brie gekostet, trockenen Champagner und Buttercremetorten. Sie haben Reden auf das frischvermählte Paar gehört und die ersten Takte von *Brown Eyed Girl.*

Unsere Hochzeitsfeier müssen Sie sich so vorstellen:

An Tisch fünf sitzen Dr. Rosen und seine Frau, daneben Max, Lorne und Patrice mit ihren Ehepartnern. Tisch sechs ist umringt mit den Frauen aus meiner Dienstagnachmittagsgruppe. An Tisch sieben reichen sich Rory, Marty und Carlos Platten mit Pasta und

Fisch. Jeder von ihnen umarmt mich immer wieder, sie wünschen mir alles Gute und drücken mich fest – so, wie sie es schon immer getan haben.

Und jetzt eine Überraschung: Stellen Sie sich Reed und seine Frau Miranda vor, wie sie nach dem zweiten Gang durch die Menge auf mich zusteuern. *Glückwunsch*, sagen sie. Ich umarme sie, verblüfft darüber, wozu ein menschliches Herz im Stande ist, wie es überraschen und beglücken kann, wie es sich wieder zusammensetzen, sich regenerieren kann, verzeihen und verbinden, hinweg über Ozeane von Verletzungen und Schluchten der Einsamkeit. *Danke, dass ihr gekommen seid. Es bedeutet mir so viel.*

Auf den meisten Hochzeiten findet man eine wilde Mischung von Familien – wie mein texanischer, katholischer Clan und Johns jüdische Familie von der Westküste. Jede Tanzfläche auf jeder Hochzeit ist eine verschwommene Menge von Körpern, von denen manche auf die eine und manche auf die andere Seite gehören. Als Johns Verwandte mich auf einen Stuhl setzen und für den Hora-Tanz über ihre Köpfe heben, sehe ich unsere Feier von oben. Auf einer Seite klatschen meine Eltern und Geschwister spielerisch im Takt und saugen ein Brauchtum auf, das ihnen fremd ist. Dr. Rosen und seine Frau stehen inmitten eines Pulks seiner Patienten. Sie singen die Zeilen, die sie auswendig kennen, und umkreisen uns Arm in Arm untergehakt. Johns Bruder, seine Eltern und Cousins schwingen ihre Servietten durch die Luft. *Hava Nagila* wird gespielt und die chaotische, fröhliche Szene unter mir wird zu einer Collage aus liebevollen Gesichtern und Armen, die John und mich hochhalten.

Einige Wochen zuvor hatte ich Dr. Rosen gefragt, ob er zu einem Tanz mit mir auf unserer Hochzeit bereit wäre. Ich wollte die Arbeit würdigen, die ich mit ihm in der Gruppe geleistet und die mein Leben mit John und unser Baby überhaupt erst ermöglicht hatte.

»Ich möchte Ihrem Vater nicht auf die Füße treten.«

»Keine Sorge, mein Vater bekommt natürlich seinen eigenen Tanz mit der Braut. Unserer könnte später sein. Ein traditioneller Therapeut-Patientinnen-Walzer irgendwann am Abend.«

»Besprechen Sie es in der Gruppe.«

Je mehr ich darüber sprach, desto mehr wollte ich mit Dr. Rosen tanzen. Ich wollte zelebrieren, dass ich zu Hunderten Therapiesitzungen erschienen war und dass ich nicht mehr die abgeschottete junge Frau war, deren Zukunft aus nichts als bezahlten Arbeitsstunden bestand. Nach all dem Weinen, Zähneknirschen, Zerreißen und Schreien war es nun an der Zeit zu tanzen.

Ich wollte tanzen.

Nachdem John und ich uns verlobt hatten, hatte Clare mich sofort gefragt, ob ich wohl auch mit John zusammengekommen wäre, wenn ich nicht all diese Jahre zur Gruppentherapie gegangen wäre. Ich sagte: *Ich glaube nicht*, aber was ich eigentlich meinte, war: *Nie im Leben.*

Stellen Sie sich vor, wie die ersten Takte vom bekanntesten Lied aus *Der Fiedler auf dem Dach* erklingen, in dem der Vater darüber singt, wie schnell die Zeit vergeht und aus Samenkörnern Sonnenblumen werden. Stellen Sie sich vor, wie ich Dr. Rosen von seinem Platz neben seiner Frau auf die Tanzfläche führe. Wie er mich erst nach links und dann nach rechts wirbelt. Auf weitere Drehungen verzichteten wir, denn das ließ meine aufwogende Schwangerschaftsübelkeit nicht zu. Stellen Sie sich vor, wie die Tanzfläche gesäumt ist von meinen aktuellen und ehemaligen Gruppenmitgliedern, die genau wissen, was dieser Tanz für mich und vielleicht auch für Dr. Rosen bedeutet. Wie die Musik endet und er mir ein weiteres *Masel tov* mit auf den Weg gibt. Wie ich zu ihm sage: *Danke für alles. Wir sehen uns am Montag.*

Aber die Hochzeit ist nicht das Ende dieser Geschichte.

Am nächsten Tag verabschiedeten John und ich unsere Familien, bevor sie zum Flughafen fuhren. Den ganzen Nachmittag wirbelte

Schneegestöber umher, und die Novembersonne machte keinerlei Anstalten, scheinen zu wollen. Zu Hause ließen John und ich uns aufs Bett fallen, umgeben von Geschenken und Kuchenresten. Johns Augen fielen zu, aber ich kam nicht zur Ruhe. Ich pflückte Buttercremerosen von der Torte und schob sie mir in den Mund. Ich rief Rory an und dann Patrice.

»Und jetzt?«, fragte ich sie. »Ich fühle mich merkwürdig, und ja, ich weiß, dass *merkwürdig* kein Gefühl ist.« Ich liebte John und fand es toll, verheiratet zu sein, aber ich fühlte mich auch einsam und erschöpft und ängstlich. Merkwürdig. Ein bisschen, als würde ich mich auf die übrig gebliebenen Reste meiner Hochzeitstorte übergeben wollen.

Beide sagten sie mir genau das, was ich erwartet hatte. »Lass uns in der Gruppe darüber sprechen.«

***

Alle saßen auf ihren üblichen Plätzen. Mein Körper bebte immer noch von all dem überschüssigen Adrenalin von einem Wochenende voller Familie, Freunde, Freude und Kuchen. Ich stand noch immer unter Schock, dass ich tatsächlich schwanger war, und war schon jetzt Hals über Kopf verliebt in unseren kleinen Embryo.

Max eröffnete die Sitzung mit der Frage, warum der DJ so eine Show um meinen Tanz mit Dr. Rosen veranstaltet hatte. Patrice fragte, ob meiner Schwester der Abstecher in Dr. Rosens Büro vor der Trauung gefallen hatte. Brad und Lorne witzelten über den Schnitt von Dr. Rosens Anzug, und Oma Maggie schwärmte vom merlotfarbenen Abendkleid seiner Frau.

Und dann wechselten wir das Thema, einfach so. Lorne berichtete das Neueste über seine Ex-Frau und die Kinder, und wir diskutierten, ob Max einem Hinweis auf eine neue Stelle nachgehen sollte. Dr. Rosen ließ seinen Blick ringsherum von einem zum anderen schweifen, während der Rest von uns sein Bestes tat, um einander unser ganzes Selbst offenzulegen. Ich spürte mein Herz schlagen – seine eingekerbte Oberfläche, die die Kammern, Ventrikel, Vorhöfe, Klappen und die Aorta schützte. Ich legte die Hände auf meine Brust und lauschte der Musik meiner Gruppe.

NACHWORT

Zehn Jahre später

Ich küsse den Kopf meiner Tochter, bevor ich mich nach unten schleiche. Sie rührt sich und flüstert: »Tschüss, Mama«, ohne die Augen zu öffnen. »Bis heute Abend.« Ihr kleiner Bruder im Zimmer nebenan schläft tief und fest weiter, als ich ihm durchs Haar streiche und ihn auf die Wange küsse. Es ist Montagmorgen, und sie erwarten nicht, mich am Frühstückstisch zu sehen. Sie wissen, dass ich einen frühen Termin mit Dr. Rosen habe. Sie sind alt genug, um neugierig nachzufragen. »Warum gehst du dorthin?«, »Was tust du da?«, »Wünschst du dir manchmal, dass du Dr. Rosen ganz für dich allein hättest?« Ich weiß nicht, was sie sich vorstellen, wenn ich ihnen erzähle, dass ich mit Dr. Rosen und den anderen Gruppenmitgliedern im Kreis sitze – mit Leuten, die sie schon ihr ganzes Leben lang kennen – und dass wir reden und zuhören und manchmal auch weinen und schreien. Und nein, niemals würde ich meine Gruppe gegen Einzelsitzungen eintauschen. Montagabends beim Essen fragen meine Kinder manchmal nach Patrice oder Max. Wenn ich daran denke, dass meine Gruppengefährten in den Köpfen meiner Kinder sind, genau wie in meinem, muss ich lachen.

In der Küche schiebe ich mein Mittagessen in eine Tasche und renne dann aus dem Haus, um den Zug und 6 Uhr 55 zu erwischen. Während er in Richtung Innenstadt rumpelt, denke ich darüber nach, welche Themen ich in der Gruppe besprechen werde. Vermutlich sollte ich ihnen von dem Knatsch erzählen, den John und ich die letzten beiden Male hatten, als er von einer Geschäftsreise zurückkam. Sobald er seinen Koffer in den Flur rollt, bestürmen die Kinder ihn mit Umarmungen und Fragen, ob sie ihm ihre Bastelprojekte und Rechtschreibtests, ihre neuesten Tanzbewegungen zeigen dürfen. Er schlüpft aus seinem Mantel und widmet ihnen seine volle Aufmerksamkeit. Ooohs und Aaahs. Sie strahlen im Licht seiner Liebe. Es ist großartig, aus der Küche, wo ich die Töpfe vom Abendessen spüle oder die Pausenbrote für den nächsten Tag vorbereite, zu hören, wie sie sofort wieder eins sind. Der Streit kommt später, wenn John ihnen vorgelesen und ihre Mathehausaufgaben kontrolliert hat und sie fest schlafen. Es passiert, wenn wir ins Bett fallen, wenn ich anfange, mich über etwas bei der Arbeit zu beschweren oder zu erzählen, dass ich mich von einem Freund schlecht behandelt fühle. John bemüht sich dann, die Augen offen zu halten, aber er ist seit 5 Uhr wach, hat an mehreren Meetings teilgenommen, ist quer durch das Land gereist und hat sich bis zur Schlafenszeit um die Kinder gekümmert. An seinem Gesicht kann man ablesen, wie viele Kilometer er gefahren ist. Rational betrachtet verstehe ich, wie schwer sich seine Knochen anfühlen müssen, wie die Müdigkeit ihn an den Füßen in eine verlockende Ruhepause zieht. Aber ich will auch, dass er mir zuhört. Ich will, dass er ein kleines bisschen seines energetischen Strahlens für mich aufspart. Dr. Rosen wird mich fragen, wie ich mich dabei fühle, und ich werde sagen: »Ich sehne mich nach John und schäme mich dafür, dass ich eifersüchtig bin auf meine eigenen Kinder.« Max wird grinsen und sagen: »Das ist genau das Leben, das du wolltest, weißt du noch?« Dann wird die Runde Vorschläge machen, wie John und ich uns nach seiner Rückkehr näherkommen können, ohne seine körperlichen Grenzen oder die Bedürfnisse der Kinder zu übergehen. Vermutlich wird irgendjemand vorschlagen, dass John und ich uns für den Tag nach seiner Rückkehr zum Sex verabreden.

Ich könnte der Gruppe auch von dem Gespräch erzählen, das ich am Freitag mit meinem Vorgesetzten geführt habe. Ich hatte mich selbst damit überrascht, dass ich sagte: »Ich arbeite hart und mache einen guten Job. Ich brauche weder mehr Geld noch ein großes Eckbüro, aber ein Danke wäre schön.« Ich hatte innerhalb der letzten 30 Tage eine rekordverdächtige Zahl an Klageschriften bearbeitet und wollte die Anerkennung dafür. Brad wird mir seine gereckten Daumen zeigen und mich überreden wollen, das Eckbüro zu fordern. Und die Gehaltserhöhung. Patrice wird mir High-Five dafür geben, dass ich nach dem gefragt hatte, was ich wollte. Auf der Arbeit fiel es mir schwer, Grenzen zu setzen und Nein zu sagen, wenn ich gebeten wurde, eine undankbare Aufgabe ohne erkennbaren Nutzen zu übernehmen. Aber zumindest machte ich den Mund auf, um die Anerkennung dafür einzufordern.

Die Gruppe wird begeistert sein von dem Nervenzusammenbruch, den es am Wochenende bei mir zu Hause gegeben hat. Meine Kinder hatten eine Klavieraufführung, was für sie noch schlimmer war als Zähneputzen und Grippeimpfungen. Als es an der Zeit war, zum Konzertsaal zu fahren, protestierten sie, indem sie schäbige kurze Hosen und Schlafanzugoberteile anzogen. John und ich erklärten, dass wir uns für die Veranstaltung ein kleines bisschen förmlicher kleiden sollten, und betonten, dass wir damit den anderen Schülern und Lehrern und all der Arbeit, die sie in die Vorbereitungen gesteckt hatten, Respekt zollten. »Überleg nur mal, wie oft du *When the Saints Go Marching In* geübt hast.« Sie antworteten darauf mit Stampfen und Türenschlagen. Sie weigerten sich, neben uns zu laufen, und ich war mir sicher, dass ich einen handgeschriebenen Brief bekommen würde, wie damals, als ich ihnen nicht erlaubte, palettenweise Skittles zu kaufen: *Liebe Mama, danke, dass du unser Leben ruinierst.* Aber wir hatten keine Zeit gehabt, um Stift und Papier einzupacken. Ich werde der Gruppe berichten, dass es mir gelungen war, die intensiven Gefühle meiner Kinder zu feiern, anstatt darauf zu bestehen, dass sie sie zurück in ihre kleinen Körper stopften. Gut 20 Minuten lang hatte ich meinen inneren Dr. Rosen heraufbeschworen, bis ich schließlich doch die Fassung verlor und sie mit aufeinandergepressten Zähnen anzischte, dass sie sich zusammenreißen sollten. Wir kamen zu spät zu der Aufführung, jeder von uns schnaubend vor Wut.

Der Zorn anderer Menschen macht mir immer noch Angst, aber ich weiß, dass er Teil von Intimität ist. Ich weiß, dass es okay ist. Ich atme mich hindurch, so gut ich kann.

Alle meine niederen Impulse ruhen immer noch lauernd in mir. Der Impuls, mein anhaltend merkwürdiges Verhältnis zu Essen geheim zu halten. Der Impuls, John dafür Vorwürfe zu machen, dass er nach mehreren Tagen auf Reisen die vernünftige Entscheidung trifft, seine verbliebene Energie seinen Kindern zu widmen. Der Impuls, mich in unermüdliche Verzweiflung zu stürzen, anstatt tief einzuatmen und zu fühlen, welche Emotion auch immer versucht hat, an die Oberfläche zu drängen. Der Impuls, den Frust und meine Unsichtbarkeit im Job hinunterzuschlucken, anstatt ein ruhiges Gespräch darüber zu führen, was ich dachte und fühlte, was ich wollte und brauchte. Der Impuls, alles zu tun, um zu verhindern, dass andere wütend auf mich wurden. Ich brauche immer noch Hilfe, um all diese Impulse zu überwinden. Hilfe dabei, herauszufinden, welches zweisilbige Wort meine Gefühle am besten beschreibt. Meine wahren Wünsche auszusprechen, auch wenn ich mich für sie schäme. Die intensiven Gefühle anderer zu tolerieren. Und meine eigenen.

Manchmal treffe ich zufällig ehemalige Rosen-Patienten. »Du gehst immer noch zu Dr. R.?«, fragen sie. »Ja, ich bin eine von den Lebenslänglichen«, antworte ich dann und verspüre das Bedürfnis zu erklären, dass das nicht bedeutet, dass ich hoffnungslos verkorkst bin oder dauerhaft im Krisenmodus feststecke. Ich habe die Bindungen, nach denen ich mich gesehnt habe, als ich das erste Mal in Dr. Rosens Büro gekrochen war. Nun brauchte ich Hilfe, sie zu vertiefen. Und ich träume ein paar neue Träume. Von einem kreativeren Leben. Einer engen Beziehung zu meinen Kindern, während sie die Mittelstufe und Highschool durchlaufen und darüber hinaus.

Einem würdevollen Weg durch das drohende körperliche Chaos der Menopause und die Anstrengung, mich um meine älter werdenden Eltern zu kümmern, die drei Bundesstaaten entfernt wohnen. Dr. R. und die Gruppe haben mich durch die Probleme meines frühen Erwachsenenlebens geleitet. Warum sollten sie es nicht auch durch die Mitte meines Lebens tun? Verdiene ich nicht immer noch Unterstützung, Zeugen und einen Ort, an den ich mein inneres Durcheinander und meine Turbulenzen bringen kann? Auch wenn ich mir nicht mehr die Haare ausreiße oder durch die Gegend fahre und hoffe, dass mir jemand in den Kopf schießt. Und was war mit der Zuneigung und Verbundenheit, die ich für Dr. R. und die Leute aus meiner Gruppe empfinde? Warum sollte ich sie durchtrennen, nur weil unsere Zieh-dich-an-deinem-eigenen-Schopf-aus-dem-Sumpf-Kultur meint, eine Therapie müsse einen innerhalb von 30 Sitzungen oder weniger wieder auf die Beine stellen? Dr. R. bietet uns eine unbefristete Festanstellung an, wenn wir sie wollen. Und ich will.

Die Bahn fuhr in die Haltestelle ein und ich lief die zwei Blocks Richtung Westen zu Dr. Rosens Praxis. Aus der Ferne erkannte ich den Neuen, der unserer Gruppe vor einem Jahr beigetreten ist. Er ist Mitte 30, ein brillanter Mediziner, der sechs Sprachen spricht, und er hat die Nase voll davon, allein zu sein. Er hat keine engen Freunde in Chicago, mit denen er die Wochenenden verbringen könnte, und seine Spezialität ist es, sich in Frauen zu vergucken, die sich nach dem zweiten Date totstellen. In der Gruppe verzweifelt er darüber, dass ihn nichts von diesem lebenslangen Muster wird befreien können. Er hat Angst davor, dass er nie eine eigene Familie haben wird und dass der Zug für ihn abgefahren sein könnte. In solchen Momenten übernehme ich das, womit meine Gruppengefährten so viele Jahre lang mich getröstet haben. Ich tätschele seinen Arm, während er erzählt, wie sehr es wehtut, dass eine weitere Frau nicht mehr auf seine Nachrichten antwortet. Ich sage etwas Beruhigendes, wenn er davon berichtet, dass er Dinge getan hat, die er nicht tun wollte, nur um die Aufmerksamkeit einer Frau zu gewinnen, die nicht zu haben war. Mir ist es genauso ergangen. Das habe ich auch gemacht. Kennst du schon die Geschichte von dem dreckigen Schwanz, den ich gelutscht habe? Ich gehe ans Telefon, wenn er sonntagnachmittags oder dienstagabends anruft, weil seine Einsamkeit ihn erdrückt. Ich sage ihm, dass ich keinen Zweifel daran habe, dass er bereits auf dem besten Weg ist, sein Leben zu ändern. Wenn Dr. Rosen ihm in der Gruppe versichert, dass es ausreicht, wenn er zu den Sitzungen kommt und alles mit uns teilt, dann sieht er mich an, und ich nicke.

»Ich verspreche es dir. Es ist genug.«

DANK

Als ich dieses Buch schrieb (und die vier anderen, die nun in meinem Computer hausen), stellte ich mir die Verlagswelt vor als eine Gruppe fürchterlich schicker New Yorker mit Frisuren wie Anna Wintour und Klamotten aus irgendwelchen Boutiquen, von denen ich noch nie gehört hatte und deren Namen ich nicht aussprechen konnte. Ich hatte mir nie vorgestellt, wie die Gesichter oder Körper oder Herzen der Menschen aussehen, von denen ich hoffte, dass sie mir eines Tages die Türen öffnen würden. Jetzt kann ich mir das Verlagswesen nicht mehr vorstellen, ohne an die Herzen und Köpfe zu denken, die dieses Buch berührt und mein Leben für immer verändert haben. Ihr Verstand ist scharf, und ihre Herzen sind wohlwollend. Und mit beidem haben sie dieses Buch gefüllt, während einer erschütternden und unsicheren Zeit für unseren gesamten Planeten. Sie haben auch Namen. Vielen Dank an Lauren Wein für das durchdachte Lektorat und die unzähligen Male, die sie mich vor einigen sehr schlechten Entscheidungen bewahrt hat, vor allem bei den Sexszenen. Vielen Dank an Amy Guay, Meredith Vilarello, Jordan Rodman, Felice Javit, Morgan Hoit und Marty Karlow dafür, dass sie ihre harte Arbeit und ihre Expertise in dieses Buch eingebracht haben.

Vielen Dank an Amy Williams, die mich immer zum Lachen bringt und gleichzeitig so viele Rollen einnimmt: Agentin, große Schwester, Mutter, Freundin, Reisegefährtin. Ich kann mich so glücklich schätzen, dich in meinem Team zu haben.

Dieses Buch gäbe es nicht ohne die Berge an Liebe und Unterstützung von Lidia Yuknavitch und ohne ihr Workshopprogramm zum »Körperlichen Schreiben«. Schriftstellerinnen und Schriftsteller, die mit ihrem Verständnis von einer Geschichte und einem Körper mein Buch und mein Leben geformt haben, waren die Hebammen dieses Projekts: Mary Mandeville, Tanya Friedman, Lois Melina Ruskai, Anne Gudger, Jane Gregorie, Anne Falkowski, Emily Falkowski, Kristin Costello, Helena Rho und Amanda Niehaus. Ein ganz besonders herzlicher Gruß geht an Zinn Adeline, die auf sanfte Weise ihre sorgfältige Lektüre und ihre präzisen Kommentare beigesteuert hat, besonders als es darum ging, wie meine Witze von der eigentlichen Geschichte ablenkten.

Vielen Dank an Tin House, die mich im Winter 2019 mit der großherzigen und talentierten Jeannie Vanasco zusammengebracht haben. Und ein besonderes Dankeschön an meine Workshopkollegen: Wayne Scott, Sasha Watson, Melissa Duclos und Kristine Langley Mahler.

An meine liebste Seelenverwandte, die mich jeden einzelnen Tag inspiriert als Schriftstellerin, Mutter, Tochter, Ehefrau, Podcasterin, Anwältin und Granate auf allen Gebieten: Carinn Jade.

Vor langer Zeit habe ich angefangen, mich mit ein paar verrückten Autorinnen und Autoren online auszutauschen. Sie haben mir Dinge beigebracht über Erzählstimmen, Cliffhanger, Spannungsbögen und Aspekte des Handwerks, die ich in meinem Inneren gespürt, mich aber nicht getraut hatte umzusetzen. Danke an das Team von *Yeah Write:* Erica Hoskins Mullinex, William Dameron, Mary Laura Philpot und Flood. Danke an meine frühen Schreibgruppen, die sich durch einige ziemlich mühsame Entwürfe quälen mussten: Sara Lind, Samantha Hoffman und Mary Nelligan.

Dankbarkeit ist keine Schuld, aber ich komme dennoch nicht um das Gefühl herum, dass ich den Autorinnen und Autoren, Freundinnen und Freunden, die diverse Fassungen dieses Buches gelesen haben – manche mehr als eine –, so viel zu verdanken habe: Krista Booth, Amy Liszt, Andrew Neltner. Ihr seid Heilige, wirklich. Joyce Polance las mehrere Entwürfe und war jederzeit bereit für ein Gespräch darüber, wie viel Schmerz und Ekstase der Versuch benötigt, eine Geschichte richtig zu erzählen. Ohne ihre Großzügigkeit, ihre Unterstützung und ihre Weisheit gäbe es dieses Buch nicht. Frank Polance ist ebenfalls ziemlich großartig.

Ich bin dankbar für all die Babysitter, die wir über die Jahre hatten und deren Arbeit es mir ermöglicht hat, dieses Buch zu schreiben: Danke an Sabrina, Tiffani, Christian, Brittney, Molly, Hailey, Mattie, Kathi, Dayane und Gesa.

Vielen Dank an Irvin Yalom, dessen Lebenswerk es einer Frau wie mir überhaupt erst ermöglicht hat, in Gruppentherapien Hilfe zu suchen und der Welt davon zu erzählen.

Ein besonderes Dankeschön geht an Marcia Nickow, promovierte Psychologin, die einen frühen Entwurf meines Manuskripts gelesen und mich gedrängt hat weiterzuschreiben. Sara Connells Hingabe zum Schreiben und ihr Glaube an die Kraft der Worte haben eine wahnsinnige Lust und Freude in die letzten Schritte dieses Projekts gebracht. Dr. Dana Edelson bin ich für immer dankbar dafür, dass sie eine Pause davon eingelegt hat, Menschenleben zu retten, um mir zu helfen, dieses Buch Korrektur zu lesen.

Ich bin mir ziemlich sicher, dass mein Therapeut weiß, wie dankbar ich ihm bin, aber ich sage es noch einmal: Ich habe Ihnen über die Jahre genug Geld für eine Luxusyacht gezahlt, aber Sie haben mir ein ganzes Leben gegeben, also sind wir wohl quitt.

Meine Gruppengefährten haben in all diesen Jahren so viel Mist von mir ertragen müssen. Ich liebe sie von ganzem Herzen. Ganz besondere Grüße an meine Liebsten: R. S., T. L., C. C., D. E., J. T., S. M., K. S., M. N., J. S., K. B. B., J. P., C. G., A. R., B. A., S. M., S. N. und S. K. Und an M. C., die nicht länger bei uns ist, aber deren liebevolle Weisheiten mich noch immer leiten und trösten.

Ich bin dankbar für jeden, der die Geschichte seiner Genesung teilt, sowohl innerhalb als auch außerhalb von Treffen. Sie bedeuten mir alles. Dax Shepard bin ich endlos dankbar für seine Verpflichtung zur Aufrichtigkeit und dazu, mehrmals pro Woche in seinem Podcast *Armchair Expert* die Wahrheit über Sucht und Alkoholismus auszusprechen.

Als meine Eltern von diesem Buch erfuhren, sagten sie das, was jede Autorin und jeder Autor irgendwann von seinen Eltern hören will: »Es ist deine Geschichte. Du hast das Recht, sie zu erzählen, wie auch immer du es möchtest.« Ich bin dankbar für ihre jahrelange Unterstützung und all die Geschenke, die sie mir gemacht haben.

Doug und Alex Tate danke ich für ihre Unterstützung und ihren Enthusiasmus, Eigenschaften, die ich hoffentlich niemals für selbstverständlich nehmen werde. Ich bin froh, dass ihr ein Teil meiner Familie seid.

Vielen Dank an Leslie Darling, Michael Lach, Keme und Jamail Carter, Thea Goodman, Marc Dubin, Caroline Chambers, Betty Seid, Maria Tamari, Davey Baby, Carol Ellis, Karen Yates, Steve und Celia Ellis und das Programm »Schreiben mit Schriftstellern«.

Meine Kinder werden sich in Grund und Boden schämen, falls sie dieses Buch jemals lesen. Niemand möchte etwas über das Sexleben seiner Mutter erfahren. Die gute Nachricht ist, dass ich ihnen reichlich Material für ihre eigenen Therapiesitzungen mitgegeben habe. Ich danke ihnen dafür, dass sie mich zur Mutter gemacht haben. Für sie da zu sein, sie zu lieben und von ihnen geliebt zu werden, sind die Gründe, warum ich in Behandlung bleibe und die Therapie fortsetze.

Zu guter Letzt danke ich meinem besten Freund, der mehr Geduld und Sachverstand besitzt als alle, die ich kenne. Vielen Dank, dass du mich liebst und für meine Geschichte und meine Stimme eintrittst. Ich schätze mich jeden einzelnen Tag glücklich, weil es dich gibt. Jeder, der in der Hoffnung auf eine Beziehung zur Therapie geht, träumt von jemandem, der so großherzig und standfest ist wie du. Danke, dass du Teil der letzten Kapitel dieses Buches bist und das Zentrum meiner glücklichsten Tage.

Über die Autorin

Christie Tate ist eine amerikanische Schriftstellerin und lebt in Chicago. Ihre Essays und Artikel erscheinen in der beliebten »Modern Love«-Kolumne der *New York Times*, in *The Washington Post* und *Chicago Tribune*.